CHILDHOOD EDUCATION
HISTORY

유아교육사상사

| 윤석주 안지영 김운삼 공저 |

양 성 원

머리말

교육은 본질적으로 그 효과가 미래에 나타나는데 과거를 바탕으로 현재 교육하고 있다 는 점에서, 그래서 그 자체가 사회 문화적 변천과 함께 역사적 사건이라는 점에서 바른 역사 인식은 교육에서 매우 소중하다. 그러기에 현재 유아교육이 당면해 있는 과제를 해결하고 나아가 창조적 형태로 발전시켜 나가기 위해서는 유아교육 현장에 면면히 살아 숨쉬는 우리의 전통적인 유아교육사상과 현행 유아교육에 크게 영향을 미치고 있는 서구 유아교육사상을 살펴보는 것은 유아교육학도에게 중요한 과업이 된다.

역사란 역사적 의미라는 맥락에서의 선택과정, 다시 말해서 실제에 대한 인과적 태도에 의거한 선택체계라고 할 수 있는바, 역사가가 자기 목적에 맞는 의미 있는 사실을 골라내고 더 나아가 이것들로 형성되는 원인과 결과의 무수한 연쇄들 가운데서도 역사적으로 의미가 있는 것만을 뽑아내고자 할 때 '우연'이란 개념이 들어설 자리는 없다. 즉, 역사를 진보의 과정, 끊임없이 변화하면서 앞으로 나아가는 흐름으로 제시하고 있고 사회와 떨어질 수 없는 그래서 생명력이 있는 것이다. 또 역사는 부정할 수 없는 과학이며 역사에서 우연은 없다. 끈끈한 인과관계로 역사는 존재하는 것이다. 이 땅이 넓어진 만큼 역사는 자꾸 변하고 발전한다. 인간의 역사는 '영원한 현재, 로서 존재한다고 한다. 이는 과거는 '현재의 기억'으로 미래는 '현재의 기대'로서 존재함을 의미하는 것으로 역사란 인간의 삶에 총체적으로 작용하는 과정이기 때문이다. 또한 이러한 역사의 의미는 인간 삶의 시대적 상황과 밀접한 관계를 가지며 인간 이성에 있어 절대정신으로 나타나는 인간 본질의 해명과 인간 사유의 터전을 마련하였다. 이는 곧 역사는 인간의 역사, 교육의 역사임을 입증 하는 것이다.

어떤 특정 사상가의 사상이 역사상 전혀 없었던 것이 아닐 터인데 하필 그때에

와서 그 사람이 주장했을 때에 그 사상이 역사적 의미를 갖게 되었느냐 하는 문제의식을 지니고 그 사람 자신이 그런 생각을 하게 된 시대적 상황과 그런 생각을 정리할 수 있는 개인적인 역량과 그런 생각을 받아들이고 그 영향을 받을 수 있었던 역사적 조건 등을 살펴보는 것이 중요하다. 나아가 그들 사상가의 이름이나 학파들의 주장에 대한 지식을 넘어서 교육의 문제를 어떻게 생각할 수 있으며, 어떻게 생각해 왔는가를 배우는 일, 즉 교육에 대한 사고방식의 기본적인 틀을 배우는 일이 매우 중요하고 또 필요하다.

교육이 인간의 사유와 지평을 확대해 왔다는 것에 대한 논란의 여지는 없다. 인간을 사유적 존재로서 이해하기 위해서는 인간사의 역사적 검증의 과정으로서 과거와 현재, 나아가 미래를 종합적으로 이해함이 옳을 것이다. 따라서 교육사의 이해는 순환적 역사의 이해를 벗어나 역사적 사실의 객관적이고 창조적인 이해의 모색이며 교육사상사의 이해는 시대적 배경과 시대적 사상, 나아가 올바른 시대정신을 바탕으로 보다 확고한 사상적 체계와 교육적 이념을 올바른 방향으로 나아가게 하는 중요한 의미를 내포한다. 그러므로 교육사상과 교육사상사의 이해를 통해 교육적 예지를 얻고 교육 현실을 본질적으로 이해하며, 나아가 현대의 제반 교육문제 및 미래 교육사회의 전망을 제시할 수 있다고 해도 과언이 아닐 것이다.

그런 의미에서 이 책은 전체 2부 14장으로 구성되어 있으며 1부에서는 '유아교육사상의 이해'로서 고대, 중세, 근대, 현대의 유아교육사상의 흐름과 Socrates로부터

Luther이전의 교육사상가들을 총체적으로 기술하여 유아교육의 역사 · 철학적 기초를 마련하였고, 2부에서는 '유아교육사상의 산책으로서 교육사상가들을 생애 및 업적, 사상적 배경, 교육사상의 이해, 교육사상의 현대적 의의 등으로 나누어 기술하여 유아교육의 사상적 기초를 마련하였다.

교육사의 전개는 한 시대의 교육현상에 관한 교육적 제 영역을 투시하고 반성하여 오늘의 교육에 대한 한 지표를 구하고 내일의 교육의 주춧돌이 되는 것에 그 의의가 있다고 하겠다. 오늘날 교육이 당면한 가장 큰 문제의 하나는 교육의 목적, 내용, 방법 등을 평가하는 것 이다. 따라서 이것을 올바르게 평가하기 위해서는 교육의 역사적 배경과 철학적 기반을 연구 하는 것보다 더 중요한 것이 없다.

이 책은 서양유아교육사상의 역사적 발달을 인물중심으로 교육철학적 맥락에서 다루었다. 각 인물마다 가지고 있는 사상과 교육이론이 교육실제에 어떻게 반영되고 기여하는가에 관심을 기울여 저술하였으나, 각 인물의 사상과 교육내용이 방대하여 모두 다루기에는 한정된 지면에 무리가 따랐다. 그러나 반드시 다루어야 할 공통적인 내용을 선정하려고 애썼다. 따라서 각 인물마다의 교육사상과 생활철학이 교육의 필요성을 어떻게 변천시켰으며, 교육의 필요성이 교육의 개념과 목적을 어떻게 변천시켰고 또한 이 교육개념의 변천으로 인해서 교과의 내용, 교수방법, 교육실제가 어떻게 변천되었는가를 다루었다.

끝으로 이 책이 출판되기까지 애써주신 같이 참여한 저자분들과 양성원 사장님께 감사를 드린다.

2019년 8월

저자 일동

차례

제2부 유아교육사상가

제1부

유아교육사상의 이해

제1장

그리스의 유아교육사상

1. 그리스의 사회와 문화

오늘날 세계의 문화는 서양문화를 중심으로 발전하고 있다. 서양문화가 고대 그리스로부터 시작하였다는 것은 부인할 수 없는 사실이다. 그렇기에 우리들은 현대 세계문화의 기원으로서 고대 그리스가 있다는 것을 인정하여야 한다. 그리스 사람들이 쌓아올린 찬란한 문명은 현재에 이르도록 서구정신세계의 기초가 되고 지주가 되고 있는 것이다. 철학, 과학, 예술, 정치조직 등을 비롯해서 문화의 대부분은 그리스 문화를 기원으로 하고 있으며, 교육에 관련된 많은 학설도 그리스 문화가 근원을 이루고 있는 경우가 많이 있다.

그리스 시대는 보통 B.C. 1200~800년간의 시기를 말한다. 그리고 그리스 종족은 인도-유럽어족 가운데 헤레닉(Hellenic)에 속하는 종족으로서 B.C. 2000년경부터 그들의 원주지로 짐작되는 서아시아의 북방 초원지대에서 발상하여 다뉴브강을 건너 발칸반도를 거쳐 남하하였다. 이들은 B.C. 1000년경까지 대체로 이동을 마치고 에게(Aegean)해를 내해로 하는 부근 섬들에 정주하면서 그리스 세계를 정립시켰다.

기원전 8세기경 초기 그리스사회의 기본단위는 가족(oikia)과 씨족(genos)이었다. 마을은 혈연으로 연결되어 점차 씨족집단과 부족사회가 생겨났고 보다 규모가 큰 중심지(asty)로 통합되었다. 인근 마을과 병합으로 생겨난 중심지가 도시국가(polis)로 변모된 것이다. 이처럼 씨족조직에 기초한 그리스의 작은 마을사회가 규모가 큰 정치단위의 도시국가로서, 그리스사회의 정치적 · 경제적 · 문화적 생활의 기본 단위가 된 것이다. 이러한 도시국가를 그리스어로 '폴리스(polis)'라고 부르기 시작한 것은 기원전 약 6세기경부터라고 전해진다. 마을 방위의 필요성에 따라 세워진 성을 중심으로 한 작은 도시가 발전하였고 이는 점차 도시국가로서 정치적 중심지가 되었기 때문에 폴리스의 어원은 성(城)으로부터 형성된 도시국가 형태를 지칭하는 말에서 비롯된 것이다.

고대 그리스 세계의 수많은 폴리스는 다른 폴리스들과 구별하고자 폴리스 내의 거주자들을 대표로 하여 도시국가의 이름을 지었다. 그렇기 때문에 폴리스는 도시국가로서 영토적 개념이라기보다 그 안에서 살고 있는 사람들에 의해 정의되는 개념의 특징을 갖는다.

고대 그리스의 폴리스에서 개인은 어디까지나 폴리스 생활 공동체의 일원으로서 인정되었다. 그렇기 때문에 폴리스는 그리스인들의 삶의 모든 영역을 지배하였다. 또한 교육의 필요성 역시 폴리스에서 요구하는 이상적 인간상을 육성하고자 대두되었다. 폴리스의 교육은 시민공동체의 생활양식 속에서 자연과 인간에 대한 합리적인 관찰, 인간의 정신과 육체와의 조화의 존중으로부터 시작되었다. 더불어 이러한 폴리스의 교육으로부터 인문 교양교육이 잉태되었음을 시사한다.

폴리스의 교육은 새로운 인간상을 형성해내는 힘, 바로 사회구성력을 가지고 있다. 즉, 폴리스는 인간의 생활집단이기도 하지만, 페리클레스(Pericles, B.C. 461~429)가 말한 바와 같이 "도시는 하나의 학교"로서, 즉 폴리스는 교육적 기능을 동반하고 있다고 설명하였다. 따라서 수많은 폴리스들마다의 이상적 인간상을 형성하고자 하는 다양한 교육 방법에서와 같이 고대 그리스의 문화가 다양성을 갖고 발달하게 된 것 역시 폴리스의 사회구조의 특성으로부터 기인한 것이다.

2. 그리스의 교육 목적

일반적으로 통일적인 전체로서의 세계에 대한 인간의 이해의 태도를 세계관이라고 한다. 즉, 인간이 자신의 삶의 과정 속에서 발생하는 경험 및 생활감정을 바탕으로 정의적 · 주체적 측면에서 삶의 의미와 가치를 묻는 철학적 태도이다. 이러한 세계관은 객관적이고 논리적인 성격은 아닐지라도 인간의 삶의 방식 및 그 삶의 방식이 구체적으로 체계화되어가는 과정의 이론적 근거로 제시될 수 있다. 왜냐하면 세계관은 그것이 형성된 시대의 역사성을 반영하기 때문이다. 그러므로 그 시대를 살아가는 역사 발전의 단계에 따라 사회적 · 문화적 구조 속에서 나타나는 인간의 구체적인 경험과 감정의 통일적 현상, 즉 세계관은 삶의 태도에 그대로 투영(投影)된다.

따라서 본 절에서는 고대 그리스의 사회적 · 문화적 구조 속에서 고대 그리스인들의 세계관이 어떻게 형성되었는지 살펴보고자 한다. 특히, 고대 그리스 사회에서 형성된 정신문화와 그리스인들의 개방적 사고방식, 폴리스 사회구조가 끼친 생활양식 문화를 중심으로 분석하여 그리스인의 인간 중심 세계관과 교육적 삶의 가치관에 대하여 고찰해보고자 한다.

먼저 고대 그리스인의 세계관이 형성되는 배경으로 첫 번째로 고대 그리스 사회의 정신문화에서 강조된 휴머니즘을 들 수 있다. 휴머니즘(humanism)이라는 말은 라틴어의 휴머니스트(humanista)에서 유래한 것으로 인간성 · 인류성 또는 인간미라는 의미로, 일반적으로 인간성의 존중 또는 인본주의 · 인간주의 · 인도주의라는 뜻으로 사용된다. 인간이 스스로 인간임을 자각하고 아름답게 살고자 하는 것, 이것이야말로 휴머니즘의 근본이다. 이러한 그리스의 정신문화에서 강조된 휴머니즘은 인간 중심 세계관을 낳게 되었다. 이에 보다 구체적으로 그리스 정신문화의 단면으로서 신앙, 즉 종교를 통해 인간 중심 세계관이 형성된 배경을 살펴보겠다.

우선 동시대를 살면서 다른 정신문화의 성격을 지닌 오리엔트 세계의 신앙을 비교하여 고찰해보겠다. 오리엔트인들에게 자연현상은 숭배의 대상이었고, 신의 존재는 인간이 두려운 상태에서만 접근할 수 있는 외경적 존재였다. 그렇기 때문에 신과 인간 사이의 중간 전달자로서 성직자들은 신을 대신하여 인간사에서 절대적 영향력을 행사했다. 이러한 오리엔트의 신정문화에서 사람들은 신의 권위에 대해 무조건 순종하는 것을 당연시 여겼다. 또한 신의 권위는 사회적이고 정치적인 삶의 원리로서, 인간의 사고는 신과 왕에게 당연히 봉사하는 데 모든 가치관이 집중되어 있었다. 이처럼 오리엔트인의 사고는 주로 현 상태를 합법화하고, 보존하며, 당연히 그것을 숭배하는 것이었다. 따라서 오리엔트 문화는 정체적이고, 전통적이며, 보수적인 성격을 갖는다.

그리스인들은 인간을 주제로 삼아 그들의 정신세계를 예술작품으로 표현하였다. 그리스인들은 세계를 아름답게 완결된 코스모스(cosmos)로서 하나의 조화의 상에서 바라보는 미적 가치관을 지녔다. 그렇기 때문에 그들의 조화의 미는 특히 건축과 조각에서 어렵지 않게 찾아볼 수 있다. 그리스 건물의 특성은 많은 원주가 떠받치는 단순한 단형의 대리석 건물이 대부분이다.

거기에 사용되는 원주의 종류에 따라서 전체 구조의 양식이 다양하고 조화롭게 결정된다. 조각에 있어서도 프락시텔레스는 헤르메스나 아프로디테에서 인간의 감미로운 감정을, 스코파스는 아테네 신전의 양각에서 인간의 격정을 표현하였다. 이렇듯 그리스인들의 예술작품을 통해서 세계와의 조화를 찾고, 인간의 감정을 정밀하게 표현하고자 했던 그리스인들의 인간에 대한 이해를 엿볼 수 있다. 조화와 균형이 잘 이루어진 훌륭한 고대 그리스의 신전을 살펴보면, 그리스인들은 세계를 하나의 아름다운 조화의 실체에서 보고자 노력한 사람들이었음을 짐작할 수 있다.

인간 중심 세계관이 투영된 그리스사회에서 그리스인들에게 교육적 발달이 일어날 수 있도록 자극하는 그들의 개방적 사고방식을 보면, 그리스인들은 그리스 세계의 지정학적 위치로 인하여 다양한 외래문화의 접촉으로 선진문화의 영향과 자극을 자연스럽게 수용하는 자세를 취하면서 개방적인 사고방식이 형성될 수 있었다. 일찍이 그리스인들은 항해술의 발달로 인하여 그리스 상인들이 활발하게 외부와의 접촉을 통한 사회적 발전과 교육문화의 발전을 이룩하게 만든 중요한 동기가 되었다.

그리스는 지정학적으로 남쪽으로는 선진문화를 이룩하고 있었던 고대 이집트가 자리 잡고 있었고, 동쪽으로는 바빌로니아와 페니키아, 히타이트, 조금 더 멀리에는 페르시아와 인도가 위치해 있었다. 에게 해역의 교역을 통하여 이들 외래문화의 자극은 그리스인들에게 신선하고도 강렬한 충격으로 다가왔을 것이다. 그리고 그리스인들은 새로운 외래문화와 접하게 될 때마다 강렬한 지적 호기심과 열징으로 선진 국가에서 경험한 바를 배우고자 하는 개방적 자세를 취하면서 그들의 교육적 탐구심을 자극하게 된 것이다. 즉, 도시가 자리한 지정학적 위치는 그 도시의 발전에 결정적인 변수로 작용하게 된다. 이러한 선진 도시국가들과의 접촉으로 문화적 충격이 도시국가의 발전을 자극하게 된다. 그러므로 동에서 서로 문화가 전달되는 역사의 대세 속에서 에게 해역의 교역활동은 그리스 세계의 경제적 번영과 아울러 그리스인들의 지적인 활력을 자극하면서 교육문화의 발달을 이루게 되었다. 이처럼 그리스 세계의 지정학적 조건의 영향으로 그리스인들이 개방적 사고를 통해 교육적 발달에 자극이 될 수 있었다고 생각할 수도 있다.

실제적으로 폴리스의 실생활양식 문화에서 인간교육이 형성된 근본적인 배경에 대하여 살펴보겠다. 그리스인들의 인간 중심적이며 개방적인 세계관이 교육적 발달에 자극이 될 수 있었던 것은 무엇보다도 인간의 자유, 자치를 열망하는 배타주의적 폴리스 이데올로기 안에서 형성된 생활양식 문화이다. 이러한 폴리스의 생활양식 문화가 그리스인들의 교육적 삶에 영향을 끼쳤으며 교육문화를 형성하게 된 것이다.

폴리스라는 독특한 국가 형태는 그리스 교육 문화를 번창하게 만든 진보의 전진 기지였다. 폴리스는 인간의 자유와 그들의 개성이 자연스럽게 표출되고 잠재적 능력을 마음껏 발휘될 수 있는 자치적이며 독립적인 생활공간이었다.

이러한 그리스에서 생활의 중심은 '아고라(agora)'라는 시장에서 비롯되었다. 또한 이곳은 바로 정치 토론의 장으로 토론문화가 자리 잡는 기둥이었다. 즉, 아고라에서 시민들은 총회를 열고, 공개적으로 의견을 발표하였으며, 공론을 수렴하였고, 직접선거를 통해 통치자를 뽑았으며, 크고 작은 재판을 하였다. 그리고 여기에서 그리스인들은 사회 및 정치에 관한 정보를 얻었을 뿐 아니라, 자신의 의견을 주장하며 상대를 설득하는 방법을 배웠다. 특히, 이들은 시민역할 수행에 가장 중요한 능력인 수사학과 변론술의 교육을 아고라에서 배우기 시작했다. 이처럼 폴리스의 '아고라'라는 생활공간에서 토론문화가 형성되었고, 인간교육 문화가 시작되었다. 말하자면 폴리스의 생활양식 문화의 근원지인 '아고라'는 시민생활의 중심지이자 곧 교육문화의 중심지였으며 그리스인들은 삶과 교육이 함께 어울리는 교육적 삶을 영위하게 되었다.

따라서 폴리스의 교육문화는 자아실현과 공동체에서의 삶을 위한 학습이라는 두 가지 목표가 하나로 융합된 것이다. 즉, 그리스인들이 자기 정체성을 확립해 나가는 과정 속에서 폴리스라는 주어진 사회구조적 환경을 최선의 것으로 구축

함으로써 폴리스의 생활양식이 그리스의 교육문화 형성에 발전의 전기를 마련하였다고 볼 수 있다.

이제까지 고대 그리스 세계에 공통적으로 형성된 정신문화인 종교와 예술 그리고 그리스인들의 개방적 사고방식, 폴리스 사회구조의 생활양식에서 비롯된 토론문화에 대하여 종합적으로 고찰해 봄으로써 그리스인의 인간 중심 세계관과 교육적 삶의 가치관이 형성되는 배경을 살펴보았다.

이렇게 형성된 그리스인들의 인간 중심 세계관은 인간의 자유와 다양한 개성을 신장시키는 인간교육, 즉 인문주의교육을 잉태하게 되었다. 이와 더불어 신조차도 인격화시켜 인간과 평등한 존재로 인식하는 인간의식을 바탕으로 합리적이고 인간 중심적인 그리스적 정체성을 형성하였다. 여기서 바로 서구적 정체성의 원형으로 오늘날까지도 인간의 가치와 개성을 존중하고 인간의 이성을 바탕으로 한 인문교육의 이념과 이상을 정립하는 기틀이 되어 오고 있다.

3. 그리스교육의 개관

1) 스파르타의 교육제도

스파르타 사회는 극소수의 귀족과 그에 30배에 달하는 평민과 노예로 구성되어 있었다. 당연히 노예들의 잦은 반란이 있었고, 더욱이 험준한 산악지대에 위치해 있었기 때문에 농토를 확보하기 위해서는 다른 국가들과 끊임없는 전쟁을 치러야 하는 형편이었다. 즉, 스파르타는 지배자로서 자신들의 수십 배에 달하는 피지배자들을 억누르고, 외적의 위협으로부터 국가를 보호하고 농토 확보를 위한 전쟁을 끊임없이 수행해야 했다. 이러한 상황에서 가장 적합한 국가체제는 어떤 형태였을까? 그것은 바로 강력한 군국주의 국가체제로서 일종의 군대국가 였을 것이다.

스파르타의 교육제도는 스파르타 헌법의 창시자 리쿠르고스의 국가이념에 의하여 결정되었다. 주위의 강대한 국가, 많은 정복민, 국내 반란의 불안 속에서 국가의 존립을 유지하기 위하여, 스파르타는 철저한 군국주의 교육을 행하였으며 교육에 대한 국가 통제의 가장 극단적인 선례를 남겼다. 스파르타에 있어서 국가는 국가 그 자체가 하나의 학교였으며 사회의 모든 성인이 교사였다고 할 수 있다.

스파르타 교육의 목적은 각 개인이 강인한 신체를 갖고, 용감하고 강인하며 국법에 대하여 절대복종의 정신을 갖는 우수한 군인을 만드는 데 있었다. 따라서 힘, 용기, 인내, 기교, 애국심과 군인으로서의 능률을 개발시키는 것이 그들의 선량한 시민의 이상이 되었다. 스파르타 교육의 또 하나의 특색은 엄격한 도덕적 훈련에서 볼 수 있다. 식사할 때도 거리에 있어서도 스파르타의 소년은 어른과의 대화, 교제의 기회가 많아서 지도자는 항상 군사 또는 정치문제에 관하여 질문을 하고, 청소년으로 하여금 간결하고 요령 있는 대답을 요구했으며, 대답하지 못할 때는 일정한 벌이 따랐다.

스파르타는 국가가 개인에게 절대적인 우월성을 인정하여, 교육이 극단적인 군사교육으로서 국가적 통제 아래 있었다. 각 개인이 이상적인 군인이 되도록, 극기와 엄한 규율생활을 통해 무사를 양성하는 데 교육 목적을 두어 엄격한 군대훈련을 교육 내용에 포함하였다. 아테네 교육은 진보적, 인문적, 자유적 교육으로 대부분 교육의 책임은 가정에 있었다. 아테네와 스파르타 모두 읽기, 쓰기, 셈하기 등의 기초지식을 가르쳤고, 국가에 필요한 유능하고 애국적인 시민을 양성하려하였다. 스파르타의 교육은 국가주의, 전체주의, 나치스의 교육에 영향을 주었다. 아테네의 교육은 인문주의, 자연주의, 진보주의 교육에 영향을 주었다. 스파르타와 아테네는 공통적으로 국가가 필요로 하는 유능하고 애국적인 시민 양성에 교육의 목적을 가지고 있었다. 이러한 목적은 오늘날 국가가 교육의 목적으로 하고 있는 바와 크게 다르지 않다. 또한 아테네 교육은 개인주의 교육의 시초가 되었으며, 스파르타 교육은 전체주의 교육의 시초가 되어 서양교육사의 커다란 두 맥락의 뿌리가 되었다.

스파르타의 교육은 강력한 군국주의 국가를 유지하기 위한 애국시민, 더 정확하게 말하면 전사를 양성하는 것을 일차적인 목적으로 삼았다. 따라서 교육은 그만큼 강력하고도 혹독한 훈련을 동반할 수밖에 없었을 것이다. 심지어 부족의 장로들이 갓 태어난 아이를 면밀히 검사하여 건강하면 키우게 하고, 연약하면 깊은 산골짜기에 버리도록 명하였다. 또한 부모가 자기 마음대로 자식을 기르거나 교육하는 것을 허용하지 않았으며, 7세부터 거의 30세에 이르기까지 엄격한 조직생활을 하도록 요구되었다. 문자교육은 실생활에 필요한 가장 기초적인 것에만 한하였고, 훈련의 대부분은 명령에의 복종, 고통에 대한 인내, 죽음을 불사할 정도의 용맹성, 한겨울에도 가벼운 옷 한 벌로 견딜 만큼 건강한 신체 등을 목표로 했다.

한마디로 말해서 스파르타에서는 시민들이 자신의 개인적인 생활을 요구하는 것은 부당한 일로 여기도록 교육했으며, 마치 꿀벌이 언제나 공동생활을 하도록 운명지어져 여왕의 주위에 둥글게 모이는 것처럼, 주체적인 자아를 잊고 오직 국가를 위한 삶으로 일관되도록 가르쳤다. 따라서 개인의 완성을 위한 교양교육이나 정서교육은 계획적으로 무시될 수밖에 없었다. 물론 평민들이나 노예들은 그러한 교육마저도 전혀 받지 못했음은 두말할 필요도 없다.

이상에서 보듯 스파르타의 교육은 실전적인 전투능력을 지닌 군인이나 건강한 신체와 강한 애국심으로 단련된 시민의 육성을 그 유일한 목적으로 삼았다. 그리고 교육의 내용도 승마, 활쏘기, 달리기, 수영, 야영 등 전사를 기르기에 적합한 호전적인 내용으로 채워졌으며, 교육 방법 역시 철저한 복종심과 인내심을 기르기에 적합한 혹독한 체벌이나 단식 등과 같은 호전적인 방법으로 일관되었다. 흔히 말하는 '스파르타식 교육'이라는 말도 이러한 가혹한 훈련으로부터 유래된 것이다.

2) 아테네의 교육제도

스파르타가 극단의 통제주의와 편협한 보수주의에 입각한 군국주의를 일관한 데 대하여, 아테네는 자유주의와 진보주의적 입장에서 B.C. 7세기경부터 9인의 귀족에 의한 과두제를 형성하고, B.C. 6세기경에는 현인 솔론(Solon, B.C. 640~558)의 입법에 의하여, 점차로 민주정치에로 나아갔다.

아테네의 교육 목적은 국가사회에 유용한 개인으로서 심신이 조화적으로 발달된 인간 형성, 즉 착하고 아름다운 인간의 육성에 있었다. 스파르타와 더불어 그리스의 도시국가를 대표하는 아테네시대의 교육은 스파르타와 같은 철저한 국가주의 교육이 아니라 훨씬 가족주의적이며, 자유롭고 문화적이었다. 예를 들어, 스파르타 아이들이 그 출생과 동시에 국가의 관리하에 놓인 것과 달리 아테네에서는 얼마간 가정에서 키워졌다. 아테네에서도 연약하거나 불구인 아이들을 죽였는데, 이는 스파르타가 국가 입장에서의 처벌이었다면 아테네에서는 가정 입장에서의 처벌이었다.

아테네의 교육제도는 스파르타에 비해 국가의 통제력이 꽤 제한되어 있었으며, 가정의 책임에 좌우되는 측면이 많았고, 군복무기간도 훨씬 짧았다. 그러나 근본적으로 대내외적인 위협에 대해 지배집단으로서 집단원 모두가 결속하여 동일한 신을 모시고 자기 집단의 존속을 위해 헌신해야 하는 군국주의적 체제였다는 점에서는 대동소이하다. 단지 아테네가 스파르타에 비해 비교적 관대하고 자유주의적이고 문화적이었다는 점은 이론의 여지가 없다. 아마 이러한 차이는 아테네인들의 민족적인 기질 그 자체에서 기인한다기보다는 그들의 삶의 조건에서 기인한다고 볼 수 있다. 즉, 스파르타가 험악한 산악지대에서 그만큼 치열하고 척박한 삶을 살아야 했다면, 아테네는 비옥한 평야지대와 해안가에 위치하고 있어서 농업과 상업을 겸할 수 있었고 그만큼 경제적으로 풍요로운 생활을 즐길 수 있었기 때문이다. 또한 스파르타에 비해 아테네는 민주적인 정치체제가 발달하였다. 그리하여 아테네는 스파르타에 비해 상당히 자유롭고 인간적인 문화가 발달하게 되었던 것이다.

이러한 차이가 결국 교육적 특징에도 그대로 반영되었을 텐데, 그렇다면 아테네의 교육 목적, 교육 내용, 교육 방법 등을 어떠했을까? 교육의 목적은 심신의 균형, 도덕적 교양, 사회적 책임, 자유로운 시민의 양성에 있었다. 그리고 이런 목적에 따라 교육 내용 역시 체육, 음악, 독서 등을 폭넓게 포괄하고 있다. 교육의 단계를 보면, 출생 직후에는 부모의 손에서 양육되다가 7세가 되면 가정에서 '파이다고고스(Paidagogos ; 교복)'라는 노예에게 맡겨져 교육을 받았고, 체조학교(palaestra)와 음악학교(daiaskaleion)에서 체육과 음악을 배웠다. 15세에 이르면, 김나지움이라고 하는 국영훈련소에 들어가 경주, 복싱, 수렵, 수영 등을 배우고, 18세에 이르러 에페베(ephebe)라고 하는 청년단에 들어가 아테네의 신과 국가에 맹세한 후 2년간의 실제적인 전투훈련과 군복무를 마친 후 일정한 시험을 거쳐 완전한 시민이 되었다.

그러나 아테네는 후기에 이르러 개인주의문화가 발달하고, 그와 함께 개인주의적 인문주의교육의 성격이 강화(3학 4과가 주된 교육 내용 ; 문법, 수사학, 변증법 : 산수, 기하, 음악, 천문학)되었다. 그리하여 급기야는 퇴폐적인 향락문화가 범람하게 되고, 국력의 쇠퇴로 인하여 결국 패망의 길을 걷게 된다.

이상에서 그리스를 대표하는 스파르타와 아테네의 교육을 살펴보았다. 마지막으로 한 가지만 지적하고 넘어가면, 우리는 흔히 가장 이상적이고 바람직한 사회상으로 고대 그리스의 아테네를 이야기한다. 특히, 교육적으로 아테네는 가장 이상적인 교육국가, 즉 파이데이아(Paideia)로 그려지곤 한다. 그러나 이 또한 보는 관점에 따라 다를 수 있다. 노예를 인간으로 여기지 않던 귀족 계급에게는 가장 이상적일 수 있었는지는 모르지만, 그들에게 철저하게 착취당하고 억압당했던 노예들의 입장에서 보면 결코 이상적일 수 없는 사회였을 것이다. 극히 일부에게만 교육을 제공해 주는 사회가 이상적인지, 아니면 조금은 부족하더라도 교육을 보다 많은 사람들에게 골고루 제공해 주는 사회가 더 나은 것인지는 스스로 잘 생각해 볼 필요가 있다. 권력이든, 자본이든, 교육이든 어떤 것이든지 간에 그것을 독점하고 있는 사람들이 적으면 적을수록 반대로 그로 인해 고통을 받는 사람들은 더욱 많아질 수밖에 없는 것이다.

4. 그리스의 유아교육사상가들

그리스의 교육사상가로는 소피스트, 소크라테스, 플라톤, 아리스토텔레스가 대표적이다.

1) 소피스트

후기 아테네의 교육실제에 기여한 사람들로 일군의 직업적 교사라고 할 수 있다. 프로타고라스는 개별적 인간을 만물의 척도로 보고 진리는 개별 인간이 지각하고 경험하는 데 있다고 주장하였는데, 이는 물론 인간 중심적인 철학에 해당되지만 그 보편성보다는 개별성을 강조하는 점에서 주관적, 상대적인 인간 중심 철학을 말한다. 따라서 인식에 있어서도 감각 중심이 현상론과 상대론, 회의론 등에 빠지기 쉽다. 게다가 그 가치척도에 있어서도 철학적 · 사회적 기준보다 개인의 주관적 척도를 강조하게 되었다.

소피스트들은 교육의 공리적 측면을 강조하였다. 즉, 교육을 공적 생활의 성공을 위해 필요한 지적 능력의 성취과정으로 규정하여 신체적 · 정의적 요소의 교육을 무시하였다. 그러나 이들은 지식에 대한 접근을 용이하게 하고 지식의 대량 보급에 치중하였으므로, 지식을 대중에게 전파하는 데 관심을 둔 점에서 시민의 계몽이나 교화에 크게 기여하였다.

이들의 가장 뚜렷한 특징 중의 하나는 당시 사회에서 가장 유용한 지식을 수합, 축적하여 이를 공개 시장에서 방매하였다는 점을 들 수 있다. 이는 지식의 상품화와 자본화를 의미하는 점에서 플라톤에 의하여 비난받았으나 당시의 아테네 시민들에게 인기를 얻었으며 당대 최고의 전문적 교사집단으로 인정받았다.

소피스트들의 입장에서 보면, 진리, 도덕, 정의 등의 절대적 기준이 없게 되며 이들의 보편적 권위가 사라지게 된다. 그러나 이러한 소피스트들의 변화에 대한 주장으로 인하여 보편성과 객관성을 강조하는 철학운동이 일어나게 되는 계기가 되었다.

2) 소크라테스

소피스트들이 개인적 성공과 행복을 보장하는 식으로의 인간 형성을 목표로 했다면, 소크라테스의 교육 목적은 덕과 지혜를 실행할 수 있게 하는 인간 형성이었다. 소크라테스는 교육의 목적을 무지(無知)의 세계에서 애지(愛知)의 세계로 개선하여 진리를 보급하는 것이라 하였다. 이러한 진리를 발견하는 방법론으로 대화법(對話法)을 제시하였다. 대화법은 하나의 개념을 귀납적으로 정리하여 보편적 진리를 발견하는 것이다. 교육이란 갖지 못했던 지식을 밖에서 안으로 집어넣는 것이 아니라, 이미 알고 있는 것을 잘 이끌어 내는 작용으로서 산파술(産婆術)에 비유하였다. 반어법(反語法)을 통하여 질문과 심문을 통해 학습자로 하여금 지식의 그릇됨, 즉 스스로의 무지를 깨우쳐 학습자를 무의식적 무지에서 의식화된 무지로 끌어올려야 한다고 하였다.

그의 교육관은 모든 개인들에게 올바른 사고방법과 생활방법을 가르치는 데 있으며 이를 관철과 경험을 통해 깨닫게 하는 데 있었다. 사람들의 편견을 배제하고 무지의 세계를 개선하여 개인적 · 사회적 각성을 유도하려 하였다. 지식의 갈망은 자신의 불충분함과 무지에서 시작하므로 무지는 지식에 대해 필요한 전 단계의 역할을 한다.

소크라테스는 개인은 사고의 훈련 없이는 그 자신의 경험과 의식에서 진리로서의 보편타당성을 발견하기가 어렵다고 주장했으며, 이 진리는 대화의 과정을 통하여 획득 가능하다고 하였다. 대화법은 무의식적 무지에서 의식적 무지로 이르게 하는 반어법의 단계와 관념과 지리를 낳게 하는 기술로서의 산파술의 단계로 구분된다. 소크라테스는 지식의 직접적 분배에 의해서는 도덕적 · 정신적 개선이 불가능하다고 생각했으며, 따라서 소피스트들의 방법에 대항하여 세련된 결론보다는 올바른 결론 형성과정을 강조하게 되었다.

그러나 대화의 방법은 윤리적 원리의 구성에 적용될 때 상당한 적절성을 가지지만 내용의 전문성이 강조되는 내용교과에는 적용이 어렵고 반대사례를 단순 수집하여 일반적 결론을 도출할 때 오류의 가능성이 있고 사고 내용의 타당성보다는 사고의 미묘한 차이에 열중하여 실체 없는 언어의 유희에 빠질 가능성도 있다.

3) 플라톤

플라톤의 교육관은 한마디로 엘리트 중심 교육, 능력주의, 사회의 안정과 기능적 조화를 강조하는 사회 중심적 교육관 등으로 대변된다. 즉, 그는 개인차를 인정하여 교육계획에서도 이를 강조하였는데, 생산자 계급인 3계급에 대한 교육은 실제적 훈련이었고, 이들 중 통치자적인 덕과 기질을 가진 자들을 엄선하여 이들에게는 실제적 목적보다는 정신능력을, 과학 자체보다는 과학의 토대가 되는 추상적 진리, 즉 이데아의 파악을 목적으로 하였다. 그러나 그가 말하는 개인차는 세습적인 신분에 의한 것이 아니라 개인의 능력에 따른 학습의 차이를 인정하여 개인에게 적합한 생활영역에서의 학습을 보장하여야 한다는 것이다.

플라톤은 진 · 선 · 미의 절대적인 가치를 추구하는 이데아 세계 실현을 위한 '유능한 시민의 육성'과 개인적 정의(지혜 · 용기 · 절제의 조화), 국가적 정의(통치계급 · 수호계급 · 생산계급의 조화와 질서)의 실현을 목적으로 하였다. 이데아에 이르는 과정을 환상 → 믿음 → 사고 → 지식 · 지성 → 선의 이데아로 이어지는 분선이론으로 설명하였다. 플라톤은 국가론에서 국가를 대규모의 인간으로 보았다. 제1계급은 통치자, 제2계급은 군인계급, 제3계급은 노동자계급으로 보았으며, 세 계급 중에서 통치 및 군인계급에만 교육이 필요하고 제3계급인 서민에게는 교육이 필요하지 않다고 주장하여 귀족적 교육사상의 모습을 볼 수 있다.

플라톤은 교육을 이상국가에 도달하기 위한 필수적인 도구로서 간주했으며 교육을 사회안정을 유지하기 위한 방편으로 간주했다. 교육이 개인의 사회적 지위를 결정하고 사회의 재구성을 위한 도구로 사용되고 있으므로 교육은 국가적 기능을 수행하며 교육의 사회적 선별 기능을 중시하고 있다.

플라톤은 교육의 가능성과 중요성을 강조하고 있다. 교육은 인격 함양을 돕기 위한 것으로 이의 실현을 위하여 그는 음악과 체육을 중요한 교육 내용으로 다루고 있다. 그는 자유주의교육의 이상을 제시하였으며 여성교육을 허용하고 여성

교육에 있어서 최초의 옹호자가 되었다. 또한 서구에서 최초로 체계적인 교육론을 제시하였으며, 최초의 공교육론을 주장한 교육자였다. 4육론(지육, 덕육, 체육, 미육)을 통해 전인교육을 강조하였으며 놀이 중심의 학습, 능력에 따른 학습, 아동의 흥미에 따른 자발적 학습 등 현대교육에 많은 시사점을 주고 있다.

4) 아리스토텔레스

아리스토텔레스는 마케도니아의 스타게이라에서 태어났다. 17세에 아테네로 여행하여 플라톤이 건립한 아카데미에서 스승인 플라톤이 죽을 때까지 20년간 이곳에 머무르며 철학연구에 몰두했다. 플라톤이 사망하고 나서 소아시아로 옮겼다. 기원전 342년부터 기원전 340년까지 마케도니아의 왕자 알렉산드로스의 가정교사로 있었다. 그가 준 《일리아스》는 대왕이 늘 좌우에 간직하는 서적이 되었다고 한다. 그러나 대왕의 정치사상에까지 큰 영향을 끼쳤다고는 생각되지 않는다. 기원전 335년 아테네에 학원을 개설하고 12년간 강의와 연구에 종사했다. 오늘날 전해지는 방대한 학술서의 대부분은 이 시대의 강의 초고에 바탕을 둔 것이다. 고대 그리스의 철학자로, 플라톤의 제자이며, 알렉산더 대왕의 스승이다. 그는 물리학, 형이상학, 시, 생물학, 동물학, 논리학, 수사학, 정치, 윤리학 등 다양한 주제로 책을 저술하였다. 소크라테스와 플라톤과 함께 고대 그리스의 가장 영향력 있는 학자였으며, 그리스 철학이 현재의 서양 철학의 근본을 이루는 데에 이바지하였다.

아리스토텔레스는 행복을 인생 최고의 목적으로 삼고 교양을 갖춘 자유인의 양성을 교육의 목적으로 하였다. 그는 객관적 · 과학적인 교육 방법을 사용하였고, '신체적 발육 → 습관의 형성 → 이성의 도야'의 교육단계를 제시하였다. 인간의 자연적 발달단계에 따른 순서에 응하여 소질이 계발되어야 한다고 하였고, 3단계

교육의 실시를 주장하였다.

교육을 통해 모든 시민이 행복하고 자유로워지게 할 목적을 달성하기 위해서 교육은 국가적인 사업으로서 모든 국민에게 동일한 것이 되어야 한다. 교육의 목적은 개인의 완성을 통한 행복이다. 교육은 신체의 단련에 기초하여 습관의 형성으로 진행하며 끝으로 지성의 훈련에 이르는 과정을 밟아 가는 것이다.

아리스토텔레스는 이성에 의한 최고선의 실현을 위해서 감각적 · 육체적 생활을 절제해야 한다고 주장했다. 그리고 이성의 작용으로 자아를 실현하는 것을 강조했다. 또한 주의주의적 측면을 가미하면서 소크라테스, 플라톤의 기본 입장을 수용하고 선의지의 중요성을 강조했다(덕은 지식만으로 안 되며 의지가 있어야 한다). 그리고 그는 경험할 수 있는 현상 세계만을 강조하는 형이상학적 일원론을 주장하였고 선의지 함양을 위한 실천 덕으로서 중용을 제시하게 된다. 중용은 이성에 의해 한쪽으로 치우치지 않으려는 의지를 습관화한 덕으로서 충동, 정욕, 감정을 억제해야 한다고 주장했다. 그는 플라톤의 이상주의적 관념을 배격하고 실제하는 것은 현실의 사실세계일 뿐이며 인간 존재 규명에서도 "인간은 사회적, 정치적 동물"이라고 하였다. 이는 개인 윤리를 사회, 국가와 연결시킨 것이라 할 수 있겠다. 그리고 "인간의 윤리적 목표는 행복" 이라고 했고 이 교육의 궁극적인 목적도 이와 같이 보았다.

아리스토텔레스의 유아교육관은 태아교육과 유아교육 등 7세까지의 가정교육은 신체발달 및 도덕적 습관 형성 교육에 주력한다. 습관 형성을 위해 유아는 출생 후 충분한 영양을 섭취해야 하며 적절한 운동을 수반한 놀이를 통하여 신체를 단련해야 한다. 5세부터 2년간은 7세 이후에 배워야 할 것을 참고하여 가르쳐야 한다. 7세가 되면 아동은 초등교육을 받기 시작한다. 어린이를 가르치는 방법은 강요에 의한 방법보다 반복연습을 통해 습관화시킴으로써 몸에 익숙하도록 해주는 것이 좋다.

아리스토텔레스의 목적은 첫째, 이성적인 생활영위이다. 아리스토텔레스는 이성을 실제적인 것과 이론적인 것으로 분리하여야 할 필요가 있다는 것을 알았다. 실제적 이성은 인간정신의 욕구적인 활동과정을 구속하고 적절한 표출로 유도하는 이성이며 이론적 이성은 그 자체로 평가되는 순수활동이다. 아리스토텔레스는 그리스인들이 이성을 가지고 조화의 세계로 이해하려 하였던 것과 같이 순수한 인간 이성을 영위하려는 데 그 교육 목적을 두었다.

둘째, 행복한 생활이다. 아리스토텔레스는 최고선을 행복한 생활을 하는 것에 두었다. 그에 의하면 행복은 중용이라는 덕과 이성적인 행동을 할 때 얻을 수 있다. 그러므로 교육은 이성을 통해서 중용의 덕을 실천하는 데 있다. 여기서 중용은 자기가 놓여진 위치를 바르게 보고 자기 스스로를 깨달아 거기에 적절한 태도를 취하는 행동이다. 따라서 그는 최고선인 행복의 실천을 위하여 중용의 덕을 지키는 이성적인 생활과 행동을 할 수 있는 사람을 만들 것을 교육의 목적으로 삼았다.

셋째, 아리스토텔레스의 교육의 요소는 자연, 습관, 이성이다. 행복을 인생의 최고의 목적으로 삼고 개인의 완성, 교양을 갖춘 자유인의 양성에 두었다. 인간의 영혼은 신체적 힘의 총화로서 신체가 없이는 존재할 수 없다. 교육은 참된 윤리적 생활을 가능하게 하는 것으로 정치적 문제와 관련되어 있다. 본성, 습관, 이성이 함께 해야 교육이 가능하다. 인간의 영혼에 대하여 신체, 즉 객관적 사물을 중시하고 교육의 윤리적 특성을 강조하며 사람을 선하게 하고 미덕을 갖게 하는 것은 천성(본성), 습관과 이성이라고 주장한다. 그의 철학적 관점은 스승인 플라톤과는 대비되게 궁극적 실재는 정신의 세계가 아니라 오직 현실의 사실세계라고 보았으며 『니코마스 윤리학』에서 인간이 달성해야 할 최고의 선은 행복이라 하고 이를 위해 중용의 덕과 이성적인 행동(윤리적 생활)을 통해 얻을 수 있다고 하였다. 그는 『정치학』에서 미덕을 습득하는 방법으로 소크라테스나 플라톤이 주장했던 지식(논쟁이나 이론)을 통한 것은 비효과적이고 천성, 습관, 이성에 의해 미덕을 가질 수 있다고 제시하고 있다.

아리스토텔레스의 사상에는 교육과 정치적 관련성을 담고 있는데, 그는 시민의 교육적 이상을 자유인에 두고 이러한 자유인이 되기 위해서는 정치적인 면과 경제적인 면을 가져야 한다고 보았다. 정치적인 면에서 자유인은 병역에 종사하고 투표를 하고, 공무를 수행하는 것을 의미하여 경제적인 면은 노예가 하는 천한 일을 하지 않는 것을 뜻한다. 그러므로 그리스시대 자유인교육은 노예제도를 바탕으로 한 자유민에 대한 교육을 의미하는 것이다.

그러나 그의 사회, 교육사상은 많은 결함과 반민주적 경향을 포함하고 있다. 즉, 여성의 권리 경시, 인간의 불평등과 노예제도를 자연적인 것으로 옹호했으며, 타국의 문화에 대해서도 경멸했다. 직업교육과 기술교육을 자유인의 덕의 실현을 방해하는 것으로 생각하여 이를 가치 없는 것으로 주장한다. 이성이 인간의 유일한 본질로 보기 어려우며 감성과 정서도 인간의 본질을 구성하는 점에서 그의 이성 중심 인간관도 문제를 안고 있다. 인간의 특성 가운데 어느 한 요소만을 지나치게 강조하게 되면 인간에 적합한 교육도 그 방향에만 치중하게 되므로 오히려 전인적 발달을 저해할 가능성이 크다.

아리스토텔레스는 플라톤의 지나친 이상주의를 배격하고 실제의 기반을 현실 사물 세계로 끌어내렸다. 또한 플라톤과는 달리 교육은 모든 시민에 대하여 동일한 것으로 보았다. 생활을 위해서 실용적인 지식이나 기능습득이 필요하다고 보았고 교육은 사람들이 여가와 평화를 통해 교양을 얻고 덕성을 길러 자유인으로 살아가도록 하는 것이라고 보았다. 이러한 교육사상은 중세의 스콜라 철학과 실학주의 사조를 거쳐 오늘날 실용주의적 교육사조에까지 영향을 미치고 있다.

소크라테스는 헬레니즘 시대와 그 이후 시대의 고등교육에 영향을 주었다. 반대자들도 자신들의 학교에서 수사학을 교육과정으로 인정하였으며, 로마는 물론 중세시대에도 수사학이 중요한 교과로 인정되었다. 소크라테스의 웅변교육은 플라톤의 철학교육과 더불어 그리스 고대교육의 두 유형으로 확립되었다. 두 유형의 교육은 상호 경쟁적으로 보완하면서 고대의 문화적 · 정신적 전통을 풍부하게 했으며 서양교육에 지대한 영향을 끼쳤다.

그리스교육의 중요한 의의는 처음으로 개인발달의 기회를 인정했다는 것이며 이는 결과적으로 진보를 낳았다. 그들 사회조직에서의 사회진보는 다양한 방면에서의 인격발달을 허용한 자유와 개인의 가치를 모든 형태로 표현하는 것을 존중한 결과였다. 이러한 특징으로 볼 때, 그리스인은 처음으로 자유교육의 개념을 만들어 내었다. 과거 어느 시대에도 그리스인들만큼 19세기와 20세기에 나타난 교육문제와 유사한 문제를 인식한 민족은 없었다.

또한 그리스교육은 균형 잡힌 신체와 원만한 정신의 조화로운 발전을 위한 '미래 교양교육'을 시행하였다. 과거 오리엔트 문화가 신 중심이었던 반면 그리스 문화의 특징은 인간 중심주의다. 이는 후에 문예 부흥기를 거쳐 계몽시대 · 신인문주의 시대를 거치는 동안 계속하여 서구 사회의 정신적 지주역할을 해왔다. 오늘날 현대교육의 심각한 문제 중의 하나로 제기되고 있는 지식 위주의 기능주의적 교육관을 바로잡는 데 있어서도 고대의 인본주의적 사고는 커다란 시사점을 주고 있다.

제2장

로마의 유아교육사상

1. 로마의 사회와 문화

로마는 그리스로부터 서양의 고전 고대문화를 이어 받아 집대성하였다. 로마는 이탈리아 반도의 중서부 티베르강변의 라티움 평야에 세워진 작은 도시국가로 출발하여 지중해 세계를 통일한 대제국으로 성장 발전하였다. 로마의 호메로스로 일컬어지는 베르길리우스에 의하면 로마는 기원전 753년에 로물루스와 레무스가 건국하였다고 한다. 로마는 기원전 6세기 초에 에트루리아인의 지배를 받았으나 기원전 6세기 말(509년)에 공화정을 수립하였다. 그리고 기원전 3세기에는 이탈리아 반도를 통일하였고, 기원전 1세기에는 지중해 세계를 통일하였다.

왕정시대에는 왕은 군사, 제사, 사법상의 최고권을 쥐고 있었으나 선거에 의해 선출되어 귀족들에 의해 견제되고 있었다. 귀족들로 구성된 원로원과 씨족의 대표인 쿠리아회가 국가의 중대사를 결정하였다.

공화정시대에는 종래의 왕 대신에 귀족 중에서 두 명의 집정관을 선출하여 통치하였다. 입법기관으로는 많은 인원의 귀족으로 구성된 원로원과 민회가 있었다. 그러나 원로원이 사실상의 최고기관으로서 집정관과 민회를 지배하고 있었다. 정권을 독차지한 귀족들은 권력을 행사하였고 이에 따라 평민들의 불만은 높아갔다. 특히, 로마가 발전해 감에 따라 평민들의 수는 격증하였고 귀족들로서도 평민들의 협조와 도움이 필요하였다.

기원전 494년에는 평민들이 귀족들에 대항하여 반란을 일으켰고, 귀족의 양보로 평민회와 호민관을 설치하였다. 그리고 기원전 449년에는 로마 최초의 성문법인 12표법이 제정되어 평민은 귀족과 동등한 권리를 인정받았다. 이어 기원전 367년에는 리키니우스-섹스티우스법이 제정되어 집정관 중 1명은 평민 중에서 선출하게 되었으며, 기원전 287년에는 호르텐시우스법이 제정되어 평민회의 결의는 원로원의 비준이 없어도 효력을 지니게 되었다.

로마는 BC 264~146년까지 세 차례에 걸쳐 벌어진 포에니 전쟁에서 카르타고를 정복하고 서지중해 세계의 패권자가 되었다. 특히, 제1차 포에니 전쟁 이후 로마는 속주 통치방식을 택하였다. 로마는 기원전 30년에 이집트를 속주로 삼게 되자 마침내 전 지중해 세계가 로마의 통치하에 들게 되었다. 작은 도시국가로 출발했던 로마가 이제 거대한 해외 영토와 막대한 부를 지닌 대제국으로 발전한 것이다.

광대한 영토를 가진 로마는 기원전 27년에는 아우구스투스에 의한 제정이 성립하였다. 그 이후 로마는 200년간 소위 로마의 평화를 구가하였다. 그러나 2세기 말경부터 정치가 문란해져 395년에는 로마를 수도로 하는 서로마제국과 콘스탄티노플을 수도로 하는 동로마제국으로 분할되었고 서로마제국은 476년에 그리고 동로마제국은 1453년에 각각 멸망하였다.

로마문화의 특성으로 꼽을 수 있는 것은 다음과 같다.

첫째, 절충적 성격이다. 로마인들은 선진문화권이던 그리스문화를 받아들이는 등 선행하는 모든 문화를 거의 다 흡수하여 폭과 깊이를 부여하였다.

둘째, 실용적 · 실제적인 성격을 들 수 있다. 로마인들은 추상적이고 명상적인 면보다는 실용적인 토목공법이나 의학을, 창작과 미학적인 면보다는 현실적인 과학 기술과 법률을 발달시켰다.

셋째, 로마문화의 교량적 역할을 들 수 있다. 로마에 의해 그리스 및 그 이전의 고전 문명의 '유럽화'가 달성되었다. 철학은 그리스 철학을 보존하였으며, 로마의 법 개념은 오늘날까지 통용된다.

로마의 역사는 초창기의 왕정시대, 이탈리아 반도를 통일하기 전의 전기 공화정시대, 이탈리아 반도를 통일하고 지중해 세계를 재패했던 후기 공화정 시대, 제정시대로 구분할 수 있다. 로마의 교육도 이 구분에 따라 변화하고 있다. 즉, 왕정시대의 교육에 관해서는 자세히 알 수 없다. 전기 공화정시대에는 로마 고유의 전통과 이상을 바탕으로 한 가정교육이 이루어졌던 시기이며, 후기 공화정 시대에는 그리스 문화가 유입되어 로마의 교육이 그리스화하기 시작하는 시기였고 학교교육이 나타나기 시작하는 시기이다. 그리고 제정시대에는 그리스 교육이 로마의 교육을 지배했던 시기이고 국가가 교육에 간섭하기 시작하여 교육권이 국가의 수중으로 들어갔던 시기이다. 아울러 학교교육이 상류사회의 허례허식을 위한 장식용이 되었던 시기이기도 하다.

2. 로마의 교육 목적

로마인들은 직업이나 경제 등과 같은 실제 생활에 관심이 컸다. 그러므로 교육도 문화적 특성에 기인하여 극히 실질적이고 실용적이었다. 로마의 교육은 크게 전기 공화정시대의 교육과 후기 제정시대의 교육으로 대별된다.

초기 로마인의 교육의 목적은, 용감한 병사, 의무 관념이 강한 국민을 만들기 위한 국가적 이익 때문에 개인의 자유를 억제하는 데 있었다. 초기 로마인의 교육은 실제 생활을 위한 명백한 훈련이었다. 그 목적은 선량한 시민, 선량한 군인, 선량한 노동자, 즉 선인의 발달에 있었다. 선인이라는 것은 자신의 권리 운용과 의무, 책임의 수행에 대한 모든 기본적인 덕을 소유한 사람을 말한다.

후기 로마의 교육의 목적은 주로 지적 발달을 지도하는 데 있었다. 언어의 능력과 공적 담화 및 토론의 성공이 훈련의 목적이었다. 이상적으로 교육된 연설가라고 생각되었던 연설가는 선량한 시민이 되어야 가능했다. 교육의 기능은 연설에 능숙해서 국가에 실제적 봉사를 할 선량한 사람을 양성하는 데 있었다. 진정한 연설가가 될 수 있는 세 가지 조건으로는 도덕적 성격, 넓은 교양, 자신 있게 말할 수 있는 능력이 있다.

로마인의 조직화된 학교제도의 목적은 학생들에게 공적 생활을 준비시키는 데 있었다. 키케로는 그의 웅변론에서 퀸틸리안은 그의 웅변교수론에서 전적으로 웅변가를 이상적으로 교육된 사람으로 규정했다. 모든 사람은 학문을 공적 봉사에 실제적으로 이용하는 진정한 웅변가로 생각하였다. 또 그는 넓은 기본적 교양을 가져서 근본적으로 선량한 인간이 되지 않으면 안 된다고 생각하였다. 그래서 공화정과 초기 제국시기에는 사회봉사에 대한 훈련이 그들의 이상이었다.

로마교육의 특징은 실제교육이고, 로마인들은 공리적이어서 삶의 가치나 기준을 실제적 유용성에 두었다. 로마인들은 완고한 현실주의자였다. 로마의 교육의 형태를 보면 초기의 로마시대는 가정교육이 중심이 되어 교육이 이루어졌고(가정교육 중심: 로마의 청소년들은 주로 가정을 통해 자신들의 도덕적 성격을 함양해 나갔다. 가정에서 아버지는 덕육과 체육을 담당하였고 어머니는 손수 자녀를 양육하였다), 곧 그리스문화가 유입되면서 로마교육은 그리스화되며 세계주의적 성격으로 변해갔다.

그러면서 초기 로마교육의 후반이 되면서 사립 초등학교인 루두스가 설립되었다(루두스: 어린이들에게 읽기, 쓰기, 셈하기의 기초능력을 가르쳤다. 하지만 이때 루두스는 로마교육의 주가 되지 못하고 가정교육의 보조수단 정도였다). 로마의 영토가 점점 확대되고, 그리스의 문화가 유입되기 시작하면서, 조그만 국가이던 로마가 세계 강국이 되면서 세계 중심적인 문화를 접하게 되었고, 이렇게 되면서 처음으로 라틴 문학이 발생하게 되고, 중학교가 생겨나기 시작했다. 이때에는 안드로니쿠스의『오디세이』를 라틴어로 변역하여 학교에 사용하면서 여러 라틴문학들이 도입되었고, 로마의 교육을 빠르게 발전시켰다. 그리고 이 시기에는 초등학교 수준인 루두스와는 질적으로 구별되는 그리스의 문법학교가 도입되었다. 중등학교 수준인 문법학교에서는 교사가 그리스어 문법을 학생들에게 교수하였다.

기원전 1세기경에는 라틴어 문법을 가르치는 학교도 설립되었으며, 그 후부터는 그리스어와 라틴어 문법을 가르치는 학교가 서로 병존하면서 중등학교 체제를 유지하였다.

공화정시대부터 그리스의 학교가 도입되기 시작하였지만, 제정시대에 이르러서는 더욱 강화되었다. 루두스는 제정시대에도 가장 일반적인 초등교육기관이었으며 읽기, 쓰기, 셈하기, 12동 판법을 주로 가르쳤다. 하지만 루두스는 사회적으로 중요한 교육기관으로 인식되지 못하였고, 그리스로 부터 도입된 문법학교는 루두스처럼 사립학교였지만 정부의 지원이 잘 되어 있고, 교육의 정비도 잘 되어 있었다. 문법학교에서는 고등교육의 예비과정으로서 중세 7자유학과의 기초가 되는 문법, 수사학, 논리학, 산수, 기하, 음악, 천문학 등의 다양한 교과를 강의 하였다.

로마의 고등교육기관으로는 수사학교와 철학학교가 있었다. 이런 학교들은 공화정 말기에 그리스로부터 도입되었으며 수사학교가 주종을 이루었다. 철학학교는 제정시대 초반 지방도시에는 많이 있었지만 로마나 서방의 도시에서는 쉽게 찾아볼 수 없었다. 이에 반하여 수사학교는 대단히 발달하였다. 그 이유는 수사학교를 통해 웅변가를 양성하였기 때문이다. 로마인에게 있어서 웅변가는 전형적인 인간상으로 인식되었으며, 변론은 공직자에게 가장 필요한 구비요건 중의 하나였다. 따라서 사회의 분위기에 따라 로마의 제정시대에는 많은 곳에 수사학교가 생겼고, 수사학교의 교육 목적은 변론에 능한 웅변가의 양성에 있었으며, 문법학교에서 올바른 표현능력을 배우고 익힌 학생들을 받아들여 장차 로마사회에 기여할 유능한 웅변가를 양성해 냈다. 수사학교는 문법학교를 마친 16, 7세의 청소년들을 수용하여 수사학을 중심으로 그리스와 라틴어 문법, 문법, 문학, 철학 등을 가르쳤다. 수학연한은 정해지지 않았으며, 각자의 지적 욕구에 맞추어 과정을 이수하였다.

로마의 학교교육이 제정시대에 들어와서 급속도로 발달하게 된 까닭은 로마의 제왕들이 교육에 대한 적극적인 지원과 관심을 보여 주었기 때문이었다.

3. 로마교육의 개관

1) 공화정시기의 교육

공화정 초기에는 특별한 학교가 발견되지 않는다. 주로 가정에서 로마 고유의 전통과 경건한 신앙생활을 바탕으로 한 실천적인 인간, 즉 선량한 시민(Vir Bonus)을 기르는 교육이 실시되었다. 이에 대해 터커(T. G. Tucker)는 초기 로마에서의 이상적인 교육이란 '신과 국가와 가족에 대한 의무를 훈련'하는 것이었다고 지적하였고, 윌킨스(A. S. Wilkins)는 "소년의 정신과 몸이 건강하고 강인하게 자란다면, 만일 그가 신들과 부모와 조국의 법률과 제도를 경외한다면, 만일 그가 전통적인 농업 방법에 익숙하고 또 평화시에 공적인 일을 지도하며 전시에 전쟁터에서 할 일에 관한 지식을 가지고 있다면 그리고 만일 소녀가 겸손하고 덕스럽고 근면하기를 배웠고 가계의 의무에 능숙하다면 이것은 필요한 모든 것, 즉 부모가 기대하던 바대로 아동들이 성장해야 할 것들이다"고 지적하였다.

이와 같이 로마 초기의 교육은 그라비타스(gravitas)라는 선한 성품을 기르는 교육이었다. 이와 같이 초기 로마의 교육은 가정적인 미덕과 국가와 사회를 위한 봉사를 중시하는 것이었다. 그리고 그것은 가정을 중심으로 한 로마 고유의 전통을 존중하는 것이었다. 초기 로마인들에게 있어서 최상의 능력은 전통에 따르는 능력이었고, 최상의 목적은 전통을 유지하고 그것으로부터 이탈하지 않는 것이었다.

로마시대의 공화정

로마에서는 아이가 태어나면 아버지의 무릎 앞에 눕혀 놓고 아버지가 아이를 들어 올리면 그를 인정하고 책임지겠다는 뜻으로 받아들였고, 만약 아버지가 얼굴을 돌리면 자식으로 인정하지 않고 버림을 받았다. 아이가 아버지로부터 인정을 받으면 남자는 아흐레에 그리고 여자는 여드레에 정결을 위한 제사를 드렸고 이름을 지어 주었다. 이 날에는 부모, 친척, 때로는 집안의 노예들까지도 조그마한 선물을 준비하여 축하를 하였다.

이때의 선물로서 황금으로 된 초승달 모양의 목걸이나 반지를 주었다고 한다. 로마의 아동들은 어렸을 때부터 가족의 종교적 의무를 다하도록 양육되었다. 로마의 가정은 여러 신들로 둘러싸여 있었다. 여신 레바나(Levana)는 아버지가 아이를 들어올리는 일을 관장하였고, 쿠니나(Cunina)는 요람, 먹고 마시고 자는 일을 관장하였던 에둘리아(Edulia), 포터카(Potica), 쿠바(Cuba)가 있었던 바 이들에 대한 제사는 아이가 젖에서 굳은 음식으로 또는 요람에서 침대로 넘어갈 때 경배되었다. 또, 바티카누스(Vadcanus)는 아이의 언어의 시작을 담당하는 신이었다. 이와 같이 가정의 분위기는 종교적인 색채가 짙었고, 아이들이 자주 입었던 자주색의 끈이 달린 겉옷(toga)과 목둘레에 걸쳤던 원반형의 옷(bulla)은 로마의 사제들이 제사 때에 입던 것과 같은 모양으로서 종교적인 의미를 지닌 옷이었다.

초기의 로마인들은 로마 고유의 건실한 가정생활을 바탕으로 모범적인 생활을 하는 부친과 선량하고 현명한 모친의 역할을 직접 보고 배우면서 자랐다. 그러다가 아이들이 7세가 되면 아버지의 손으로 넘겨져 아버지는 아이들의 좋은 동료이자 교사로서 아이들이 살아가는 동안 필요한 모든 것을 가르쳐야 할 책임을 맡게 된다. 아이들은 아버지를 따라다니면서 로마 고유의 생생한 전통과 그 모범을 직접 배웠고 아버지와 함께 농장에 나가 같이 일하였다. 그리고 종교 행사가 있을 때에는 직접 참가하였다. 아이들은 아버지와 함께 직접적인 참여를 통해 시민으로서의 권리와 의무를 배웠다. 특히, 부친은 로마 고유의 전통과 가치의 체현자로서 애국심과 책임감을 길렀다.

이 당시 로마에서 훌륭한 로마인이라고 하면 신에 대한 경건한 신앙심과 근면하고 애국심이 있으며, 책임감과 의무감이 강하고 자기를 통제하고 희생할 수 있는 용기 있는 인간을 가리켰다고 한다. 그런데 로마인들이 말하는 이러한 미덕은 부친에 의해 제시되었고 자녀들은 이를 수용하고 모방하였다. 흔히 우리는 로마의 전형적인 아버지상으로서 카토(Cato)를 드는데, 플루타크는 그의 영웅전에서 카토의 자녀교육에 관하여 다음과 같이 서술하고 있다. 이를 살펴보면 초기 로마의 부권을 통한 교육적인 이상이 잘 표현되어 있다. "카토는 훌륭한 아버지이자 존경받는 남편이었다. 그는 탁월한 원로원 의원이 되는 것보다 좋은 남편이 되는 것이 더 큰 명예이며, 소크라테스가 힘겨운 아내와 평화롭고 조용하게 살았던 것보다 더 존경스러운 것은 없다고 말하곤 하였다. 그는 그의 아이가 태어났을 때 그의 아내가 아기를 목욕시키고 배냇옷으로 감쌀 때 그가 함께 있지 못한 것처럼 힘든 일은 없었다고 하며, 그는 가정교사가 있었음에도 불구하고 직접 자녀를 데리고 강물의 흐름과 소용돌이를 알려 주며 수영을 가르쳤고, 직접 역사서와 훌륭한 인물에 관한 이야기책을 저작하여 글자를 가르쳤고, 아이들의 면전에서는 신앞에서 행동하는 것처럼 경건하게 행동하려고 노력하였다."고 한다. 이와 같이 카토는 자식의 교육을 사회적, 정치적 활동이나 그 무엇보다도 우선시하였음을 알 수 있고, 그는 자녀교육을 위하여 자신의 의무임을 자각하고 항상 시간을 아끼지 않고 열성을 다하고 있었던 모습을 통해 오늘날의 우리들이 무엇을 잃고 있는지를 생각할 수 있게 해준다.

이와 같이 초기 로마의 교육은 지식의 전수가 아니라 전통의 전달과 사회생활을 통한 체험의 교육이었다. 이러한 교육은 적어도 포에니전쟁 때까지 지속되었다. 따라서 로마에서 학교교육이 나타나기 시작한 것은 공화정 후기에 와서였고 기원전 3세기 중엽 이후의 일이었다. 공화정 시기의 말경에는 루두스(ludus)라는 초등학교가 나타나 읽기, 쓰기, 셈하기의 기초를 가르치기 시작하였으나 이것은 어디까지나 가정교육을 보충하기 위한 것이었을 뿐만 아니라 소수의 부유층의 자녀에 한정되어 있었다. 따라서 대부분의 로마 가정에서는 실생활과 결부된 전통적인 교육을 실시하고 있었다.

기원전 450년경에 성립되어 그후 10세기에 걸쳐 로마사회의 법적인 기초가 되었던 12동판법(lex duodecim tabularum)에 의하면 로마의 부친이 자기 아이에 대해 가지는 권리는 절대적이었다. 부친은 아이의 생사를 결정할 수 있는 권한을 지니고 있었고 자녀에 대한 이러한 지도감독권은 평생에 걸쳐 지속되었다. 그러나 이와 함께 부친은 자녀를 로마인으로서의 신성한 의무를 다할 수 있도록 교육할 의무를 지니고 있었다. 부친은 자녀에게 로마 고유의 전통을 전수하였고 자녀와 함께 종교적인 의례나 일상생활에 참가함으로써 장차의 사회인으로서의 준비를 시켰다.

공화정 후기에 들면 그리스문화의 침투와 함께 로마의 고유한 문화는 변질을 겪게 된다. 그리스문화에 접촉했던 로마 상류계층의 사람들은, 특히 그리스의 변론술과 문법, 수사학 등에 관심을 가졌다. 그리하여 상류계층을 중심으로 그리스식의 문법과 변론술의 교육이 유행하였다. 이것은 당시에 대중을 지도하기 위해서는 상대를 설득하고 용기를 고취하는 능력을 필요로 하였음과 맞물리고 있다.

그리하여 마침내 로마의 상류 가정을 중심으로 그리스의 노예를 가정교사로 고용하여 교육하는 사적인 교육이 이루어지기 시작하였고, 이와 함께 그리스인 교사에 의한 학교교육도 발달하기 시작하였다.

많은 사람들의 호응이 있었으나 카토와 같은 국수주의자들은 그리스문화의 유입에 경계를 하기도 하였다. 그는 로마 고유의 전통을 바탕으로 하는 교육을 몸소 실천하였다. 그러나 호라티우스가 지적했던 것처럼 그리스는 '정치적으로는 로마에 정복을 당했지만 문화적으로는 로마를 압도'하여 그리스문화는 로마로 도도히 흘러 들어갔다. 그리하여 로마의 교육은 그리스화되기 시작하였고 이윽고 그리스식의 학교교육이 발달해 갔다.

공화정 후기의 학교교육은 3단계로 진행되었는데, 이에 대해 아푸레이우스(Apuleius)는 다음과 같이 은유적으로 표현하고 있다. "첫 번째 잔은 갈증을 위한 것이었고, 두 번째는 즐거움을 위한 것, 세 번째는 육체적인 즐거움을 위해서, 그리고 네 번째는 어리석음을 위해서 이다. 뮤즈의 축제에서는 우리가 마시면 마실수록 우리 영혼은 지혜와 이성을 얻게 된다. 첫째 잔은 우리의 투박한 정신을 다듬어 내기 시작하는 독서교사(litterator)가 채우고, 다음 잔은 다양한 지식으로 우리를 치장하는 문법교사(grammaticus)를 통해서 채워진다. 마지막 잔은 우리의 손

아귀에 용변의 무기를 쥐어 주는 수사학 교사(rhetor)의 순배이다." 독서교사는 읽기, 쓰기, 셈하기와 기초적인 지식을 가르쳤고, 문법교사는 어형 변화와 어법을 가르쳤으며, 수사학 교사는 수사학과 변증법을 가르쳤다.

2) 제정 시기의 교육

로마는 소 농업국가에서 식민지를 가진 대제국으로 발전하면서 그 교육 형태도 변화해 갔다. 로마의 제정기에는 교육에 대한 국가의 간섭과 보호가 증대되어 갔다. 이를테면 베스파시아누스 황제(69~79 재위) 때에는 칙임교수제도를 도입함으로써 국고에서 급료를 지불하고 있고, 안토니우스 피우스 황제(138~161 재위) 때에는 문법학자, 수사학자, 철학자들에 대한 조세와 면역 특권이 부여되고 원로원급으로 대우하기도 하였다.

한편, 로마가 점차 대제국으로 발전해 가자 로마의 고유한 전통적인 가치를 고수하는 것만으로는 부족하였다. 로마가 기원 146년에 지중해 전역을 지배하게 되자 로마의 통치자들에게는 더 세련된 정치적 관리능력이 요청되었다. 로마의 지도층에서는 지적인 결핍을 느끼기 시작하였고 이에 따라 그리스로부터 학자, 노예, 책 등이 유입되었다. 그리하여 점차 로마 고유의 문화적인 전통은 무너져 갔고 가정에는 사치와 향락이 번져갔다.

가정의 부친들도 집을 비우는 시간이 점차 증가하여 갔고 비형식적인 가정교육만으로는 부족함을 느꼈다. 그리하여 로마에는 그리스식의 학교교육이 발달하여 갔다.

학교교육이 발달함과 함께 교육 내용도 변화하여 문법, 수사학 등이 강조되었고 12동판법 대신에 오딧세이가 대체되기도 하였다. 그리하여 교육의 목적도 교양과 유창한 언어능력을 갖춘 훌륭한 웅변가를 양성하는 것으로 변화하였다.

제정기의 로마인들에게 있어서 웅변가는 교양이 있는 전형적인 인간이었을 뿐만 아니라 정치적인 입신 출세의 첫째 조건이었다. 그리하여 제정시대에는 곳곳에 수사학교가 설립되었으며, 이 학교에서는 변론술에 뛰어난 훌륭한 웅변가를 양성하였다. 즉, 문법학교에서 닦은 언어의 올바른 표현법을 토대로 화려한 미사여구를 활용한 변론술을 목표로 하는 학교가 생겼던 것이다. 수사학교에서는 문법학교를 졸업한 16, 7세의 아동을 수용하여 문학, 철학, 수사학, 변론술을 가르쳤다.

4. 로마의 유아교육사상가들

1) 키케로

전통적인 종교와 도덕적인 신념을 수용하면서 의무에 순종하고 자기도야를 강조하는 스토아 철학과 소크라테스, 플라톤, 아리스토텔레스로 이어지는 덕의 사상을 주장하였다. 그가 남긴 대표적 저서로는『웅변론』이 있다. 키케로는 그의 웅변술을 통하여 그리스의 전통적 가치와 이상을 라틴 세계에 널리 알린 그리스문화의 대변자이었다. 키케로의 영향으로 로마교육의 기본 목표는 의사전달의 중요한 수단이 되는 대중 연설의 기술을 증진시키는 일이 되었다.

그리고 그는 인간의 성향은 기본적으로 선하다고 보았으며, 교육은 선을 실현할 수 있도록 하는 데 의의가 있다고 하였다. 따라서 키케로의 교육 목적은 교육을 통한 선의 실현에 있었으며, 이런 목적의 실현이 인간에게 행복을 찾을 수 있게 한다는 것이다.

따라서 키케로는 이런 목적의 실현에 적합한 인간상으로 웅변가를 제시한다.

웅변가는 넓은 교양과 훌륭한 인간성을 갖추어서 선을 내세우는 토론에 능숙하게 임하며 공명정대한 대의를 부르짖는 자라고 하였다. 키케로가 말하는 웅변가는 듣기 좋은 말만 택하거나 감정을 자극하는 언사를 펼쳐 자신의 사용을 채우는 담론가가 아니다.

키케로가 내세우는 훌륭한 웅변가가 갖추어야 할 조건은, 첫째, 수사학, 문학, 역사, 정치학, 법률학, 철학 등에 정통하여야 한다. 둘째, 스토아 철학의 가치들, 즉 명예심, 의무감, 애국심, 자기도야정신, 공공 봉사정신 등을 이해하고 실천하여야 한다. 셋째, 상대방에게 자기의사를 표현할 때 지나친 감정, 장황함, 과장됨을 삼가고, 과격한 표현이나, 단조롭거나 무미건조한 표현을 피해야 한다. 넷째, 웅변가는 명쾌하게 진리를 밝히기 위해서는 균형 잡히고 정확하며 잘 정리된 문장을 사용하여야 한다. 다섯째, 웅변가는 타인의 의견, 신념, 관심사항을 존중하고 그들의 지적 자유와 자기표현의 권리를 보호할 수 있는 관대하고 친근한 사람이 되어야 한다. 여섯째, 웅변가는 의사를 결정하기 전에 논의의 여지가 있는 문제들에 대해서는 항상 다양한 견해를 살펴야 한다.

키케로에 따르면 이런 자질을 갖춘 웅변가는 자기 자신의 근본적인 신념은 포기하지 않으면서도 항상 다양한 견해 가운데서 어떤 진리를 발견할 수 있으며 어려운 문제에 대해서는 마침내 합리적인 합의를 이끌어 낼 수 있다고 보았다. 교육은 개인을 행복하게 이끄는 일일뿐만 아니라 국가를 위한 지도자를 배출하는데도 큰 역할을 함을 강조하였다. 그리하여 그는 “현재와 같이 도덕적 퇴폐로 인하여 길을 잃고 있는 이 나라의 청년들을 인도하여 올바른 길을 가게 하는 노력에 있어 교육은 한층 더 중요하게 국가에게 보답하는 길”이라고 하였다.

2) 퀸틸리아누스

퀸틸리아누스(Marcus Fabius Quintilianus, 35~96)는 스페인의 카라구리스에서 태어나 로마에서 교육을 받았다. 그는 로마에서 수사학 교사로 활약하였다. 그는 교육실천가로서 20여 년간 웅변술과 수사학을 가르쳤다. 그는 베스파시아누스 황제의 명을 받고 최초의 칙명 수사학 교수가 되었다. 그의 대표적인 저술은 『웅변술 쇠퇴 원인론』, 『웅변가의 교육』 등이 있다. 웅변가의 교육은 20여 년간의 교육 체험과 2년여의 저작 기간을 거쳐 완성된 교육론이다.

퀸틸리아누스의 교육론은 그의 저작 "웅변가의 교육"에서 알 수 있다. 이 책은 수사학 교수 체험을 바탕으로 한 자신의 아들에 대한 교육론이었다. 그는 이 책에서 훌륭한 웅변가를 양성하기 위한 유아기에서부터의 이상적인 인간 형성과정을 서술하였다. 그는 이상적인 웅변가는 연설에 대한 재능뿐만 아니라 정직, 용기, 인내 등의 덕목과 좋은 성격을 지닌 자라야 한다고 보았다. 이 책의 내용은 다음과 같다.

- 제1권 : 유아기의 교육, 가정교육에 대한 학교교육의 우월성, 아동의 학습 능력과 성격의 차이, 놀이와 체벌, 문법, 외국어 · 국어 정어법, 변론술에 필요한 학과 등을 언급함
- 제2권 : 교사의 선택, 교사의 자세, 변론술의 기초연습, 변론가의 지식의 범위 등을 언급함
- 제12권 : 변론가에 대한 정의와 활동무대, 변론의 형태, 은퇴 후의 임무 등을 언급함

새는 날 수 있는 능력을 지니고 태어나고, 말은 달릴 수 있는 능력을 지니고 태어나듯이 인간은 선천적으로 학습능력을 지니고 태어난다. 따라서 우둔해서 가

르칠 수가 없는 경우는 드물고 만약 그런 아이가 있다면 그것은 예외적인 경우의 일이며, 그런 경우는 숫자상으로도 그리 많지 않다. 물론 태어나면서부터의 능력의 차이는 있다. 그렇다고 가르쳐도 효과를 볼 수 없을 정도의 사람은 없다. 그런데 아이가 점차 성장하여 감에 따라 태어나면서부터 가지고 나오는 이러한 학습능력이 점차 사라지는 것으로 생각하는데, 이것은 잘못이다. 인간의 학습능력은 우리들이 주의 깊게 관찰하지 않아서 없어진 것처럼 보인 것일 뿐이지 결코 없어지는 것이 아니다.

유아기는 가정에서 어머니와 유모의 양육을 받는 시기이다. 이 시기의 유아도 무엇인가를 잘 배울 수 있다. 따라서 유아기를 허비해서는 안 된다. 유아는 새하얀 양털과 같은 존재이다. 양털이 한 번 더러운 색으로 염색이 되면 다시는 잘 지워지지 않는 것처럼 유아기의 경험은 결정적인 영향을 미친다. 그러므로 초기의 유아교육은 매우 중요하다. 따라서 유모에게 맡긴다거나 소홀히 해서는 안 된다. 이 시기의 유아는 모방력이 강하기 때문에 성품이 높고 식견이 있는 사람이 지도해야 한다. 특히, 이 시기의 유아를 주위 사람들의 언어를 모방하기 쉽다. 그러므로 정확한 언어를 사용해야 한다. 이 시기에 유아의 교육을 노예에게 맡기면 부모의 영향력은 점차 감소해져 나중에는 부모의 말을 듣지 않는다.

유아를 지도함에 있어서는 유아들의 자질이나 재능에 맞도록 해야 한다. 유아들은 각각 서로 다른 특성을 지닌 다종다양한 존재이다. 그러므로 학습에 있어서는 개인차를 고려해야 한다. 조숙한 아이가 있는가 하면 대기 만성형의 아이가 있기도 하다. 유아들은 일책부터 상아 글자를 가지고 놀면서 놀이를 통해 라틴어와 그리스어를 배운다. 유아들의 지도 시 체벌을 해서는 안 된다. 체벌은 유아들에게서 밝고 명랑함을 빼앗을 뿐만 아니라 성격을 둔하게 만든다. 또 주위의 유아들에게도 공포감과 불안정을 준다. 체벌을 많이 사용하는 교사는 열등한 교사이다. 교사가 지도력이 있으면 체벌을 않고도 지도할 수 있다.

상류계층의 가정에서는 학교교육을 등한시하고 훌륭한 가정교사를 고용하여 교육을 하고 있다. 이들은 한꺼번에 많은 아이들을 가르치면 세심한 지도가 어렵고 다른 가정의 아이들로부터 나쁜 영향을 받기 쉽다는 이유로 학교교육을 꺼리고 있다. 퀸틸리아누스는 이에 대해 오히려 당시의 가정생활이 무질서하고 비교육적인 면을 지니고 있음을 지적하고 "우리들은 아이들을 요람에서부터 망치고 있다"고 주장하였다. 그는 당시의 가정에서의 사치와 오만, 무절제, 자녀교육의 등한시 등을 지적하고 아이들이 가정에서부터 사치스럽고 나약하게 길러지고 있음을 비판하였다. 그리하여 그는 당시의 상류계층에서 무시하고 있었던 학교교육이 오히려 아동들의 자주성과 사회성을 기르고 자연스러운 우정을 형성할 수 있는 좋은 기회를 제공할 수 있다고 보았다. 또 그는 어차피 장차 사회에서 활동해야 할 아동은 일찍부터 여러 동료들 속에서 생활하는 훈련이 필요함을 강조하였다. 그리하여 그는 학교교육의 우월성을 강조하였다.

제3장

중세의 유아교육사상

1. 중세의 사회와 문화

유럽의 중세는 약 4~5세기경부터 14세기경까지, 서로마제국이 멸망한 476년부터 동로마제국이 몰락하여 르네상스운동이 일어나기 시작한 15세기까지 약 1000년에 걸친 시기이다. 중세사회는 정치면에서 지방분권시대를 형성하였고 경제면에서는 장원제도, 사회면에서는 봉건제도, 문화면에서는 기독교문화를 형성하였다. 중세는 기독교 사상 중심으로 종교교육제도, 수도원의 금욕주의 교육, 기사도 교육이 주류를 이룬다. 기사도 교육은 유아들의 놀이로부터 시작되어 놀이 속에 교회를 보호하고 가난한 자와 약한 자의 입장을 비호하는 정신이 항상 곁들여 있다. 신학과 철학의 근원적 조화를 추구하여, 기독교 교리를 철학적으로 확립한 교부철학과 교리를 학문적으로 체계화하려고 수도원에서 노력한 스콜라철학이 중세교육에 영향을 미쳤다. 결국 중세는 교회제도를 통해 윤리적 통설의 근거, 장원제도를 통해 경제적 통설의 근거, 기사제도를 통해 정치적 통솔의 근거를 마련했다.

2. 중세의 아동관

중세에는 본성적으로 악한 어린이를 순종하고 복종을 하게 하기 위한 최적의 교육 방법이 신체적 처벌이라고 여겼으며, 특히 여아들에게는 격리와 은둔의 생활이 권장되었다. 교육의 목적은 기독교적 교리에 해당하는 신념, 희망, 자비, 겸손의 가치가 영혼 속에 가득한 삶을 준비하는 데 있다. 중세 말기에는 아동의 생명을 보호하려는 자선제도가 생겨났지만 아동보호는 개인의 욕구나 권리를 존중한다는 인격적 차원이 아닌 동정적 감정에 근거를 두었다.

중세의 아동은 '작은 어른'으로 이해되어 아동의 복장은 어른들의 것과 동일하고 어릴 때부터 어른의 활동에 참가해야 하는 등 유아의 세계에 대한 개념이 없고 아동기의 본성에 대해 성인들의 특별한 인식이 부족했다.

3. 중세의 유아교육사상가들

1) 아우구스티누스의 유아교육

아우구스티누스는 거의 말을 할 수 없는 시기인 유아기에서 말을 할 수 있는 소년이 되면서 정식으로 교사들로부터 말을 배우게 되고, 말을 배우는 것은 자신의 감각과 욕구를 나타내려고 하는 것에 의해 이루어진다고 했다. 그러므로 교사는 가르치고자 하는 사물을 미리 보여 주어 학습자 자신이 음미하여 친숙하게 해야 하며 유아들이 알고 싶어 하는 사항에도 주의를 기울여야 한다. 또한 유아의 본성을 전면적으로 이끌어 내기 위해 아이의 자유로운 호기심과 지적인 탐구심을 불러일으키는 것을 중시하고 훌륭한 교사는 인간 도야에 있어서 적절한 동기 부여를 할 수 있는 사람이어야 한다. 또한 유아는 우선 친숙한 사물과의 관계에서부터 새로운 것으로 흥미를 옮겨가면서 스스로 익혀 나가므로 궁극적으로 유아를 가르치는 자는 유아 자신이라고 생각했다. 그는 유아교육의 내용을 지식, 신앙, 사랑이라고 정의하면서, 유아교육의 시초에 있어 교사와 유아가 서로 사랑하고 믿는 것을 가장 중시했다.

2) 토마스 아퀴나스의 유아교육

토마스 아퀴나스의 교육 목적은 개인의 능력을 개발시켜 온전한 인격체로 발전시킴으로써 완전한 조화를 이루게 하는 것이다. 교육은 학습자의 측에서 행하게 되는 자기 활동성을 포함하는 것으로 교사는 아동으로 하여금 학습에 대한 아동 자신의 천성적 잠재성을 찾아낼 수 있도록 도움을 줄 뿐이다. 또한 관념은 아기 때부터 실재하는 것이 아니고 잠재적으로 존재하는 것으로, 학습은 잠재성의 실재화이다.

제4장

근현대의 유아교육사상

1. 휴머니즘(르네상스)과 유아교육

1) 시대적 배경

14, 15세기에 걸친 르네상스는 재생, 부활의 뜻으로 기독교적 내세주의의 제약을 벗어나 인간본연으로 복귀하려는 사상이다. 이는 십자군원정, 스콜라철학의 몰락, 동로마제국의 멸망, 인쇄술의 발달, 지리상의 발견, 인간들의 순수한 자유동경과 고귀한 인간성 회복을 주장한 사상의 영향을 받았다. 즉, 인간본위의 인간 중심의 문화를 이룩하고, 인간성의 발현을 중시하는 인문주의이다.

인문주의사상과 유아교육은 가정교육에 있어 육아에 대한 관심은 어린이의 심신의 건강한 발달을 중요시하면서 공동체로서의 가문의 명예와 재산의 유지, 운영을 대전제로 하는 인간개발이다.

2) 인문주의사상과 유아교육

(1) 빗토리노의 유아교육

아이들은 즐거운 집에서 건강한 신체와 지혜, 인격을 형성해야 하므로 즐거운 집의 교사는 만능 스포츠맨이 되어야 한다. 또한 아이들에게 그리스 로마이야기와 구약과 신약성서의 이야기를 해주어 영혼을 경건하고 풍부하게 해야 한다. 유희와 학습에 있어서 아이들의 의사를 중시하고 가능한 한 강제나 처벌을 피하도록 했다. 덕육 면에서도 항상 온화한 태도로 아이들을 대하고 마음으로 훈육하며, 아이들을 자주적이고 개성적으로 활동시켜야 한다.

(2) 피콜로미니의 유아교육

유아의 교육은 어렸을 때부터 훌륭한 교사를 선택하는 것이 중요하고 교육의 방법으로 올바른 훈련이 필요하다. 권고와 토론, 상찬과 질책에 의해 선을 장려하고 부적절한 행동을 억제하되 과도하면 안 되며, 구타나 채찍에 반대하였다. 또 어릴 때부터 좋은 습관과 인내력을 기를 것과 유아의 음식과 의복에서의 적절한 수준의 검소함, 학습에 있어 유아의 피로와 수면은 적이 됨을 주장한다.

(3) 비베스의 유아교육

아이들의 신앙과 덕성을 키우는 교육을 중시하고 이는 가정과 학교를 통하며, 건강교육을 바탕으로 한다. 특히, 가정에서의 교육을 강조하고 최초의 교육은 어머니의 사랑에 의해 이루어진다. 어머니는 아이의 건강관리와 언어의 습득, 유희의 추진, 최초의 종교적 도야, 초보적인 읽기, 쓰기의 지도를 하고, 아버지는 아이의 이성발달을 꾀하며 소질을 파악하여 학습의 방향과 장래를 결정한다. 또한 아이를 교육 시설에 맡기게 되는 시기는 대략 4~7세 정도까지가 적절하며, 교육

현장에서의 아이의 연령 배려는 항상 아동의 개개인의 자질에 따라 고려되어야 한다.

(4) 베지오의 유아교육

유아교육은 출산 전의 마음가짐에서부터 시작되고, 올바른 교육의 제1조건으로 신체에의 배려를 들며, 자연에의 깊은 신뢰를 통한 자연스러운 의식과 수면, 운동을 강조한다. 신체훈련은 5세까지는 놀이를 통하고, 5세 이후부터는 아동의 개성에 유의해야 하며, 성격 형성에 나쁜 영향을 주는 기괴한 이야기나 미신을 피하고 유아어는 여성적인 애칭을 사용하면 안 된다. 유아들의 지도에 있어 잘못을 올바르게 정정해주고 항상 엄격함과 애무를 적절하고 현명하게 활용해야 하며, 7세부터 사회성 발달을 위해 다른 아이들과 함께 공부시키는 것이 좋고 교사는 사랑과 배려를 다해 주어야 하며 희생적이어야 하고 체벌보다는 상과 칭찬을 하며 건전한 경쟁의식을 활용하는 것이 좋다.

(5) 에라스무스의 유아교육

교육 목적은 인간이 지식과 정직과 독립적인 판단을 하도록 이끄는 것이고, 유아들에게 교육적인 영향은 가급적 빨리, 태어나면서부터 바로 시작되어야 하는 조기교육을 강조했다. 가정에서의 조기교육은 아이들에게 도덕을 배우게 하고 개성적인 성질과 재능을 일찍부터 파악하여 지도하는 것이다. 유아에게 가능한 것을 무엇이라도 한꺼번에 많이 주는 것이 아니라 연령에 맞게 본질적인 것을 즐거운 내용으로 주어야 하고 놀이의 요소가 적절히 가미되어야 한다. 또한 언어는 항상 그 내용과 함께 주어져야 하고 내용은 감각에 호소하는 형태로 제시되어야 한다.

2. 종교개혁과 유아교육

1) 시대적 배경

르네상스가 일어난 시기, 독일을 중심으로 중세의 부정과 로마 가톨릭 교회의 부패에 대한 도덕적 · 종교적 혁신 운동인 종교개혁이 일어난다. 이는 마틴 루터가 로마교회의 면죄부 판매행위에 대한 95개조 항의문을 제시함으로써 시작되어 교회나 교황의 분열, 상공업의 발전, 봉건체제 붕괴, 지나친 세금부과와 여러 사상의 영향으로 전 유럽으로 퍼져 나갔다. 종교개혁은 전통신학보다 이성과 주관성을 강조하고 서민계급의 보통 교육 이념을 증진하여 근대 초등 보통교육제도의 기초를 닦았다.

2) 종교개혁기의 유아교육 : 루터의 유아교육

세속적 입장에서 교육의 가치를 강조하고 교육의 국가 책임론을 확립하고, 남녀가 평등하게 교육받아야 한다. 어린아이는 경건한 부모가 지닌 사랑을 통해 최선의 가정교육을 받을 수 있고 사랑은 교육에서 가장 중시되어야 하며, 교육현장에서 최선의 교사로 인도해 주는 것이다.

가정교육을 통해 어린아이는 기초적인 인격을 형성하고 이것이 사회, 국가의 공동체적인 질서로 확대되며, 가정을 통해 말을 배우고 이를 기억하는 것을 시작으로 초보적인 교과의 예비학습을 하게 된다. 아이들을 위한 최초의 교육조직은 밝고 개방된 분위기로 사회와 국가의 책임 하에 운영되어야 하며, 어릴 때부터 하루 최소 1~2시간은 이러한 교육기관에 다녀 읽기, 쓰기 등을 배워야 한다. 또 음악에 친숙해지면 많은 유혹과 나쁜 생각을 멀리하게 되는 음악교육을 중시하고, 절제를 기르쳐 주며 사람을 고귀하고 유능한 존재로 만들어 주는 체육교육을 강조했으며 복음주의에 입각했다.

어릴 때 세례받은 것은 무효라고 보고 성인이 되어 세례를 다시 받아야 한다는 재세례파는 공동의 교육시설을 만들고 젖을 뗀 어린이는 작은 학교에 입학시켜 5~6세까지 양육시켰다.

3. 실학주의와 유아교육

1) 시대적 배경

인문주의교육이 키케로주의로 변질되고 종교개혁의 교육에서도 여전히 언어, 암기, 훈련주의에서 빠져 나오지 못하고 있었을 때, 사실과 자연과학을 중요시하는 실학주의가 16세기경에 등장하기 시작하여 17세기에 새 항로의 발견, 신대륙의 발견, 우주를 지배하는 자연법칙의 발견, 증기기관의 발명, 인쇄술의 발명, 나침반, 망원경의 발명 등의 자연과학의 발달과 경험철학이 영향을 미쳤다.

실학주의교육은 이론적인 지식보다는 구체적이고 실용적인 지식을 습득하는 것, 즉 르네상스시대의 인문주의교육을 경시하고 지식이나 경험을 실제 생활에 적용할 수 있는 교육을 중요시한다. 실학주의는 감각이나 경험에 의해 획득된 지식을 중시하는 교육운동으로 당시의 신흥 시민계급은 현실적으로 유용한 지식을 요구했다.

2) 실학주의 유아교육 – 코메니우스의 유아교육

교육 목적은 내세를 위한 준비이며, 이는 박식, 덕, 경건의 세 방향에서 이루어져야 한다. 저서인 『대교수학』에서 4단계 교육제도 중 제1단계를 어머니의 무릎학교라 하고 이는 1~6세까지 유아기의 교육이다. 이 최초의 6년은 가정, 어머니의 무릎에서 시작하는 것으로 건강의 양호, 일상의 언어, 도덕 및 신앙의 기초, 자연계의 사실과 진리를 배우며, 어린아이의 심신의 형성에 있어 어머니에 의한 가정교육을 강조한다.

코메니우스는 유아의 능력과 개성을 중시하고, 일상생활상의 실천에 의해 유아의 덕육교육이 추진되어야 하며 이를 위해 유아의 놀이를 중요한 교육 내용으로 본다. 어린이들의 활동과 감각을 중요시하고 이는 저서 『세계도회』에 잘 나타난다. 또 6세가 될 때까지 그리스도교의 교리에 친숙해지고 그 원리에 따라 생활할 수 있어야 하며, 교육과정은 자연적 순서에 따라 진행되어야 하고, 경험주의에 입각하여 규칙보다는 사례를 중시함으로써 직관주의교육의 창시자로 알려져 있다.

4. 계몽주의와 유아교육

1) 시대적 배경

계몽주의는 전통을 떠난 비판적, 합리적 태도, 18세기의 개인의 자연적 이성을 중시하는 자유주의로 지식의 근원은 자연, 경험, 관찰과 실험을 통해야 한다고 본다. 인간이성의 자유를 속박하는 종교, 정치, 사회의 모든 권위적 구속을 제거하고 개성과 경험을 존중하며 사실에 입각한 교육을 중시하고 합리적 판단을 위한 철학과 자연과학을 교육 내용으로 본다.

2) 계몽주의 유아교육

상류계급의 유아는 가정에서, 노동자의 유아는 탁아소에서 교육시키는 차별적 교육제도이다.

(1) 로크의 유아교육

로크의 교육 목표는 신사를 육성하는 것으로 인간의 마음은 마치 백지와 같아서 이 백지 위에 새겨져 가는 아동의 경험 하나하나는 인간 형성에 중요한 요소가 된다는 '백지설'을 주장하여 조기교육의 중요성을 강조했다. 또한 아버지의 곁에서 손님이 올 때마다 면접시키고 그들의 거동, 언동에서 감화를 받게 하였으며 훌륭한 가정교사를 통한 가정교육을 중시했다.

어린이의 주변에는 좋은 환경이 될 인물들이 있어야 하고 스스로 뉘우치는 방법으로 교육해야 하며, 자연에 의해 아이의 심신을 단련하여 저항력을 길러야 한다. 또한 어린 시절부터 신에 대한 사랑과 경건심을 가지도록 하고 덕성의 함양은 아이의 내적인 발달 정도에 따라야 한다. 지육의 목적은 신사에 필요한 교양으로 유아교육에서 학습의 필요는 인정하지만 주된 일은 아니다.

(2) 루소의 유아교육

교육 목적은 자연적 도덕인이 되는 것이다. 아동의 정신발달에는 자연적으로 주어진 단계가 있으며, 아동은 학습하는 과정에서 능동적인 주체로 아동이 교육의 중심이 되어야 하므로 아동의 사고 특성 이해가 중요하다. 교육 목적은 사회 상태에서의 자연인, 참다운 시민으로 합자연의 원리에 의해 사물, 환경, 인간의 교육을 자연의 교육에 일치시켜야 함을 주장하고, 자연에 의한 교육으로 습관 형성과 노작과 연습에 의한 능력계발을 통한 정신적 · 육체적 성장을 강조한다.

루소는 교육은 악덕의 침입과 편견을 막는 일로 어린이로 하여금 소극적인 교육을 주장하고 이는 어린이의 자연스러운 발달을 보장하는 것으로 이를 위해 바람직한 환경 속에서 어린이의 자유로운 활동을 존중해야 하며, 성선설에 근거한 자연주의 교육이라고 할 수 있다. 그의 저서 『에밀』에서 유아기를 1~5세로 보고 이 시기에는 신체적 발육에 중점을 두어 아버지는 자연의 교사, 어머니는 최초의 교사로 자연의 보모로서 건강에 유념해야 한다. 아동기(6~12세)는 소극적 교육으로 언어 습득과 오관의 연습이 주 목적이 되어야 하며, 사물은 경험을 통해 배워야 한다.

5. 신인문주의와 유아교육

1) 시대적 배경

신인문주의는 18세기 후반부터 독일이 그리스의 고전 문화에 대한 동경을 원동력으로 하여, 16세기 르네상스의 인문주의에 반대하고 그리스어를 존중하며 그리스 문학과 미술 등의 내용 속에서 참다운 인간성을 찾으려는 교육운동이다. 18세기 후반부터 19세기 초의 유럽은 프랑스혁명과 산업혁명이 일어나 역사적 진전이 복잡하고 급격하여 정치, 경제, 사회, 문화 모든 면에서 일대 변화가 일어났다. 신인문주의는 계몽사상이 갖는 주지주의와 합리주의를 반대하고 인간의 감성을 중시하여 그리스 로마의 고전과 그 문화를 부활하려고 하였으며, 특히 고전에 나타난 낭만적 · 심미적인 측면에 관심을 보였다.

2) 신인문주의 유아교육

(1) 페스탈로치의 유아교육

교육 목적은 인간개혁과 사회개혁이며, 합자연의 원리를 기본원리로 하여 교사는 어린이의 내부세계와 그 발전과정, 어린이의 주위를 둘러싸고 있는 자연의 성질과 발전법칙을 잘 이해함으로써 어린이를 키워간다고 했다. 또한 아동은 자기 고유의 세계가 있는 것으로 보고, 아동 내면에 아직 피지 않은 꽃봉오리로서 인간의 전능력이 내재하고 있다고 본다.

교육은 인생의 가장 초기부터 가정에서 시작되어야 하며 양친이 맡아야 하고, 특히 어머니의 모성애는 교육자의 제1조건이자 원동력으로 가정에서 부모의 사랑이 인간 형성의 기초가 되고 여기서 종교, 도덕교육이 싹튼다. 또 가정에서는 아동이 스스로 사고하는 주체가 되게 하고 아동의 욕구와 충동, 흥미를 존중하며 아동의 감정을 중시하고 인식에 기초를 두어야 하므로 가정의 중요성을 강조하였다. 유아교육에서는 사물을 실제로 보게 하고 체험시키며 개성과 개인차를 존중해야 한다.

(2) 프뢰벨의 유아교육

프뢰벨의 교육 목적은 신성한 삶을 충실히 표현하는 데 있다. 교육은 발달 순응적 교육과 명령적 교육의 조화로 인간발달에서 유아기가 가장 중요하며 이 시기에 아동생활의 존중이 중요하다. 그는 유치원을 설립하고 유아교육에서 어머니와의 관계를 중시하여 '어머니의 노래와 사랑의 노래'를 통한 어머니 교육도 함께 했다. 어린이는 성인의 축소판이 아니라 어린이 마음속에 이미 가지고 있는 신성을 개발해야 하고, 유희(놀이)와 놀이도구를 매우 중요시하여 유아가 자신 내면을 자유롭게 표현하고 이를 통해 성장한다고 보았다.

이를 위해 고안한 은물은 아동이 가지고 있는 창조적 능력을 끌어내기 위한 도구로 매우 단순하고 기본적인 형태이다. 그는 모든 계층의 아동들을 교육의 대상으로 삼고 자연연구와 정원 가꾸기로 어린이가 볼 수 없는 힘의 작용을 관찰한다고 본다.

(3) 오베르랑의 유아교육

부모가 일터에 있는 동안 어린이들을 보호하기 위해 편물학교를 세웠다. 이는 3세 이상의 취학 전 어린이와 수업 시간 이외의 아동들을 대상으로 좋은 생활습관과 언어, 종교의 초보적 내용을 놀이와 함께 가르치며, 사회 재건의 일환이 된 유치원이다.

(4) 오웬의 유아교육

산업혁명으로 5, 6세의 아이들이 공장에서 혹사당하는 모습을 보고 6세 이하의 유아를 교육적 환경에 수용하기 위한 합리적 유아학교를 개설했다. 이는 영국 최초의 5세 이하의 유아학교로 2~3세의 유아기가 더욱 중요함을 강조했다. 일상적인 지식의 교육과 함께 무용, 노래 부르기, 악기 연주 등이 함께 지도되고 주변의 친근한 사물을 활용하여 개념을 지도하며 자연스러운 대화 형태를 취하고 어린이들이 질문하도록 유도하였다.

또한 8세 미만의 어린이의 고용을 금지하고 10세가 될 때까지 그들의 건강과 교육에 대해 배려해야 한다. 5~10세까지의 어린이에게 읽기, 쓰기, 셈하기 교육은 무료로 제공되고 즐거움과 기쁨을 주는 학교가 되어야 한다.

6. 현대의 유아교육

1) 시대적 배경

19세기 후반부터 20세기 초에 걸쳐 제국주의시대의 도래로 각 나라의 교육제도는 국민의 지적 성숙과 통합이라는 국가 정책의 일환으로 전개되었다. 또 산업혁명의 결과인 자본주의의 발달로 20세기에는 교육이 변화했다. 20세기에 들어 아동연구운동으로 아동에 대한 새로운 개념이 정립되고, 새로운 아동심리학적 관점을 수용하면서 다양하게 변화하였고, 제2차 세계대전 후의 사회구조와 생활양식의 변화는 유아교육기관에 대한 수요를 증가시켰다.

20세기 중반 교육학과 심리학의 연구는 유아교육의 이론적인 근거를 제공해 주고, 유아교육이 각기 다른 사회계층의 어린이들에게 사전 경험에서의 결핍과 차이를 보완해 주고 가정과 학교의 차이를 연결해 주는 역할을 하게 되었다. 한편, 1975년 소련의 스푸트닉 인공위성 발사로 유아교육은 인지발달을 강조하게 되고 이를 위한 잘 계획된 환경이 보다 중요하다고 보았다. 유전학과 두뇌에 대한 생리 화학적 연구들은 유아기의 학습에 관한 생리학적 기초에 대한 이해를 넓혔으며, 교수방법에서 능력별 집단 구성, 통합적 지도가 강조되었다. 현대의 교육철학적 사조에는 진보주의, 본질주의, 항존주의, 문화재건주의, 실존주의, 분석철학, 비판교육설, 포스트모더니즘이 있다.

2) 현대의 유아교육

(1) 몬테소리의 유아교육

1907년에 어린이집을 세우고, 유아를 선천적으로 스스로 자신의 잠재능력을 전개해 나갈 수 있고, 스스로 외부환경에 접촉하여 학습하는 능동적인 존재로 본다. 또한 준비된 환경, 아동의 활동을 방해하지 않는 소극적 교사, 과학적인 교구 등으로 아동이 자기의 발전법칙에 따라 발전하는 정상화를 강조했다. 각 유아마다 민감기가 나타나는 시기가 다르며 연령에 따라 나타나는 행동의 특성도 다르다.

유아의 정신은 내부에 잠재해 있는 흡수하는 정신능력을 통하여 환경을 받아들이며 스스로 경험하여 배우게 되는 유아의 특성인 흡수하는 정신이다. 유아의 자기 형성의 욕구를 충족시켜 주며, 인격과 성장 패턴을 노출시켜 주기 위해 계획되어진 준비된 환경과 이 속에서 유아가 스스로 선택한 교구를 가지고 능동적으로 활동할 때 학습이 자연히 이루어지는 자동교육을 강조했다.

그리고, 교사는 안내자, 지도자, 보호자, 촉진자, 관찰자이며 수동적 자세이다. 유아교육에 있어 보상과 벌은 효과가 없으며, 교육 내용으로 실제 연습을 통한 일상생활 훈련, 자동교육과 교구의 고립화와 능동적 참여를 이끌어 내는 매력적인 감각교구, 의사소통능력 발달을 위한 언어교육, 논리적 사고력 발달을 위한 수학교육, 인간과 인간세계를 이해하기 위한 문화교육이 있다.

(2) 듀이의 유아교육

교육 목적은 아동의 계속적인 성장이고 이는 계속적인 경험의 과정, 생활 그 자체이다. 진보주의적 교육관으로, 유아교육에 있어 놀이는 아동의 자연성의 발로이며, 아동의 의식 및 활동을 보다 높은 수준으로 자극하는 교육적 성장의 수단으로 중요하다. 아동은 사회와 교육을 통해 변천하는 시대에 적응해나가야 하며, 이는 생활의 필요로서의 교육이다.

아동은 자기가 속한 사회의 여러 활동에 속함으로써 소속감을 더욱 깊이 갖게 되며 교육적으로 발달하고 이는 사회 기능으로서의 교육이다. 무한한 발전 가능성이 있는 아동의 행동을 지도하는 데 있어 사회는 아동의 미래를 결정하는 동시에 사회 자체의 미래도 결정하게 되는 성장으로서의 교육과 아동이나 교사 모두에게 있어 교육을 하고 교육을 받는 과정은 상호 간의 경험을 개조하고 경험을 다시 쌓아 올리는 계속적 성장발달과정인 개조로서의 교육을 주장한다.

교육은 아동 중심, 생활 중심으로 이루어져야 하고 아동은 주위와 상호작용하고 환경 속에서 그 변화를 경험하여 지식을 획득한다. 이러한 아동의 경험이 지적으로 연결되도록 교육 내용은 현재의 경험에서 출발하되 능동적 학습이 일어나 나선형이 되도록 조직해야 한다. 또한 사회와의 조화와 사회적 문제해결과정을 중시한다.

(3) 슈타이너의 유아교육

인간의 발달단계에서 첫 번째 7년기(출생~7세)를 물리적 신체의 탄생 시기로 보고 이 시기의 아이의 몸 전체는 하나의 감각기관이다. 이 시기의 어린이의 학습의 기본 형태는 본보기와 모방으로 이것은 내적인 유대를 말한다. 또한 유아가 자유로운 놀이를 통해 보여 줄 때 그것은 성인에게 영향을 미치며, 놀이에 있어 가장 중요한 교육적인 요소는 어른의 자유로운 행동이다.

초등학교와 상급학교를 포괄하고 사회계층에 상관없이 모든 사람에게 열려 있는 12년간 통합학교의 필요성에 따라 발도르프 유치원을 설립하였고 교육 내용은 오이리트미 등의 다양한 예술 활동과 동화모임, 수채화 그리기 등이며, 자연적인 교구 교재를 통한 놀이를 중시하고 개별화 교육을 지향한다.

(4) 니일의 유아교육

영유아는 본래 선하게 태어나며 호기심이 많고 성인의 간섭이 없이 스스로 탐구적 활동에 몰두할 수 있다고 보았다. 영유아에게는 자연적인 창조력이 있고 어른과는 다른 고유한 존재로서 어린이에 대한 이해의 틀이나 수준은 어른들과 달라야 하며, 영유아에게 주입하거나 강요하면 안 된다.

또한 영유아는 자기가 발전할 수 있는 최대한도에까지 발전할 수 있는 능동적인 존재로 보았으며, 이를 위해 자유를 중시했다. 영유아 자신의 흥미에 따라 살도록 하고 그들의 개인적 흥미와 사회적 흥미가 충돌할 때는 개인적 흥미를 먼저 허용하여 정신을 개방시켜 주어야 한다.

그리고 어려서부터 성에 대한 올바른 자세를 갖기 위해 성교육의 필요성을 강조했고 아이들이 그들 자신의 생활을 할 수 있도록 자유를 허용하는 학교를 만들고자 썸머힐 학교를 설립했다. 썸머힐은 자유와 창조적 활동을 중시하여 어린이 스스로 무엇인가를 배우거나 행하고자 하는 모든 것이 교육 내용이고, 전교 자치회의 사회적 방법과 개인지도의 심리적 방법으로 교육하였다.

(5) 피아제의 유아교육

아동은 사물을 이해하고 현상을 이해함에 있어 사용되는 개개인의 이해의 틀인 도식을 바탕으로 환경과 상호작용의 폭을 넓혀가며, 동화와 조절, 평형화 과정을 통해 인지발달이 이루어진다. 모든 아동들은 논리적으로 사고할 수 있는 능력을 획득하는 방향으로 발달이 진행되고 아동은 능동적, 적극적인 존재이다.

피아제의 인지발달단계에서 유아기에 해당하는 전조작기의 유아들은 주변세계의 관심을 상징적 능력에 의해 처리하는 상징화가 왕성하게 일어난다. 아동의 흥미와 학습양식을 파악하여 그들의 수준에 맞는 교육을 해야 하고 아동은 다른 사람과 관계에서의 사회적 상호작용을 통해 논리적인 사고를 할 수 있다. 교사는 아동의 언어와 조작 뒤에 숨겨진 요소를 볼 수 있어야 하고 또한 이것이 아동에게 무엇을 뜻하는지를 빠르게 이해하려고 노력하는 생각하는 교사가 되어야 한다.

(6) 소파 방정환의 유아교육

우리나라 유교아동교육 목표는 어른을 공경하는 아동의 육성이었다. 소파의 아동교육은 애국운동이고 아동을 독립성, 자율성, 가능성의 존재로 파악했다. 교육목적은 '씩씩하고 참된 소년이 됩시다. 그리고 서로 사랑하며 도와 갑시다.' 라는 표어에서 엿볼 수 있는데, 이는 자주 독립적인 인간, 진실한 인간, 감성 해방, 사랑하고 협동하는 인간이다.

아동교육의 내용은 동화, 동극, 동요 등의 예술, 문학, 소년운동단체를 통한 것이고, 그중 천도교 소년회가 1922년 5월 1일을 우리나라 최초의 어린이날로 정하였다. 제3회 어린이날에는 소파가 만든 어린이날 노래가 연주되었으며 일제의 탄압으로 어린이날 행사조차 못하다가 광복 후 5월 5일을 어린이날로 부활하였다.

소년운동은 어린이 해방을 목표로 하고, 어린이의 잠재능력을 북돋아주며 나쁜 환경으로부터 보호해 주는 어린이를 위한 어린이의 운동이다. 교육 방법에 있어 지식, 도덕, 예술교육 모두 흥미의 원리를 강조하여 어린이들이 쉽게 접근할 수 있도록 했으며, 어린이들이 자신의 세계를 표현하는 것이 중요하고 아동 중심 교육, 아동존중 교육, 실물교육, 감각교육, 실생활 중심 교육을 강조했다. 또한 칭찬, 견학, 동화구연과 서로 신뢰하고 애경하는 사상을 고취하기 위해 존댓말을 사용했다.

제2부

유아교육사상가

| 제5장 | 코메니우스

| 제6장 | 로크

| 제7장 | 루소

| 제8장 | 페스탈로치

| 제9장 | 오웬

| 제10장 | 프뢰벨

| 제11장 | 몬테소리

| 제12장 | 듀이

| 제13장 | 슈타이너

제5장

코메니우스

1. 생애

코메니우스는 형제단 교회의 신자였던 부모로부터 두 명의 누이를 둔 외아들로 태어났다. 코메니우스의 부모는 후스 전쟁 이후 로마로부터 독자적인 자유를 확립할 수 있었던 모라비아로 신앙의 자유를 찾아 이주해 왔다. 당시 모라비아 지방은 종교적인 관용이 확립되어 종교적인 자유를 찾아 많은 사람들이 이주해 왔고, 16세기 후반에는 여러 종파가 공존해 있었다(오춘희, 1997).

코메니우스
(J. A. Comenius)

코메니우스는 이러한 보헤미아 형제단 교도의 가정 환경에서 성장하였다. 그러나 1604년 가톨릭 합스부르크의 지원을 받은 헝가리 군대가 모라비아 지역을 침범하여 그곳에서 활동하고 있었던 개신교도들과 싸우고 있었을 때, 전쟁의 와중에 부모와 두 명의 누이를 페스트로 잃게 되는 불행을 당하였다. 그때 그의 나이 열세 살로 가장 감수성이 예민했던 시기에 전쟁의 참화와 질병과 죽음의 비극을 직접 경험하였다(Sadler, 1873).

부모를 잃고 고아가 된 코메니우스는 1603~1608년까지 스트라츠니체(Straznice)에 있는 고모의 집으로 거처를 옮겨 보호를 받으며, 형제단 공동체가 경영하는 학교에 다니면서 종교, 음악, 쓰기, 읽기, 산수 등의 기초학문과 경건의 훈련을 받았다. 이 학교는 지성적인 훈련과 함께 엄격한 경건훈련과 도덕적인 훈련을 시켰으며, 성직자들뿐만 아니라 모든 신도들에게 상호 책임성과 자기향상 및 '보편적 성직(Universal Priesthood)'에 참여할 것을 권장하였다. 코메니우스는 이 시기에 학문탐구에 대한 열의를 더욱 강하게 나타내었다. 그러나 이곳에서의 학업은 전쟁으로 인하여 중단되었다(이숙종, 1999).

1608~1611년 코메니우스는 보헤미아 형제단이 운영하는 프레라우(Prerov)문법학교에 진학하였다. 코메니우스는 이 학교에서 라틴어를 배우고, 지성적인 학문의 넓은 세계를 만날 수 있는 기회를 얻었으며, 이 공동체의 영적 지도자들인 교수들과 친분을 쌓을 수 있게 되었다. 이 학교의 교장인 라네키우스(Jan Lanecius) 감독과 모라비아의 부호인 카렐이 코메니우스의 재능을 인정하고 후원자들이 되었고, 이들에 의해 지혜를 사랑한다는 의미의 아모스라는 성서적인 별명을 얻게 되었다(Comenius, 1984).

19세 때에 코메니우스는 후원자들의 도움으로 보다 넓은 학문의 세계를 경험하기 위하여 독일로 갔다. 1611~1613년에 코메니우스는 독일의 국경지방에 있었고, 칼빈주의 전통을 따르던 헤르본(Herborn)의 낫소 아카데미(Nassau Academy)에 입학하여 신학과 철학을 배웠다. 그곳에서 저명한 교수인 요한 H. 알슈테트(Johann Heinrich Alsted)에게서 모든 학문의 종합인 범지학(汎知學) 사상을 발견하게 되었다(Comenius, 1910. 4). 헤르 본의 알슈테트 교수는 백과전서 작업을 하고 있었는데, 코메니우스는 그에게서 깊은 인상을 받았고 이때부터 모든 학문을 종합하는 백과전서적인 사고에 몰두하게 되었다.

1613년 코메니우스는 개혁교회의 학문 중심지인 하이델베르크 대학에 입학하여 본격적으로 신학을 공부하면서 데이비드 파레우스(David Pareus, 1548~1622)의 영향을 받았다. 코메니우스는 파레우스에게서 통합사상과 평화사상의 영향을 받아 교회의 교파분열의 통합과 개신교파들 사이의 화해 및 교회일치, 교회평화를 주장하게 되었다. 그리고 요한계시록 주석의 대가인 요한 피셔(Johann Fisher)의 영향을 받아 모든 사물들의 우주적 개혁의 근원이 되는 천년왕국 사상의 영향을 받았고, 새로운 학문의 세계를 발견하게 된 것이다.

코메니우스는 1614년 독일에서 학업을 마치고 고국으로 돌아오자, 그가 다녔던 문법학교 프레라우에서 학생들을 가르치는 일을 시작하였다. 그는 그 학교에서 학생으로서 경험했던 학교교육과 교수학습의 부정적인 문제들을 회상하면서 어린이들을 가르치는 데 좀 더 즐거운 교수방법을 고안하는 일에 전념하기 시작하였다.

코메니우스는 1614~1618년 동안 프레라우에 있는 라틴학교의 책임자로 일하면서 형제단 교회의 목사로 안수를 받았다(1616). 그리고 프레라우 지방 교회의 담임 목사와 교회 부속학교 교장으로 부임하였다(Sadler, 1873). 코메니우스는 이 시기에 형제단 공동체 재결성을 위해 노력하였으나 성과를 거두지 못하고 망명길을 떠나 레즈노(Leszno)에 정착했다. 1628년 레즈노(폴란드의 리사)에서 다시 목회활동을 시작한 코메니우스는 1632년에 형제단 교회의 마지막 감독으로 선출되었다. 그리고 그곳에서 라틴학교의 교사로 일하였다.

코메니우스는 이 시기 동안 위기에 처한 조국의 장래를 위해 교육의 중요성을 절감하고 많은 교재를 편찬하였다. 이 시기에 쓴 『언어의 문(Janua Linguarum Reserαta)』은 코메니우스 생전에 유럽 12개국, 아시아 4개 국어로 번역되어 80판이 출판되는 유명한 책이 되었다. 코메니우스의 또 다른 유명저서인 『대교수학(Didactica Magna)』도 이 시기에 저술되었다. 이 책은 그의 교육사상에 근거한 일반적인 교수법을 담고 있다. 그 가운데 영유아교육에 관련된 부분이 포함되어 있다. 그러나 영유아교육의 중요성을 감안한 코메니우스는 1628년 체코판의 『어머니 학교(Die Mutterschule)』를 내놓았고, 1633년 독일어판을 출판하였다. 12장으로 구성된 이 책은 영유아기의 교육 목적, 내용, 방법에 대한 자세한 기록이다(조래영, 2002).

1641년에 코메니우스는 영국의회의 초청을 받아 런던에서 범지적 개혁운동에 대하여 설파하고 『범지학 서설(Pmeludia Conatuum Pansophicorum)』을 옥스퍼드와 런던에서 출판하였다. 영국 의회는 그에게 '빛의 연구소(αllegium lucis)'를 맡아줄 것과 학교제도의 개혁을 부탁했다.

1641년에 코메니우스는 『빛의 길(Via Lucis)』을 저술하였다. 그러나 1642년 11월 영국의 시민혁명으로 계획의 실현이 좌절되어 영국에서 더 이상 체류할 수 없었다. 이즈음 미국 하버드대학의 설립으로 코메니우스는 초대 총장으로 초대받았으나 거절하였고, 같은 시기에 학교 개혁을 위해 스웨덴 정부의 초청을 받은 코메니우스는 조국 해방과 형제단원들의 망명을 도모하기 위해 스웨덴 정부의 초청을 수락했다. 여행 중, 프랑스의 철학자 데카르트를 만나 대화하였다(구경선, 2005).

1642~1648년 코메니우스는 스웨덴 수상인 옥센스티르나(Oxenstierna)의 요청으로 스웨덴의 학교개혁에 필요한 교재를 저술하기 위해 스톡홀름으로 갔다. 1642년부터 6년 동안 코메니우스는 스웨덴에 머물며 『분석교수학』을 집필했고, 『범지학』을 저술하기 시작했다. 1649년 『최신 언어방법(Methodus Linguarum Novisszma)』을 집필하였고, 범지학에 대한 주요 저서인 『인간세계개선에 관한 일반담론(De Rerum Humanarum Emendatione Consultaio Catholica)』을 1634년부터 쓰기 시작하였다. 이 책은 미완성의 작품으로 1935년 독일 할레(HalIe)에서 발견되었다(구경선, 2005).

1648년 코메니우스는 스웨덴 정부와의 의견차로 레즈노(Leszno)로 귀환하였다.

그해 30년 전쟁은 베스트팔렌 평화협정의 체결로 종지부를 찍었지만 세력이 미약한 형제단 교회가 폐쇄당하는 어려움을 겪었다.

1650~1654년 코메니우스는 헝가리로부터 학교 개설을 위한 초청을 받고 그의 범지학의 학회를 설립하기 위하여 헝가리에 있는 사로스파탁(Sarospatak)에 귀족학교를 경영하였다. 1658년 코메니우스는 180개의 그림과 그에 맞는 언어가 단계적으로 제시된 책 『세계도회(Orbis Sensualium Pictus)』를 출판했는데, 이 책은 세계에서 최초로 그림이 들어 있는 사전이다. 또한 1654년에 발간한 『언어의 문』을 연극화하여 만든 교재인 『유희학교(Schola Ludus)』를 1656년에 내놓았다.

코메니우스는 헝가리 군주의 죽음으로 계속적인 교육활동이 어려워지자 헝가리에서 레즈노로 돌아왔다. 그러나 1656년 스웨덴과 폴란드의 전쟁으로 인해 레즈노가 불에 탈 때 범지학사상의 결정판으로 46년간이나 준비한 『인간세계개선에 관한 일반담론(De Rerum Humanarum Emendatione Consultaio Catholica)』 원고를 소실하게 되었다(Sadler, 1873).

1656~1670년 코메니우스는 암스테르담에 거주하면서 시의회의 지원으로 저술과 출판활동을 계속했다. 이때 『대교수학』이 처음으로 활자화되었다. 생전에 코메니우스는 200편 이상의 논문과 서적을 저술하였다(Sadler, 1873). 1670년 11월 15일 코메니우스는 암스테르담에서 사망하여 나르덴(Naarden)에 잠들어 있다(Sadler, 1873).

코메니우스가 살았던 17세기는 스콜라철학에 의하여 이성이 강조되고, 문예부흥의 영향으로 인간성이 강조되며, 종교개혁과 새로운 과학혁명의 발흥으로 인하여 서구사회의 정치, 문화, 철학, 종교 등 다양한 영역이 발전하였으며 이에 따라 종교적, 사회적인 분리현상이 강했던 시대였다. 코메니우스는 중세문화에서 현대과학으로 이행되는 이러한 전환기적인 시대의 인물이라고 할 수 있다. 즉, 코메니우스가 살았던 17세기의 시대적인 특징은 세계관의 혼돈, 인식론의 혼돈,

종교적인 혼돈이 극에 달하고 전통적인 가치관이 무너지고 구사상과 신사상의 혼돈과 가치의 혼재 속에서 절대 진리가 될 수 있는 새로운 가치관이 요구되는 시기였다고 볼 수 있다.

2. 사상적 배경

코메니우스는 하이델베르크에서 수학할 때 르네상스의 인문주의 철학, 종교 개혁정신과 철학, 그리고 새로운 과학사상과 지식을 접하게 되었다. 그가 저술한 저서들 속에서 그가 영향받은 사상가들의 철학 · 신학 · 과학의 이론과 방법론으로 그의 독특한 교육사상체계를 전개하였다.

무엇보다 그는 본 주장의 내용인 그의 『대교수학(The Great Didactic)』의 5장과 10장에서 아리스토텔레스의 사상을 인용하여 "인간은 이성적 존재이며, 인간의 마음은 아무것도 쓰여지지 않은 백지와 같고, 그리고 인간의 두뇌는 밀랍과 같은 조직으로 되어 있어서 지식을 얻을 수 있다."고 언급하였다.

그리고 지식은 인간의 감각기능으로 시작된다는 아리스토텔레스의 감각적 사실주의의 대명제인 "인간은 감각에 의하지 않고는 무엇을 배우거나 이해할 수 없다."를 그의 저서 『세계의 도해(Orbic Pictus)』에서 인용하고 있다. 또한 아리스토텔레스의 물리학적 영향으로 코메니우스는 『물리학적 개요(Physicae Synopsis)』를 저술하여 자연세계의 질서와 조화, 사물들 간의 병행의 원리 그리고 사물들의 진화와 발생의 과정을 분석하였다.

코메니우스에 있어서 '르네상스의 참된 아들'이라 일컫는 이탈리아 철학자인 캄페넬라(1568~1639)의 영향을 빼놓을 수 없다. 캄페넬라는 『갈릴레오의 변호(Apologia pro Galileo)』에서 성서의 왜곡된 해석을 배제하기 위하여, 중세기적인 신앙과 현대과학정신과의 일치를 시작하였다.

그는 인간의 지식을 경험론적 인식론의 기초에서 설명하였고 인간의 감각, 이성, 신앙을 지식의 기초로 간주하였다. 또한 캄페넬라는 『태양의 도성(Civitas Solis)』에서 유토피아 사상, 도덕적 신정정치, 교회일치운동 그리고 범교육사상을 제시하였다.

신학사상의 면에서 코메니우스는 에라스무스, 루터, 칼빈의 영향을 받았다. 르네상스의 인문주의사상가이며 개혁신학자인 에라스무스(1466~1536)의 진보적인 신학사상은 '체코의 종교개혁의 아버지'라 할 정도로 '모라비아 형제단'에게 널리 알려져 있다. 코메니우스는 그의 저서 『평화의 찬사』에서 에라스무스의 『명구 명언집』을 언급하였고, 이 책을 모델로 하여 『디오게네스』를 저술하여 연극을 통한 교수법을 창안하였다.

또한 그는 에라스무스가 주장한 종교에는 두 가지 요소, 즉 이성을 통한 지식과 사고, 언어, 행위의 실천이 포함되어야 한다는 것을 수용하여 그의 『범교육』에서 지식의 세 가지 기능으로 이성, 언어, 행위를 언급하고 있다.

코메니우스는 루터(1483~1546)의 신학적 인간관계에 깊은 관심을 갖게 되었는데, 루터는 인간을 '하나님의 형상'으로 전제하여 인간에게는 바울이 언급한 영 · 혼 · 육의 세 요소가 있다고 하였다. 코메니우스는 루터의 견해를 수용하여 「대교수학」에서 중요한 내용으로서 한 개인의 영 · 혼 · 육을 위하여 경건, 덕, 학문이 씨앗들을 계발하여야 할 것을 주장하였다.

코메니우스는 칼빈주의 영향을 받은 모라비아교회와 학교에서 성장하며 학문을 연마하였기 때문에 그에게 있어서 칼빈(1509~1565)의 신학사상은 매우 중요하였다. 그는 칼빈의 〈기독교 강요〉에서 하나님의 주권사상, 교회관, 국가와 교회, 신국사상 그리고 교육사상의 영향을 받았다.

칼빈의 교육은 영적 질서를 위한 하나님의 목적이며, 교육의 목표는 도덕교육과 종교교육을 통하여 세상에 하나님의 신정정치를 실현하는 것이었다. 코메니우스는 이러한 칼빈주의사상을 그의 교육철학사상의 기반으로 하여 범지혜사상을 발전시켰다. 이밖에도 코메니우스는 그 당시 스승이었던 피셔(1546~1625)로부터 성서주석과 비평 방법을, 알스테드(1588~1638)로부터 칼빈주의 신학을, 그리고 안드레에(1587~1654)로부터 유토피아사상과 천년 왕국설의 영향을 받았다.

한편, 코메니우스가 하이델베르크에 있었을 때 코펠니크스(1373~1543)의 『천체의 혁명에 관하여』를 입수하였다. 그는 이 책에서 유럽 과학사상의 기반을 흔들어 놓았으며 새로운 과학의 발전적 기틀이 되었던 지동설에 깊은 관심을 갖게 되었다. 그는 우주현상에 관한 종합적인 지식과 자연철학의 새로운 인식으로 자신이 가지고 있었던 왜곡되고 단편적인 중세기적인 과학지식의 변화와 함께 새로운 과학지식과 정신에 의한 과학적 교수법의 계발에 전념하게 되었다.

끝으로 코메니우스는 베이컨(1561~1626)으로부터 직접 배운 경험은 없었지만 '베이컨의 제자'라 할 정도로 큰 영향을 받았다. 그는 베이컨의 『대혁신』에서 사물들의 정확한 관찰방법과 합리적 절차에 의한 지식의 습득, 『신기관』에서 사물의 내면적인 구조와 본질의 연구 방법으로 종전의 아리스토텔레스의 연역적 방법에서 귀납적 추리방법을, 『뉴아트란티스』에서 다양한 지식의 영역과 지식의 종합적인 완성 및 상호교제를, 그리고 『학문의 진보』에서 교육을 통한 인간의 생활환경의 개선과 향상을 터득할 수 있었다.

이와 같이 코메니우스는 많은 사상가들의 영향에 힘입어 교육의 과학적인 기초를 수립한 과학적 사실주의 교육철학의 선구자가 되었다. 그의 중요한 교육사상으로 자연법칙과 질서를 응용한 교수법, 인간의 감각적 지각력과 심리작용에 의한 지식의 형성과정, 인간의 지성적이고 도덕적인 그리고 경건성의 개발을 위한 종합적인 지식 -범지혜- 의 교육, 그리고 '범교육'을 통하여 인간의 하나님 형상으로서의 회복과 동시에 세상에 하나님 나라의 실현을 교육의 궁극적인 목적으로 제시하였다.

3. 교육사상의 이해

코메니우스의 유아교육사상은 그의 많은 저서에서 중요한 내용으로 다루어진다. 특히, 『어머니학교의 소식』에서 코메니우스는 유아기의 중요성, 유아교육의 목적, 유아교육의 주체, 유아교육의 내용, 유아교육의 방법에 관한 내용으로 유아교육을 구체화하였다. 이 책에서는 교육 내용에 의한 교수 방법에 중점을 두고 유아의 건강, 감각, 활동, 언어교수법도 상세화하였다. 코메니우스는 가정에서 부모에 의한 교육을 유아학교로 간주하여 그 기간(0~6세)에 대해 논한 것과 상급 공립학교를 위한 준비를 중요한 교육 내용으로 본 것은 코메니우스의 광범위한 통찰력을 드러내 주는 것이라고 하겠다.

코메니우스는 『범교육학』 9장에서 '유아기학교'라는 제목으로 그의 유아교육관을 진술하였다. 여기에서 그는 유아기학교를 '어머니의 품'이라고 부름으로써 유아에 대한 어머니의 절대적 영향력을 시사하였다. 세상을 전체적으로 개선하려 했던 그의 의지는 유아기에 초점을 맞추는 동기가 되었다. 코메니우스의 "이 세상에 나타나는 모든 퇴폐는 그 뿌리에서부터 자신의 유해한 작업을 감행하려고 시도한다."고 한 말에서 유아교육의 중요성을 강조하고 있음을 알 수 있다. 그는 유아시절을 인생의 봄이라고 하였다. 이 시기에 전 생애를 이끌 씨앗이 뿌려지기 때문이다. 『대교수학』 7, 8, 9장에서는 인격은 어린 시절에 형성되기 때문에 남녀 어린이 모두 학교를 통해 교육받아야 할 존재임을 강조하였다.

1) 코메니우스의 교육관

코메니우스는 1628~1630년에 『보헤미아의 교수학』이란 책을 체코어로 출판하였다. 그 책은 처음에 총 30장으로 구성되었으나, 후에 코메니우스가 대학교육과 관련된 3가지 주제를 뒷부분에 첨부하여, 총 33장으로 구성된 내용을 『대교수학(Didactica Magna)』이란 이름으로 암스테르담(1657)에서 새로 출판하였다. 그리고 그 내용을 라틴어로 번역하여 『대교 수학 전집(Opera Didactica Omnia)』이란 책에 수록하였다. 그 당시에 코메니우스는 『보헤미아의 교수학』과 『어머니 학교의 소식』이란 책들을 통하여 이미 교육자로 널리 알려져 있었으며, 1638~1639년에 소개되기 시작한 그의 범지혜(Pansophia) 사상과 함께 벌써 유럽 전역에서 명성을 얻고 있었다. 특히, 『대교수학』은 1935년 독일의 할레에서, 그간 잃어버렸다고 알려져 있던, 코메니우스의 7권으로 구성된 '인간 사물의 개선에 대한 제언(De Rerum Humanarum Emendatione Consultaio Catholica)'의 미완성 원고가 취체브스키(D. Tschichevskij)에 의하여 발견되고(Sadler, 1873), 그 안에 포함된 네 번째 책 『범교육학(Pampaedia)』이 세상에 알려지기까지 코메니우스의 교육사상을 대변해 주던 대표적 작품이었다(정일웅, 2003).

『대교수학』은 모든 사람에게, 모든 것을 가르치는, 모든 교수학적인 방법과 기술이며, 하나님의 모든 통치영역에서 남녀노소를 빈부귀천, 지능을 불문한, 완전한 가르침의 기술로 빠르고, 즐겁게, 철저하게, 현세와 내세에 필요한 모든 것을 배우게 하는, 어떤 시대에도 유용하고 명쾌한 교수원리라고 코메니우스 자신이 스스로 밝히고 있다(Comenius, 1910).

범교육론은 모든 인간은 모든 사물을 올바르게 사용할 수 있도록 교육받아야만 한다는 것이다. 즉, '모든 사람에게', '모든 방법으로', '모든 지식을', 보급하여 바람직한 인격을 소유하며 인간의 본분을 다하여 행복을 증진시키자는 의도를 갖는다. 이는 다양한 문화와 신앙을 소유하고 있는 모든 민족들에게 유용하다. 왜냐하면 교육이 의사소통의 촉진과 문화화과정의 잠재적인 힘으로 작용하기 때문이다.

코메니우스는 그의 기본적인 교육사상에 근거하여 하나님, 인간, 자연의 상관

관계에 대한 내용을 인간교육을 위한 학교로서 자연의 학교(physical school), 인간의 학교(metaphysical school), 하나님의 학교(hyperphysical school)로 구분하여 이론을 발전시켰다.

첫째, 자연의 학교는 다양한 피조물들이 생존하고 있는 세상이다. 하나님은 자신의 지혜를 계시하는 최초의 학교, 즉 자연을 창조하였다. 자연은 세상에 태어난 모든 사람들이 무엇보다 먼저, 이 학교에 입학하여 새로운 것을 경험하며 살게 하기 위한 것이다. 자연의 학교 교사는 사물이다.

둘째, 인간의 학교에서 하나님의 형상은 입은 인간의 마음속에 있다. 인간의 학교에서 활용한 모든 교과목과 교재와 교사들은 인간의 타고난 본능이다. 또한 지성으로서 자연의 학교는 모든 지식을 얻을 수 있는 통로가 된다. 그리고 인간은 이 학교를 통하여 얻게 되는 모든 지식을 온 세상에 전달하여 보급할 수 있다. 인간의 학교 교사는 인간이다.

셋째, 하나님의 학교에서는 인간이 가르칠 수 없고 오직 모든 만물의 지배자이신 하나님만이 가르칠 수 있다. 이 학교에서 배울 수 있는 교과목은 하나님뿐이다. 하나님은 이 학교에서 인간이 지금까지 듣지 못하고, 보지 못하고, 마음속에 새기지 못한 모든 것을 하나님의 영을 통하여 계시한다. 하나님의 학교의 교과서는 성서이며, 교사는 하나님이며, 교과서의 해설자는 성령이다.

위 세 학교들의 공통된 특징은 모든 인간을 교육하기 위한 곳이라는 것이다. 자연의 학교에서는 사물이 가르치고, 인간의 학교에서는 인간 자체가 가르치며, 하나님의 학교에서는 하나님이 가르친다. 그러므로 인간은 사물들에 의해서, 인간 자신에 의해서, 그리고 하나님에 의해서 배우게 되는 것이다.

코메니우스의 교육의 궁극적인 목적을 위하여 범지학(pansophia)과 범교육(panpadia)사상을 정립하는 일에 일생을 바쳤다. 그는 인간의 속성인 영적인 능력과 이성적인 사고력의 균형 있는 발달과 조화를 위하여 모든 분야의 지식 과학적, 도덕적, 종교적인 것을 통합하여 모든 사람들에게 가르쳐야 할 것을 주장하였다. 그는 이 독특한 종합적인 지식인 '범지학' 혹은 '하나님의 지식'을 통하여 인간이 이 세상에서 선한 생활을 영위할 수 있을 뿐만 아니라 내세의 영원한 구원을 준비하도록 하였고 동시에 세상의 '모든 사람들에게', '모든 것을', '모든 방법으로' 가르쳐야 하는 '범교육'을 제시하였다. 코메니우스는 그의 독특한 철학적 방법론과 이론에 의하여 산재해 있는 다양한 분야의 지식들을 종합하여 보다 체계화된 지식의 구조를 모색하였다.

범교육의 '모든 사람들'은 인종, 성별, 사회적 계층, 국적, 신체적 장애자들을 불문하고 하나님의 창조한 모든 인간을 의미한다. 모든 사람들이란 구체적으로 그 당시 교육에서 소외되었던 여성, 가난한 사람들, 그리고 지체부자유자들까지 포함하고 있었다. 그는 그 당시 사회적 특권층에 의하여 독점되었던 교육제도와 현상을 비판하면서 모든 사람들을 위한 자유로운 교육과 균등한 기회를 제언하였다.

'범교육'은 모든 사람들이 모든 방법으로 모든 것을 배움으로써, 그들의 본유적인 속성인 하나님의 형상을 회복하여 하나님이 창조하신 자연세계의 질서 속에서 선하고 참되며 의로운 생활을 영위할 수 있는 인간구원을 목적으로 하고 있다. 코메니우스는 동시에 인간의 새로운 인간성의 회복은 새로운 사회의 도래와 개혁이 실현될 수 있는 길이라고 확신하였다. 결국 코메니우스의 교육사상은 인간 내면세계의 성숙과 계발 그리고 사회공동체의 개혁과 발전에 관심을 두고 있다. 그의 교육의 궁극적인 목적은 인간에게 현재와 미래를 위해 참된 지식, 실천적인 덕, 심오한 경건을 지도하여 개인의 구원인 '하나님의 형상의 회복'이었다.

2) 유아교육의 내용

(1) 범교육학제

코메니우스는 『대교수학』 27~31장까지의 나이와 학습단계에 기초한 네 단계의 교육 학제를 제안하기에 이르렀다. 즉, 인간의 성장 기간을 24세까지 6년을 단위로 구분지어 4단계의 학교 제도론을 고안하여, 6세까지 유아기는 '어머니의 무릎학교', 7~12세까지의 아동기는 '모국어 학교', 13~18세까지의 소년기는 '라틴어 학교', 19~24세까지의 청년기는 '대학과 여행'에서 수학하기로 나누었다. 그리고 어머니 무릎학교는 각 가정에, 모국어 학교는 모든 촌락이나 마을에, 라틴어 학교는 모든 도시에, 대학은 모든 국가나 모든 지방에 설립되어야 한다고 하였다. 그가 구상한 학교제도의 구체적인 내용은 다음과 같다.

① 어머니 무릎학교(1~6세) : 유치원 교육

어머니 무릎학교는 특수한 학교시설이 갖추어져 있지 않는 가정에서 어머니가 교사가 되어 가정에서 행하는 교육을 일컫는다. 이 시기는 최초로 인간교육의 기초가 이루어진다. 따라서 코메니우스는 이 최초의 학교인 가정에서 인간생활에 필요한 모든 것을 심어주어야 한다고 주장하였다. 즉, 건강, 일상의 언어, 기본적인 생활습관과 신앙의 기초(청결, 순종, 경건, 자제의 습관), 자연계의 사물(식물, 동물, 광물) 등과 폭넓은 접촉, 즉 감각적 훈련을 통한 뮤화적 도야의 기반을 이곳 가정에서 닦아야 한다고 보았던 것이다.

② 모국어학교(6~12세) : 초등교육

코메니우스는 외국어를 배우기 전에 모국어를 배워야 한다고 강조하여, 12세까지의 아동을 대상으로 모친학교, 즉 사물에 대한 외적인 감각훈련에 이어 내적인 감각구상력, 기억력의 훈련을 집중적으로 행하는, 모국어를 중심으로 하는 학교교육을 주장했다. 따라서 그는 읽기, 쓰기, 셈하기, 측정, 음악, 교리문답, 성서의 역사, 도덕, 정치, 역사, 지리, 수공업 등의 교과학습을 모두 모국어를 실시해야 한다고 주장했다. 그 당시, 귀족계급의 자녀는 모국어학교를 거치지 않고 직접 라틴어학교에 입학하여 수학하였는데, 이에 대하여 코메니우스는 교육의 근본 목적이 전 인간을 일반적인 것에서부터 교육시켜야 하며, 어려서부터 계급 관념을 주어 우열감을 주는 것은 비교육적이고, 장래직업을 부모에 의해 예정지어 준다는 것은 개성을 무시한 처사라고 비판하였다. 이런 점에서 모국어학교도 어머니 무릎학교와 함께 중요한 역사적 의의를 갖는다.

③ 라틴어학교(12~18세) : 중고등교육

라틴어학교에서는 다음과 같은 여섯 가지 과목을 일 년 간 한 종류의 과목씩 전문적으로 공부하게 하였다. 즉, 모국어학교의 각 학년의 교과서가 전 교과 내용을 학년에 따라 다르게 배열한 데 반하여 이 라틴어학교에서는 1학년 문법, 2학년은 자연과학, 3학년은 수학, 4학년은 윤리학, 5학년은 변증법, 6학년은 숫자학을 공부하도록 배열하였다. 그러나 역사는 전 학년을 통해 계속한다. 이와 같이 라틴어학교에서는 이 시기를 오성과 판단력의 훈련을 행하는 시기로 보고 고전어(라틴어, 희랍어, 히브리어), 7자유(교양)학과, 물리학, 지리학, 역사, 도덕, 종교 등의 교과목을 부과했다.

④ 대학(18~24세) : 청년기 교육

대학은 학문적 소질에 따라 선발된 소수인을 위한 시설을 갖춘 학교로서, 자기에게 적합한 학부를 택하여 서로 토론하며 지식을 습득하는 최고의 기관이다. 이 시기는 의지를 형성하는 결정적인 시기로서 성경(신학), 오성(철학), 신체조직(의학 및 법학) 등의 전공학과를 개설하여, 교회 ,학교, 국가의 지도자를 양성함을 목적으로 하였다. 이들 지도자는 전공학과의 지식뿐만 아니라 희랍고전, 과학 등 범지적 체계를 갖춘 확인이 있어야 한다.

(2) 지식교육

인간이 세상을 살아가는 데는 많은 사물에 대한 지식이 필요하다. 사물에 대한 이러한 지식은 인간의 행위에 결정적인 영향을 주므로 이에 대한 지식의 결여로 정신적 결합이 나타나지 않도록 미리 저지되어야 한다. 즉, 인간은 사물계의 단지외적인 지식만으로는 충분하지 않고 그 내적인 근저의 통찰을 배울 필요가 있다. 왜냐하면 표면적인 사물에 대한 지식은 그 근저에 필연적으로 오류가 생기기 때문이다. 즉, 인간은 자신과 우연히 만나는 모든 것을 표면적인 감각으로만 접하고 그 진리의 핵으로 가지 않는다면 인간은 자기 자신의 의견과 추측만으로 일관하여 세상은 어지러운 소용돌이로 빠져드는 혼란, 무질서가 생기게 된다.

코메니우스는 모든 지식들이 상호 관련성이 있음에도 불구하고 모든 지식들은 단편적이고 상호 관련성이 없이 제시됨으로써 야기되는 불일치를 해결하고 조화로움을 가져오는 방법을 창안하였다. 그리고 그는 불완전하고 상호 관계성이 없는 지식은 확신을 주는 대신에 혼란을 야기하는 것으로 생각하였기 때문에 유일한 학문, 즉 하나님의 세 가지 '책들'- 자연, 정신, 성경 -로부터 도출되어 모든 지식의 상호 의존적 관계를 제시하는 모든 학문의 총체인 범지학의 완성을 주장하고 있다. 이는 교육이 단순히 지식만을 포함할 것인가의 문제를 넘어서 그러한 지식의 체계화를 강조하는 코메니우스의 사상을 보여 주고 있다.

코메니우스는 합리성을 지닌 어린이에게 통일된 지식체계를 교육의 주요한 내용으로 제시하기도 한다. 이러한 교육으로 인하여 어린이가 소유하게 되는 지식은 결과적으로 어린이로 하여금 이해력도 갖게 한다. 특히, 이러한 지식은 영혼의 세 가지 기능 -지성, 의지, 기억 혹은 양심에 의하여 형성되는 것이다. 그리고 이렇게 형성되는 지식만이 참지식인데, 코메니우스에게 있어서 이러한 참 지식이란 범지인만이 가질 수 있는 지식이다. 이러한 범지인만이 갖게 되는 지식을 코메니우스는 다음과 같이 설명하고 있다.

> "모든 인간들이 전체의 참된 것을 앎에 이르는 것, 즉 그것은 첫째로 인간들이 사물세계와 사상과 말의 구성체 안에서 통찰을 얻는 것, 두 번째는 그들이 자아와 타자의 행동들의 목표와 수단과 수행방식을 이해하는 것, 그리고 세 번째는 그들이 만일 자신의 행동, 생각과 말이 다양하게 확산되고 뒤엉켜질 때 일시적인 것에서 본질적인 것, 수치스러운 것에서 경중을 구별할 수 있도록 하는 것, 그리고 계속해서 그들이 자신과 다른 이의 사상과 말과 행위의 탈선을 알아차리고, 이러한 것을 항상 올바른 길로 되돌리도록 이해하는 것이다. 만일 모든 사람들이 기초에서부터 모든 것을 배우게 된다면, 그들은 모두 모든 것에 지혜로운 자들이 될 것이다. 그리고 세상도 질서와 빛과 평화로 가득 차게 될 것이다."

다시 말하면, 코메니우스에 따르면 이러한 지식은, 첫째 우주적인 진리에 근거하는 지식으로서 확실성을 유도하여 일반에게 수용될 수 있는 것이며, 둘째 수학적인 증명과 같이, 모든 사람에게 자명한 진리의 힘을 확신시키는 것이며, 셋째 그러한 종류의 지식을 얻을 때, 불변의 진리로부터 도출된 조화 있는 확증에 의해서 모든 논쟁들을 해결할 수 있는 것으로 이러한 확증은 의심이나 혹은 모순의 여지를 없애주는 것이다.

위와 같은 관점에서의 유아를 위한 지식교육은 구체적으로 어떤 사물을 아는 것(toknow), 어떤 사물을 행하는 것(todo), 그리고 어떤 사물에 대하여 나쁜 것을 제외한 모든 것에 대하여 말하는 것(tosay)의 세 가지 측면으로 구분된다. 코메니우스의 치밀하게 관찰하고 발견하고자 하는 원리에 입각한 것이다. 이에 대한 구체적인 내용을 열거하면 다음과 같다.

① 아는 것(to know)

자연 사물의 이름과 종류, 차이점, 유사점, 신체 부위와 이름, 기능을 안다. 시각에 관하여 빛과 어두움, 색깔을 구분한다. 천문학에 관해 해, 달, 별을 구분한다. 지리학에 관해 태어난 위치를 안다. 시간에 관해 한 시간, 일일, 주간, 한 달, 일 년, 계절의 이름을 익힌다. 역사에 관해 과거, 근래, 1년 전 사건을 안다. 가정에서 일어나는 일, 가족구성원을 안다. 정치적으로는 통치자, 법관, 국회의원 등이 있음을 안다. 코메니우스는 시청각을 활용한 지식 교수법을 다음과 같이 분류하여 제시하였다.

㉠ 물리학 교수법

코메니우스는 유아의 물리학은 먹는 것, 마시는 것, 자는 것, 소화시키는 것, 자라는 것 등인데, 유아들이 그것을 점차적으로 이해한다고 보았다. 2, 3세가 되어서야 죽, 빵, 고기가 무엇인지 이해하고 물, 불, 흙, 바람, 춥고 따뜻한 것을 이해하며, 사람, 강아지, 고양이, 그 밖의 자연만물의 차이점을 이해하게 된다. 4~6세가 되면 돌, 모래, 소리, 나무, 가지, 꽃이 무엇인지 알고 싶어 하므로, 아이들이 자연에 관한 인식을 통하여 무엇인가를 좀 더 발전시켜 나갈 수 있다고 보았다.

㉡ 광학 교수법

코메니우스에 따르면 시각의 출발은 아기가 자연스러운 빛을 쳐다보는 것부터 시작한다. 아기의 눈은 빛을 따라가기 때문이다. 이때 주의해야 할 사항은 아기가 너무 밝은 빛을 주시하지 않도록 한다. 처음으로 기능을 발하는 연약한 시력에 손상을 받지 않도록 하기 위함이다. 아이에게는 부드러운 빛, 특히 초록색을 볼 수 있게 하고, 점차적으로 빛나는 것들을 보게 해야 한다.

㉢ 천문학 교수법

코메니우스는 시각교육은 천문학의 입문이라고 규정하였다. 2~3세 유아는 하늘을 바라보고 해, 달, 별들을 구별하므로 천문학을 시작할 수 있다는 것이다. 그 후 유아에게 해와 달이 뜨고 지는 것, 보름달, 반달, 초승달의 변화를 알도록 해와 달을 관찰하도록 한다. 6세에는 계절에 따른 낮과 밤의 길이 변화를 이해하도록 한다.

㉣ 지리학 교수법

코메니우스에 의하면 지리학의 출발은 아기들이 요람과 어머니의 품을 구별하는 것으로 시작한다. 4세에 그들은 친척집을 방문하기 위해 통과하는 길을 알게 되며, 시장가는 길도 배우게 될 것이다. 이러한 경험들은 유아 기억에 고정될 것이며 나아가 한 도시, 촌락, 들판, 정원, 숲, 강에 대해 인식하게 될 것이다.

㉤ 연대학 교수법

시간의 차이를 배우는 것이 연대학의 초보단계이다. 낮과 밤, 그리고 아침과 저녁, 정오와 자정의 차이들을 가르친다. 하루 동안 유아는 얼마만큼을 먹고, 자고, 기도해야 하는가를 알도록 하며, 그 후에는 한 주가 7일이고, 무슨 요일이 있는지를 알도록 하며, 6일간은 보통의 날들이지만 7일째는 주님의 날이며 그날에 사람은 바깥일을 중단하고, 교회에 가서 하나님께 예배드린다는 것을 알도록 한다.

유아들은 또한 연중 세 가지의 큰 축제일에 대해 배운다. 겨울에는 성탄절, 봄에는 부활절, 여름에 오순절이 그것이다. 그 외에 가을에는 곡물들을 수확하는 계절적인 특징에 관한 지식을 갖도록 한다. 이러한 일은 매년 되풀이되므로 관습적으로 기억하여 이해하게 되나, 유아가 이러한 사항에 특별히 관심을 나타낼 때 어른들이 세심하게 설명해주면 좋다고 코메니우스는 제시하였다.

㉥ 역사학 교수법

코메니우스는 역사와 기념일에 관한 학습도 유아가 말을 시작하는 연령이면 곧 착수해야 한다고 주장하였다. "누가 이것을 너에게 주었지? 어제 너는 어디 갔었지? 수요일이 언제지?"라는 간단한 질문과 유아의 답변으로서 역사학 수업을 진행한다. 그에 의하면 시각이나 청각, 또는 인지적으로 가장 민감한 유아기의 기억은 평생 동안 뇌리에 고정되기 때문에 이때의 기억의 보고에는 선하고, 덕스러우며 신앙심을 고취시킬 수 있는 것들로 채워져야만 한다. 유아에게 해로운 요소들은 그들의 시각과 청각에 접해질 수 없도록 부모들은 유의해야 한다.

㉦ 경제학 교수법

코메니우스는 가정사를 바르게 수행하기 위한 경제학 입문은 생후 일 년부터 시작해야 한다고 하였다. 그것은 유아가 부모와 조부모, 그 외의 가족들의 이름을 배우는 것이다. 3세 이후에 유아는 자기 물건을 소중히 여기는 법을 배운다.

또한 정장과 평상복을 구별하며, 의복의 바른 사용법을 배운다. 이때에 그들은 가사집기나 용품들의 용도를 알고 익숙해지도록 한다. 이를 위해 장난감으로 된 용기 등을 가지고 논다. 유아는 놀이하는 가운데 자신의 방법에 의해 지식을 터득한다. 코메니우스는 실물이나 장난감류를 다양하게 사용하는 것이 좋은 교수방법임을 시사하였다.

◎ 정치학 교수법

유아들은 말하는 사람의 표정과 몸짓, 또는 일을 명령하는 것을 통해서 쉽게 이러한 것을 학습한다. 좀 더 나아가 있는 아이들에게는 자신의 기질을 조절하는 법을 가르쳐야 한다. 또한 기도, 훈계시간에는 농담을 하지 말아야 한다는 것도 배운다. 특히, 부모가 유아의 농담에 대해 심각한 반응을 보인다면 유아는 혼돈을 느껴 문제해결방안을 찾지 못하는 어려움에 처하게 된다. 자녀가 신중하게 자라기를 바라는 부모는 그 자신이 자녀와 함께 신중하게 행동해야 한다. 자녀가 신중하게 행동할 수 있는 기회도 갖기 전에 자녀를 평가 절하하는 것은 부당하다고 코메니우스는 주장하였다.

② 행하는 것(to do)

코메니우스는 유아가 한 가지 일에 몰두하는 특성을 가지고 있으며, 같은 이야기를 계속 듣고 싶어 하거나 같은 놀이를 반복한다. 이러한 유아의 활동성은 지적 성장에 긍정적인 영향을 미친다고 보았다. 그리고 능동적인 삶과 일에 익숙하게 한다. 코메니우스가 제시한 행하는 것(to do)은 마음과 말에 관련된 내용으로 수학, 기하 그리고 음악이 있으며, 생각과 말에 관련된 활동이며, 마음과 손에 관련된 교육 내용으로 노동이나 신체활동이 있다.

㉠ 수학

수학에 관해서 유아는 5세까지 세기 시작하는 때, 혹은 최소한 정확하게 숫자를 발음하기 시작하는 3세경에 바로 시작할 수 있다. 비록 유아가 처음에는 이 숫자들이 무엇을 의미하는지 이해하지 못한다 하더라도, 그들은 곧 숫자가 사용되는 실례를 통해 숫자를 알게 될 것이다.

㉡ 기하

기하학에 관해서는 2세 정도면 지각할 수 있으며 어떤 것이 크고 작은지 말하게 되고, 차차 무엇이 길고 짧은지, 넓고 좁은지 알게 된다. 4세가 되면 그들은 형태의 차이점을 배우게 될 것이다. 유아들이 어떤 것에 대한 지식을 자발적으로 익히게 하려면, 그것을 측정하고, 무게 재는 방법을 보여 주어, 한 개와 다른 한 개를 비교하도록 부모는 유도해야 할 것이며 이로써 유아의 지식은 증가하게 된다.

㉢ 음악

코메니우스에 의하면 불평과 한탄의 소리가 인간의 첫 번째 음악이라고 주장하였다. 유아가 2세가 되면 외부적인 음악(노래, 소리 내기, 악기 연주)은 그들의 기쁨이 되기 시작한다. 3세에는 식사 전과 후에 찬양을 한다든지 기도하는 것을 듣도록 하고 함께 노래 부르기도 한다. 4~5세가 되면 북이나 바이올린 등의 여러 가지 소리에 친숙하게 만들고, 악기 다루는 법을 가르칠 수 있다.

㉣ 노동 · 신체활동

노동 · 신체활동은 자르기, 찢어 나누기, 파보기, 꽃씨 뿌리기, 매어보고, 풀어보기, 말아보기, 말았던 것을 펴보기 등을 하는 것이다.

③ **말하는 것**(to say)

코메니우스는 언어는 학식 내지 지혜의 일부로서가 아니라 학식을 몸에 익히고 사상을 다른 사람들에게 전달하는 수단으로서 배우게 되는 것이라고 말했다. 이것은 언어 교수의 본질론이나 목적론과 연결되는 중요한 기본적 개념으로서, 인류가 조직적 · 학문적으로 언어 교수를 행하게 된 이후 항상 고찰과 논의의 대상이 되어 왔다.

유럽에서는 외국어교육은 고전어 교수에서 시작되었다. 로마의 생활언어였던 라틴어는 로마제국이 붕괴된 이후에도 유럽의 교양 있는 지식계급의 이상어로서 뿐만 아니라 외교용어, 학술어로서도 널리 사용되었다. 처음에 이것은 생활언어로서 사용되었기 때문에 말하기, 듣기 등을 중시하였다. 그러나 시대가 변함에 따라 이 라틴어는 그 실용가치를 잃게 되어 문자나 문헌의 해석이 주가 되고, 학식을 몸에 익히며, 지식을 자랑하기 위한 언어학습의 도구로 타락해 버려, 결국 이것은 의사소통을 위한 수단으로서의 가치를 상실해버렸다. 이러한 현상은 비단 외국어의 학습에만 한정된 것은 아니었다. 모국어교육의 경우도 이러한 현상이 일어났던 것이다.

코메니우스가 제시한 유아 언어 학습은 문법, 수사학, 시로 구성된다. 이러한 교육 내용에 있어서는 필히 순차적인 단계 실시를 요한다고 코메니우스는 강조한다. 순서가 뒤바뀌어 시작이 문법을 앞설 수가 없다는 말이다.

㉠ 문법

아직 본성적인 특성이 강하고 발음이 정확하지 않은 유아에게 있어 성인이 사용하는 단어를 발음하는 것은 어렵기 때문에 유아들은 가장 쉬운 단어들을 나타내는 것이 보통이다. 그러나 그들의 혀가 유연해지기 시작하면, 방법이 전환되어야 한다. 계속 유치한 방법이 사용된다면 유아는 아기말을 하는 습관에 빠질 수 있기 때문이다.

㉡ 수사학

수사학은 1세 유아에게서 대부분 표정이나 몸짓을 통해 본능적으로 발생한다. 그들에게 언어적인 심성과 기능이 깊숙이 잠재되어 있으므로, 유아는 언어를 익히기 전에 먼저 표정으로 이해하는 것을 배운다.

1~2세 유아는 이마를 찌푸리는 것과 펴는 것, 손가락으로 위협하는 것, 끄덕이는 것, 반복해서 끄덕이는 것이 무엇을 의미하는지 이해하고 배울 수 있다. 코메니우스는 이 모든 것이 수사학적 행동의 기초라고 하였다. 3세경에는 표정을 사용하며 5~6세에 은유를 이해한다. 유아기에 예술과 과학이 실제적으로 다루어지지 않을지라도 그 뿌리는 이미 내린다. 그러므로 부모는 이 시기에 유아에게 수사학적 전체 구조를 세워주어야 한다.

㉢ 시

도덕적인 교훈이 담긴 것을 외우는 일이다. 시의 원리는 언어발달과 관련된 것으로 유아는 말을 배울 때, 멜로디와 리듬을 좋아하므로 아기와 리듬을 가진 말로 상호 작용할 수 있다. 이러한 말로 유아는 산물과 운문의 차이를 인식한다. 유아기에 익혀야 할 시에 대한 언어의 지식은 단순하다. 시적 언어와 보통 언어와의 차이점을 인식하는 것이다.

④ 도덕교육

코메니우스는 우리의 할 일은 우리를 고양시키고, 견고하고 고귀하게 하는 지혜의 연구이며, 이로 인해 우리는 다른 피조물보다 고귀하게 되며, 하나님 자신에게 가까이 갈 수 있다고 하였다.

유아들은 무엇이든지 다 모방을 하려 하기 때문에 실제 살아 있는 존재들과 책에서 보는 모든 것들을 지능을 사용하기도 전에 모방부터 한다. 왜냐하면 하나님은 유아에게 모방의 원리를 심어 주셨기 때문이다. 따라서 교사는 유아가 어떤 일을 하도록 바라지 말고 유아 앞에서 어떤 일을 하거나 말을 하면 똑같이 하려 하므로 유아가 있는 집에서는 덕에 반대되는 어떤 행동도 하지 않도록 관심을 기울여야 한다. 집 전체가 절제, 청결함, 어른 공경, 상호 신뢰, 진실함이 보여지도록 주의해야 하는 것이다.

코메니우스의 입장에서 볼 때, 유아들이 훈련과 교정 없이 멋대로 자라도록 허용하고 모든 것을 낙관적으로 보는 부모들은 자식에게 피상적인 애정의 흉내를 내는 사람들일 뿐인 것이다. 그러한 부모들은 모든 종류의 악에서 유아들을 관대하게 다룬다. 아직 그런 것들을 이해하지 못한다고 허용해서는 도덕성을 기를 수 없게 된다. 이는 인간이란 송아지나 나귀처럼 어린 상태 그대로 남아 있도록 태어나는 것이 아니고 이성적인 존재로 변화되도록 태어났기 때문이다. 그는 "아이의 마음에는 미련한 것이 얽혀 있으나 징계하는 채찍이 이를 멀리 쫓아내리라" (잠22:15)는 성경의 말씀대로 매질도 때로는 필요하다고 보았던 것이다. 이러한 도덕성을 길러주기 위한 방안을 코메니우스는 그의 저서 『어머니 학교의 소식』에서 자세히 설명하고 있다.

㉠ 중용

탐식하거나 과식하지 않고 모든 음식과 음료를 적당히 먹는다. 유아는 자연의 본성이 요구하는 대로, 즉 시장기를 느끼거나 갈증을 느낄 때 먹고 마셔야 하며, 또는 잠이 올 때에 잠자야 한다. 유아의 의사와 상반하여 억지로 먹이거나, 마시게 하며, 덮어 주거나, 잠자도록 강요해서는 안 된다. 또한 영양이 충분하지 않은 단 음식 종류를 유아에게 주는 것을 금한다. 이러한 음식은 유아들에게 과식을 유발하며 건강을 해치기 때문이다.

㉡ 청결과 깨끗함

신체와 의복을 청결하고 단정하게 하고 품위를 지키기에 익숙해진다. 생후 첫

해부터 유아를 말끔하게 돌보는 것은 청결과 단정의 기초가 된다. 그 다음해부터 유아가 예절 바르게 음식을 먹도록 가르치며 손가락으로 음식을 먹거나 소리를 내며 먹거나 핥아먹거나 옷에 튀지 않게 먹게 하며 음식에 욕심을 부리지 않도록 한다. 나아가 옷으로 바닥을 쓸거나 고의적으로 옷을 더럽히지 않도록 하게 한다.

ⓒ 어른 공경

윗사람에 대한 공경심과 바른 언행으로서 지시사항을 즉각 실행한다. 어른들이 공들여 유아를 돌보고 사려 깊게 돌보는 한, 유아들은 곧 윗사람을 공경하게 된다. 그러므로 유아를 훈계와 훈육하는 것은 유아에게 유익하다. 필요하다면 다른 사람으로부터 훈계나 훈육을 받는 것도 유익하다. 이러한 유아는 부모와 어른들을 공경하게 되나, 과잉 보호받고 무조건적인 옹호와 허용 가운데 성장한 유아는 장차 완고하고 예의 없는 사람이 될 수 있다.

ⓓ 순종

순종은 가장 훌륭한 미덕의 중추이다. 이는 버팀목과도 같아서 어린 나무가 임의대로 자랄 때 보다 묶여 있음으로 인해 더 용이하게 고개를 쳐들고 뻗어나가는 힘을 얻는다는 것이다.

ⓔ 정직

사실대로 말하기에 익숙하도록 한다. 또한 남에게 부당한 처사나 행위를 하지 않는 훈련을 한다. 성경은 "거짓 입술은 여호와께 미움을 받아도 진실히 행하는 자는 그의 기뻐하심을 받느니라"고 기록한다. 유아가 비록 잘못을 저질렀을지라도 겸허하게 이를 고백하고, 고집스럽게 그 사실을 부인하지 않도록 해야 한다.

ⓕ 친절과 자비

코메니우스는 유아가 다른 이를 위한 사랑과 선한 행위를 연습하는 것은 출생

후 첫해부터 점차적으로 습관이 되도록 할 수 있다고 하였다. 그러려면 알려 주어야 하는 것이 무엇인지 알아야 하고 칭찬받은 것을 그대로 행할 수 있도록 알려 주어야 한다.

ⓢ 근면

일하는 것에 익숙해지고 태만에 대해 혐오감을 갖도록 한다. 나태함은 사단의 방석이다. 유아기부터 게으름을 지양하도록 연령에 맞는 여러 종류의 일을 맡긴다. 사단은 누구든지 일하지 않고 있는 자들을 찾아내서 우선 악한 생각을 넣으며 그 다음 부끄러운 행실을 하게 함으로써 그를 반드시 사로잡아 버린다. 그 누구라도 나태하지 않도록 한다.

◎ 침묵

말할 때와 침묵할 때(기도할 때, 남이 말할 때)를 안다. 유아가 말을 배우는 동안은 자유롭게 말하지만, 말을 배운 연후에는 침묵하는 법을 배우는 것이 중요하다. 이것이 지혜의 시작이다. 유아는 부모의 말에 조용히 청종하는 것도 배워야 한다.

ⓩ 인내

자신의 고집대로 하지 않고 욕구를 억제하는 법을 배운다. 과보호, 지나친 애정 표현이나 허용을 지양하는 것이 유아 인내의 출발이다. 두세 살 때 이미 악한 의도가 나타나는 것은 꽃 속의 가시나무 같아서 처음부터 뽑는 것이 좋다. 즉, 고집과 반항과 복수심, 던지고 차고, 물어뜯고, 할퀴는 모습이다.

이것은 자연적인 성격이 아니라 함께 자라는 잡초와 같은 것이다. 이러한 행동을 할 때 유아를 향해 나무라지 말고 다른 쪽을 향해서 문제행동을 지적한다. 그러면 유아는 문제의 심각성을 깨닫게 된다. 이러한 과정에서 유아에게 화가 미치지 않도록 주의한다.

㊅ 섬김

공손하고 신속하게 어른을 섬기도록 한다. 유아들에게 어떤 일을 시켰을 때, 즉각적으로 순응하는 태도와 민첩함을 배움으로써 섬김에 대한 자질을 키운다. 이 같은 신속성은 이른 유아기부터 배울 수 있으며 추후 이러한 자질은 기쁨으로 남을 섬기는 데 있어 커다란 유익이 된다.

㋌ 예의

어린 시기에 훈련되어야 할 외적인 덕목으로서 그 훈련이 현명하게 실행되어질 수 있는 방법을 묻는다면, 어떤 나이가 이런 중요한 문제에 익숙해지기에 민감한 나이가 될 수 있는가를 생각해야 된다. 이에 대해 코메니우스는 아무리 어리고 연약한 나무일지라도 다 자란 나무보다는 훨씬 쉽게 다양한 방식으로 자랄 수 있도록 구부릴 수 있다는 관점에서 유아는 성장 후보다는 훨씬 용이하게 여러 모양으로 훈련될 수 있다고 보았다.

즉, 유아는 어린 나무와도 같이 유연하여 적절한 교육에 의해 올바른 방향으로 자리를 잡는다면 유아기 이후에 실시되는 갖가지 도덕성교육은 그 효과를 충분히 나타낼 수 있으나 유아기에 그릇된 방향으로 자리 잡은 나무를 유아기 이후에 올바른 방향으로 이끄는 것은 매우 어려우므로 유아기 도덕성교육의 중요성을 강조하였다. 그는 올바른 습관을 형성하는 것은 작은 것에서 시작하고, 유아는 모든 것을 할 수 있는 잠재성을 지녔다는 말로 도덕성 교육의 무한한 가능성을 시사하였다.

⑤ 신앙 교육

코메니우스는 유아들이 성실히 가르침을 받아야 한다고 하는데, 이를 요약하면 3부분으로 나누어진다. 신앙과 하나님 경외, 예절과 덕, 언어학문과 모든 종류의 기술이 그것이다. 지금의 나열된 순서는 우위성을 가지고 있기 때문에 순서가 바꿔면 안 된다. 우선 경건한 것을 배우고, 그 후에 훌륭한 도덕을 배워야 하며, 마지막으로 자유롭게 사용할 수 있는 기술을 배워야 한다.

코메니우스는『어머니 학교의 소식』10장에서 유아의 믿음과 경건 훈련에 대한 교육 내용을 기록하였다. "만약 아이들이 하나님을 경외하지 않는다면, 아이들을 많이 둔 것에 대하여 기뻐하지 말라. 하나님을 모르는 아이를 갖느니 차라리 없는 편이 낫다." 코메니우스는 그의 신앙관에 따라 인간에게 신앙심은 생명같이 중요하다고 보았다. 이러한 의미에서 부모는 모든 것에 우선하여 유아들이 진실된 내적 경건을 이루는 일에 관심을 가져야 한다. 신앙교육을 우선시하는 이유는 신앙이 없는 지식은 마치 미치광이 손에 있는 칼같이 예리할수록 더욱 위험성이 크기 때문이다. 판단 기능이 미숙한 유아의 경우 신앙교육 내용은 경건의 기초를 다지는 일로서 부모의 경건한 생활과 상호작용이다. 그러므로 유아는 일차적인 양육을 맡은 부모의 경건생활과 부모의 상호작용을 통해 하나님에 대한 전 이미지가 형성된다고 볼 수 있다.

또한 코메니우스에 의하면 신앙에 대하여 모든 인간은 피조물을 다스리며, 자기 자신을 지혜롭게 인도하고, 우리의 형상이 되시는 하나님을 닮아 지금이나 영원이나 그분을 통하여, 그리고 그분 안에서 완전한 기쁨을 누릴 수 있도록 해야 한다는 것을 강조한다. 그 때문에 유아들에게 자기의 고의성을 포기하게 하고 순종을 통해 자신의 판단보다는 다른 사람의 충고를 따르는 것이 더 확실하다는 것을 인식하도록 해야 한다고 강조한다. 이러한 가르침은 어린 시절에 보다 큰 의미를 지닌다고 하였다. 이것은 신앙의 조기교육을 말해 준 것이라 하겠다. 유아 신앙교육을 위한 부모의 바른 자세로서 마카비가의 어머니들의 고백과 사무엘의 어머니 한나 등이 그 모델이다. 부모들은 유아가 구원과 성령의 은총을 입도록 기도하며 하나님의 영광을 위해 유아를 교육시킬 것을 경건하게 약속해야 한다.

코메니우스는 유아의 경건교육이 시작되는 시기는 사물을 분별하며 말을 배우며 걷기 시작하는 2세경으로 보고 있다. 유아 신앙교육의 단계적 훈련은 다음과 같다.

첫째, 경건의 자세를 배우게 한다. 우선 부모가 기도를 하거나 식사 전후로 찬송을 할 때, 아이들은 조용히 두 손을 모드고 앉아 있는 습관부터 길러야 한다. 그들에게 부모들이 먼저 모범을 보여 주고 잠시 동안 손을 포개어 붙잡아 준다면 쉽게 습관을 익힐 수 있을 것이다.

둘째, 말로 하나님을 찬양하고 기도하는 것을 가르친다. 입으로 하나님을 찬송하게 하기 위해서 무릎을 꿇고 손을 모으고 하늘을 바라보며 다음과 같은 짧은 기도를 드리도록 가르친다. “하늘에 계신 아버지! 당신의 사랑하는 예수 그리스도로 인하여 우리에게 긍휼을 베푸소서. 아멘.”이라고 가르친다.

셋째, 주기도문을 가르친다. 처음 간구인 만큼 한 번으로 그칠 것이 아니라 일주일 동안 아침 저녁으로 한두 번씩 반복해서 해주어야 한다. 이 방법은 유아들이 식사 때 짧은 기도를 암송하는 습관을 기르게 하는 것이다. 첫 부분에 익숙해지면서 그 다음 부분을 첨가하여 역시 두 주간 동안 같은 방식으로 끝까지 진행한다.

넷째, 하늘에 대해서 이해하도록 가르친다. 유아에게 하늘에는 하나님이 계시며 그분이 모든 것을 창조하셨고, 먹는 것, 마시는 것, 입는 것 등 모든 것이 그분에게서 나온다고 가르치도록 한다. 그리고 이를 위해서도 기도한다.

다섯째, 짧은 기도를 가르친다. 유아가 매일 아침 일찍 식사 전후에 기도를 한 후, 첫 기도문을 첫 번째 달에, 그리고 두 번째, 세 번째 기도문을 세 번째 달에 할 수 있도록 매번 기도문을 하나씩 주어 소리 내어 읽게 한다면 손쉽다. 이전에 행했던 것과는 달라서 기도문에 없었던 새로운 기도문은 그 개념을 이해하고 받아들일 때까지 반복해야 한다.

여섯째, 하나님에 관하여 가르친다. 유아들이 무엇인가를 듣고 생각하고 하나님께 주의를 집중하여 그를 경외하는 데 익숙해진다면, 바로 그때가 하나님에 관하여 이야기할 절호의 기호이기 때문이다. 하나님은 그를 믿지 않는 우리들에게 경건의 본보기로 처벌하신다는 것과 심판에 대해서 일러주라고 한다.

일곱째, 십계명을 가르친다. 유아가 신앙고백을 충분히 배우게 되면 십계명을 가르치도록 한다. 유아들은 아직 이해가 좁고 기억력이 약하기 때문에 한 번에 십계명을 모두 암기하는 것이 아니라 하나하나 암기하도록 한다.

여덟째, 기도를 가르친다. 무엇보다도 유아들이 지속적으로 기도하게 해야 한다. 이 기도는 중언부언하지 않도록 하기 위해서 자신이 이해할 수 있는 말로 하도록 해야 하며, 긴 것보다 짧은 것이 좋다고 한다. 유아들에게 하나님께 기도하는 것을 가르치기 위해서 기도의 형식을 미리 준비해서 말해줄 수 있다.

기도의 연습과 훈련은 혹독하게 이루어져서는 안 된다는 것을 상기시키고, 그 대신 유아들이 그것을 따르지 않을 때는 체벌이 가해진다는 사실을 알 정도는 되게 해야 한다고 하였다. 유아들의 행실이 올바르다면 칭찬을 받을 수 있다. 그러나 이러한 때에 진지한 얼굴로 대하는 것이 필요한데, 이것은 유아들이 무엇이 진담이고 농담인지를 분별하게 해주는 의미를 가진다고 하였다.

3) 유아교육의 방법

코메니우스는 자신만의 독특한 교수법을 개발하여 현대교육의 기반을 형성하였는데, 비과학적인 교수방법과 다양한 교육자료의 절대 부족, 단편적인 교육 내용에 의한 기존의 교육제도와 환경에 일침을 가하였다.

그는 이러한 기존의 환경과 방법으로는 한 인간의 전(全)인격적인 개발과 양육을 할 수 없다고 보았으며, 교육의 전통적 문제인 주입식 방법과 비능률적인 지식의 그림자만을 배우는 교수-학습방법을 체계화시킴으로써 아동의 학습방법을 개선하였다. 코메니우스는 유아들이 기존의 잘못된 방법인 단편적이고, 비능률적이며, 폭력적이고, 강압적인 교육 방법으로부터 보호받을 수 있는 교육 방법을 제시했는데, 그것이 바로 『대교수학』과 『분석교수학』이다. 이 책들을 통해서 과학적이고 체계적인 교수법을 발전시켰다. 『대교수학』을 통해서 전반적인 교육사상을 소개하고 있으며, 『분석교수학』은 지식의 형성과정에 대한 일반적인 논리 전개와 교수방법을 제시한다.

코메니우스는 유아들에게 수동적인 맹종을 강요하여 감각이 약화되지 않도록 ① 자발적인 실천과 직접적인 관찰의 기회를 제시하고, ② 교사들의 억압과 폭력을 제거하며, ③ 실물과 관계하여 언어를 가르치고, ④ 공포 대신 즐거움으로 학습동기를 부여하며, ⑤ 자연의 책을 공개하여 감각을 발전시키도록 권고하고 있다. 특히, 코메니우스는 아동들이 기쁨과 열정을 가지고 학습함에 깊은 관심을 두었는데, 학습이 진행되는 동안 아동들의 기쁨을 고무하고, 즐겁게 하는 모든 수단과 참된 교수법은 일치한다고 강조하여 교수-학습 원리와 방법의 체계적 이론으로 과학적 실행방법에 의해 관찰, 분석, 정립한 자연법칙을 선택하여 자연의 원리와 과정의 모방에서 자연법칙에 따라 세 가지의 방법을 제시하였다.

첫째, 자연 사물을 분석하여 지식을 얻는 분석적 방법, 둘째, 자연 사물의 서로 다른 부분과 전체를 비교, 유추하여 지식을 얻는 혼합적 방법, 그리고 셋째, 자연 사물들의 부분을 결합하고 조합하는 종합적인 과정에 의해 지식을 얻는 종합적 방법이다.

즉, 자연의 질서에 될 수 있는 한 교수과정을 연관시켜서 방법상의 원리를 추출하고 그 원리에 따라서 가르칠 때 학습의 효과를 거둘 수 있다고 말한다. 그리고 잘 가르친다는 것은 정확하게, 용이하게, 철저하게, 간결하고 신속하게 가르치는 것임을 또한 주지한다.

(1) 자연의 원리 방법 적용의 교육

자연의 원리의 방법 원칙은 첫째, 자연은 그의 시기에 적합하게 모든 것을 행한다. 예를 들어, 종을 증가시키고자 하는 새는 모든 것이 얼어 경직되는 겨울에도 아니며, 열 앞에 모든 것이 약해지는 여름에도 아니며, 모든 사물들의 생명력이 동시에 태양과 함께 감소하는 곳, 그리고 어린 피조물들에게서 반감을 갖는 겨울이 가까워지는 가을에도 아니며, 태양이 모든 사물들에게 생명과 신선함을 다시 가져다주는 봄에 시작하는 것이다. 인간의 교육은 인생의 봄에 시작되어야 한다. 다시 말하면, 유년시절을 뜻한다. 아침은 공부에 적합한 시간이다.

둘째, 자연은 형태를 제시하기 전에 재료를 준비한다. 교과서들과 모든 다른 가르침의 수단들은 미리 준비되어 있어야 한다. 인식능력은 언어에 앞서 교육되어야 한다. 언어는 문법으로부터가 아니라 적절한 저자들에게서 가르치는 것이다. 실제 학문들이 질서적이고 논리적인 것들에 앞서 설명되어야 하고, 예를 들어 규칙들보다 앞서 가르쳐야 한다.

셋째, 자연은 그의 행위를 무질서하게 하지 않고, 차례대로 시행한다. 예를 들어, 새가 만들어질 때 하나의 일정한 시간에 뼈, 혈관, 신경들이 생겨나고, 다른 시간에는 살이 채워지고 다시 다른 시간에 피부가 그리고 끝으로 날개가 나오고 날기 시작한다. 이와 마찬가지로 학습도 이 방법을 따라야 한다.

넷째, 자연은 그의 모든 행위를 내면에서부터 시작한다. 자연의 새의 발톱, 깃 또는 피부를 만드는 것이 아니라 우선 장을 만든다. 그리고 나서 모든 외적인 것을 만든다. 그러기 때문에 우선 사물을 인식하는 능력이 교육이 되어야 하고 그 다음으로 기억하고 언어와 수예를 사용하는 것이 교육되어야 한다. 교사는 인식의 추론을 위해 모든 방법들과 길들을 알아야 하고 적합한 방법으로 적용해야 한다.

다섯째, 자연은 교육하는 모든 것에서 가장 일반적인 것으로 시작하고 특별한 것으로 끝맺는다. 예를 들어, 알로부터 새를 만들어 내려고 한다면 첫째로 머리나 눈이나 깃 또는 발톱을 만드는 것이 아니라 알을 따뜻하게 하고 온기를 통해 생겨난 움직임에서 전 영역을 통하여 혈관들을 유도하고 이로서 새끼 새의 기본들이(즉 머리, 날개, 발등이 되는) 생겨나게 된다.

여섯째, 자연은 비약하지 않고, 한 발짝 한 발짝 전진한다. 새끼 새의 교육은 역시 단계적으로 진행되는데, 새끼가 깨어진 알에서 나오기까지 그 단계들은 비약하지도 않고 뒤섞여 잘못 교체되지도 않는다. 알에서 나오면 어미 새가 아기 새를 곧장 날도록 하여 자신의 먹이를 스스로 찾도록 하지 않고(아직 가능한 것이 아니기 때문에), 어미 새가 아기 새에게 먹이를 주고 자기의 품안으로 아기 새를 따뜻하게 해주며 깃털이 자라도록 도움을 준다.

일곱째, 자연은 어떤 것을 시작하면 그것이 완성될 때까지 중단하지 않는다. 자연적으로 그의 알을 품기 시작한 새는 새끼 새가 깨고 나오기까지 그것을 중단하지 않는다. 만일 새가 몇 시간 만에 그만둔다면 알은 추워서 죽게 된다. 알을 깨고 나온 새는 삶 속에서 강해지고 깃으로 옷 입어 공기에 견딜 수 있도록 따뜻하게 해준다. 학교에 보내진 학생은 그가 학식과 덕성 그리고 경건한 사림이 될 때까지 배워야 한다. 학교는 소음과 방해가 없는 조용한 장소에 위치해야 한다. 계획에 의해 추진된 모든 것은 중단 없이 진행되어야 한다. 무단결석과 중도 탈락이 학생들에게 어떤 이유로도 제공되어서는 안 된다.

여덟째, 자연은 방해물이나 유해한 것은 조심스럽게 피한다. 새가 알을 따뜻하게 품을 때 어떤 추운 바람, 비 또는 우박이 들어오지 않도록 한다. 그는 뱀, 독수리, 다른 해가 되는 것을 내쫓는다. 건축사도 나무, 벽돌, 석회를 가능한 건조하게 간수하고 이미 지어진 것은 파괴와 넘어짐에 대비한다. 비슷하게 화가도 방금 그려진 그림을 찬바람, 뜨거운 더위, 먼지, 낯선 손에 그냥 방치하지 않는다. 이와 같이 학생들은 그들의 학년에 맞는 일정한 책들을 가지도록 돌봐야 하며, 이러한 책들은 지성과 덕성 그리고 경건성의 깔때기로 명명될 수 있도록 구성되어야 하며, 학교와 청소년들의 주변에서 그 어떤 경박한 교제가 이루어지지 않도록 돌보는 일이다.

(2) 사물 관찰 교육

학문이나 사물의 지식은 사물의 내적인 직시와 다른 것이 아니기 때문에, 그것들을 위해서 표면적인 직시나, 관찰을 위한 것처럼, 동일하게 부여된 것들이 요구된다. 말하자면 눈과 대상, 빛에 대한 것들이다. 이 세 가지가 주어진다면 바라보는 것이 실천되는 것이다. 내적인 통찰을 위한 눈이란 정신(mens), 또는 지성(ingenium)이다. 대상들이란 지력(inetllectus)의 안팎에 놓여 있는 모든 사물들이다. 빛은 사물에 대한 마땅한 주의력이다. 사람들이 하나의 사물이 어떤 상태에 있는지를 보아야 할 때, 그 외적인 관찰에 하나의 분명한 방법이 필요한 정신에 앞서 제시되게 하는 하나의 결정적인 방법이 요구된다.

한 학생이 학문의 비밀로 접근하려면, 다음의 네 가지 정도가 함께 작용되어야 한다. ① 그는 깨끗한 정신의 눈을 가지고 있어야 한다. ② 대상들을 이 눈에 가까이 가져와야 한다. ③ 주의력이 부족해서는 안 된다. ④ 차례대로 그에게 해당하는 방법에 따라 관찰이 이루어지게 해야 한다. 그렇게 행해질 때, 그는 모든 것을 확실하고 쉽게 파악하게 될 것이다. 어떤 소질이 우리에게 허락되었는지는, 우리의 손에 달려 있지 않다.

거울을 통해 대상들의 선한 수용은 우선 그것들의 조밀성과 가시성(Sichtbarkeit)에 달려 있고, 다음으로 그것들이 감관에 전시된 것처럼 방법에 달려 있다. 이른바 안개와 유사한 엷은 농도의 사물들을 적게 반영하고, 거울에 매우 흐리게 그려진다. 물론 존재하지 않는 것은 전혀 아니다. 그 때문에 사물들을 아이들이 경험으로의 삶에 제공된 사물의 그림자가 아니다. 나는 사물들이란 감각과 상상의 능력에 강하게 영향을 미치는 지속적이고 참되고 유용한 사물들을 만일 사람들이 실제적으로 파악하도록 그것들을 가까이 가져오게 될 때 이루어진다. 이에 대한 설득력 있는 세 가지 이유가 있다.

인식(cognitio)의 시작은 항상 감각에서 출발해야 한다는 것이다[왜냐하면 먼저 감각작용에 의해 시작되지 않은 것이 우리의 이해력(intellectus)에 존재하지 않기 때문이다]. 왜 가르침은 낱말들을 통한 표현 대신에, 실제적인 사물의 관찰로 시작해서는 안 되는 것일까? 사물이 감각적으로 보이고 나서야, 비로소 사물을 더 자세히 밝히기 위해 설명이 뒤따라야 하는 것이다.

각 사물에서 사람들은 그것이 이해되기까지 충분한 시간을 가져야 한다. 생겨나는 모든 것은 움직임이 점차적으로 이루어진다. 교사들은 그 때문에 학생이 그것을 잘 앎게 될 때까지, 각 지식의 영역에 가능한 오랫동안 함께 머물러야 한다. 이것은 각인, 시험 반복을 통하여 확실성에까지 도달된다. 모든 것에 대한 지식이 정확하도록 사물의 구별이 분명하게 드러나게 해야 한다. 하나의 깊은 의미가 다음과 같은 말에 담겨져 있다. 즉, 잘 구별하는 자가 잘 가르친다는 말이다. 사물의 많은 수는 배우는 자를 압박하게 된다.

그것에 대하여 안전 대책을 취하지 않을 때, 그는 혼돈에 빠진다. 첫째로 하나를 해결한 다음에 다른 것에 이르는 질서, 둘째로 한 사물이 다른 것에서 분리되는 것이 어디서든지 분명하게 구별되도록 조심스럽게 주목하는 일이다. 그것만이 정확하고, 확실한 앎을 준다.

왜냐하면 사물의 다양함과 실제적인 본체는 구별들에 의존되어 있기 때문이다. 교직의 과제를 필요한 숙달로서 올바르게 수행하는 것이 모두에게 주어져 있지 않기 때문에, 목표를 빗나가는 일이 쉽게 일어나지 않도록 학교에서 가르쳐야 하는 모든 학습의 대상들은 이러한 방법적인 규정들에 따라 이루어지게 해야 한다. 왜냐하면 이것이 올바르게 준비되고, 주의를 기울이게 된다면 사람들은 아이를 궁전으로 인도하는 것처럼 대우할 수 있을 것이다.

그와 같이 아이가 거기서 발견하는 모든 것, 즉 그림, 조각, 커튼, 기타 장식품을 주어진 시간에 싫증 없이 면밀히 조사하는 것이 쉽게 이루어진다. 그렇게 해서 아이도 전 세계의 무대로, 사물의 성질을 아주 예리하게 뚫고 들어가서, 열린 눈으로 하나님과 인간의 일들로 지나가게 되는 것이다.

(3) 감각기관의 활용

코메니우스는 『세계도회』의 서론에서 "감각에 존재하지 않고 지성에 존재하는 것은 하나도 없다."하고 하여 감각적 직관을 강조하였다. 학습은 감각을 통하여 가장 잘 성취된다고 하였으며 감각교육은 모든 교육의 기초가 된다고 하였다. 어린이 바로 앞에 놓여 있는 것은 실물이지 실물의 그림자여서도 안 된다고 할 만큼 직접적인 감각의 체험을 중요시했다.

코메니우스에 의하면 인간은 시각(Seeing), 청각(Hearing), 촉각(Touching), 미각(Tasting)의 감지에 의하여 외부세계의 모든 대상들을 마음의 내면세계로 수용할 수 있다. 사물들을 보다 잘 지각하기 위해서는 다섯 가지 기능들을 동시다발적, 효율적으로 활용할 수 있어야 한다. 이 훈련은 단지 지식을 터득하는 시초일 뿐 아니라 지식의 대상이 되는 모든 사물들을 정확하고 확실하게 관찰할 수 있는 방법이 된다. 나아가 이 훈련으로 말미암아 유아는 모든 사물들을 정해진 가치와 목적에 따라 선택하고 분류하는 토대를 구축할 수 있게 될 것이다.

코메니우스는 『어머니 학교의 소식』에서도 감각을 통한 교수법에 대한 주장을 하였다. 유아기의 지적인 발달은 다음의 단계를 갖는다고 하였다.

- 1단계 : 감각기관에 의한 사물 자체의 감각을 느끼는 것이다.
- 2단계 : 자극을 받는 내부 감각이 외부 감각에 의해서 새겨진 사물의 상을 표현해내는 습관을 들여야 한다. 이 경우에 내부적으로 상기하는 기능을 통

해서 표현하기도 하며 외부적으로 손과 입을 사용하여 표현할 수도 있다.

- 3단계 : 마지막 단계로서 의지가 모든 것에 대해 능력을 자각하게 된다. 이 의지는 인간의 모든 행동을 안내하는 원리를 가진다. 그러므로 지능을 계발하기 전에 의지를 계발시키려고 하는 것이나 상상력보다 먼저 인지력을, 감각보다 먼저 상상력을 계발시키려고 하는 것은 단계를 역행하는 것으로서 전적으로 비능률적이며 역효과적이다.

코메니우스에게 있어 유아학교의 교육자료로서 그림책을 만들어 유아의 손에 직접 쥐어주는 일은 중요했다. 왜냐하면 이 연령기의 교육은 주로 감각을 통한 지각을 매체로 이루어지며, 시각이 가장 중요한 감각이기 때문이다. 이러한 동기에서 저술된 『세계도회』는 중요한 사물과 그림이 있는 특징들을 모국어로 표시하고 그 단어를 다시 라틴어로 표기함으로써 학습자가 라틴어를 쉽게 배울 수 있도록 한 사전이다. 이 책에서 코메니우스는 그림책이 주는 삼중의 효과를 다음과 같이 제시했다.

첫째, 그림책은 유아에게 사물의 모양을 마음에 새겨주는 데 도움이 된다. 유아의 주의력을 자극하여 지성을 한층 예리하게 하기 때문이다.

둘째, 그림책으로 말미암아 유아는 책이란 재미있는 것이라는 생각을 가지게 한다. 이미 영아기부터 자연의 실물이나 그림 제시를 통해 감각 기능을 활성화시킨 유아는 그림을 좋아하고 그림으로 제시된 것을 보면 즐거워하기 때문이다.

셋째, 그림책을 통해 유아는 자연스럽게 읽기 단계로 들어서게 한다. 사물의 이름을 그림 위에 적어놓았기 때문에 읽기가 시작되는 계기가 될 수 있을 것이다.

이와 같이 코메니우스는 감각 훈련의 중요성을 인지하고, 책에 그림을 삽입하여 이를 교수자료로 교육현장에 공급하므로 후일 영유아를 위한 그림책이 마련될 수 있는 계기를 만들었다.

4) 놀이

코메니우스에 따르면 어린이는 본래 자유롭고 자발적이며 강제적인 것을 싫어하므로 모든 것을 즐겁고, 쉽게 배우려는 욕구를 가지고 있다. 놀이는 무엇보다 어린이가 자발성을 발휘하게 할 뿐 아니라 그가 지니고 있는 잠재능력을 발달시키는 방법이 된다. 어린이가 놀이를 잘하려면 어린이의 신체활동의 욕구를 전제해야 한다. 어린이는 자신의 팔과 다리와 같은 신체를 움직이고자 하는 욕구뿐만 아니라 정신과 언어도 발달시키고 싶어하는 욕구가 있다. 따라서 움직임은 어린이의 발달 특징이 된다.

유아기에 시작되는 어린이의 움직임, 곧 활동은 놀이의 첫 단계라고 볼 수 있다. 어린이는 놀이를 통하여 자신의 충동을 합당할 뿐 아니라 옳은 방향으로 사용하게 된다. 어린이에게 제공되는 적합한 놀잇감은 어른의 활동을 모방할 수 있고 장차 미래의 과업을 준비할 수 있도록 한다. 코메니우스가 제시한 활동으로는 농부놀이, 정치놀이, 건축놀이와 같은 역할놀이, 즉 사회극 놀이이다. 농부놀이를 할 때 교사는 어린이들을 들로 데리고 나가서 여러 종류의 묘목을 가르침으로써 어린이들이 과학에 대해 자연적으로 관심을 갖게 한다. 전쟁놀이를 하는 동안 유아는 사령관, 장군, 기수가 되기도 하고, 정치놀이를 할 때에, 왕, 수상, 시의회 의원들로 원수, 비시, 대사, 영사와 상원의원, 국회의원, 의원 등의 역할을 담당해 봄으로써 학습하게 되는 것이다.

결국 이런 놀이를 통하여 어린이는 집단활동 가운데에서 개인의 역할을 이해할 뿐 아니라 모방하며 이미 알고 있던 지식과 실제적 활동 간의 차이점을 발견한다. 그리고 어린이는 이러한 주요 역할의 과업을 수행하는 동안 기쁨과 즐거움도 얻고 더 나아가 현실의 생활, 즉 실생활에 적용할 수 있도록 인도되는 것이다. 코메니우스 입장에서 놀이는 의도적으로 계획되는 목적적인 활동으로서 그의 중요한 교수방법이 된다고 볼 수 있다. 놀이를 할 때 어린이는 자신의 내면 속에 있는 흥미와 자연적인 호기심 그리고 자발성을 나타내면서 놀이의 주체자가 되어 지식을 획득하도록 한다.

코메니우스는 내세를 위한 교육을 말하고 있다. 즉, 지금의 교육은 내세를 준비하기 위하여 하는 평생교육이라는 것이다. 하지만 필자는 오히려 현세에서의 교육을 중시하면서 현세의 연장선상으로서의 내세교육이 필요하다고 본다. 내세를 위한 교육은 현세를 중시할 때 제대로 교육이 된다. 또한 신앙과 삶의 통일된 모습 속에서 교육이 이루어져야 한다. 지식이나 성서의 내용만 주입시키는 것이 아니라 삶 속에서 성서의 내용을 비추는 삶을 살아야 하는 것이 중요하다. 이러한 모습들을 교육하기 위하여 영유아의 모델링이 되는 부모의 역할이 더욱더 중요해지는 것이다.

4. 현대교육사상사적 의의

1) 유아교육의 기초로서의 코메니우스의 유아교육사상

코메니우스와 우리 사이에는 형이상학의 시대라는 17세기와 초현대적인 과학문명의 시대라는 근 300년의 시간적인 격차가 있다. 그럼에도 불구하고 우리는 그의 사상을 형이상학이라 하여 간과해 버리기 어렵다. 왜냐하면 그가 현대교육, 특히 유아교육의 체계 확립과 유아교육 방법을 재정립하는 데에 커다란 영향을 미쳤기 때문이다. 그러나 현재 우리나라의 교육계에는 그의 교육사상에 관한 연구, 특히 유아교육과 관련한 그의 연구가 미진한 실정이다. 따라서 이러한 현실적인 상황을 감안하여 한편으로는 그의 유아교육사상을 탐구하고, 다른 한편으로는 그러한 기초 위에 유아교육방법이라는 보다 구체적인 맥락에 적용하여 그의 사상의 현장 적용 가능성을 모색하고자 하는 데 그 목적을 두었다. 코메니우스의 유아교육사상이 근세에서 현대에 이르는 시기 동안 형성되어 온 유아교육에 어떠한 기초로 작용했는지, 즉 유아교육의 기초로서의 코메니우스의 유아교육사상이 무엇인지 몇 가지로 논의해 보고자 한다.

첫째, 코메니우스는 발달심리학의 발생학적 사고뿐만 아니라 발달단계에 대한 이론을 밝힌 사람으로서, 인간의 개념 확립은 감각에서 얻은 지식을 수용하여 형성된다는 것과 아무리 어려운 지식일지라도 유아의 발달단계에 맞추어 재진술하면 유아는 보다 효과적으로 학습할 수 있다고 보았다. 또한 유아의 발달단계에 맞추어, 자발적으로, 흥미에 맞는 것을 찾도록 해야 한다는 그의 교육원리는 이러한 점에서 수직적 원리와 수평적 원리가 통합되어 있다고 볼 수 있다. 사람마다 그 자신의 독특한 특성을 지니고 있다.

그러나 그 바탕을 이루고 있는 성질에 있어서는 기본적으로 동등하다. 이는 인간은 이성을 통해서 그것이 명한 대로 행하며, 평등하게 교육을 받을 수 있는 능력이 있음을 의미한다. 따라서 지체장애아나, 정신지체아, 유아도 교육을 받을 수 있다. 코메니우스는 이와 같은 점을 특히 중시하고, 절대다수의 시민을 최대한으로 교육하지 않는 한 좋은 사회는 실현될 수 없다고 보았으며, 24년간의 학교교육은 능력에 따라 차별적으로 교육되어서는 안 되며, 모든 사람이 능력을 최대한으로 발휘하기 위해서는 반드시 거쳐야 할 단계로 보았다.

둘째, 코메니우스는 적절한 교육과정은 인간을 포함한 이 우주의 궁극적인 통일과 조화를 가르치는 내용이어야 한다는 전제에서 출발한다. 물론 일시적으로는 모순되고 통일되지 않는 내용이 포함될 수도 있으나 이 우주는 조물주인 하나님의 섭리에 의해 이루어지고 조화를 이루고 있으므로 우주의 이 모든 것에 대해 배워야 한다고 하였다. 이러한 맥락에서 그는 유아교육이 단편적이지만 이는 전체를 아는 기본이 되는 교육 내용으로 교육과정이 계획되어야 하며 유아의 발달단계에 따라 다르게 교육되어야 한다고 보았다. 이러한 점에서 그가 주장하는 유아교육과정은 동심원적이라 볼 수 있다.

즉, 유아는 감각운동, 행동의 내면화, 형식적 추론이라는 과정들을 거쳐 개념을 습득하게 된다는 것이다. 이와 같이 코메니우스는 유아교육이 유아의 발달 정도에 맞추어 진행되어야 하며, 인간의 전 생애가 곧 교육의 과정이므로 평생교육의 차원에서 교육이 실시되어야 한다고 전제하고, 삶이 끝날 때에야 비로소 인간이 완성되는 시기라고 보았다.

셋째, 코메니우스는 자연의 질서에 따라 만인의 교육이 실시되어야 하며, 또 그것은 자발성을 바탕으로 해야 한다고 주장한다. 그는 만일 우리가 자연을 따르면 자연은 결코 우리를 혼란스럽게는 하지 않을 것이라는 키케로(Cicero)의 말처럼 교육은 자연을 모방할 때 자동적으로 이루어질 수 있음을 강조한다.

이는 인간에게는 자연과 인간과 사물이라는 세 교사가 있는데, 이 중 인간과 사물은 통제가 가능하지만 자연은 통제할 수 없으므로 세 교사의 조화로 이루어져야 할 교육은 통제 불가능한 자연을 따라 갈 수밖에 없다는 것이다. 그는 유아 중심의 교육과정은 자연의 발자취에 따르는 교육으로 유아를 학교에 보낼 때, 어머니는 학습이란 노동이 아니고, 책과 즐겁게 노는 것이며, 꿀보다 달다고 말해야 한다고 주장한다. 또한 그는 자연의 삼라만상은 하나님의 거울이며, 인간은 이 모든 것을 다 배워야 한다고 보았다. 이처럼 코메니우스는 유아교육에서 우주의 모든 것은 질서가 지배하고 있기 때문에 이 질서는 바로 교육의 원리가 될 수밖에 없다고 보았던 것이다.

넷째, 코메니우스의 교육사상이 시사해 주는 점은 유아교육은 즐거운 것이어야 하고, 배움은 놀이처럼 재미있고 신나야 하며, 하기 싫어하는 유아를 강제로 하도록 시키는 일은 자연의 질서에 위배되므로 유아들에게는 좋은 물리적 환경, 학습이 즐거워지는 탐색적인 환경, 안정감이 있는 환경이 제공되어야 한다는 것이다. 그 구체적인 방법이 유아에게 개별적인 자유시간을 허용할 것, 지나친 기억을 강요하지 말 것, 유아에게 자발적인 경험을 하게 할 것, 유아의 능력 수준에 맞추어 가르칠 것 등이다. 특히, 그는 자발성의 원리에 근거한 교육이론으로, 유아의 행동과 교수활동은 일치되어야 한다는 원리를 강조한다.

이는 유아들이 글을 직접 써 봄으로써 글 쓰는 방법을 배우고, 말을 해 보게 함으로써 말하기를 배우며, 추론의 방법을 배움으로써 추론을 배우도록 해야 함을 뜻한다. 또한 그는 과도한 체벌과 경쟁을 이용한 교수방법은 유아의 자연스러운 분위기를 해치기 쉬우므로 학습을 즐겁게 하기 위해서는 실천을 중시하고, 감각에 호소하는 직관교육과, 놀이를 중심으로 한 활동 중심 교육과정이 되어야 한다고 하였다. 특히, 유아의 놀이는 동기, 자발성, 친구, 질서, 즐거운 목적, 수행하기 쉬움 등의 요소로 구성되어 있으므로, 유아들이 즐거운 놀이로 권태를 몰아낼 수 있는 적절한 방법이라고 강조하였다.

이와 같이 코메니우스는 '학습은 즐겁게'라는 쾌락의 원칙을 강조하였다. 그렇다고 그가 훈련의 의의를 과소평가한 것은 아니다. 그는 위협적 수단으로서가 아니고 지도 또는 안내라는 소극적인 방법으로 규율을 지켜나가게 함을 중시하였다. 즉, 교사는 위엄을 지니되 어버이처럼 자애로워야 하고, 너무 앞으로 가려고 서둘지 말 것이며, 교사가 잘못 가르쳤을 때에는 꼭 정정해야 한다고 하였다. 그는 이처럼 체벌을 가하지 않고 자연스런 동기로 유아를 이끄는 게 좋다고 보았다. 그러나 때로는 이 체벌도 필요하다고 보았다.

2) 코메니우스 유아교육사상의 현대교육적 의미

코메니우스가 유아교육사상에서 제시한 그의 교육사상은 현대적인 의미는 과연 어떤 것인가? 오늘날 교육을 맡고 있는 교사에게는 어떤 교훈을 주고 있는가?

(1) 적극적 유아교육

코메니우스는 하나님께서 창조한 모든 피조물 중의 가장 중요한 위치에 있는 인간이 타락한 상태에서 본래의 인간 형상으로 돌아가기 위해서는 반드시 교육에 의해서 참 인간을 형성할 수 있으며, 또 이 교육은 반드시 어린 시절에 해야 가장 쉽게 이루어지기 때문에 유아교육을 해야 한다고 주장한다.

그 이유는 현세에 사는 동안 미리 영생을 준비해야 하고, 삶에 있어서 가능한 빨리 인생의 행함을 위해 준비해야 하며, 어린 시절의 연한 동안에는 쉽게 굽어지고 형성되지만 이미 굳어진 후에는 변화시키기 어려우며, 인간을 인간답게 형성시키기 위해 하나님께서는 어린 시절을 그 형성시기로 주셨고, 이러한 어린 시절에 흡수한 것만이 오래 지속되며, 마지막으로 매우 어린 시절부터 순결한 교훈으로 고취하지 않으면 나중에 고쳐 배우기는 불가능하기 때문에 이와 같은 여섯 가지 이유로 유아교육의 중요성과 필요성을 역설하였다. 그러면서 이 시기를 놓쳐서는 올바로 형성될 수 없다고 보고, 우리 속에 내재된 지식과 도덕성, 그리고 신앙을 추구하여 이성적 지식을 갖추고, 도덕적 실천을 행하며, 경건한 신앙의 마음의 양성을 통해 결국에는 인간이 하나님과 함께 영원한 행복을 누리는 데 그 목적을 두었다.

즉, 코메니우스에 의하면, 유아는 태어날 때부터 사물에 대한 지식을 습득할 수 있는 잠재적 힘이 내부에 이미 존재하고 있으며, 지식과 도덕성, 신앙의 씨앗이 유아의 내부에 심어져 있는 결정론적 존재이다. 그래서 이를 잘 개발해주고 발전시키기 위해서는 신중한 교육이 필요하다고 보았다. 그리고 코메니우스는 “유아는 하나님의 가장 귀중한 선물이며, 헤아릴 수 없을 만큼 소중한 보배이므로, 우리는 계속적인 주의를 기울여야 한다”고 주장하였고, 이와 같이 신이 소중히 여기는 유아는 원죄를 제외하고는 죄가 없으며, 가장 순결한 자이고, 하나님이 유아를 많은 사랑으로 감싸시며, 그러한 신의 영광을 나타내는 특별한 도구가 유아라고 보았다. 그리고 이러한 유아는 어른들의 모델이며 본보기가 된다고 하였다.

또한 코메니우스는 유아를, 가능성을 지닌 존재로 보는 실학주의적 아동관을 가지고 있었다. 즉, 아동의 마음은 깨끗한 백지와 같아서 여기에는 아무것도 쓰여 있지 않으나, 모든 것을 새겨 넣을 수 있다고 보고, 수동적인 존재로 여긴 것이 아니라, 모든 사물에 관한 지식을 습득할 수 있는 가능성을 지니고 있고 외부로부터 받는 영향에 따라 변화를 가져올 수 있는 적극적인 존재로 보았다.

또한 그는 교사 혹은 부모의 적극적인 개입과 참여를 강조하였다. 왜냐하면 처음부터 방치하면 스스로 하나님의 품으로부터 이탈하여 탕자가 될 가능성이 있는 인간들을 교육으로 되잡아 주기 위함이다. 이것은 루소식의 소극적인 교육의 성향과는 좀 다른 것이다.

따라서 코메니우스의 유아교육사상은 교사의 적극적인 참여와 동시에 유아의 자발적인 활동을 강조한다고 볼 수 있다. 그러므로 질서가 잘 잡히고 번영하는 가정이나 국가가 되기 위해서는, 이런 하늘나라의 어린 나무들을 잘 교육시키는 길만이 그 목적에 도달할 수 있다고 보았다. 이와 같은 코메니우스의 유아관은 현대교육에서 가정이나 사회, 국가의 발전을 위해서는 다른 무엇보다도 후세교육, 즉 어린 세대들의 교육에 전력을 쏟는 경향과 맥을 같이 한다고 볼 수 있다.

(2) 가정의 중요성과 부모의 책임

코메니우스는 하나님께서 부모에게 선물로 주신 유아는 금과 은보다도 그리고 진주와 보석보다도 더 귀중하다고 주장하면서, 이러한 아동의 가장 최초의 교육은 바로 가정에서 부모에 의해 시작된다고 보고 있다. 즉, 유아의 성공적인 교육은 부모에게 달려 있으므로 부모 모두는 그들 자녀의 교육자가 되어야 하며, 건강과 정신적 · 도덕적 상태에 책임이 있다고 하였다. 그래서 단순히 먹고, 걷고, 말하고, 옷 입혀 주는 것으로만 부모의 의무를 완수해서는 안 된다고 지적하면서 이성적 영혼교육을 강조하였다.

그리고 영혼이 거주하는 신체를 위하여 건강교육에 대해서도 상세히 제시하고 있다. 그래서 출생 후의 유아의 건강뿐만 아니라, 임신한 여인의 태아교육도 중요시 여긴다. 태교를 중요시한 점은 예부터 오늘날까지 임산부의 태교에 주의를 기울이는 것과 같다. 그리고 자녀교육을 학교의 교사나 교회의 목사에게 미룰 것이 아니라, 부모들 스스로 자녀가 6세가 될 때까지 교육시키기를 권고하였는데, 이러한 점은 바로 그가 부모의 역할을 교사적 역할과 참여로 본 점이다. 또 이미 뒤틀려진 나무는 나중에 곧게 펴지기가 불가능하므로, 부모의 끊임없는 수고와 노력으로 어린 시절에 올바르게 교육시키기를 당부하였다. 이렇게 그가 강조한 부모교육의 중요성은 바로 오늘날 부모교육의 근원이라고 볼 수 있다.

(3) 성장발달에 따른 음악과 신앙의 교육

코메니우스는 성장세대의 교육적 과제를 식물, 특히 나무의 성장에 비교하여 설명하였다. 그리고 이러한 식물은 노련한 정원사가 심고 물을 주고 손질할 때 건강한 성장과 풍성한 열매를 기대할 수 있다. 마찬가지로 인간도 스스로 인간의 모습으로 자라지만 인간성의 기본 요소인 지혜와 도덕성, 경건, 인격적인 모습으로서의 형성을 위해서는 교사의 도움이 없이는 가능하지 않다는 것을 보여 주고 있다. 그리고 이러한 교육은 이른 나이에 일찍 시작할수록 좋다는 것이다.

이러한 유아기 교육의 목적은 인간의 잘못된 버릇, 오류와 문제의 교정의 기회 부여와 출생을 통하여 천성적으로 간직한 자질의 일깨움이다. 그것들은 부모의 도움과 교사의 도움으로 개발이 가능하다는 것을 보여 주었다. 역시 현대 산업사회에 이르러 인간의 조기교육의 가능성과 중요성이 인정되고 있으며, 실천되고 있다.

그러나 유아의 성장발달에 따르지 않고, 앞으로 배울 내용들을 미리 배우는 교육이 유아에게 긍정적인 영향을 줄 수 있을지 의문시된다. 코메니우스는 무엇보다도 언어에 대한 배움을 중요하게 생각하였다. 그리고 그 언어는 어머니에게서 배워야 하는 모국어를 생각한 것이다.

특히, 오늘날 우리 사회는 유아들에게 외국어학습에 대한 조기교육을 강조한다. 국제경쟁력의 필수조건이 영어 학습이라는 전제에서 유아에게도 영어 학습의 바람을 일으키고 있다. 그러나 우리는 유아기에 있는 아이들에게 영어 학습이 얼마나 가능하며, 필요한지 부모들의 깊은 성찰이 있어야 할 것이다. 여기 코메니우스가 말하는 성장발달에 따른 교육은 외국어 학습에 대한 것이 아니라, 유아의 정서와 감정을 위하여 성장발달에 따른 음악교육을 말하고 있으며, 특별히 인간의 삶에서 가장 중요한 창조주 하나님과의 관계를 위한 신앙교육을 말하고 있는 것이다.

코메니우스는 유아기의 아이들에게 성장발달에 따른 음악학습이 가능하다는 것을 말한다. 그는 인간은 태어나자마자 천국의 노래를 시작했기 때문에 음악은 가장 자연스러운 것이라고 하였다. 특히, 유아의 울음소리는 최초의 음악이기 때문에 금지해서는 안 된다고 말했다. 그리고 우는 것이 아이에게는 중요한 신체의 운동이며, 울음을 통해 내부의 신체기관이 건강해진다고 했다. 두 살에 이른 아이들은 외부에서 들려오는 소리에 관심을 가지며, 그것을 쾌적하게 느끼기 시작한다는 것이다. 그리고 이러한 행위는 아이의 정서를 돕는 방편이라고 보았다.

역시 코메니우스는 성장발달에 따른 신앙학습의 중요성과 필요성 또한 열어주고 있다. 그러나 코메니우스는 유아들의 신앙에 대한 일깨움이 어떤 환경에서, 어떤 사람과의 관계에서, 어떻게 가장 효과적으로 이루어지게 해야 할 것인지에 대한 물음에 있어서, 코메니우스의 대답은 유아들의 신앙을 일깨우도록 해야 할 교육적 책임은 부모에게 있음을 강조하고 있다. 그리고 신앙교육의 단계적 접근방법도 주목해야 할 교육적 지혜라고 본다. 우리는 이러한 코메니우스의 견해를 주목해야 할 것이다.

(4) 순종과 훈육과 침묵의 교육적 의미

유아기에 하는 훈육은 가장 중요하다. 그러나 훈육은 체벌과 관계되어서는 안 된다. 훈육은 오히려 감독, 신중한 연습 그리고 바르게 되어져야 하는 것을 가르치는 정성들인 지도이다. 그리고 유아들이 어떠한 경우에도 고의적으로 그들에게 할당된 길과 어긋나는 것에 습관을 들여서는 안 된다. 실제적 순종에서 사람은 인내를 열심히 연습해야 한다. 우리는 어린 묘목이나 작은 나무가 어떻게, 그리고 어디로든 원하는 대로 자라도록 내버려두지 않고 똑바로 서서 자라야 하기에 그것들을 막대기로 묶어준다.

그래서 본보기와 경고가 더욱더 확실히 유아들에게 기억되기 위하여 벌 또는 징계의 채찍을 때때로 사용해야 한다. 만일 유아가 무언가 부정한 행동을 하거나 사람을 해치는 일을 한다면 사람들은 그것에 대해 놀라지 말고 주의를 주는 말로 엄격하게 말해야 한다. 사람들은 어린아이의 나쁜 행동이 곧 회복되고 나아질 때, 그것을 곧 또는 얼마 후에 칭찬해주어야 한다. 이성적이며 일시적인 책망과 칭찬으로 사람들은 다른 사람에게서와 똑같이 아이들에게서도 많은 효과를 거둘 수 있기 때문이다.

만일 그것이 도움이 되지 못한다면 매로 때리거나 손으로 치거나 마지막에는 유아가 자신을 알고 부끄러워하고 나중에는 더 주의를 주게 되는 여러 가지 정도의 벌이 따른다. 여기서 자식들의 모든 것을 관대히 봐주고 모든 체벌 없이 자라도록 내버려두며, 자식들이 원하는 것처럼 투덜대고, 얼굴을 찡그리고, 이를 악물고, 우악스럽게 서 있는 것에 반하여, 그들이 원하는 대로 뛰고, 달리고, 소리를 지를 수 있도록 가만히 내버려 두는 부모들, 그리고 아직 사랑스러운 아이이기 때문에 어떤 것이든 괜찮다고 생각하는 부모들, 아직 어린아이이며, 아무것도 모르기 때문에 아이에게 화를 내서는 안 된다고 생각하는 사람들에게 코메니우스는 원숭이나 당나귀 사랑처럼 행동해서는 안 된다는 것을 교훈한다.

유아들이 말하는 것을 배우는 동안에는 그들이 할 수 있고 원하는 것이 무엇인지 어떠한 방법으로든 더듬거리고 재잘대는 자유로운 표현이 허락되어야 한다. 그러나 아이들이 말하는 것을 다 배운 후에는 또한 침묵하는 것을 배우는 것도 필요한 일이다. 왜냐하면 조심스러운 침묵의 시작은 위대한 지혜로 가는 것이며, 또한 침묵하는 것으로는 아무에게도 해가 되지 않기 때문이다. 많은 말은 타락하게 만들 수 있으므로 침묵 또한 가르쳐야 한다. 그러므로 유아들이 침묵하는 것, 특히 기도와 예배의 훈련에서 조용히 있어야 하는 것이 유아들에게 행해져야 한다.

사람들은 유아들에게 이러한 시간에는 소리 지르고, 뛰고, 움직이고, 떠드는 일을 허락해서는 안 된다. 이와 마찬가지로 부모가 유아들에게 무엇인가 말하려 할 때에도 유아들은 부모가 무엇을 말씀하시는지 조용히 듣도록 가르쳐야 한다. 또다른 부분은 그들이 무엇을 물어보거나 무언가를 대답하기 전에 무엇을, 어떻게 이해시키면서 말할 것인지 사려 깊게 생각하여 말하는 것이다. 입에서 나오는 그대로 말하는 사람은 어리석은 사람에 속한다. 이성적인 인간은 그렇게 해서는 안된다. 그러나 유아가 모든 것을 알고 유아기에 붙들고 이해하려고 하는 것에 대해 단지 현명한 부모만이 깊이 생각하게 될 것이라고 일러준다.

제6장

로크

1. 로크의 생애

로크(J. Locke)

존 로크(John Locke: 1632~1704)는 1632년 영국 서미싯(Somerset) 주의 링턴(Wrington) 마을에서 태어났다. 그해는 곧 발발할 내전에서 처형당할 운명의 찰스 1세의 지배가 7년째되는 해였고, 홉스가 아직 그의 주요 저작을 완성하기 전이며, 스피노자가 태어난 해이기도 했다. 그가 태어난 작고 초라한 생가는 그의 외가였다.

로크의 아버지와 어머니는 각각 청교도적인 상인 가문 출신이었는데, 아버지 쪽은 의류업에, 어머니 쪽은 제혁업에 종사해온 집안이었다. 그의 아버지는 서머싯주 치안 판사들의 법률 대리인이자 서기로서 평범한 삶을 영위하였다. 그의 아버지는 영국 내전 당시 의회군에서 복무하기도 했는데, 로크는 아버지의 상관이자 당시 유명한 정치가였던 포프햄(Alexander Popham)의 후원에 힘입어 웨스트민스터 학교(Westminster School)에 들어가게 되었다. 로크는 1652년에 옥스퍼드의 크라이스트 처치 칼리지(Christ-Church College)로 진학하였으며, 학위를 취득한 후에도 줄곧 연구원으로서 그곳에 머물렀다. 별다른 일이 없었다면 로크는 성직자의 길을 걸어갔을 것이고 안정되고 존경받는 삶을 살 수 있었을 것이다.

그러나 로크는 의학에 관심을 가지고 여기에 매달리게 되었는데, 이것이 그의 운명을 근본적으로 바꾸는 계기가 되었다. 여하튼 옥스퍼드에서 로크는 히브리어 및 아랍어 문헌을 포함하여 고전을 두루 섭렵할 수 있었으며, 의학 공부를 통해서는 인간들이 어떻게 자연계에 대하여 알게 되는가에 대한 과학적이고 실험적인 경험을 하게 되었다.

크라이스트 처치에 있는 동안 로크의 관심을 사로잡았던 것 중의 하나는 종교적 관용의 문제였다. 그런데 종교적 관용과 관련해서 로크가 첫 번째로 다룬 주제는 종교문제에 대한 시민행정관의 권위에 관한 것이었다. 여기서 그는 비국교도 집단들에게 무제한적인 자유를 허용해줄 것을 요구하는 극단적인 종파주의자의 견해에 맞서 신의 의사가 나타나지 않은 '무관한 사항'에 관한 한 전적으로 시민행정관의 권위를 옹호하였다.

로크는 시민행정관이 가진 권위는 시민사회, 나아가 정부의 필요성을 명시하는 자연법과 이성에 기초하고 있다고 생각했으며, 따라서 그 후 몇 년 동안 자연법 자체의 성격과 인간이 어떻게 하여 자연법에 대한 지식을 습득하는가라는 문제의 연구에 몰두하였다. 그는 크라이스트 처치 칼리지에서 학생들에게 자연법에 대해 강의도 하고, 그 주제에 관한 일련의 논문을 라틴어로 저술하기도 하였다. 자연법과 그것에 근거한 정부는 일생 동안 그의 정치철학의 기본적인 원칙으로 남아 있게 되었다.

철학에 대한 로크의 관심은 데카르트와 가상디의 저작들에 의해 일깨워졌는데, 원숙기의 로크의 견해는 여러모로 가상디의 견해에 더 가까웠다. 그러나『인간 지성에 관한 시론』의 중심 주제인 '인간이 어떤 지식을 가질 수 있는가'에 대한 엄밀하고 체계적인 이해를 유도한 것은 데카르트의 견해였다. 로크를 위대한 철학자의 반열에 오르게 했던 주저 『인간 지성에 관한 시론』은 "우리 자신의 능력을 검토하고, 우리의 지성이 어떠한 대상을 다루는 데 적합한지 혹은 부적합한지를 고찰하기 위한" 시도였다. 이 책이 비록 1689년에 출간되었지만 많은 주요 논점들에 대한 상세한 초고는 대부분 이 시기, 즉 1660년대 말에서 1679년대 초에 씌어졌다. 또한 로버트 보일(Robert Boyle), 아이작 뉴턴(Isaac Newton)과의 친교를 통해서 그는 자신의 자연과학적 소질을 계발하였다. 동시대의 많은 사람들처럼 로크 역시 당대 자연과학의 새로운 경험적 방법의 성공에 깊은 감명을 받게 되었으며, 앞서 언급한 것처럼 과학, 특히 의학이 그의 주된 관심사가 되었다.

1667년 개업 외과의가 되었던 로크에게 1년 후 그의 운명을 바꾸는 일이 있었는데, 그것은 바로 화농성 간 종양으로 몸져 누워있던 애슐리 경(Lord Ashley)의 외과 수술을 집도하였던 것이다. 이 수술은 성공확률이 매우 낮은 것이었음에도 로크는 이를 훌륭히 완수하여 애슐리 경의 생명을 구하였다. 애슐리 경은 후일 섀프츠베리 백작(Earl of Shaftesbury)이 된 인물로서, 이후 30년간 파란만장한 영국 정치의 한복판에 서 있었던 인물이었기에 로크의 운명도 자신의 후견인의 격동적인 운명과 함께, 그리고 1683년 섀프츠베리가 죽은 후에는 그가 이끌던 광범위한 정치적 집단의 운명과 함께 부침을 거듭하게 되었다. 수술을 계기로 로크는 애슐리가의 고문 의사직을 제의받았고, 이를 수락하여 런던에 있는 애슐리 저택으로 거처를 옮겼다. 이로 인해 로크는 정계의 중심부와 직접적인 접촉을 가지게 되었다. 왜냐하면 그는 곧 애슐리가에서 의사 이상의 직분을 떠맡게 되었고, 애슐리 경이 관여하고 있던 많은 정치적 활동에 관해 조언을 하게 되었기 때문이다.

1667년에 로크는 『관용에 관한 시론(An Essay concerning Toleration)』을 저술하는

데, 그가 이 글을 쓰게 된 동기는 아마도 새프츠베리와 교분을 맺고 있었던 데서 직접 비롯된 것으로 보인다. 복고적인 영국 국교회주의에 맞서 비국교도에 대한 관용을 새프츠베리가 지속적으로 지지한 것과 로크가 관용과 출판의 자유를 위해 활발하게 공적·사적 캠페인을 벌인 것 사이에는 동기적·내용적 연관이 있다고 해야 할 것이다. 이 글이 상당한 관심을 끌게 된 이유는 후일『관용에 관한 서한(A Letter concerning Toleration)』에서 훨씬 정교한 형태로 제시된 견해의 실체를 이 글을 통해 예견할 수 있을 뿐만 아니라, 그가 이 글의 서두에서 자신의 정치이론의 핵심을 간결하게 압축해서 서술하고 있기 때문이다.

그는 그『관용에 관한 시론』에서 정치권력의 유일한 목적은 사회성원들의 선(善), 안전 및 평화를 실현하고 보장하는 것이며, 따라서 그 목적이 정부활동을 평가하는 유일한 척도가 되어야 한다고 주장하였다. 그 논문에서 로크는 또한 절대군주제의 관념을, 그것이 왕권신수설에 근거하든 아니면 인민의 양도에 의해 기원한다고 주장되든, 거부하였다.

로크의 주인이자 친구였던 새프츠베리는 찰스 2세의 궁정에서 가장 힘있는 정치적 인물이자 궁정에 대한 국내의 정치적 반대파의 지도자로서 급기야는 궁정을 전복시키기 위한 혁명을 계획하기도 하였다. 특히, 찰스 2세의 동생이자 가톨릭 교도인 요크 공 제임스(James Duke of York)를 왕위계승에서 배제하려던 '배척법안(Exclusion Bill)'을 둘러싼 위기가 극에 달하였던 1679년 이후 4년 동안 새프트베리는 왕정에 대항하는 전국적인 정치운동을 조직, 지도하였는데, 그것은 국왕의 권한에 대한 헌법적 제한을 강화하고 선출된 하원의 권리를 보호하며 찰스 2세의 가톨릭 교도 동생인 제임스를 왕위계승에서 배척하는 것을 목적으로 하였다. 이 기간 잠시 새프츠베리의 비서직을 맡았던 로크는 그러나 곧바로 건강이 악화되어 런던을 떠나 크라이스트 처치 칼리지로 돌아갔다. 그후 2년간은 가끔씩 런던을 방문하는 것 이외에는 줄곧 옥스퍼드에서 머물렀다.

그러나 그 동안 새프츠베리는 찰스 2세의 서자인 몬머스(Monmouth) 공을 옹립하려는 혁명을 시도하였고, 이 권력투쟁에서 찰스 2세가 승리하자 새프츠베리를 포함한 반대자들은 네덜란드로 피신해야 했는데, 그는 그곳에서 1683년 1월에 세상을 떠났다. 로크의 초기 전기 작가들은 새프츠베리의 음모에 로크가 직접적으로 관련되지는 않았다고 본다. 그러나 실제로 그는 반란과 혁명에 상당히 깊숙이 개입하고 있었으며, 후일『통치론』으로 출판된 저작도 원래는 새프츠베리의 계획을 지원하기 위해 그 당시에 구상, 집필된 것으로 추정되고 있다.

여하튼 세상에 널리 알려진 그와 새프츠베리 간의 인간적 · 정치적 교분으로 부담을 느낀 로크는 1683년 9월에 로테르담으로 피신하였다. 그의 이러한 행동은 자신이 유죄임을 시인한 것으로 받아들여졌으며, 1684년 11월에 크라이스트 처치 칼리지는 정부의 명령에 따라 그의 직위를 박탈하였다. 이듬해 몬머스 공의 반란이 진압된 후, 로크도 그 음모에 개입한 혐의로 기소되었다. 나중에 사면령이 내려진 후에도 로크는 계속 네덜란드에 남아 있기로 결심하였다.

1688년 명예혁명이 성공하여 윌리엄(William) 공이 영국에 입성하고 찰스 2세가 영국을 탈출하고 난 뒤인 1689년 2월 메리(Mary) 공주를 호송하는 배에 동승하여 귀국할 때까지 그곳에 줄곧 머물렀다.

네덜란드에 머무는 기간 동안 로크의 건강상태는 매우 호전되었고, 따라서 그는 시간적 여유를 가지고 연구와 저술에 임할 수 있었을 뿐만 아니라 많은 사람들과 교분을 쌓게 되었다. 관용에 관한 논의가 활발했던 그 시기에 로크는 네덜란드인 친구이자 신학자인 림보르치(Limborch)에게 라틴어로 쓴 서신을 보냈는데, 그 서신은 1689년 4월에『관용에 관한 서한』이라는 제목으로 출판되었다. 네덜란드에서 체재하는 동안 로크는 아마도 이미 여러 해 동안 몰두하고 있었던 가장 위대한 그의 저작인『인간 지성에 관한 시론(The Essay concerning Human Understanding)』의 집필에 있어서도 상당한 진전을 보았다.

종교적 관용에 관한 로크의 생각은 이미 옥스퍼드 시절에서부터 가다듬어진 것이지만 이를 출판하게 된 계기는 가톨릭을 신봉하던 프랑스의 루이 14세가 프랑스와 북유럽의 개신교를 압박하는 것에서 비롯되었다. 1685년 낭트 칙령의 폐지와 프랑스에서 위그노 교도들에 대한 전면적인 종교적 박해, 그리고 네덜란드에 대한 프랑스의 강력한 군사적 압박에 직면하여 로크는 『관용에 관한 서한』을 통해 종교적 자유를 강력하게 옹호하고 나섰던 것이다. 이 글에서 로크는 기독교인에게 있어서 진실한 믿음과 참된 경배의 중요성을 강조하면서 이를 실천하는 특정한 방식을 어떤 정부도 개인에게 강요해서는 안 됨을 역설하고 있다.

로크는 어느 누구도 다른 사람의 믿음에 대한 책임을 떠맡을 수 없으며, 지배자나 국가가 이 같은 시도를 하는 것은 권력을 남용하는 것임을 명백히 한다. 권력의 정당한 행사는 인간 세계의 재화와 이익들을 보호하는 것에만 국한되어야 하며 신과 인간 사이의 문제에 간여해서는 안 된다는 로크의 사상은 오늘날에는 거의 상식처럼 들리지만, 신교국이든 가톨릭국이든 상관없이, 세속 권력과 교회 권력 간에 긴밀한 유대를 가지고 있던 당시 유럽에서는 상당히 급진적인 것으로 받아들여졌다. 그러나 종교적 관용과 관련하여 현대의 독자들을 당혹스럽게 하는 것은, 로크에게 종교에서 관용의 권리는 무신론자에게는 보장되지 않는다는 점이다.

로크가 말하는 관용은 신과 개인 간의 관계의 지접성을 옹호하려는 것이지 이 관계 자체를 부인하는 것에는 적용되지 않는 것이다. 로크에게 무신론자들은 다른 인간 동료들에게 위험을 가져다주는 사악한 운명의 뿌리로 여겨졌던 것이다. 종교적 관용에 관한 로크의 주장을 이해함에 있어 우리는 이점을 간과해서는 안 될 것이다.

영국에 귀국한 후 로크는 1689년에 익명으로 『통치론』을 그리고 자신의 이름으로 『인간지성에 관한 시론』을 출판하였다. 그러나 로크 자신이 애써 숨기려고 하였음에도 불구하고 『통치론』의 저자가 로크일 것이라는 추측은 공공연한 비밀이 되다시피 하였다. 그전에 아무 것도 출판한 적이 없으며 새프츠베리의 비서로서 일개 사인(私人)으로 남아 있던 로크는 서양철학사에 한 획을 긋는 『인간 지성에 관한 시론』을 비롯한 일련의 저작들의 출판과 더불어 그리고 명예혁명의 성공으로 인해 친한 친구들이 정계의 고위직에 취임함에 따라 마침내 57세 이르러 '영광된 만년'을 맞이하게 되었다.

로크는 여러 가지 주요 공직을 제의 받았으나, 물품세에 관한 이의신청 심사관, 무역 및 플랜테이션 위원회의 감독관을 잠시 맡은 것을 제외하고는 건강상의 이유로 모두 거절하였다. 그는 에식스주 하이 레이버 근처의 오츠(Oates)에 있는 친구 마샴(Masham) 부처의 저택으로 은퇴하여, 그곳에서 1704년 72세의 나이로 세상을 떠났다. 이 은퇴기 동안 그는 연구와 저술활동을 계속하여 『인간 지성에 관한 시론』의 개정판을 출간하였으며, 『관용에 관한 서한』을 옹호하기 위해 그 비판자인 옥스퍼드 퀸즈 칼리지의 조너스 프로스트(Jonas Proast)와 장기간에 걸친 논쟁을 벌이기도 하였다.

그는 또한 교육과 경제문제에 대한 글을 남기기도 하였으나, 말년에 로크의 주된 관심사는 신학으로서 1695년에 그는 『기독교의 합리성(The Reasonableness of Christianity)』이라는 제목의 책을 익명으로 출판하였다. 로크의 최후 저작은 그의 사후 출판된 것으로, 사도 바울의 서한들을 주해한 글이다. 그의 임종에 이르러 마침내 로크는 익명으로 출판된 자신의 모든 저작들에 대해 자신이 저자임을 전적으로 인정하였다.

로크의 철학적, 정치적, 종교적 견해들 중 청교도적인 것은 결코 없었으나 그의 사유 전체의 고결함과 인간적 깊이를 부여했던 개인적 정체감은 철저히 청교도적이었다. 이러한 기질 때문인지 로크는 자신이 쓴 어떠한 논문도 내버리기를 매우 싫어하였는데, 이로 인해 우리는 실제로 그와 교류했던 사람 혹은 그의 동시대인들보다 그에 대해 더 많은 것을 알 수 있는 자료를 갖게 되었다. 이 자료의 대부분은 현재 보들레이안 도서관에 보관되어 있는 러브리스 소장본으로서 우리의 연구를 기다리고 있다.

2. 사상적 배경

루소가 생존했던 시대의 교육은 매우 보수적이었다. 교육이 기존의 사회를 유지하는 수단으로 사용되었고, 교육 내용은 그리스와 라틴문학이 주류를 이루었으며, 교육 방법은 거의 주입식 방식으로 이루어졌다. 어린이는 축소된 성인으로 인식되어 성인의 관습에 의해 행동하도록 강요되었다.

그리고 이 시기는 사회적 이익이 개인의 이해보다 더 중요했기 때문에 교육이 개개인의 본성을 올바르게 계발시킬 수 없었다. 루소는 개인의 본성과 가치를 무시하는 교육은 '비자연적'이며 사회를 나약하게 만들고 타락시킨다고 비난하였다. 그는 인간과 사회를 파멸로 이끌고 있는 그 당시의 교육과 사회적 상황을 비판하며, 그 상황들을 극복하고 진정한 인간 본성을 회복하기 위하여 "자연으로 돌아가라(Retourlanature)"고 외쳤다. 그는 다름 아닌 교육이 인간 본래의 자연성을 회복시켜야 한다고 주장하였다(김수동, 1997).

루소는 인간의 타고난 자연적 성향을 무시하는 교육은 진정한 인간의 잠재력 계발을 막는다고 보았다. 인간이 태어날 때는 이미 자연에 의해 계획된 일정한 발달과정을 지니게 되므로 교육은 이 내재화되어 있는 인간발달에 대한 자연의 프로그램이 무엇인지를 알아내어야 하고, 그 자연의 섭리에 거슬림 없이 인간 발달을 도와주는 역할을 하여야 한다(안인희 외, 1992).

루소는 교육이 인간의 자연적 성향을 인정하고 진정한 그의 본성을 회복시키려면 자연의 원리를 따르라고 말한다. 그에게 자연은 인간을 바르게 인도하는 원리이고 어린이를 온전하게 교육하는 방법적 원리가 된다. 루소의 자연개념이 갖는 교육적 의미를 구체적으로 살펴보면 다음과 같다.

첫째, 루소는 자연을 신성의 개념과 동일시한다. 자연성의 계발과 발달을 교육의 목적이라고 할 때, 교육은 아동에게 존재하는 신성의 계발이다. 신성의 가장 중요한 것은 선성(善性)인데, 교육은 선천적인 선한 본성을 보호하고 온전하게 발달시키는 일을 한다.

둘째, 자연은 사회적 인위성과는 반대되는 자발성을 의미한다. 교육은 인간 본성으로서의 자발성을 계발해 주고, 인위적인 사회의 영향을 배제해야 한다.

셋째, 자연은 인위적 습관이 물들기 이전의 순수한 자연적 습관의 상태, 즉 본래적 본성을 뜻한다. 이 개념은 소극교육의 철학적 토대로 작용한다. 교육이 인간을 부패하고 타락한 사회 제반 습관으로부터 보호하여 그들 본연의 자연적 습관을 지키고 온전하게 계발되도록 하는 것이다.

넷째, 자연은 내적으로 계속 발달하는 감각으로서의 의미를 지닌다. 루소에게 있어 감각교육은 매우 중요한데, 감각교육이 사물과 자연을 통하여 이루어질 때 가장 효과적이다(김수동, 1997).

루소의 자연주의교육에서는 인간의 육체뿐 아니라 정신의 발달도 자연적으로 결정된 발달단계에 의존한다. 루소에게 인간의 정신발달이란 사고구조의 변화를 의미하는데, 그 변화는 자연에 의해 이미 결정된 순서에 따라 진행된다. 그는 자연이 명령한 발달단계를 무시한 채 부적절한 지식을 강요하는 것은 발달을 마비시키거나 역행시키는 결과를 가져온다고 경고하였다(안인희 외, 1992).

루소는『에밀』에서 인간의 발달단계를 5단계로 나눈다.

첫 단계는 유아기로서 0~5세까지이다. 이 시기에는 유아가 모든 능력을 사용할 수 있도록 해야 한다. 어머니는 주위의 나쁜 영향으로부터 유아를 보호할 책임이 있고 유아에게는 내부의 힘을 자유로이 사용할 수 있는 기회가 제공되어야 한다. 그리고 감각적인 경험과 사물 세계와의 직접적인 관계를 통한 교육이 매우 중요하다.

둘째 단계로는 아동기로서 5~12세까지가 이 시기에 속한다. 놀이와 즐거움을 느낄 수 있도록 일찍부터 학습을 강요하지 않는다. 아동의 내적인 자연성이 자유로이 발휘되도록 가능한 한 외적인 것을 주입하거나 강요하지 않고 비교육적인 것들로부터 보호하는 소극적인 교육을 한다. 아동에게 미덕이나 선을 가르치기 전에 악이나 오류로부터 마음을 보호해 주는 교육이 필요하다. 그래서 윤리적인 교훈이나 이성적인 설명 또는 성인의 권위에 의한 요구나 명령을 하지 않고, 외적인 권위와 일체의 계획적인 지적 교육은 피하도록 한다.

12세 이하의 어린이들은 자기의 관심이나 욕구 등을 여러 가지 활동과 함께 얻어지는 직접적인 경험들로 배우게 된다. 아직 이성적 능력이 결여되어 있기 때문에 감각을 통해 얻게 되는 형상만 수용할 뿐이다. 감각경험은 많은 지식을 획득하게 하고, 사고의 세계를 넓혀 나가 추상적인 관념들을 산출하여 추상적인 개념으로 사고할 수 있게 한다. 자연현상과 주변 환경을 관찰하면서 사물의 관계와 유용성을 배워 감각과 느낌을 관념으로 변형시키게 되는 것이다(주영흠, 2003).

셋째 단계는 소년기로 12~15세까지이다. 12살 된 소년에게는 드디어 책이 허용된다. 처음으로 읽어야 할 책은 『로빈스 크루소의 표류기』이다. 왜냐하면 이 책을 통해 어떻게 혼자서 어려운 난관을 극복하는지 볼 수 있기 때문이다. 이 시기에는 천문학, 물리, 지리 등의 자연과학과 수공 등을 가르친다. 물론 이러한 교육도 자연스러운 지식욕과 실제적인 생활을 통해 이루어진다. 스스로 생각하고 발견하며 학습하는 기쁨을 가지도록 하게 하는 것이다. 그러나 아직 형이상학이나 도덕적인 것은 가르치지 않는다.

네번째 단계로는 청년기로서 15~20세에 해당한다. 실제사회에 접근하여 감각적이고 사고하는 존재에서 느끼고 사랑하는 존재가 되어 간다. 사랑과 호감 등이 발달되기 때문에 사람들과의 교제할 기회를 갖게 되고 인간관계와 사회제도에 관한 지식을 배우게 된다. 이 시기에 도덕교육과 종교교육을 실시한다. 마지막 단계는 결혼의 시기로 루소는 여기서 여성교육론에 대해 논한다. 남자의 사랑을 받고 남자의 종교를 따르며 자녀를 올바르게 기르는 준비교육으로 정절과 정숙 등의 비민주적 요소를 드러냈다(최관경 외, 2003).

루소는 아동의 자연적 활동과 자연적 결과 그리고 자연적 학습을 강조하여 덕과 진리를 적극적 교수법으로 학습시키기보다는 사회악으로부터 수동적으로 보호함으로써 소극적으로 교육하는 것을 주장하였다. 그는 인위적 간섭보다는 자연적 부작위를, 교수에 의한 주입보다는 스스로의 발견을, 지식의 단순한 전달보다는 직관에 의한 관찰을 그리고 관습의 강요보다는 아동이 지니고 있는 자연적 힘에 의해 아동의 능력을 점진적으로 개발하는 것을 우선시하였다. 따라서 그의 교육방법론에서는 자연적 과정에 의한 내적 발전과 자연적 본능 및 흥미 중심 그리고 자발적 표현활동과 실제의 활동 중심이 중요하다.

3. 교육사상의 이해

1) 교육 목적론

(1) 신체교육론

신체교육의 중요성에 관한 주장은 로크 '교육론'에서의 중심사상이다. "건전한 신체에 건전한 정신이 깃든다는 이 짤막한 말이야말로 이 세상에서 표현할 수 있는 아주 행복한 상태다"라고 했듯이 그의 신체 교육적 영역은 교육에 있어서 지식의 전달이나 개인의 인격을 위한 기능을 배양하기 위해서는 늘 정신과 신체가 함께 따라다녀야 한다는 교육적 의미를 지닌다.

그의 생애에서 알 수 있었듯이 로크 자신이 연약한 몸으로 태어났을 뿐 아니라 부모의 형제들이 허약한 관계로 모두 일찍 세상을 떠난 것을 보았기 때문에 스스로 많은 어려움을 극복하고 72세의 장수를 누린 자기 자신의 경험에 따르면, 지적 교육보다 앞서는 것이 신체적 교육이라 생각했다.

① 교육과 신체건강

로크의 신체에 대한 교육관은 전통적인 교육에서 근대적인 교육으로 전환시키는 계기와 함께 출발하였다. 정신과 육체는 원칙적으로 동등한 가치를 지닌 것이라 할 수 있어서 이제까지 경원시되어 왔던 신체교육을 중시하여야 하는 것이다. 이 둘의 매개가 인간에게는 큰 차이를 초래하는 것으로서 매개는 근본적으로 교육적이며 누구나를 막론하고 교육을 받음으로써 혜택을 누릴 수 있다.

② 자연과 신체교육

로크는 당시의 교육이 아동에게는 비자연적이고 주입식 교육이었음을 반대하여 교육에 대한 현실비판을 가함과 동시에 아동의 신체 교육만큼은 자연적 요법으로 치유하는 방향으로 교육할 것을 강조하였다.

③ 습관 형성과 신체교육

지성과 덕성의 발달 기초로서 신체의 발달을 우선시했던 로크는 아동이 건강한 신체를 유지하기 위해서는 무엇보다 습관 형성이 필요함을 강조했다. 그는 자연주의적 습관형성교육이라 하더라도 그것은 어디까지나 자연의 규율에 순응하는 결과로서 강건한 심신을 형성한다고 보았다. 로크가 본 강건한 신체를 유지하기 위한 유의사항은 다음과 같다.

첫째, 여름이나 겨울의 구분 없이 옷은 얇게 입혀서 추위나 더위에 대한 저항력을 길러야 한다.

둘째, 의복은 유행을 의식하지 말고 활동하기에 편리하도록 만들어야 한다.

셋째, 빵과 우유가 음식물로 가장 좋으며, 쓰거나 독한 술을 마시지 말아야 한다.

넷째, 약은 되도록 적게 사용하며, 가급적이면 사용하지 않는 것이 좋다.

다섯째, 침대는 딱딱한 것을 이용하는 것이 좋다.

여섯째, 충분한 수면을 취하는 것이 좋되, 일찍 자고 일찍 일어나는 습관을 기르는 것이 가장 유익하다.

마지막은 머리와 발을 차게 하며 늘 차가운 물로 씻어야 한다.

이와 같이 로크는 신체건강을 규칙적이고 습관적으로 단련시키게 함으로써 건강이 모든 일의 기초가 된다고 하는 '건강 제일주의'를 강조하였으며, 그의 신체교육에 관한 입장은 교육 결정론적인 편에 서 있다.

(2) 덕성교육론

신체의 발달을 중요시했던 로크는 덕성교육론에서도 단련주의, 엄숙주의, 경교육을 주장하였다. 그는 정신의 건전은 덕의 완성에 의해 얻어지며, 덕의 완성은 의지를 단련하며 선량한 관습을 이룩함으로써 얻어진다고 하였다. 모든 덕과 가치는 자기의 의지와 욕망을 억제하고 오로지 이성의 최고 최선의 명령을 추종하는 데서 성립한다고 하였다.

① 이성적 발달로서의 정신교육

로크는 아동의 강건함을 조화시키고 방향을 올바르게 잡아주는 것이 덕육의 문제라고 생각하기 때문에 이성은 결코 신체와 대립되는 것이 아니라 이성이 지시하는 대로 정신을 연마할 것이며, 이성은 신체와의 조화 속에서 인간의 행복을 실현시켜 나가는 정신적 특성이라고 생각하였다.

교육의 목적을 실현시키기 위한 수단으로 덕성, 분별력, 양육, 지식의 덕목이 존재한다고 했는데, 이 중 덕성은 신이 다스리는 양심에 의해서 자기 자신을 억제할 수 있는 것을 말하는 것으로서, 신사에게는 몸에 반드시 익혀야 할 최상의 자질이라고 보았으나 아동들은 신을 아직 모르기 때문에 덕성을 바랄 수는 없다고 보았다.

② 아동의 덕성과 교육

로크의 아동에 대한 덕성교육법 속에는 아동에 대한 버릇과 습관, 상벌의 문제, 습관 형성을 위한 방법 등을 포함시키고 있다. 그는 원칙적으로 덕성에 관한 한 금욕주의적 입장을 취했다. 로크는 좋은 몸가짐과 바른 습관을 권장했으며 부모와 자신과의 관계에 대해서도 일정한 규율이 필요하다고 역설했다. 아동에 대한 지나친 처벌과 질책은 아동 자신의 활력과 분명한 태도를 상실시키게 함으로써, 올바른 습관 형성을 위한 목적의 달성은 어렵다고 믿었다.

끝으로 로크는 상벌의 문제를 언급하면서 막연히 아동의 사기를 보여 주기 위해서 보상을 준다거나 하는 것은 습관 형성에 바람직하다고 할 수 있다고 보았다. 로크는 아동기의 놀이와 행동 습관이 모두 건전한 표본에 의해 이루어질 수 있을 때 참된 덕성교육에 이른다고 보았다.

③ 가정교사와 교육

로크는 가정교육에 대해서 '자식은 부모 및 양육을 맡을 수 있는 분들과 함께 생활하도록 해야 한다'고 말했듯이 상당한 정도로 가정교육에 많은 신경을 썼다. 로크는 학교를 비판하면서도 지나친 가정교육에서 오는 폐단을 방지하기 위해서는 훌륭한 가정교사가 가정 내에서 부모가 아동에 대해 해야 할 일부분의 일을 분담하여야 한다고 보았다. 그는 가정교사와 아동의 관계는 절대적인 신뢰와 존경을 바탕으로 해야 하며, 교사는 항상 시범을 통하여 아동을 교육해야 한다고 한다. 여기에 가정교사의 어려움과 중요성이 존재하고 있는 것이다.

④ 아동의 본성과 교육

아동의 본성은 성격을 형성하는 모든 개체, 이를테면 억지, 지배욕, 공포심, 게으름, 두려움, 용기, 호기심, 흥미, 거짓말 등의 혼합적 집합체의 기질을 의미한다. 그는 교육은 아동들의 본성에 준거해서, 이를테면 장난감을 즐겨 가지고 노는 자연스러운 장면에서 필요한 습관과 지식을 배워나갈 수 있도록 진행되어야 한다고 하면서 그것은 자유와 변화와 유희를 즐기는 아동의 기본적 특성 속에서 직무로서보다 오락으로 주어져야 한다고 본 것이다.

(3) 지적 교육론

로크는 인간의 교육 목적 중에서 덕육을 최고의 목적으로 보았기 때문에 지식이란 교육에 의해서 형성될 수 있는 대부분의 것이지만 교육론에서의 지식교육에 대한 평가는 그리 높지는 않다. 그는 신사가 자식에게 유언으로 남겨줄 선물 중에서 재산을 제외하고는 덕, 지혜, 품행, 지식 중에서 지식은 덕을 높일 수 있는 수단으로서만 작용할 뿐이라고 했다. 하지만 지적 교육의 필요성은 전통적 언어학습 속에 감추어진 희생양으로서 지적 교육 본래의 참된 가치를 놓쳐서는 안 될 것이며 오히려 덕성교육이 지적 교육을 지도하면 할수록 덕성교육의 기초는 지적 교육에서 비롯된다고 할 수 있는 것이다.

① 읽기 교육과 쓰기 교육

읽기 학습에서 로크는 어린이가 쉽게 읽을 수 있는 책들을 제공하고자 하는데, 그 대표적인 책이 이솝우화이다. 이것은 유아기에는 글보다는 그림으로 학습하는 방법이 어린이의 흥미를 진작시키는 효과가 있다는 것을 말한다.

쓰기 교육은 아동이 잘 읽을 수 있으면 그 시기가 적기라고 하였다. 쓰기 능력이 실무에 있어서 습득해야 할 중요한 기능이므로 쓰기 교육은 꼭 필요하다 하였다.

② 라틴어교육과 일반과목 교육

로크는 라틴어가 모든 지식 분야 및 교양어로서 영어보다 왕성하게 사용됨을 보고 지식을 캐기 위한 보고로 라틴어교육의 필요성을 강조했다.

그리고 일반과목 교육에 관한 내용으로 지리, 수학, 천문학, 기하학, 역사학, 윤리학, 법학, 수사학, 논리학, 자연철학 등과 같은 학과목을 예로 들면서, 이와 같은 백과전서적인 학과목은 실용적인 교과학문으로서 신사 양성을 위하는 데 필요한 것이라고 하면서 만약에 이 학과목에 흥미가 일어난다면 지식을 체득하고 향상시키는 올바른 방법을 배우되 애정과 경외심으로 탐구할 것을 권하고 있다.

2) 교육 내용론

(1) 기초교과

로크는 기초교과 중에서 먼저 국어의 읽기에 대해서 중요성을 강조하고 있다. 아이가 국어를 잘 읽을 수 있게 되면 쓰기 학습을 시작해야 하며, 아이가 능숙하게 쓸 수 있게 되면 다음은 그림연습을 시켜야 할 것이다.

모국어가 말해지면 곧 다른 외국어를 배울 시기인데, 로크는 이때 현대 외국어로서 프랑스어를 들고 있다. 프랑스어를 제시한 이유는 당시 영국인들은 프랑스어를 모국어인 영어만큼 능숙하게 사용하고 있었기 때문이다.

따라서 언제나 회화체로 아이들에게 말을 할 수 있었다. 아이가 프랑스어를 능숙하게 말하고 읽을 수 있게 되면 라틴어를 배워야 할 것이다. 어학학습은 될 수 있는 한 쉽고 유쾌한 것이어야 하며, 고통을 주는 것은 가능한 제거해야 할 것이다.

(2) 내용교과와 기능교과

로크가 내용교과로 생각하고 있는 것은 산술, 지리학, 기하학, 역사, 윤리학, 법률학, 논리학, 수사학, 자연철학이다. 이 중에서 가장 먼저 시작해야 하는 것은 산술인데, 산술은 가장 이해하기 쉽고 생활과 실무의 영역에서 널리 사용하는 것으로 산술 없이는 어떤 것도 할 수 없기 때문이다. 산술에서 더하기 빼기가 이해되면 지리학도 배울 수 있게 된다.

로크의 내용교과 가운데 눈에 띄는 것으로 법률학과 자연철학이 있다. 법률학은 이런 옳고 그름의 바른 기준을 정할 수 있는 기초를 제공해 주기 때문에 무엇보다도 법률학이 필요하다.

한편, 그는 『인간오성론』에서 학문을 크게 자연학, 윤리학, 기호론으로 나누면서 자기 자신의 고유한 존재 양식으로서 있을 때의 사물, 그 조직, 특성, 작용에 대한 지식을 자연학이라 했고 자연학의 목적은 단순한 사변적 진리라 했다.

기능교과가 갖는 임무는 어디까지나 기분전환을 위한 것이다. 기초교과와 내용교과의 학습으로 휴양과 휴식이 필요한 경우 정신적인 것이 아닌 육체적인 것으로서의 기능교과는 머리를 쉬게 할 뿐 아니라 건강과 체력을 더욱 강하게 할 수 있을 것이다.

3) 교육 방법

로크의 유아교육론은 아동의 소질과 자발성을 촉진하고 발달시키는 것을 목표로 하고 있다. 그 때문에 유아교육의 방법은 유아 소질과 자발성을 어떻게 촉진시키는가로 집약된다. 로크는 아동의 발달을 촉진시키는 것으로 유희를 들었다. '유희 기본은 현명하게도 자연에 의해 아동들의 연령과 기질에 대하여 어울리게 되어 있다. 그러므로 억제하거나 참게 하기보다는 아동의 활기를 유지하고 체력과 건강을 유지하기 위해서는 오히려 권장해야 할 것'이다. '주로 이러한 것을 이용할 곳은 아이들이 하지 않으면 안 되는 것을 전부 스포츠화 하여 유희로 할 것'이다. 유희의 효용은 자유롭고 기쁨을 가지고 배울 수 있게 할 수 있는 것에 있다.

로크의 교육론은 그의 경험주의철학의 실천적인 적용이다. 이러한 교육을 잘 이루기 위한 방법 역시 경험주의적인 것으로서 습관, 상법 그리고 보상에 관한 상세한 내용이 교육론에 담겨 있다. 습관은 경험론에서 얘기하는 이른바 백지상태인 인간의 내면을 형성시켜주는 결정적인 역할을 한다. 올바른 습관과 몸가짐은 어떻게 길들여져야 하는지에 대한 방법으로서 로크는 습관의 조기화를 역설한다. 즉, "정신이 가장 유연한 어린 초기에 규율에 따라서 도리를 알게 한다"는 것이다. 그 이유는 어린 아이들은 욕구는 있어도 이성이 발달되지 않았기 때문이라고 보았다. 이런 면에서 부모의 자녀교육방법을 제시하고 있다.

로크는 "관습적인 전래의 교육 방법"을 단호하게 반대한다. 이 전통적인 교육 방식에서는 언제나 규칙들을 앞에 세우고 준수할 것을 강요한다. 모든 교육 수단 가운데 가장 부적합한 것으로서 그는 매질을 꼽고 있다. 로크는 "매질은 손쉽고 생각하기 싫어하는, 그러면서 매우 통명스러운 방법이다"라고 하였다. 로크는 거듭 반복하여 실습함으로써 예절을 익히도록 권하고 있다. 이때 어린이 각자의 소질과 능력을 고려하여 그에 맞추어야 하며 구체적인 사례들을 적용하는 것이 좋다. 특히, 부모들이 모범을 보이는 행동을 하는 것이 중요하다. 로크는 어린이들을 가능한 한 일찍부터 분별 있는 존재로서 대우할 것을 촉구한다. 이를테면 우리는 무엇 때문에 어른들이 일정한 행위를 칭찬하고 다른 행위들은 꾸짖는지의 이유에 대한 근거를 언제나 어린이에게 가르쳐 주어야 한다.

그는 아동을 다루는 방법으로서 대화를 들고 있다. 그에 의하면 아동은 생각 이상으로 일찍부터 이성적인 동물로서 취급되는 것을 좋아하고 일찍부터 설명을 이해할 수 있다. 솔직하게 부끄러워하고 윗사람의 기분을 상하게 한 것을 깨우치는 것만이 참된 억제이다. 이러한 것에 의해서만이 아동을 올바른 상태에 둘 수 있는 것이다. 나아가 고집, 겁, 잔혹함, 나태함 등은 개개 아동의 기질의 차이에 따라 적절한 교육 방법이 취해져야 한다. 로크는 물론 철학적인 잔소리와 문제 제기로 어린이들을 따분하게 하는 짓은 하지 말아야 한다고 충고한다.

로크는 "그러나 내가 판단력의 근거를 말할 때 그 의미는 바로 어린이의 이해력과 자질에 알맞은 판단력에 다름 아니다. 어느 누구도 세 살에서 일곱 살 난 어린이들을 상대로 성인과 더불어 이야기하듯 논쟁할 수 있을 것이라고는 기대할 수 없는 노릇이다. 오랜 논쟁과 철학적 증명과정은 기껏해야 어린이들에게 경기를 일으키게 하고 그들을 혼란스럽게 할 수는 있어도 유익한 교육적 효과는 기대할 수 없다."고 하며, 오히려 우리는 도덕적 가치들, 훈련 및 사례들을 이해할 만한 근거를 통하여 제시함으로써 어린이가 책임을 의식하고 판단력을 지향하는 품성의 사람으로 성장하도록 격려할 수 있다고 하였다.

로크는 학습지도에 있어서는 될 수 있는 한 학생이 유쾌하게 학습할 수 있게 해야 하며 엄격한 훈련에는 반대하였다. 상벌을 겸용하되 상은 공공연히 이를 표창하고 벌은 일반인에게 나타내지 않도록 하며 수치심을 이용하여 교화하는 것이 좋다고 보았고 체벌은 적당하지 못한 교육 방법이며 정신적 위엄으로 지도하여 성장 후, 자기를 스스로 지배할 수 있는 신사로 만들어야 한다고 보았다. 또한 부모의 자녀교육을 중시하되, 그 교육자로서의 역할을 최소화하는 소극적인 교육을 특징으로 하여 덕을 가르치려 하지 말고 스스로 깨닫게 하도록 좋은 환경을 제공하는 것이 중요하게 생각하였다.

또한 지식의 획득은 외부세계의 자극들을 지각하고 받아들이는 것으로부터 이루어진다고 보았으며 교육에서 아동의 모든 감각들을 개발시키는 교육 방법을 제시하였다. 이에는 읽기 활동뿐만 아니라 보고, 맛보고, 냄새 맡고, 만져보고, 듣는 등의 오관적 활동들이 해당된다. 자연히 로크의 사상은 여러 가지 인간발달

영역 중에서 오관을 소지한 신체적 발달에 역점을 두게 되었다.

학습에서 유의할 것은 어린이의 본성을 잘 살리는 일이다. 자연적이고 생동적인 어린이의 본성대로 학습의 초기단계에는 놀이 위주의 프로그램을 짜야 한다. 이로 인해 아이들에게 적절한 보상을 주면 자발적인 학습동기가 생기게 되는 것이다.

읽기 학습에서 로크는 교과서 같았던 성서 대신 이솝우화집을 어린이에게 권장하였다. 이는 어린이의 능력에 적합한 쉬운 책을 제공함으로써 어린이가 스스로 흥미를 일으키고 교훈을 얻을 수 있다고 보았기 때문이다. 어린이들에게는 사물에 대한 인식을 언어를 이용한 방법보다는 그림과 같은 시각적인 교재를 이용한 감각의 작용을 통해 얻는 것이 가장 자연에 맞는 방법이다.

로크는 모국어로서 영어와, 생동적인 언어인 불어와 신사에게 절대적으로 필적이라 역설한 라틴어교육을 언어교육으로 삼았다. 로크의 언어 학습방법은 종래 암기 위주의 언어주의에서 벗어나 실제 생활에 도움이 되는 평이한 라틴어 학습을 소개하였다.

지육의 과정에서 언어교육과 동시에 지리, 수학, 기하학, 연대학, 역사 등의 과목이 병행되어 짜여진다. 17세기의 유럽은 자연과학이 급속도로 발달하였고 뉴턴의 물리학에 영향을 받아 자연의 원리에 대한 관심이 높았으므로 자연철학에 대한 어린이교육이 중시되었다.

또한 로크는 젠틀맨으로서 갖추어야 할 교양을 제시하였는데, 스포츠는 신체 훈련과 동시에 스포츠맨십을 쌓을 수 있기 때문에 특히 권장하였지만 음악에게는 가장 마지막 자리를 주었다.

4. 현대교육사상사적 의의

1) 아동심리학에의 영향

아동의 자유로운 신체활동, 자연스러운 발달 경향, 아동 하나하나의 개성이나 발달단계 등을 존중하고, 이것을 교육의 기본적인 전제로 하여 그것에 알맞은 교육 방법을 구상한다고 하는 발상은 로크의『교육에 관한 고찰』에서 충분히 거론되고 있다.

최근 아동사 연구는 17~18세기에 걸쳐 아동에 대하는 부모의 태도가 크게 변하고 있음을 실증하고 있다. 17세기까지의 지배적인 육아태도는 독재적이며, 체벌을 구사하는 잔인한 것이었다. 신생아는 선조로부터 이어 받은 죄의 오점과 불결에 가득 차 있고, 태어나면서 아기포대기에 둘둘 말려 묶인다.

상상하면서 집에서나 학교에서 소외감의 두려움을 맛보게 된다. 부모에게 반항할 때는 중죄를 범한 것으로 다스리며 자식들은 아버지에게 절대복종을 강요당하였다. 이 같은 가혹한 아동의 세계는 점차 가정의 변모에 따라 그 양상이 바꾸어 사랑의 공간 속에 휩싸였다. 여기에서 엄한 지배복종과 익애와 보호 등이 뒤섞여 애증감정이 공존하는 부모 자식관계가 성립되어, 자식은 명확하게 교육의 대상으로서 의식되기에 이르렀다. 이러한 부모자식관계를 합리적인 지성으로 지양 극복한 것이 로크의『교육에 관한 고찰』이었다.

아동의 자유와 자연을 존중하고 체벌이나 질책보다는 칭찬을 권하며, 스콜라적인 엄한 문법 훈련을 부정하고 아동인지발달의 순수성과 아동의 생활 현실에 따르는 교육 내용을 충분히 고려한 교육이 주창되었다. 이같이 로크의『교육에 관한 고찰』은 낡은 아동관에서 새로운 아동관의 전환점에 입각하고 있다.

이 로크의 사상은 18세기 아동의 운명에 결정적인 역할을 완수했다. 아동을 귀중하게 여기고, 부모와 자식은 서로 사랑하고 다정하게 대화하며 같이 놀아주는, 인생의 희로애락을 서로 나누어야 할 존재가 되었다. 비인격적인 사회적 부속물로서의 존재에서, 사회의 중요한 구성원이며, 인격적 존재로의 전환이라는 의미에서 아동을 발견하고 이해하는 데 로크야말로 그 최대의 공헌자라고 평가하여야 마땅하다.

2) 가정교육에의 영향

로크의 『교육에 관한 고찰』은 가정교육론이지만, 그것은 편의적이라기보다는 명확한 학교부정의 논리에 따라 설명된 것이다. 그런 의미에서 『교육에 관한 고찰』은 당시에 학교교육의 비판서이기도 하였다. 그렇다면 어떠한 비판이 가해졌을까? 먼저 교육 내용에 대한 비판을 들 수 있다. 교육혁명기라고 하는 문화의 전환기에 있어서도 학교교육은 구태의연한 고전어교육 만능이었다. 로크는 "현재 유럽의 학교에서 행하고 있는 학문의 대부분은 신사가 그 몸에 익히지 아니해도 별로 지장이 없는 것들이다."라고 말할 정도였다. 교육 방법도 옛 것 그대로의 체벌에 의뢰하는 비합리적인 것이었다.

이성적 존재에 알맞은 방법, 또는 인식발달에 따르는 방법이 그대로였다. 더욱, 교사의 지도 한계와 교육환경으로는 퇴보된 학교교육이 비판의 대상이 되었다. 로크는 이 같은 현실적 학교 비판과는 별도로 원리적으로 학교제도를 부정하는 시야를 가지고 있었다. 퀘어커 교도 윌리암, 펜이 구상한 공립학교설립계획에 대해 "양심의 자유를 가장 확실하게 억제하고, 불온한 의견은 새싹일 때 잘라버린다"고 그는 비판하고 그 종교관용사상의 연장에 이것을 비교하여 공립학교 제도를 부정했다. 『교육에 관한 고찰』이 목표로 하는 신사는 이성, 종교, 선한 습관을 기초로 하여 육성되는 것으로서, 영속적인 도덕교육기관인 가정에 위임하였다. 가정교육이야말로 교육의 원점이며, 그것을 토대로 하여 비로소 자유로운 인격의 형성이 실현되는 것이다.

그러나 현대는 학교신앙의 시대이며, 학교는 모든 만능의 신이 되었다. 일부 탈학교론이 논의되고 있는 것은 사실이나 지금처럼 학교교육을 냉엄한 눈으로 보고 동시에 학교에다 자식을 맡기는 것으로 부모역할을 다했다고 안심하는 가정에서는 무엇인가 새로운 각성이 필요한 시대가 되었다. 부모나 교사가 교육자로서 어느 정도까지의 일을 담당할 수 있는가를 냉정히 성찰해 보면서, 로크의 『교육에 관한 고찰』의 사상적인 중후함을 새삼스럽게 느끼게 된다.

3) 루소의 『에밀』에 영향

17세기 사상의 결론이며, 18세기 사상적 출발점이었던 로크의 사상은 프랑스에 옮겨가서 계몽사상가에 크게 영향을 주었다. 볼테르, 콘디야그, 엘베슈스, 디드로, 루소 등 저명한 사상가들의 공통된 관심사는 로크의 사상이었다. 볼테르, 콘디야그, 엘베슈스는 로크의 경험론적 인식론을 감각론으로 철저하게 파고드는 동시에 "환경과 교육이 인간을 만든다."고 하면서 로크의 『교육에 관한 고찰』에서 볼 수 있는 환경 또는 교육 결정론적 발달사상을 계승했다. 진정 로크 이후에 유럽 철학의 발전은 주로 그의 용어의 애매함을 명백히 하고 그가 세운 전제에 의해서 스스로 발생한 어려운 문제를 극복하고자 하는 노력이 성립되어 있었다.

그들의 교육과제는 봉건적 신분사상과 결부된 인간의 우열이 선천성이나 신학적인 예정설적 발달관을 부정하고 새롭게 구축되는 근대사회가 주체적으로 형성되었다. 로크의 사상은 완전히 그들이 염원한 바와 합치되었다고 할 수 있다.

로크의 『교육에 관한 고찰』의 영향은 특히 루소에게서 현저하게 보인다. 『에밀』 내용 중에는 10수개소에 걸쳐 인용되고 있는 것은 루소가 『교육에 관한 고찰』을 비판적 계승을 위해서보다는 스스로의 사상창출의 수장으로서 활용했다고 생각된다. 여기서 양자의 발상적 차이를 똑똑히 볼 수 있으나, 그것은 또 계몽사상가와 루소의 차이이기도 하였다. 로크의 교육사상은 루소와의 사상적인 긴장관계를 통하여 그 후의 교육사상에 계승되었다고 할 수 있을 것이다.

현대교육사상은 이 같은 사상적 계보의 계승과 극복 위에 전개되고 있다. 그 대표적인 사상가 존 듀이는 로크가 설명하는 반영론적 경험의 개념을 비판하고 새로운 인간과 환경과의 역동적 상호작용으로서 경험개념을 낳게 하여 그 교육사상의 기초를 세웠던 것이다. 그가 말하는 아동중심주의의 신교육운동을 주장한 지도자였음을 잘 알고 있다.

4) 계몽주의에의 영향

그에 의하면, 감각을 통하여 지식이 생기고 바른 지식이 쌓이면 이성이 형성되고, 이 이성의 훈련을 통하여 마음이나 성품이 착해진다는 것이다. 다시 말하면, 경험이 좋거나 자기 환경에 적응하면 성품이 좋아지고, 그렇지 못하면 나빠진다. 그러므로 로크의 심의론에 기초를 두면 교육이라는 것은 훈련을 통한 습관의 형성에 의해서만 되는 것이라 보았다. 따라서 그의 심의론에서 볼 때 지식의 원천이란 유전이 아니라 환경이며, 신앙이 아니라 이성이라는 것이다.

그는 인간의 이성이 우리가 알 필요가 있는 모든 것을 설명해 준다고 생각하였다. 그의 경험주의나 이성주의를 바탕으로 보면 그는 합리주의자의 한 사람인 것이다. 그러므로 로크는 "우리의 마음속에 세워져 있는 촛불은 우리의 모든 목적을 달성하는 데 충분할 정도로 밝다."라고 쓴 적이 있다. 로크의 사상은 18세기의 계몽주의에 의하여 이어받아졌다. 역시 그의 교육사상은 그의 경험교육론과 아울러 18세기의 계몽주의 교육사상가에게 미친 영향이 컸다.

따라서 인위적인 사회의 모든 죄악을 방어할 아동의 선량한 천성이 자유롭게 발전될 것을 오직 기대하고 있다. 그러기에 자연주의자에 의하면 교육은 생활을 위한 준비가 아니라 생활 그 자체이며, 외부에서의 강제가 아니라 자연적 발달인 성장의 과정이므로 교육의 궁극 목표는 개인의 천부적 권리를 보전하고, 자연의 상태를 유지하는 데 있다고 본다.

5) 영국 신사교육에의 영향

그의 교육 목적은 영국의 전통에 따라 유용한 신사를 양성함에 두었다. 그리고 신사가 구비해야 할 기본적인 요소는 그의 교육에 대한 고찰의 순서에 따라 신체적, 도덕적, 지적 측면을 조화롭게 갖추는 것이었다. 그가 체육을 제일 중요시한 것은 어려서 어머니를 잃고, 그 후 30살에 아버지와 하나밖에 없는 동생마저 잃었으며, 그 자신도 일생 동안 몸이 무척 허약하다는 데서 자극을 받았을지도 모른다. 또 다른 하나의 이유는 그가 의사였기 때문이라고 볼 수도 있다.

제7장

루소

1. 생애

루소의 생애는 태어나서부터 40세까지를 제1기 정신 형성의 시기, 50세경까지를 제2기 대작 발표의 시기, 그 후 고독한 산책자로서 죽음에 이르기까지를 제3기 방랑과 변호의 자전적인 작품 발표의 시기로 나누어 볼 수 있다(김춘주, 2009). 제1기가 끝나갈 무렵까지 루소는 자신의 참된 재능과 사상을 찾아내지 못했다. 루소는 음악가로서 입신하려고 생각했던 것이 제2기의 고작 10여 년 동안에 집중적인 작가적 활동을 하여 사상가로서의 입장을 완전히 구축하였다. 그 후 죽음에 이르기까지의 제3기는 정치적 · 사회적 압박에 대하여 자신의 주장을 보호하기 위해 많은 반박서를 썼고, 금서 · 체포령에 의한 망명생활에도 그의 작가적 활동은 조금도 쇠퇴하지 않았다(민희식 역, 2003).

루소(J. J. Rousseau)

1) 제1기(태어나서부터~40세까지) : 정신 형성의 시기

루소는 1712년 4월 18일 스위스의 제네바 공화국에서 이삭 루소(Isaac Rousseau)와 슈잔느 베르나르(SuzanneBernard) 사이의 둘째 아들로 태어났다. 루소의 부모는 늦게 결혼하였는데, 그때의 아버지 나이는 32세, 어머니의 나이는 31세였다. 어머니 수잔나는 첫째 아들을 낳고 둘째 아들인 루소를 낳은지 10일만에 세상을 떠났다.

그래서 루소는 어머니에 대한 그리움과 외로움을 깊이 느끼면서, 아버지와 함께 어머니를 그리워하는 마음을 달래곤 하는 것이 하나의 일과가 되었다(이신지, 1996). 루소는 이처럼 모성애를 동경하였으며, 어머니에 대한 감정과 그리움은 성인이 되어서도 어머니에 대한 콤플렉스로 나타나게 되며, 이는 아버지에 대한 지나친 의존감정으로 발전하였다. 루소의 아버지는 루소에게 정규교육은 시키지 않고, 『플루타크 영웅전』 등의 소설을 읽게 하였다. 아버지와 아들은 밤늦도록 함께 책을 읽었다(이혜진, 2008). 루소의 아버지는 자식에 대한 사랑이 강했으며, 따라서 루소에게 있어서 아버지는 바로 어머니였고, 소꿉동무이기도 했다.

1722년 루소의 나이 10살 때, 루소의 아버지는 어떤 프랑스군 대위와의 결투 끝에 두 아들을 외삼촌에게 맡긴 채 부득이하게 제네바를 떠나야만 하게 되었다. 부모의 사랑을 제대로 받지 못하고 성장한 루소는 내성적이고 사회성이 없으며, 고독을 좋아하고 정서적으로 불안했으며 심리적으로도 방황을 계속하는 인격의 소유자가 되었다(이재석, 1977).

루소는 사촌 형제와 함께, 제네바의 보사이(Bosey) 마을에 있는 람베르샤(Lambercier, 1676~1738) 목사에게 맡겨졌다. 그가 후일 자연을 찬미하고 인간의 본성을 선이라고 보는 사상적 태동이 바로 이곳 생활에서 시작되었다고 한다(곽노의 · 홍순정, 2003). 그곳에서 루소는 라틴어와 그 밖의 교육에 따른 잡다한 것을 배웠다. 특히, 그곳에서의 소박한 전원생활은 부드럽고 정다우며 평화스러운 감정을 갖게 하였다. 거기서 2년을 보내고 12살 때에는 공증인 마세롱(Masseron)의 서기 노릇을 하였다. 그 후 13살 되는 1725년에는 제네바에 돌아와서 시계 세공업을 하는 꼬뮁(Abel du Commun)의 집에서 견습생 겸 심부름을 하게 되었다(안인희, 1989).

16살이 되는 1728년에는 구차스런 생활을 청산하고 방랑의 길에 올랐다. 그러던 중에 퐁티에르(Pontuerre)신부를 만났다. 신부는 루소에게 침식을 제공해 주고 가톨릭 교리문답을 가르쳐 주었다. 아울러 바랑(Mmede Warens) 부인을 소개해 주었다. 바랑 부인은 남편과 헤어져 가톨릭으로 개종한 젊은 여성으로서, 왕으로부터 연금을 받으며 생활하고 있었다(최정웅, 2002).

1729년에는 17세의 나이로 신학교에 입학하였으나 2개월만에 그만두고 성당 부속 합창학교에 다녔다. 그 후 스위스 로잔느(Lausanne)와 뉴샤텔(Neuchatel)에서 음악 교사를 하였으며, 그 후 또다시 방랑생활이 계속되었다. 그러다가 바랑 부인곁에서 약 10년간 정착생활을 하였다. 바랑 부인은 개종자들을 위한 집을 운영하던 12세 연상의 여성이었는데, 미소년이었던 루소는 후견인이자 애인의 역할을 담당했던 바랑 부인과 12년간 함께 생활하였다(김태호, 2004). 바랑 부인의 집에서 생활하는 동안, 루소는 바랑 부인으로부터 어머니로서의 사랑과 이성(異姓)으로서의 사랑을 함께 받으면서, 음악과 자연을 즐기며 하루하루 만족하는 생활을 보냈다. 바랑 부인은 루소에게 중대한 영향을 주었는데, 이 시기에 루소는 플라톤, 라이프니츠, 로크, 파스칼을 읽었고, 고대철학과 근대철학, 자연과학 등을 공부할 수 있었으며, 문학 · 음악 · 역사 · 철학 등도 연구할 수 있었다. 루소는 이상세계에 관심을 가지게 되면서, 비로소 글을 쓰기 시작하였고, 사색도 할 수 있었으며, 바랑 부인을 통해 여성에 대해 인식하게 되었다(안호상, 1970).

루소는 1740년 28살 때 바랑 부인의 곁을 떠나 넓은 세계로 새 출발을 하게 된다. 그때까지의 의존적인 생활에서 독립적이고 개척적인 생활이 시작된 것이다.

처음에는 프랑스 리용(Lyon)으로 가서 그 지방의 유지 마블리(de Mably) 가문의 가정교사가 되었다. 루소는 마블리 가문을 통하여 파리의 계몽주의자 서클과 연결될 수가 있었다. 이때의 수개월 간의 교육경험으로 자신이 교육을 담당하기에는 적합하지 않다는 것을 확인하게 되었지만, 루소가 교육자로서 처음 관심을 갖고 『에밀』을 집필하는 계기가 되었다(김동일, 1992).

1742년 30살 때 파리로 간 루소는 음악과 작곡 교사를 하면서 생계를 이어나갔는데, 음악 악보와 오페라, 희곡 그리고 몇 편의 시로 음악계에 선풍을 일으켜, 음악가로서 입신출세할 수 있으리라 기대하였다. 또 한편 음악에 관한 글을 써서 큰 기대를 걸었으나 성공을 거두지 못하고 실의와 좌절에 빠지게 되었다. 그때 유명한 디드로(Diderot)와 그림(Grimm) 등 백과전서파의 사상가들을 알게 되었고, 사교계와 살롱에 출입하였다. 그러나 당시 파리의 사교계나 상류층이 가식과 허영에 차 있는 것에 실망하여, 루소는 군중 속의 고독을 체험하고 사회로부터 소외 의식을 느끼게 되었다(최정웅, 2002).

1743년 31살 때에는 베니스 주재 프랑스 대사인 몽테뉴의 비서직을 맡았다. 그러나 이때에도 귀족의 무능함과 오만함을 경험하고 환멸을 느껴 충돌하게 되었다. 루소는 이때를 회상하기를 “약자에 대한 억압, 강자의 횡포를 정당화함으로서 진실한 질서를 파괴한다.”라고 하였다(이선애, 2006). 이때의 경험이 『정치제도론』을 집필하는 계기가 되었으며, 후에 『사회계약론』으로 결실을 거두게 되었다. 그러나 1년만에 비서직에서 면직되고 파리로 되돌아왔다. 루소는 한동안 정치가로서의 꿈도 가지고 있었으나 음악과 희곡의 창작에 몰두하게 되었다. 파리의 오페라 무대에서 루소의 발레가 공연되었지만 별로 인기를 끌지 못했고 이러한 실패로 루소는 병을 얻게 되었다. 루소가 실의와 좌절에 빠져있을 때, 하숙집의 세탁부 마리 테레즈(Marie Therese Le Vasseur, 1721~1801)를 만나게 되어 사랑하게 된다. 루소와 테레즈와의 사이에서 태어난 다섯 명의 아이들은 차례로 고아원에 보내졌다(안인희, 1989).

2) 제2기(40세~50세경까지) : 대작 발표의 시기

1749년 초가을의 어느 날, 루소는 파리 교외의 반센느(Vincennes)성에 감금되어 있던 디드로(Diderot)를 면회하러 가던 도중 우연히 디죵 학술원(Dijon Academy)의 현상논문의 제목을 보게 되었다. 제목은 "과학과 예술의 진보는 풍습의 부패에 기여했는가, 순화에 기여했는가"이었다. 루소는 『과학예술론(Rede Über die Wissenschaften und Künste)』을 응모하고 당선되어 그의 명성이 프랑스 전역에 퍼졌다(곽노의 · 홍순정, 2003). 루소는 낭만주의와 자연주의 사상을 제시하였고, 이성철학과 합리론에 바탕을 두고 계몽주의를 비판하였다.

인간이 만든 문명과 제도에 의한 해악을 낱낱이 지적하면서 "인간은 자연으로 돌아가라"는 유명한 말을 남겼다(김경희 외, 2002). 1752년에는 오페라 『마을의 점쟁이(Le Devin du Village)』가 파리에서 상연되어 최고의 인기를 끌었으며, 국왕 루이 15세의 하사금도 받을 수 있었지만 거절하였다. 이 희곡은 루소가 죽을 때까지 주요한 수입원이 되었다.

1753년에는 『프랑스 음악에 대한 편지』를 발표하여 프랑스 고전음악을 반대하고 시민적인 이탈리아 음악을 찬미하였다. 같은 해에 디죵 학술원의 현상논문으로 『사람들 사이의 불평등의 기원은 무엇인가, 그것은 자연법에 의해 정당화되었는가, 그렇지 않은가』를 제출했다. 이 논문은 비록 당선되지는 못하였으나, 그 유명한 『인간불평등기원론』(1755)이란 제목으로 출판되었다(안호상, 1970).

1756년에는 44살의 나이로 파리를 떠나 파리 근교 시골에서 생활하게 되는데, 데피네(d'Epinary) 부인의 영지에 있는 은자의 영지에 있는 은자의 암자를 제공받아 생활하였다. 이때의 심경을 루소는 "마침내 내 소원이 전부 이루어졌다."며 시곧 전원생활을 찬미하였다. 그러나 이때 방문객이 너무 많아 '매력적인 고독'을 즐기기 어려웠다고 한다. 방문객 중에는 데피네 부인의 4촌인 두테토(d'Houdeto) 부인이 있었는데, 그 부인의 나이 26세, 루소는 45세였다.

루소는 그 부인을 몹시 사랑하여서 "이번이야말로 참된 사랑이다. 이것이 전생애의 최고의 유일한 사랑이다."라고 루소는 『고백록』에 밝혔다(안인희, 2009). 루소가 두테토 부인을 사랑하고 있는 한편, 데피네 부인은 루소를 사랑하는 관계가 되어 끝내는 그 같은 사랑도 좋은 결실을 거두지 못하고 데피네 부인과 절교하고 에르미타주를 떠나 1757년에는 몽루이즈(Montlous)에 있는 룩셈부르그(de Luxenbourg)공의 집으로 이사했다. 루소는 이 집에서 은둔생활을 하였다. 데피네 부인과의 단교는 데피네 부인의 애인인 그림(Grimm)과의 절교로 이어지고, 또 디드로 등 백과전서파와도 절연하는 계기가 되었다. 물론 나중에는 사상적인 차이나 갈등도 가미되게 되지만, 결국 볼테르(Voltaire)는 루소를 걸식학자 또는 유다와 같은 인물이라고 비판할 정도로 멀어지게 되었다.

몽루이즈에서 은거와 고독한 생활을 하며 1761년 49세에 『신엘로이즈(Nowelle Hēloise)』를, 그리고 1년 후인 1762년에는 『사회계약론(DuContract Social)』과 『에밀(Emile)』의 대작을 완성하고 출판하였다(곽노의 · 홍순정, 2003).

『신엘로이즈』는 두테토 부인과의 사랑이 시작되기 전에 구상되어 사랑의 파탄과 거의 때를 같이 하여 출판되었다. 이 책은 18세기 최고의 베스트셀러가 되어 40년간 72판 정도가 인쇄가 되었을 정도이다. 이 소설은 평민 신분의 청년 상푸루우와 귀족의 딸 쥴리아와의 사랑을 그렸는데, 고백문학의 선구가 되었다. 인간의 감정과 자연미를 묘사한 이 소설은 18세기 주지적인 계몽문학에서 19세기 낭만주의로 전환하는 데 선구적인 역할을 하였다(김춘주, 2009).

그리고 『사회계약론』은 급진적인 주권 재민의 국민주권사상을 고취함으로써 오늘날 민주정치의 선구가 되었고, 프랑스혁명 및 미국독립선언에도 그 영향을 미쳤다. 나폴레옹이 "만약 루소가 없었더라면 프랑스 혁명은 일어나지 않았을 것이다(Monroe, 1921)."라고 한 말이 이것을 뒷받침하고 있다.

그리고『에밀』은 루소가 교육에 깊은 관심을 갖고 저술한 그의 대표적인 교육관련 저작으로서 당시 인간교육의 근본적 혁신을 제창한 교육의 성전(聖典)이었다고 할 수 있다. 그리하여 보디(Body, 1981)는『에밀』을 "18세기의 교육저작 중에서 이와 비길만한 것이 없을 정도로 귀중한 것이며, 그것이 교육의 이론과 실제에 미친 영향으로 판단한다면 인류 역사 전체를 통틀어 가장 중요한 저작이라 말해도 좋을 것이다."라고 극찬했다.

이러한 루소의 3대 저서『신엘로이즈』,『사회계약론』,『에밀』은 후세의 각 학문 분야에 지대한 영향을 미쳐 인간생활의 새로운 변혁을 가져오는 데 큰 기여를 하였다(안상원, 1986).

3) 제3기(50세경~죽음) : 방랑과 변호의 자전적인 작품 발표의 시기

1762년 루소는 사상가로서 지위가 확보되고, 양심 있는 지성인으로 추앙받게 되고, 수많은 신상 상담의 편지가 쇄도하기도 했다. 하지만 프랑스 정부로부터 루소에 대한 박해 체포령이 내려지고, 저서의 출판금지 및 분서령이 내려졌다(이혜진, 2008). 루소는 자신에 대한 체포령 소식을 듣고는 "그들은 내 생명을 빼앗을 수 있으나 내 자유는 빼앗지 못한다. 그들이 무슨 짓을 하든 그들의 속박, 그들의 감옥 속에서도 나는 자유를 누릴 것이다."라고 하면서 피신하기를 거부하였다. 그러나 사회적으로 지위를 갖춘 루소의 친구들이 자신들에게 화가 미칠 것을 두려워한 나머지 루소를 설득하여 멀리 피신하게 하였다. 그래서 루소는 파리를 거쳐 리용으로, 그리고 스위스 이페르동(Yverdon)으로 옮긴 뒤, 프러시아령 모티에르(Motiers)에서 생활하며 테레제도 옮겨와서 다소 안정된 생활을 하였다.이때 루소는 식물학에 열중할 수 있었다고 한다(안호상, 1970).

급기야는 조국 제네바 정부마저도 『에밀』과 『사회계약론』에 대한 출판 금지령을 내렸다. 이때 루소는 병이 재발하면서 심한 정신적 고통을 겪게 되었다. 그래서 루소는 자서전을 준비하고 유서를 쓰는 등 생을 마감하려는 준비를 하게 된다. 1763년에는 제네바 시민권을 포기하고, 1764년에는 볼테르가 『시민의 감정』이라는 글을 발표하여 루소가 자식을 버린 사실을 폭로하였다. 이 폭로로 이제까지 루소에게 호의를 보였던 마을의 목사가 민중을 선동하여 루소를 공격하고, 민중과 더불어 루소가 살고 있는 집에 돌을 던졌다(최정웅, 2002).

루소는 1765년부터 『고백록』을 쓰기 시작하였다. 상피엘 섬으로 옮겨가 민중에게서마저 버림을 받은 루소는 마침내 고독 속에서 유일한 낙을 찾고자 섬에 유폐시켜 달라고 당국에 탄원하였지만 당국은 루소에게 퇴거명령을 내렸다.

1766년 루소는 영국의 철학자 흄(Hune)의 초청으로 영국으로 건너갔지만 흄마저도 자신에 대한 박해에 가담하고 있을 것이라는 피해망상증으로 1767년 정신이상이 되어 다시 파리로 돌아오고 말았다. 이때를 루소는 "나는 내 최후의 때가 준비되는 것을 느낀다. 만약 필요하다면 이쪽에서 최후의 순간을 찾아서 죽음이냐 아니면 자유냐의 결심을 하겠다. 이젠 중간이란 없을 것이다."라고 기술하였다. 파리에 돌아와 중농학자 미라보(Mirabeau) 백작의 성에 머무르면서 르노(Ronou)라는 가명으로 꽁티(Conti)공이 빌려준 트리(Try)성에 안주하였다. 트리성에 숨어 살면서 『음악사전』을 출판하였다(안호상, 1970).

1768년 루소는 공포에 질린 나머지 트리성을 떠나 부르겡(Bourgain)으로 가서 1768년 8월 30일 테레제와 정식 결혼을 하였다. 그래서 25년간의 쾌락과 죄악을 공유한 관계가 겨우 합법화되었다. "내게 있어서 성의를 다하여 이번만큼 자유롭게 의무를 이행한 일은 없다."고 루소는 이 일을 술회한다. 그리고 부르겡을 떠나 몽껭(Monquin)으로 갔다. 이때에도 금전 중에 어려움을 당하고 부부가 함께 병을 얻어 고통을 겪었다. 1770년에는 루소란 본명을 다시 쓰기 시작하였다(이재석, 1977).

루소는 다시 파리로 갔으나 체포령은 여전히 취소되지 않은 상태였다. 하지만 경찰은 루소를 출판하지 않는다는 조건하에 못 본체 해주었다. 1770년 『고백록』을 완성하고 낭독회를 계획하였으나 경찰의 주의를 받아 중지되었다. 고독에 휩싸인 루소는 그 후 8년 동안 다시 악보 필사의 직업으로 되돌아갔다. 1772년 박해에 대한 마지막 저항으로 『대화-루소는 장자크를 심판한다』를 통하여 박해자들에게 발표하려 하였으나 실패하고 1776년부터는 『고독한 산보자의 몽상』을 쓰기 시작하였다. "이렇게 나는 지상에서 단 혼자가 되어 버렸다."고 시작하여 "이제 나는 모든 것을 체념하였으며, 그 덕분에 또 다시 마음의 평화를 찾게 되었다."고 고백하였다(안인희, 2009).

1777년 『제9산책』이 완성되고 1778년 『제10산책』이 미완성인 채 죽음이 임박해오는 것을 느꼈는지 전원으로 돌아가기를 원했다. 5월 22일 파리에서 약 30km 떨어진 에르메농빌(Ermenonville)로 옮겨간 후 볼테르의 사망 소식을 듣고는 중얼거렸다. "나의 존재는 그의 존재에 묶여져 있었다. 그는 죽었다. 내가 그의 뒤를 따를 날도 멀지 않을 것이다."라고 했다. 그리고 1778년 7월 2일 루소는 세상을 떠났다(이혜진, 2008).

상술한 바와 같이, 루소의 생애는 고난과 시련의 연속이자 방랑의 일생이었다. 모친의 따뜻한 애정을 받아보지 못하였던 그는 가정생활의 행복감을 전혀 맛보지 못하여 일생 동안 모성형의 여성을 찾아 방황했으며 항상 현실에 만족하지 못하고 이상의 세계를 염원하였다. 루소의 감상적이고 반항적인 기질은 현실 속에서 이상을 추구하도록 만들었다(이재석, 1977).

2. 사상적 배경

루소의 기본적인 사상은 주로 고대 철학자들의 사상에서부터 큰 영향을 받았다. 그리하여 로쉬(Roche)라는 학자는 "루소 이념의 근원은 스토아(Stoa)학파와 세네카(Seneca)로부터 크게 영향을 받은 것이다. 반면에 그의 정치조직에 대한 사상은 고대 폴리스(Police)의 이념으로 돌아간다"라고 하였다. 루소의 자연주의교육사상의 핵심 개념인 "자연에 따라서 산다"라는 용어도 실은 스토아 학자로부터 유래된 것이다. 그리고 루소는 고대 그리스의 플라톤(Plaon, B.C.427~347)의 사상에서 큰 감명을 받았으나 그대로 수용한 것이 아니라 선택적으로 긍정했으며 거부한 면도 있다.

즉, 두 사상가에게서 일치한 면은 이상적인 사회와 사회정의의 실현을 지향한 유토피아적인 면으로 기존의 정치현실을 비판하고, 현실을 불완전하고 일시적이며 모순에 찬 세계로 간주하여 교육을 통해서 무가치한 세계를 가치의 세계로 지향할 수 있음이 가능하다고 본 점이다. 또한 누구보다도 루소에게 깊은 영향을 미친 사람은 몽테뉴(Michel de Montaigne, 1533~1592), 코메니우스(J. A. Comenius, 1592~1670), 로크(John Locke, 1632~1704)를 들 수 있다. 몽테뉴는 프랑스의 비평가 파게(Faguet E., 1847~1916)라는 사람이 "루소의 글에 주석을 달려면 그 대부분의 출처는 몽테뉴에게서 빌려온 것으로서 아마도 주석의 본문보다 많을지도 모른다"라고 말할 정도로 루소에게 미친 영향은 크다고 할 수 있다.

특히, 몽테뉴로부터 교육 방법에 있어서는 책에서 배우는 것은 별로 중요하지 않으며 경험이 교육적으로 가치가 있고, 개별적으로 지도하는 것이 가장 효과적인 방법이라는 신념을 깨닫게 된다. 이것은 후에 생활 중심의 경험을 통한 교육 방법을 강조한 자연주의 교육사상에 큰 영향을 미치게 된다. 코메니우스(Comenius, 1592~1670)로부터는 감각적 경험주의의 영향을 받았다. 루소의 모든 지식은 감각적 경험론에 의해 성립되며, 교육 방법에 있어서는 경험과 직관이 중요하다고 강조하는 것은 바로 코메니우스의 이러한 감각적 경험주의의 영향이라 볼 수 있다. 특히, 코메니우스의 자연주의적 교수이론은 루소 이래 나타난 아동중심 교육사상 및 인간주의 교육사상의 연원을 이루고, 인본적 학교의 이론적 기초를 마련하는 데 큰 기여를 하였다. 그리고 후술할 영국의 로크는 프랑스 페넬롱(F. S. M. Fénelon, 1651~1715)과 함께 루소에게 교육적 영향을 많이 받았던 것으로 판단된다.

다음으로 루소가 크게 영향을 받은 사상은 계몽주의 사조라고 할 수 있다. 계몽주의는 그 뿌리를 르네상스의 휴머니즘과 17세기 과학적 실학주의에 두었다고 볼 수 있으며, 사상에 있어서는 형식주의에, 신앙에 대해서는 교회의 절대주의에 대한 반동으로 나타난 사조이다. 그리고 계몽시대란 계몽운동이 일어난 시기에 따라 다르기 때문에 유럽의 각 나라에 따라 동일하지 않다. 그러나 일반적으로 루소의 사상을 논함에 있어서 계몽주의시대는 루소가 전성기를 누리던 18세기 중엽에서부터 프랑스혁명이 일어나기 전까지의 시기를 말한다.

계몽이란, 인간이 자신의 과오로 인한 미성숙 상태에서 벗어나는 것, 즉 인간이 타인의 도움 없이 자신의 지성을 스스로 사용하는 능력을 습득하고 실행하는 과정이라는 것이다. 신이 아닌 인간의 이성에 의해 의식이 형성되어야 한다는 계몽사상은 18세기 프랑스 사상의 주류를 이루며, 프랑스혁명의 사상적 배경이 되었다. 인간의 이성을 계발하여 합리적인 판단을 하고 이를 통해 사회를 개조하고 역사적인 진보를 이룰 수 있다고 보는 계몽사상은 그 자체가 교육사상이요, 교육운동이기 때문에 후대 교육에 많은 영향을 주었다. 하지만 루소는 이성보다는 자연에 흥미를 더 느끼는 영국의 계몽주의 철학자인 베이컨(Francis Bacon, 1561~1626)과 로크(John Locke, 1632~1704) 등의 영향을 받은 것으로 판단된다. 즉, 베이컨으로부터는 루소 철학의 기본이 되는 '진실된 사고는 개인적 경험에 기초할 때 가능하다'는 사실과 자연을 탐구하는 중요성을 배웠다는 것을 시사한다(안인희, 1990).

로크는 자연법 해석을 통한 경험론과 교육론의 영향을 많이 받았다. "모든 사람은 평등하고 독립되어 있으므로 타인의 생명 · 건강 · 자유 및 재산을 침해해서는 안 된다"는 자연법은 루소의 인간불평등기원론과 사회계약론의 기본이념이 되었으며 에밀의 주제가 되었다. 그리고 루소가 에밀에서 아홉 번이나 언급하고, 또 루소 자신이 "교육문제를 생각하면서 줄곧 생각한 사람은 영국의 철학자 로크이다."라고 술회할 정도로 루소의 교육사상에 로크의 교육적 영향은 적지 않았던 것으로 생각된다. 그리하여 17세기 새로운 아동관을 제시한 로크의 교육에 관한 대표 저서 『교육론(Some Thoughts Concerning Education)』은 루소의 에밀과 매우 유사하다는 평가도 있다.

그 다음으로 프랑스에서 계몽주의를 발전시킨 주도 세력은 백과전서파(Encyclopediste)로서 그들이 편찬한 백과전서는 루소의 사상과 불가분의 관계를 맺고 있다. 백과전서를 집필한 사람은 볼테르(Voltaire) · 디드로(D. Diderot) · 루소(J. J. Rousseau) 등이었으나 루소는 합리주의를 사상적 기반으로 이성만능을 주장했던 그들과 사상적 대립과 갈등을 겪게 되었다.

즉, 루소는 이성 · 과학 · 문명 등이 인간을 타락시킨다면서 계몽주의를 부정하고 국민들의 정서를 일깨웠던 반면에 계몽주의 운동을 대표하는 볼테르는 국민들의 지성을 촉구하였다. 그리고 루소에게 영향을 준 몽테스키외와 디드로 등은 문명을 긍정적으로 받아들이지만 루소는 문명에 대해 상당히 비판적인 입장을 지니고 있었다. 그러나 루소는 디드로와 같은 계몽주의자들과 적대적인 관계이었음에도 불구하고 권위에 대한 공격이나 정치 · 철학 · 종교에 대한 급진적 사고, 미신과 종교에 대한 배척 등에 있어서는 근본적으로 서로 공감하고 일치하는 점이 있어, 그의 사상을 발전시키는 데 영향을 받았던 것이다.

루소의 자연주의 교육사상의 기저에는 고대 철학자의 사상으로부터 17세기 과학적 실학주의는 물론 계몽주의시대의 여러 학자 및 사상가들의 사상적인 맥이 면면히 흐르고 있다는 것을 이해할 수 있다.

3. 교육사상의 이해

루소는 교육의 목적, 내용, 방법을 모두 자연의 원리에서 찾아냈으며, 자연에 따르는 교육이 인간을 가장 자유롭고 행복하고 덕스럽게 만든다고 보았다. 루소의 자연에 순응하는 교육의 중심사상은 아동의 발달단계에 따른 교육으로 아동의 권리는 최대한 존중하는 교육이다. 이러한 루소의 자연주의 교육사상을 ① 아동존중사상, ② 교육 목적, ③ 교육 내용, ④ 교육 방법으로 구분하여 살펴보면 다음과 같다.

1) 아동존중사상

루소의 자연주의 교육사상의 근본사상은 아동 중심의 교육에서 출발하였다고 할 정도로 아동존중사상이 핵심을 이루고 있다. 루소의 교육론이 전체적으로 아동기를 주요 대상으로 하고 있다는 점은 그가 아동교육을 매우 중요하게 생각하고 있다는 것을 시사한다. 루소는 아동의 자연성을 보존하고 아동을 타락한 사회로부터 보호해야 한다고 말하면서 어린이를 다른 어떤 가치 실현의 수단으로서가 아니라 목적 그 자체로서 그 발달단계의 고유한 성숙을 주장하고 있다. 그의 아동관은 『에밀』 본문의 첫 구절에 '만물은 창조주의 손에서 나올 때는 모든 것이 선(善)하였다.'라는 기본 명제를 제시한 것처럼 성선설을 바탕으로 하고 있다.

루소에 의하면, 인간은 본래 선하므로 억지로 이끌 필요가 없다는 것이다. 즉,

아동의 타고난 선한 본성을 잘 지키고 보호하여 자연스런 발달을 도모해 나가는 것을 교육의 이상으로 보았다. 아동의 본성을 선하게 본 루소의 아동관은 루소 이전의 전통적인 아동관인 기독교의 원죄설과는 대조적인 것으로 이런 의미로 루소는 '아동의 진정한 발견자'라고 칭하고 있다.

그 당시 전통적인 시각에서 보면 훌륭한 어린이는 의무감이 강하고 정숙하며 순종적인 어린이였다. 종래의 아동관에 따르면 어린이는 정결하지 못하고 소란스러우며, 심술궂고 나태하고 악한 경향성을 지닌 작은 어른으로 보았기 때문이다. 당시 유럽에서는 기독교의 원죄설에 의하여 아동의 본성을 악하게 파악하고 이러한 악한 본성이 나오지 못하도록 억압하였다. 그래서 아동들의 실수나 잘못된 행동들을 알면서도 일부러 하는 악한 행동으로 생각하였고, 어른들은 이러한 잘못된 행동들을 고치기 위하여 가혹한 체벌을 사용하기도 하였다.

루소가 생존했던 당시의 교육은 매우 보수적이었다. 교육은 사회를 안정시키고 영속화시키는 수단으로만 인식이 되었다. 교육 내용이나 방법에 있어서도 전통적인 방식에 의존하고 있었다. 그 시대에는 아동은 축소된 어른이라고 보면서 아동을 성인으로 성장하기 위한 과도기적 존재로만 인식하였다. 즉, 아동과 어른은 단지 그들이 축적한 지식의 양에만 차이가 있다고 간주하였다.

따라서 아동의 흥미나 학습동기 등은 전혀 고려하지 않고 오히려 아동을 성인처럼 생각하고 행동하도록 강요하였다. 가능한 한 빨리 어른의 지식을 획득하게 하는 것이 좋은 교육이라고 판단되었다. 루소는 그의 저서 『에밀』의 서문에서도 사람들이 어린이에 대해 잘못된 생각을 가지고 있다고 말하고 있는데, 그는 가장 현명하다는 사람들까지도 어린이가 무엇을 배울 수 있을 것인가에 대해 생각하지도 않고, 어른들이 알아야 할 것에 대해서만 생각한다고 하였다. 그는 사람들이 언제나 어린이 속에서 어른을 찾을 뿐 어른이 되기 전의 어린이에 대해서는 생각하지 않는다고 말하고 있다. 그리고는 사람들이 어린이를 그 본래의 모습으로 보지 않고 어른의 축소물이나 아니면 미성숙한 어른으로 보는 견해에 대하여 에밀에서 다음과 같이 비판한다.

이는 그의 아동존중사상을 시사하는 말로서, 어린이는 어른의 세계를 축소한 세계에서 사는 것이 아니며, 또한 장차 어른이 되기 위해 오늘을 희생하는 생활이 되어서도 안 된다는 것을 역설적으로 표현한 것이라 할 수 있다.

루소는 이와 같이 어린이는 어른의 축소판이라는 봉건적이고 전통적인 아동관을 비판하였고 어린이는 어린이 자체로 존재하여야 한다는 새로운 아동관을 가져왔다.

루소에 의하면 아동 초기에는 도덕성이 발달하지 못해서 아동이 잘못된 행동을 하는 것은 아동의 책임이 아니라 그러한 행동을 할 수밖에 없게 만든 어른들의 잘못이라는 것이다. 어린이를 순수한 존재로 보고 이 시기가 인간발달에 있어서 가장 자연스럽고 가치 있는 시기로 보았기 때문에 루소는 아동기는 가능한 오랫동안 즐기고 맛을 음미해야 하는 시기라고도 하였다.

루소는 『에밀』에서 자연인인 아동 메일을 통하여 어린이의 천성을 자연성으로 파악하였고, 성장과정 속에서 자연성을 그대로 보존하고 획득하는 것이 중요하다고 말하였다. 또한 루소는 아동을 대할 때 권위주의적인 방식이 아닌 아동의 의지를 존중하는 인격적 태도로 아동을 대해야 한다고 보고 있다.

루소는 기존 교육이 생각하지 않는 인간을 만든다고 비판하였다. 기존 교육이 지나치게 이성만을 강조하고 있으며 교사가 가능한 많은 양의 지식을 학생에게 효과적으로 전달하는 형식으로 체계화되어 있다고 보고 있는 것이다. 그러나 루소는 계몽주의자로서 인간 이성에 깊은 신뢰감을 가졌다. 그는 인간이 소유한 이성을 바탕으로 무지몽매(無知蒙昧)에서 깨어나 세계 개혁을 위해 노력해야 함을 강조하였다. 그는 궁극적으로 완성해야 할 아동의 인간상을 이성과 감성의 조화로움에서 찾아야 한다고 하였다.

결론적으로 루소에 있어서 아동교육의 목적은 올바른 아동의 양성에 있으며, 좀 더 구체적으로는 아동의 본성을 계발시키고, 환경과 인위적 제한과 훈련에서 벗어나 아동이 자유롭게 성장하고 발달하도록 하는 데 있다고 하겠다. 그는 아동교육의 목적을 인위적인 과정이 아니라 자연적인 과정으로, 외부의 강요가 아니라 내적 발달로, 지식의 획득보다는 자연의 능력을 신장하는 것으로 규정짓고 있다.

이상에서 살펴본 바와 같이 루소의 아동존중사상은 다음과 같이 몇 가지로 요약해 볼 수 있다.

첫째, 루소는 아동의 타고난 선한 본성을 선한 세계에서 보호하여야 하며 인위적이고 인공적인 사회에 오염되지 않도록 보호하는 성선설에 근거한 아동관을 볼 수 있다.

둘째, 루소는 '아동의 진정한 발견자'로 평가받고 있다. 루소 이전의 아동관은 어린이를 어른의 축소판인 작은 어른으로 생각하였다. 반면에 루소는 아동은 그 나름대로 관찰하고 느끼는 고유의 방식이 있다고 보고 최초로 아동을 성인의 축소판이 아닌 아동 그 자체로 하나의 가치를 지닌 존재로 인정하였다.

셋째, 루소는 아동의 천성을 자연성으로 파악하여 성장과정 속에서 자연성을 보존하고 획득하는 것이 중요하다고 보았다.

넷째, 루소는 아동은 아직 지적 미성숙 단계로 이성보다는 감성의 영역이 발달하는 단계로 보았고, 궁극적으로 추구해야 할 아동상을 감성과 이성의 조화로운 아동으로 보고 있다.

2) 교육 목적

루소의 교육 목적을 한마디로 압축한다면 그것은 새로운 인간, 즉 '자연인'을 창조하는 것이다. 루소는 인간은 원래 선하였는데, 타락한 사회제도와 불평등한 사회구조로 인해서 착한 본성이 성장하지 못하게 되었다고 말한다. 그래서 그는 에밀에서 에밀이 타락한 시민사회에서 타락하지 않고 성장할 수 있는 방안을 모색하였다. 이것은 루소의 궁극적인 교육 목적이 새로운 인간모델, 자연인과 시민의 덕을 통일시킨 모습의 창조임을 의미한다. 또한 인간개혁을 통한 사회개혁의 실현이며, 자연인 그대로 사회 속에서 살아가야 한다는 것이 아니라 시민으로서의 조화를 이루어 살아가야 한다는 뜻이다.

루소는 인간의 자연성과 인간성을 회복하고 선성(善性)을 실현하기 위해서는 교육을 수단으로 하지 않을 수 없다고 하였다. 루소의 교육에 대한 입장은 아동의 본성을 보존하고 이를 보호 유지할 사회 질서를 확립하는 것으로 교육에 작용하는 사회환경의 영향을 상대적으로 최소화하는 것이었다. 인위적인 환경에서 벗어나 자연성의 내적 과정에 의해 아동이 자유롭게 성장하고 발달할 때 교육의 효과가 증진된다고 보았다.

그의 교육은 무엇보다도 자연인 그대로의 인간을 목표로 한 것이다. 사회의 나쁜 영향에서 벗어난 인간을 이상적 인간으로 보고, 그러한 인간교육이 현존하는 사회를 부정하고, 새로운 사회를 건설하여 이상적 사회 속의 자연인을 최대의 교육 목표로 삼은 것이다. 이것은 인간을 선하게 보고 개인의 선량한 천성과 덕성을 잘 보전하는 것을 중시하기 때문이다. 그는 평범하고 자연적인 인간을 이상형으로 삼았다. 교육의 목적은 사회 속의 자연인을 형성하는 것으로 신으로부터 부여받은 천부적 능력을 자연적으로 발달시켜 자연성과 인간성을 회복하고 선성을 실현함으로써 조화로운 인간 형성을 하는 것이다.

결국 루소의 교육 목적은 크게 두 가지로 정리할 수 있다. 그 하나가 개인 중심적 입장이고 다른 하나는 사회 중심적 입장이다. 그리고 이 중에서 개인 중심적 입장이 사회 중심적 입장보다 강하게 나타난다. 즉, 참된 사회적 시민의 양성은 참다운 아동의 완성으로부터 이루어질 수 있다고 루소는 본 것이다. 어쨌거나 루소의 교육사상에서 보이는 새로운 인간상의 모델은 자연인과 시민의 덕을 통일시키고 조화시킨 모습이라 할 수 있을 것이다. 이처럼 루소의 교육 기본사상은 참다운 아동 완성으로부터 사회적 시민 양성이 그 기초가 되고 있다. 즉, 루소에게 있어 교육은 자연성을 기본으로 하여 인간성의 완성을 지향한 참된 인간교육을 목적으로 하고 있다.

3) 교육 내용

루소의 자연주의 교육이론의 특징은 인간의 자연적 본성을 존중하고 인간의 발단단계에 따른 교육을 행할 것을 주장한 점이다. 그는 어린이의 성장발달은 자연법칙에 따르는 것이며, 각 단계마다 그 고유한 특징과 능력이 나타나므로 인위적으로는 수정불가능하다고 보았다. 그의 이런 주장은 당시 혁신적인 견해로서, 보이드(W. Boyd)라는 학자는 "루소의 연령에 따른 발달단계를 고려하여 교육해야 한다는 교육이론은 많은 결함을 가지고 있지만, 그가 한 공헌 중에서도 가장 가치 있는 것 중의 하나이다"라고 평가했다.

루소는 교육을 하는 데 있어서 연령에 따라 일정한 기간 또는 단계로 구분하여 아동의 각 발달단계에 적합한 교육 내용이 주어져야 한다고 보았다. 그리하여 에밀의 전 편에서 전개되는 에밀의 교육을 통하여 루소 교육사상의 교육 내용을 알아볼 수 있는데, 그는 인간발달의 자연적 단계에 따라 에밀을 5부로 구성하였다. 이 글에서는 에밀이라는 이름을 가진 한 남자아이의 성장발달단계에 따라 유아기 · 아동기 · 소년기 · 청년기 그리고 결혼하기까지의 다섯 단계로 구분하여 논의한 에밀을 중심으로 각 단계별 교육 내용을 살펴보고자 한다.

(1) 유아기

유아기는 출생 이후~5세까지로 루소는 양육에 있어서 가장 기본적인 교육으로 어머니의 교육을 강조하고 있다. 그는 인간 형성의 기초를 유아기에 두고 따사로운 사랑이 넘치는 가정에서 어머니에 의한 가정교육의 필요성을 주장한다. 그리고 유아기의 심신상태는 연약하기 때문에 유아기 때부터 신체를 강하게 키울 것을 말하면서 신체단련의 교육 중요성을 주장했다.

또한 루소는 감각 훈련으로 사물의 성질을 학습해야 한다고 강조하고 유아의 감각발달과 사물과의 관계를 다음과 같이 제시하고 있다.

> …어린이는 눈으로 보고, 손으로 만지고 귀로 듣고, 특히 시각과 촉각을 비교하고, 손가락으로 딱딱한 감촉을 눈으로 계량함으로써, 사물의 뜨겁고 찬 것, 딱딱하고 부드러움, 무게의 경중 등을 느끼며, 그 크기와 모양, 그 밖에 느낄 수 있는 사물의 모든 성질을 판단하는 것을 배운다…

그리고 루소는 아이들이 빨리 말하도록 서둘러 언어교육을 해서는 안 된다고 하여 유아기의 초기 언어교육에 반대하는 이유를 제시하고 있다.

> …말할 필요를 깨닫게 됨에 따라 아이는 자연히 말을 배우게 되는 것이다. 너무 무리해서 말을 하도록 강요당한 아이들은 발음을 제대로 터득할 여유가 없으며, 또 무슨 뜻인지 제대로 이해할 시간도 갖지 못한다…

즉, 너무 일찍부터 서둘러 말을 하게 하여 정확한 발음을 배울 시간을 놓치거나, 남이 한 말의 뜻을 충분히 이해할 여유를 갖지 못하게 되는 것을 막아야 한다는 것이다.

이와 같이 유아기에는 이성이 발달되지 않고 관념도 형성되지 않으므로 유아는 감각에만 주의를 기울이며 지적 · 정의적 정신생활 내용이 거의 나타나지 않는 시기로 보고 있다. 그러므로 유아기 교육은 감각발달과 아동의 내적 · 자연적 발달을 보호해 주는 것이 중요하다. 또한 신체의 건강은 모든 정신건강의 출발점임을 강조하여 신체를 튼튼하게 단련하는 것을 유아기의 교육 내용으로 보고 있다.

(2) 아동기

아동기는 6~12세까지로서 아동의 관심은 감각에 의해서 탐구하는 자연의 세계에 집중되기 시작하므로 교육 또한 자연에 의한 교육을 해야 한다. 루소는 이 시기에 발달하는 감각기관의 훈련이 신체적 발달에 중요한 역할을 한다고 주장하면서 에밀에서 다음과 같이 말하고 있다.

> …감각은 우리의 기본적인 능력이며 어린 시절에 완성해야 할 능력이라 다른 능력에 앞서 최초로 계발하고 훈련해야 한다. 감각 훈련은 단순히 그 기능의 발전을 위해서 보다도 이 능력에 의해 올바른 판단을 배우기 위한 것으로, 말하자면 느낌을 학습하는 것이다.…중략… 그러나 우리는 손과 발만 있는 것이 아니라 눈과 귀도 있다. 그렇다면 체력만 훈련해서는 안 된다. 체력을 지도하는 모든 감각을 훈련해야 한다. 감각 하나하나를 가능한 완전히 이용하라.…

루소는 감각과 지각은 이성과 도덕성발달의 기초이며 아동을 둘러싼 모든 사물은 그들에게 인상을 주어 관념을 형성하므로, 사물의 감각이야말로 모든 지식의 자료이며, 사물을 감각함으로써 관념을 형성한다. 또 우리의 최초의 교사는 손 · 발 · 눈이라고 하면서 이 시기의 중심과제는 감각교육이 되어야 한다고 강조하고 있다.

또한 루소는 이 시기는 책을 통해서 지식을 얻는 것은 무의미하고 무용함을 주장하면서 12세까지의 아이들은 특별한 지식교육을 필요로 하지 않다고 하였다. 책이란 대체로 쓸데없는 것을 가르치는 것으로 소용이 없고, 실제 생활교육이 이 시기의 적합한 교육이라고 보았다. 그리고 12세까지는 지식교육을 강요하지 말 것을 주장하였다. 따라서 교과서나 책에 의한 교육은 필요하지 않다고 다음과 같이 권고한다.

> …에밀은 12세가 되어도 책이 무엇인지 모를 것이다. 그러나 적어도 그는 글자를 읽을 수는 있어야 한다고 사람들은 말할 것이다. 나도 동감이다. 독서가 유용하게 될 때 읽을 수 있어야 한다. 그러나 그때까지 독서는 그에게 진저리나는 것일 뿐이다.……책을 읽는 것 말고도 어린이는 많은 것을 기억한다. 듣는 것을 통해 그리고 사람들의 행동에서 자극을 받아 마음속에 기억해 둔다. 그를 둘러싼 모든 것이 책을 대신하여 기억을 풍부하게 한다…

실제 에밀은 12세가 될 때까지 플루타르크의 영웅전 이외에는 책이 무엇인지 모르고 있다. 그는 지식 위주의 교과 중심 교육 내용을 철저히 거부하고 경험 중심 · 생활 중심의 교육 내용을 강조한다. 그래서 지리나 역사교과를 가르치지 말 것을 권장한다. 자연물을 묘사하는 그림 그리기, 정확하고 명료한 화술 익히기 등의 교육을 권장하며 과학서나 책을 존중하지 않는다. 생활 그 자체가 교육이지 미래의 준비를 위한 것은 아니다. 따라서 교과서 중심교육을 거부하며 전통적인 교과 중심에서 아동 중심에로의 전환을 주장하였다.

(3) 소년기

소년기는 13~15세까지로서, 이때는 이성이 서서히 깨어나기 시작하여 선과 악을 구별하는 도덕관념과 이성의 각성이 지적 단련과 수공교육을 통하여 일어나게 된다. 그러므로 이 시기에 신체적 · 감각적 발달에 기초를 두고 지적 발달을 도모해야 한다. 즉, 이성의 힘에 의지하여 자연과 사회 · 인간에 대한 유용한 지식을 학습할 수 있는 시기로서 지금까지의 소극적 교육에서 적극적 교육으로 전환하는 기점이 된다. 루소는 이 시기에 가르치는 교과목으로 물리학 · 지리학 · 천문학 등을 제시하고, 지식 척도의 제일 원리는 공리주의에 입각한 유용성(utility)에 근원을 둘 것을 강조한다. 그가 소년기에서의 유용성 교육의 중요성을 역설했던 사실은 다음과 같은 에밀의 내용에서도 찾아볼 수 있다.

> …우리에게 유용한 지식은 그렇게 많은 것은 아니다. 무엇이나 아는 체하는 현학자를 만들 것도 아니고, 식자의 거만을 무용한 것이라고 믿는다면 우리를 행복하게 하는 지식은 많지 않다. 이 소수의 지식 가운데서 또한 이성이 완성될 때까지 이해할 수 없는 진리는 제외되어야 한다. 이렇게 보면 우리의 유용한 지식은 작은 동그라미 속으로 축소된다…… 아이들이 자기의 필요를 느끼기 전에 그것을 예견한다면 그의 지성은 상당히 진전된 것이며 시간의 가치도 깨닫게 된 것이다. 이때 유용한 대상에 대해 시간을 사용할 수 있는 습관을 길러주어야 한다. 물론 그 유용성은 그의 연령에 맞게 느끼고 그의 지식으로 이해할 수 있어야 한다.…

그리고 그는 이러한 유용성 교육은 무엇보다도 생활에 가까운 경우를 대상으로 하는 교육 내용으로서 실물교육과 천문학 · 지리학 · 물리학 등을 다루어야 한다고 생각했던 것으로 판단된다. 또 루소는 이 시기에 육체노동의 필요성을 강조한다. 육체노동을 통해서 노동 자체를 인간 형성의 일부로 보고 있는 것이다. 그중에서 가장 기본적인 것을 농업으로 보고, "기술 중에서 가장 존경할 만한 것은 농업이다"라고 하면서 농업을 인간이 할 수 있는 고귀한 직업으로 보았다. 이는 삶을 영위하기 위한 제일의 직업임을 의미하고 있다. 그리고 자연과학 교재로서 로빈슨 크루소(Robinson Crusoe) 읽기를 권하고, 이 책은 아동에게 생활에서 필요한 경험을 전달해주는 유일한 책이라 역설한다.

루소는 이와 같이 소년기에는 이론적이거나 언어적인 내용보다도 농사일이나 목공과 수공 등 구체적이고 가시적인 유용한 과제를 통해 자신의 경험을 훈련시키고, 농업과 상업 등의 직업교육을 시킬 것을 강조하고 있다. 그리고 이 시기에는 여러 가지 잡다한 학문의 지식을 가르치는 일보다는 학문에 대한 취미를 길러주고 학문을 사랑하는 마음을 우선적으로 길러 주어야 한다.

즉, 많은 학문의 지식을 가르쳐 주려하기보다는 호기심과 지적 의욕을 고취시켜 주는 방법을 가르치는 일이 우선되어야 한다는 것이다. 뿐만 아니라 모든 것을 스스로 배우는 자율학습, 실물을 감각적으로 포착하여 스스로 생각하고 추리하는 직관교육, 그리고 어린이 자신이 기구를 직접 만들고 경험하는 경험학습 등의 방법을 통해 아이들은 좀 더 분명하고 정확한 사물의 개념을 획득하게 된다는 것이다.

(4) 청년기

청년기는 16~20세까지로서 루소가 말하는 소위 '제2의 탄생기'에 해당하는 시기이다. 이 시기는 이성(異性)에 대해 눈을 뜨고 감정과 성에 대하여 관심을 갖게 될 뿐만 아니라 합리적으로 사고하기 시작하며 루소의 가장 의도적이고 본격적인 지적 교육이 전개되는 시기이다. 이제 어린 시기를 벗어나 성인으로서의 남성과 여성의 역할을 익히고, 이기적 삶의 태도를 넘어서서 인간의 사회적 관계에 관심을 갖고 새로운 인생을 시작하는 제2의 탄생을 경험하는 중요한 시기이다.

그리고 청년기에는 성에 대한 관심과 더불어 모든 인간의 관계에 대한 관심이 커진다. 이와 더불어 우애와 사회성이 발달하고 세계관이 형성되며 나아가 도덕성의 발달과 종교에 대한 관심이 높아지게 되어 종교교육이 시작되는 것이다. 따라서 이 시기의 교육은 도덕적 질서교육은 물론 도덕적 · 종교적 · 사회적 관계 형성의 기초를 마련해 줌으로써 진정한 애타적 삶의 모습을 형성해 주어야 한다.

이 시기에 어린이의 본성인 자기애(自己愛)는 이웃에 대한 동정 · 우정을 바탕으로 한 인간애 · 인류애로 발전된다. 따라서 인간을 인간 그 자체로 존중하고 사랑하는 법을 가르쳐 주고, 불행한 사람을 도와주어야 한다는 것을 알게 해 주는 것이 이 시기의 중요한 교육 내용이다. 또한 청년기에는 아동기에 연기되고 보류되었던 지식교육이 시작되어 도덕 · 종교 · 정치 · 문학 · 역사 · 지리 · 수학을 생활 속에서 직관과 경험에 의해 실제적으로 공부한다. 교육 내용은 동화와 우화를 비롯하여 사회과학과 정신과학으로 윤리 · 종교 · 미학 · 정치 · 법률 · 제2외국어에 관심이 집중되고 존중된다.

(5) 성인기

성인기는 21세부터 시작되는데, 사회적 · 경제적 · 정신적으로 독립된 인격체로서 참다운 자기 생활을 영위하며 가정을 이루어 공민으로서 모든 권리와 의무를 수행해 나간다. 이 시기에서는 소설『에밀』에서 에밀이 25세 때에 소피(Sophie)라는 이름의 가상적인 여자와 결혼하여 그녀를 위한 교육론이 전개된다. 이는 에밀의 이성에 대한 사랑과 결혼을 위한 목적으로 쓰인 여성교육론이라고도 할 수 있다.

루소는 여자란 무엇인가의 문제로부터 시작하여 여성교육 일반론 및 장차 에밀의 아내가 될 소피라는 특정한 여성의 교육을 논하였다. 여성은 순종과 겸양의 미덕을 갖추고, 남편을 즐겁게 해주며 노인들을 위로해 주어야 한다는 동양적 현모양처의 모습을 강조하고 있다. 또한 남편의 명령에 아내가 복종해야 하고 남편의 마음에 들게 해야 한다는 표현이 있으나, 이는 주종의 관계를 의미했다기보다는 가정에서의 아내의 위치와 어머니로서의 역할의 중요성을 강조한 데서 나온 것으로 해석되어야 할 것이다. 그러나 이러한 여성교육관은 루소의 다른 일반적인 교육관, 즉 아동교육관이나 종교교육관과는 달리 상당히 진보적이고 혁신적인 데 비해 지나치게 보수적이라는 이유로 많은 비판을 받았다.

4) 교육 방법

루소의 교육 방법은 철저히 자연주의에 의한 방법, 자연의 발달단계를 존중하는 교육 방법으로 일관하고 있다. 그것은 타락한 사회로부터 아동을 보호하여 선한 천성이 발달단계에 따라 자연적으로 발현되게 하는 것이다. 자연에 의한 교육은 인위적인 사회의 전통이나 관습에 의한 교육이 아니라 아동이 나면서부터 가지고 있는 천부의 능력을 방해받지 않고 자연에 따라 발달시키는 것이다. 이 글에서 루소의 이러한 자연에 의한 교육 방법을 첫째, 일반적인 방법과, 둘째, 발달단계에 따른 방법으로 구분하여 고찰해 보고자 한다.

(1) 일반적인 교육 방법

루소의 일반적 교육 방법은 그의 아동교육 전반에 걸쳐서 기저를 이루고 있는 다섯 가지의 교육원리, 즉 ① 합자연의 원리, ② 소극적 교육의 원리, ③ 생활 중심교육의 원리, ④ 직관교육의 원리, ⑤ 사회생활의 원리에 근거하여 크게 다섯 가지로 볼 수 있다.

첫째, 자연의 법칙에 따른 교육 방법이다. 루소는 '자연으로 돌아가라'는 대명제를 제시함으로써 교육은 자연에 따라야 하며 자연인으로 성장해야 한다고 주장했다. 자연에 합치되는 교육을 한다는 것은 후천적이고 강제적 그리고 인위적인 제압에 의해서 형성된 타락한 사회적 습관성에서 벗어나 선천적이고 자발적인 인간의 근원적인 본성에 따라서 양심의 소리에 의해 욕망과 능력을 조절할 수 있는 자연인을 기른다는 것을 뜻한다고 할 수 있다. 또한 '자연에 따른다'는 것은 자연법칙에 따라 가르쳐야 한다는 뜻도 지니고 있다. 이것은 인간의 성장법칙과 여러 가지 능력의 발달 그리고 성숙의 정도에 따라 아동을 가르쳐야 한다는 것을 뜻한다.

둘째, 소극적 교육 방법이다. 루소는 인간은 선한 본성을 가졌다고 생각한다. 이러한 선성은 타자를 향하여 선을 행한다는 적극적 의미라기보다는 악을 행하지 않는다는 소극적인 의미이다. 이러한 소극적 교육은 아동의 선한 본성을 믿고 타락한 사회로부터 아동의 선성을 보호하고 발전시킨다는 점과 인간의 자연적(내면적) 발달단계를 중시한다는 점에서 합자연의 원리와 일맥상통한다. 즉, 인간의 본성이 본래 선이고 이미 모든 진리의 싹을 지니고 있다고 상정한다면 교육의 임무는 아동의 생득적 본성을 잘 보호하기 위해 아동을 타락된 사회악으로부터 격리하여 아동 스스로 판단력을 형성하도록 하는 것이기 때문이다. 그러므로 교육은 적극적으로 인간을 변화시키기보다는 오히려 선한 본성을 유지하고 발전시키는 것이 된다.

셋째, 생활 중심 교육 방법이다. 아동기의 생활은 그 자체로서 절대적인 가치를 지닌다는 것을 전제로 하여 아동은 진실로 아동답게 생활해야 한다는 것이다. 그리고 아동의 생활은 미래를 위한 준비가 아닌 현재 생활 그 자체를 위해 교육해야 하는 것으로 보았다. 그러므로 아동의 한 순간 순간의 생활 그 자체가 절대적 가치와 의미를 지닌다.

넷째, 직관 중심 교육 방법이다. 지식의 획득은 언어교육만으로는 무의미하므로 반드시 감각적 경험을 통해 그 언어와 관련된 관념과 일치되는 교육을 강조하였다. 이것은 객관적인 사물을 감각적인 경험을 통해 인식하되 아동의 주관적인 인식능력에 맞게 사물을 인식하도록 하는 방법인 것이다.

그리하여 루소는 『에밀』에서 경험을 통한 교육을 강조하였고, "사람은 자신의 체험을 통해 스스로 알게 된 것은 다른 사람에게 배워서 안 것보다 훨씬 더 명료하고 정확한 개념을 가지게 된다"라고 하면서 학습자로 하여금 스스로 알도록 하는 방법으로 실물교육, 놀이, 발견학습을 제시하였다.

다섯째, 사회생활 중심 교육 방법이다. 아동들은 자기 중심적 사고로 인해 그들의 관심은 자기 자신에게만 집중되어 자신만 알고 사회에 대해서 잘 모르게 된다고 한다. 그러나 청년기에 이르면 인간은 사회적 감정에 눈을 뜨고 자기를 사회인으로 인식하게 되기 때문에, 이때에는 사회생활을 중점적으로 교육시키며 직업교육도 받게 할 것을 루소는 강조했다.

이와 같이 루소의 교육 방법은 아동의 자발적 노력에 의한 자연현상의 관찰을 강조하며, 아동의 자연적 이성에 의한 성장과 관계된 개성화된 실제학습을 주장하고 있다.

(2) 발달단계에 따른 교육 방법

루소는 아동의 성장 · 발달 시기에 따라 서로 다른 교육 방법을 적용하였다. 그것은 아동의 자연성을 발달시키기 위한 방법이 자연적인 성장과정에 따라 서로 다를 수밖에 없다는 그의 근본적인 사고방식에 연유하고 있다. 여기서는 교육 내용 측면에서와 마찬가지로 성장발달단계에 따라 유아기 · 아동기 · 소년기 · 청년기 그리고 성인기, 즉 결혼하기까지의 다섯 단계로 구분하여 고찰하고자 한다.

첫째, 유아기이다. 유아기의 교육 방법은 인간의 선한 본성을 존중하고 자연에 따르는 교육과 관련되어 있다. 루소는 아동의 본성은 선하기 때문에 본성의 발달을 간섭하는 것은 해가 될 뿐이라고 본다. 따라서 어린아이의 선한 본성이 있는 그대로 자연스럽게 발달할 수 있도록 어린이를 보호하고 발달을 저해하는 요소를 제거해 주어야 한다는 것이다. 또한 그는 유아기 때 교육 방법으로 가정에서의 어머니의 역할과 애정의 중요성을 강조하고, 반면 지나친 과보호의 폐혜를 다음과 같이 암시하고 있다.

> …여자들이 그들의 의무를 포기하는 것은 생각보다 많은 부작용을 일으킨다.…중략… 모든 것의 타락은 가정에서 시작된다고 볼 수 있다. 가정에서의 즐거움은 가족간의 애정에서 비롯되는 것이며, 어머니와 아기의 애정은 모든 인간관계의 바탕이 된다. 그렇지 못할 경우 사람들은 집 밖에서 즐거움을 찾으려 든다.…중략… 어머니가 아이를 돌보지 않음으로 해서 그의 의무를 저버리는 것이 자연에서 이탈하는 것처럼 생각하여 지나치게 아이를 보호하는 것 역시 자연에 어긋나는 일이다. 본래 어린이는 약한데, 더욱 약하게 만들어 어른이 된 다음 더 큰 위험을 당하게 하는 경우가 이런 과보호 때문이다.…

즉, 아동의 문제행동은 애정이 결핍된 문제가정에서 비롯된다고 보면서 어린아이에게는 가정에서의 어머니의 포근한 사랑과 관심이 필요하다고 보았다. 그러나 어린아이에 대한 부모의 지나친 과보호는 오히려 아이를 연약하게 만들어 자연에 거스르는 행동이라고 비판하고 있다.

둘째, 아동기이다. 이 시기는 인간 이성존중에 입각하여 어린이의 인격을 존중하며 아동 중심적 발달을 고려한 교육 방법을 제기한 것이다. 루소는 아동기는 소극적 교육의 시기로서 도덕성이나 진리를 가르치는 교육이 아니고 사회의 악덕(惡德)이나 잘못으로부터 아동의 마음을 보호하는 데 있다고 하였다. 소극적 교육은 외부에서 많은 지식을 주입하고 통제하는 교육이 아니라 인간의 자연성을 보호하고 발전시키는 것으로서, 소극적 교육기인 아동기에는 그 나름의 특성이 있으므로 아동의 자연성을 보존하고 자연적인 발달단계에 적합한 교육을 행할 것을 루소는 강조한다. 그리하여 루소는 12세까지는 지적 교육이 금지되어야 하며, 아동의 자연적 발달에 방해되는 교육을 배제시키는 것이 소극적 교육의 진의(眞意)라고 보았다. 루소는 『에밀』에서 아동기의 소극적 교육 방법에 대하여 다음과 같이 말하고 있다.

> …인생에서 가장 위험한 시기는 태어나서 12세까지의 기간이다. 이 기간에 잘못과 악덕이 생겨나며 또한 이런 것을 파괴하는 어떤 도구도 아직 몸에 익지 않은 시기다.…중략… 따라서 최초의 교육은 순전히 소극적 혹은 부정적으로 되어야 한다. 그 교육은 덕이나 진리를 가르치는 것이 아니라 마음을 악덕으로부터 보호해야 한다. 극단으로 말해 12세까지 아무것도 배우지 않고 건강하게 자라기만 한다면 그 후의 교육은 훨씬 수월하고 빠른 속도로 이루어진다. 왜냐하면 조기교육에서 얻은 편견이나 습성을 제거할 헛수고가 덜어지기 때문이다.…

즉, 루소의 소극적 교육은 무위(無爲)의 교육으로서 아동으로 하여금 어떠한 습관에도 물들지 않게 하는 교육이다. 왜냐하면 아동기에 있어서 자연적 발달을 저해하는 여러 좋지 못한 요소들 중의 하나가 나쁜 습관이기 때문이다. 소극적 교육의 주된 기능 중의 하나는 아동이 부딪히는 장애를 제거하여 자연적 발전을 유도하는 것이다.

셋째, 소년기이다. 12~15세까지의 이 시기는 능력의 발달이 욕망의 발달보다 앞서는 시기며, 한 사람의 어른으로서는 약하지만 어린이로서는 대단히 강한 때이다. 또한 이성, 호기심, 감각적 대상에 흥미를 갖는 단계이다. 그리고 감성에 의해 이성이 완성되는 시기로 이때부터 관념을 형성한다. 루소는 훌륭한 교육의 근본적인 원리는 과학을 가르치는 것이 아니라 과학을 맛보게 하고, 과학에 대한 호기심이 더욱 커졌을 때 과학을 배울 수 있는 방법을 제시하였다.

그리고 루소는 이 시기의 교육 방법으로 관찰과 경험에 의한 발견학습(Discovery Method)을 제시했다. 그의 발견학습은 이성을 권위에 복종시키는 암기 방법과 아동의 자연성을 침해할 소지가 있는 주입식 방법을 대체할 수 있는 방안이다. 그에 의하면 발견학습은 아동이 원시인들이 행하였던 것처럼 감각과 관찰을 통해 자연을 직접적으로 경험함으로써 스스로 진리를 발견해 내도록 하는 학습 방법이며 듀이의 문제해결 학습 방법과 유사하다.

발견학습이란 전통적 주입식 학습방법과 대립되는 개념으로서 아동 스스로 주변의 사물과 상황을 직접 관찰하고 판단하는 방법이라 할 수 있다. 또한 루소가 제기하는 또 다른 교육 방법으로서 동기부여와 자발적 학습 방법이 있다. 그는 내적 강화라는 측면에서 학습의 진정한 동기로서 지적 호기심, 학문에 대한 흥미와 욕구 등을 강조한다. 루소의 자연주의교육에서의 가장 일반적인 교육 방법 중의 하나는 학문하고자 하는 내적 욕구를 고취하는 일이다. 다시 말하면, 학문을 직접적으로 강제하지 않고 학문을 하고 싶은 욕구를 고취함으로써 아동이 스스로 학문을 하도록 지도해야 한다는 자발적 학습방법인 것이다. 동기유발을 위한 호기심과 자율적 학습에 대한 루소의 견해를 제시하면 다음과 같다.

…아이들은 자연현상에 주목하도록 하면 호기심이 싹트고 그 호기심을 육성하기 위해서는 서둘러 그것을 만족시키려 하지 말아야 한다. 그의 능력에 맞는 문제를 내고 스스로 그 문제를 풀게 해야 한다. 무슨 문제든 어른이 말해주어 알게 하는 것이 아니라, 스스로 이해해서 알게 해야 한다. …어린이로 하여금 진리를 얻게 하는 방법은 철학자들의 방법과 다르다. 즉, 그들은 모든 학문을 일반적 진리에 연결된 공통의 원리에서 끌어내고 그 다음 발전시킨다. 이런 방법과는 달리 어린이는 개별적 대상을 관찰함으로써 그 대상에 대한 부단한 호기심이 생기고 그것이 다른 대상과의 연결로 이어지는 그런 순서에 의해 진리를 얻는다.…지금까지의 버릇처럼 스스로의 힘으로 모든 것을 알려고 노력하듯이 우선 새로운 대상에 대해 숙고해야 한다. 어린이의 숙고란 오랫동안 살펴보는 일이다.…이렇게 스스로 배운 것에 대해서는 다른 사람의 가르침으로 안 것보다 훨씬 명확하고 분명한 개념을 갖게 된다. 그렇지 않고 남이 가르쳐준 대로 따라만 하는 것은 우리의 정신을 태만하게 하고 이성을 권위에 대한 복종으로 써먹게 된다.…

이처럼 루소의 일관된 교육 방법의 근원은 권위와 통제가 아닌 자발적인 자기학습, 직관에 의한 경험학습, 그리고 발견학습과 동기부여 등에 두고 소년기의 발달단계에 적합한 교육을 주장하고 있다.

넷째, 청년기이다. 지금까지의 소극적이고 도덕적인 교육이 사회적이며 적극적인 교육으로 발전하는 시기이다. 특히, 이 시기는 독립심과 자아가 크게 발달하고 판단력 · 분석력 · 비판력 · 종합력과 같은 고등 정신능력이 크게 발달하게 되어 자기 충족적 인간을 지향한다. 따라서 루소는 청년기에는 여행 · 직업 · 국가와 정부 및 다양한 학문과 예술에 관심을 갖고, 대화 · 토론 · 독서하면서 자기의 지적 세계를 넓혀가고 지식을 획득해 갈 것을 강조한다. 이러한 주장을 실천하듯 에밀은 청년기에 2년 동안 여행하면서 다양한 학문과 예술에 관심을 갖고 토론 · 대화 · 독서를 하면서 자기의 지식 시계를 넓혀가며 한 가정의 남편으로서 그리고 자녀의 교사로서 책임을 맡을 준비를 갖추면서 생활하고 있다.

또한 루소는 적극적 교육 방법의 일환으로 언어교육 방법을 제시하고, 교사의 언어선택에 신중을 기할 것을 주장한다. 자연주의적 방법들은 언어 외적 방법을 주로 선택하지만, 감각 훈련에서 특정한 의미전달을 위해 언어가 사용되기도 한다. 언어는 기계적 암기나 실패를 유발할 수 있지만 감각을 통한 직접적 경험이 불가능한 경우에 관념을 전달해 주는 신속하고 효과적인 수단이다.

루소에 의하면 교사들은 말을 많이 할 필요가 전혀 없으며, 구체적인 실례에 의한 교훈이 효과적이라 보고 있다. 즉, 루소는 구체적인 사례를 들어 간단하고 명료하게 설명할 때 아동이 보다 정확하게 이해할 수 있기 때문에, 교사의 언어가 모호하거나 추상적이어서는 안 되며, 간단명료하고 구체적이어야 한다고 주장한 것이다.

다섯째, 성인기이다. 부모는 가정적으로는 자녀를 양육하고 가르치는 교사이며, 사회적으로는 사회인으로서 사회적인 지위와 역할을 수행한다. 이때에 부모는 사회라는 넓은 학교에서 사회적인 교사로서 모범을 보임으로써 아동이 가정과 사회 속에서 자기의 세계와 이상을 실천해 나갈 수 있도록 돕는 것이 필요하다.

이처럼 루소는 말이나 책에 의한 교육 방법이나 강제나 통제에 의한 교육을 배제하고 자연 · 사물 · 인간에 의해서 학습할 것을 주장했다. 그리고 교과 중심이나 지식 중심의 교육을 거부하고 오로지 아동 중심의 자유로운 학습을 강조하였다. 뿐만 아니라 발달단계에 따라서 각 단계의 시기마다 서로 다른 세계를 경험하고, 각 단계마다의 사고와 행동에 따른 교육 방법으로 경험과 관찰에 의한 학습, 발견학습, 자발적 학습 등을 제시하였다.

그의 이러한 교육 방법론은 교사 중심적인 교육에서 아동 중심 교육에로의 획기적인 전환을 가져오는 계기가 되었을 뿐만 아니라 현대교육방법의 개선 및 발전에도 큰 영향을 미쳤다고 할 수 있다.

4. 현대교육사상사적 의의

1) 현대 학교교육에의 시사

현대 학교교육의 문제를 다음과 같이 바라보고 있다. 오늘의 우리 학교교육 현실을 교육 본질적 시각에서 조명하면 참담하기 그지없다. 이제 교육은 거대한 자본 시장 논리에 의해 이루어지고 있으며, 아동은 거대한 상업주의 시장에 객체로 전락되어 가고 있다. 오늘의 교육현실은 입시주의 교육과 출세지향주의 교육으로 보이지 않는 싸움터 그 자체다.

학교제도로서의 공교육은 인간의 자유와 자연성을 육성하기는커녕, 새로운 현대판 골품제도라는 문화와 권력계급을 재생산하고 학생과 교사, 부모는 대학입시라는 강박관념으로 유치원부터 아동의 자유와 삶의 의미를 모두 앗아간다. 놀이터에 같이 놀 아이도 없고 놀 공간도 없이 학원 스케줄로 가득 차 있다. 부모가 정교하게 관리하는 철저한 시간 스케줄에 따라 기계적으로 어린 시절을 보낸다. 초등학교는 형편이 다소 중등학교보다 낫긴 하지만, 본질적으로 같은 제약을 받고 있다.

아동들은 경쟁이라는 교육 전사로 내몰리고 모든 부모는 일류대학 입학만이 자식의 유일한 구원의 길인 양, 경쟁주의 이데올로기에 함몰되어 있다. 교사들은 기능주의 교육사회 구조로의 굴절과 교육부의 정책난맥에서 빚어진, 교육본질을 향한 고유한 교수활동의 공간을 잃은 지 오래 되었다. 이것은 참으로 안타까운 사회와 교육구조, 교육정책 모순에서 빚어진 교육에 대한 맹목적 집단 무의식의 현상이 아닐 수 없다. 이것이 오늘날 학교교육과 교실의 모습이다(허재복, 2003).

교육은 시대와 사회에 따라 결정되며, 교육을 보는 시각 또는 그 사회구성원들의 가치와 희망에 따라 당연히 변모되어야 한다. 기존 교육의 모순을 비판하고 그에 대한 시정이 교육의 발전적 변화를 가져온다는 논리는 우리나라의 교육에서도 예외가 아니다.

특히, 해방 이후 7차에 걸쳐 개정된 학교 교육과정이나 몇 차례의 정부 주도의 교육개혁은 시대적 상황에 부응하며 교육의 본질을 구현하고자 하는 노력이었다. 최근의 정보 차원의 교육개혁은 세계화 시대에 대응할 수 있는 경쟁력을 갖춘 인재의 양성을 목표로 교육의 변화를 추구하고 있다. 이 또한 그 동안의 교육이 입시 위주의 단순 암기식 경쟁교육이었다는 반성에서 나온 것이다. 그러나 그것은 또 다시 유리상자 속의 박제(剝製)로서 과거급제식의 왜곡된 이데올로기에 철저히 통제되는 모순을 내세울 수밖에 없었다. 이제 우리의 교육은 국가주의 교육과정 이념이 전혀 작동되지 않는 교육문화 구조에 던져져 있다.

다시 말해서 우리 교육의 현실이 7차 교육과정에 있는 것이 아니라 입시 이념에 있다는 점이다. 이러한 오늘의 교육 이념, 교육과정과 교육현실 양태의 부조화로 파괴된, 인간의 자연성을 회복시킬 수 있는 구체적 이념을 함의한 실천 논리가 궁리되고 자생적으로 잉태되지 않는다면, 그 해결의 실마리는 요원하지 않을 수 없다(허재복, 2003).

루소는 당시의 교육이 인간의 자연성을 무시하고 인위적으로 인간을 육성하는 것으로서 결국 선하게 탄생한 인간을 타락시키는 것이라고 비판하였다. 특히, 아동을 어른의 축소판으로 간주하여 성인의 판단에 따라 기성 사회의 지식이나 가치 규범을 강제로 주입시키고 있는 것을 비판하여 이러한 교육에 반대하고 나섰다. 당시 교육에 대한 비판은 비단 루소 한 사람만이 제기한 것은 아니다. 루소의 위대성은 비판만을 제기했던 것이 아니라 그것을 극복할 수 있는 보다 구체적이고 적극적인 새로운 방안을 제시하였다는 저이다. 그는 인간의 자연성에 의한 가정교육의 중요성을 주장하였고, 교육은 자연의 장인 가정에서 이루어져야 하고, 교사는 부모이어야 한다고 하였다.

루소의 가정교육에서 추구하는 '교육적 인간상'은 현대 우리의 공교육에서 추구하는 인간상과 유사한 교육적 인간상이라고 할 수 있다. 가정교육, 즉 자연에 따르는 교육의 목적을 조화로운 자연인으로서 자연성과 사회성의 계발에 두고 있다. 자연성과 사회성이 조화된 자연인이자 시민인 인간은 '개인적 선'과 '공공의 선'을 동시에 추구한다. 공공의 선은 전체의 이름으로 강요되는 것은 아니다. 개인적 선이 질적 변화를 거쳐 공공의 선이 되었을 때, 개인의 이익은 곧 공공의 이익이 되는 것이다. 따라서 루소의 가정교육은 한 개인을 위한 교육론이 아닌 사회를 위한, 인류를 위한 민주시민을 육성하고 새로운 사회를 건설하려는 방법인 것이다.

그러므로 교육과정은 천성적인 선함을 시민의 덕으로 전환하는 과정이며, 착한 인간을 덕이 있는 시민으로 변환하는 과정이다. 개인적 이익과 공동의 이익이 일치되고, 개인의 의지가 일반의지와 일치될 때 개인과 사회 전체는 일치된다. 참다운 자연인이란 자유 · 평등 · 우애를 향유할 수 있는 인간으로 육체적 · 정신적으로 자유로운 인간을 의미한다. 참다운 자연인은 오직 자연에 따르는 교육에 의해서만이 가능하다. 새로운 사회는 자연에 따르는 교육인 가정교육에 의해서 길러진 참다운 자연인들의 합의에 의해서만이 건설될 수 있다.이런 차원에서 루소의 가정교육은 오늘날 공교육과 학교교육이 제 역할을 하지 못하고 있는 현대 우리의 교육에 시사하는 바가 크다고 하겠다.

루소의 가정교육사상에 나타난 교육 원리는 교육 목적을 미래가 아닌 현재의 행복과 완성에서 발견하고자 하였다. 다시 말하면 그는 교육을 미래의 준비로 보지 않고 현재의 관심과 흥미에 맞춰 아동의 본성을 계발해 나가는 과정으로 파악하였다. 이는 결과적으로 전통적 교육인 교사 중심의 교육을 아동의 권리와 조건을 최대한 존중하며 또 아동의 발달단계에 충실한 아동 중심의 교육으로 전환시켜 가정교육에 획기적인 계기를 마련하였다. 따라서 현대 교육에서 아동의 자주성과 자율성을 존중하고, 아동이 교육의 주체로 자리 잡게 된 것도 바로 루소의 영향이라고 볼 수 있다.

루소의 가정교육은 애정집단으로서 온정이 있으며 부모가 교사로서 관심과 사랑과 이해의 바탕으로 인간의 자연성을 계발하는 교육이다. 따라서 우리의 학교도 가정처럼 온정이 있으며 우리의 교사도 부모처럼 관심과 사랑과 이해를 바탕으로 이루어지는 교육이 된다면 우리 아이들의 학교는 즐거운 학교가 될 것이며 인간의 천성적인 선함이 계발되는 행복한 교육이 될 것이다. 이러한 교육을 통해서 행복감, 만족감, 성취감 등을 느낄 수 있도록 하는 이른바 웰빙(well-being)교육이라고 할 수 있다.

따라서 우리의 현 교육 상황에서 루소의 가정교육을 '학교의 가정화'의 새로운 의미로 해석해 봄으로써 가정교육을 통해 추구하는 교육이념과 목적, 교육 내용과 방법 등은 현대 학교교육에 시사하는 바가 크다. 따라서 학교교육의 보완으로서 루소의 가정교육은 보다 구체적이고 실현 가능한 교육으로 재정립되어야 할 것이다.

2) 현대 가정교육에의 시사

인간에게 영향을 미치는 여러 변인 중 가정을 중심으로 한 교육은 출생 시부터 이동의 성장발달에 중추적인 기능을 담당하고 있다. 가정교육은 모든 교육의 기초가 되며 인간교육의 기본적인 터전을 제공해 준다. 가정교육은 가족집단을 단위로 성립되는 교육형태로서 가정이 교육의 중심지이며 자녀의 교사는 부모로서, 의도적 혹은 무의도적으로 자녀에게 행하는 비형식적 교육에 속한다. 가정교육은 가족적 유대라는 연대감과 동질감을 바탕으로 강한 애정을 중심으로 삶 속에서 지속적으로 이루어지며, 항상 자녀의 심신에 대한 보호와 배려하는 가운데 인성의 형성, 가치관과 생활태도의 형성, 규범의 형성 및 인간활동에 필요한 기본 지식과 기능 그리고 덕성을 습득하고 형성하게 된다.

그러나 현대 우리의 가정은 경제적 기능의 변화에 따른 맞벌이 부부의 증가로 인한 핵가족 현상의 심화와 최근 경기 불황의 위기로 빈부의 극심한 차는 가정이 무너지는 원인을 낳았고, 가족 동반자살과 가족은 있으나 가정이 없는 가정부재와 컴퓨터, 디지털 등 물질문명의 발달로 가정 내에서 가족구성원의 대화 부족현상을 일으킨다. 이로 인해 가족구성원의 이해성, 도덕감, 안정감이 상실되고 아동의 천부적인 신성의 인권이 보장되지 않고 부모의 과잉기대심리와 자녀에게 대리만족을 누리는 부모의 왜곡된 교육현상 등으로 인한 가정교육 부재상태가 되는 것이다. 따라서 현대의 가정들은 전통적인 가정이 갖는 여러 교육적 기능을 수행하기가 어렵다. 따라서 오늘날 우리 가정이 가지고 있는 가정교육 부재현상을 역사적 · 사회적 차이는 있지만 루소의 전인교육으로서 가정교육을 통하여 그 보완점을 찾아보고자 한다.

루소의 가정교육 목적이 자연인으로서의 인간성 완성이며 그러한 그의 목적을 이룩하기 위하여 자연의 원리에 따라 자연에 따른 교육을 중시한다. 이는 합자연의 원리로서 자연에서 발견되는 법칙들을 교육의 관점에 적용하거나 인간의 자연적인 발달의 법칙을 찾은 다음 그에 따라 아동을 지도하거나 아동의 자발적인 흥미와 본능을 있는 그대로 인정하고 그것을 바탕으로 교육한다는 것이다. 그러므로 가정교육의 목적을 위한 방법으로서 합자연의 원리는 자연성과 인간성에 대한 회복으로서, 오늘날 우리 교육의 올바른 방법을 제시해 주고 있다. 이러한 인간의 자연성과 발달과정에 근거를 두고 이루어지는 가정교육은 아동이 스스로 자신의 삶을 영위하고 자신이 한 행동에 대해 책임질 수 있는 자율적이고 주체적인 인간을 형성하게 하는 교육이다. 이것은 인간의 본성인 자연성을 계발시키기 위한 교육 방법으로 '감성'과 '경험'을 강조한다.

감성은 어린 시절부터 가정교육을 통하여 발달시켜야 한다. 특히, 감성은 아동의 인성 형성에 중요한 기본 요소이며, 가정에서의 모성애가 기초가 되어 우정과 사랑의 감정을 키우며, 나아가 조국애, 인류애로 발달하게 되는 것이다. 감성의 발달은 판단력을 기르며 나아가 남과 더불어 살 수 있는 인간으로 길러준다. 또한 가정교육은 감각을 통해서 직접적으로 사물을 관찰하고 직접경험을 존중한다. 아동기 교육은 주로 실물교육과 놀이, 발견학습과 같이 직접경험을 통하여 이루어진다. 단순히 지식에만 몰두하는 교육을 지양하고 자연의 실물과 실제 생활 중심에서의 '관찰과 경험'을 주요 방법으로 삼아야 한다. 이는 현대 가정교육에서 체험 중심 교육의 중요성을 의미한다.

루소의 가정교육은 교육을 입신 출세나 입시를 위한 수단과 도구로 생각하여 기능주의적이고 편의주의적인 교육기술과 정보에만 눈이 팔려 아동의 본성과 개성과 정서교육, 도덕교육, 인간교육은 무시한 채 지식교육의 주입식 교육에만 전념하고 있는 오늘날 루소 교육론은 우리 가정교육에 아동들의 선성을 유지시키고 도덕적인 품성을 지닌 인간을 육성하는 올바른 방법을 제시해 주고 있다.

루소의 가정교육에서 교사는 부모이다. 따라서 부모는 자녀의 최초의 교사로서 자녀 초기 경험의 양적 · 질적 측면에서 중요한 역할을 담당하는 자녀의 생애에 있어서 가장 중요한 사람이다.

부모는 자녀에게 가장 훌륭한 지도자가 될 수 있다는 것이다. 지도자란 자격증만이 훌륭한 지도자(교육자)를 보증하는 보증수표는 아니다. 자녀를 지도할 수 있는 부모란 읽고 쓸 줄 알고 가정생활에 충실하며 자녀들의 교육과정에 깊은 관심을 가지고 많은 시간을 자녀와 함께 생활하며 자녀의 경건한 인성을 발달시키고 양육하며 교육하는 자녀의 지도자이다.

또한 자녀를 교육하기 위해서는 부모가 먼저 도덕교육자가 되어 스스로 모범을 보여야 한다. 루소는 먼저 양육과 교육에 있어서 어머니의 도덕적 역할의 중요성을 강조한다. 또한 아버지의 역할을 중요시한다. 아버지는 한 가정의 가장으로서 자녀교육에 책임을 져야 할 의무를 가지고 있으며 또한 자녀들에게 모범의 대상이 된다. 아버지가 자녀교육에 참여하게 되면 자녀의 지적 · 사회적 발달이 촉진되고 자녀들이 보다 덜 전형화된 성유형 관념을 형성하게 되어 자녀의 발달에 긍정적인 영향을 준다. 이는 현대 가정교육이 자녀에 대한 제반 문제는 부모의 공동관심사 내지, 책임으로 간주되어야 한다.

루소의 가정교육은 개별지도로 이루어지는 교수법이다. 부모와 자식의 1 : 1의 개별지도는 부모가 교육자이자 친구라는 관점에서 자녀의 인성발달과 아울러 신체적 · 학문적 · 도덕적 · 사회적 · 정서적 발달을 조화롭게 이루어, 전인교육을 지향하는 것이다. 이성적인 존재를 중시한 나머지 지식을 주입시키는 데만 관심을 보이는 주지주의교육은 인간을 도덕적으로 완성시키는 데 기여하지 못한다. 따라서 인간의 자연적인 발달단계에 따라 인간의 실천능력을 키우는 데 주목해야 한다.

루소의 가정교육은 인격 형성을 돕는 과정이며, 궁극적 목표는 인격의 완성에 있다. 방법은 인위적인 간섭을 거부하고 자연과의 조화를 이루는 교육이어야 한다. 따라서 신체와 감각이 발달하는 시기에는 필요성과 법칙을 통해서, 두뇌가 발달하는 시기에는 유용성의 법칙을 통해서 사는 방법을 배워야 하며, 감정이 발달하는 시기에는 사랑의 법칙을 통해서 도덕의 세계에서 살아가는 방법을 배워야 한다. 인간을 자유로운 도덕적 존재로 만들기 위해서는 무엇보다도 신체적인 능력을 키워야 한다. 오늘날의 가정교육에서는 아동의 신체적인 능력을 고려하지 않고 정신적인 욕망만 부추기는 오류를 범하는 경우가 많다. 사유한 것을 행위로 옮길 수 있는 인간을 만들기 위해서는 아동의 신체가 자연적으로 성장하는 것을 도와야 한다.

루소의 전인교육으로서의 가정교육이 오늘날의 교육에 미칠 수 있는 긍정적인 효과를 제시하면 다음과 같다.

첫째, 루소의 가정교육은 신체감각교육을 중시한다. 감각은 삶에서 지적인 요소만이 아니라 감각적이고 감정적인 요소를 발달시키는 기초가 된다. 또한 감각교육과 더불어 정신적 교육이 이루어지기 위한 전제조건으로 신체적 건강을 중요시하였다. 이는 아동들이 육체적 성장으로 키는 크지만 정신은 나약하게 만드는 현대 가정교육에 시사하는 바가 크다고 하겠다.

둘째, 루소의 가정교육은 인간을 사랑하고 하나님을 사랑할 줄 아는 감성과 덕을 길러 조화로운 인격과 선한 품성을 갖추게 함으로써 인성교육에 기초가 될 수 있다. 이는 기계화, 도시화, 정보화에 따른 비인간화, 인간 소외, 고립감 등이 심화되고 있는 현대 가정교육에 시사하는 바가 크다고 하겠다.

셋째, 루소의 가정교육을 통하여 선악의 판단 기준을 제시하고 선을 실천할 수 있는 의지를 확고히 하며, 자신의 한계를 넘어 불가능한 것을 탐내는 분별 없는 욕망을 제어하게 된다. 그리하여 자녀들에게 올바른 도덕성을 갖추게 함으로써 도덕적인 인간으로 육성하는 데 기초가 된다. 이는 물질적 본위의 가치 기준에 따라 청소년들의 욕망 비대화, 무분별한 소비성향, 기계문명의 발달로 인한 오락의 범람과 정신의 황폐화, 공동정신과 협동심의 결여 등, 선과 악을 판단하는 능력을 상실하게 만드는 가정교육에 시사하는 바가 크다고 하겠다.

넷째, 루소의 가족 중심 교육은 생활 중심 교육과 노작활동을 강조함으로써 생활에 필요한 능력과 기능을 키우고 가족을 이해하고 사랑하며 나아가 자신과 관계된 사람들과도 어울려 협동하며 더불어 살아가는 공동체의식과 관용적 자세를 기를 수 있게 함으로써 사회성 교육에 기초가 된다. 최근 우리 사회는 빈부의 격차와 학력과 경제력에 의해 사회적 · 경제적 차별이 더욱 심화되고 있으며 개인 중심의 경쟁체제가 날로 가속화되어 가고 있는 오늘날의 사회성교육에 시사하는 바가 크다고 하겠다.

다섯째, 루소의 가정교육을 통하여 지식으로만 가르칠 수 없는 인간의 존엄성,

사랑, 양심, 행복 등의 가치들을 내면화시킴으로써 풍요롭고 행복한 삶을 살 수 있게 하는 것이다. 이는 과학과 물질문명의 발달로 인한 인간의 존엄성과 가치가 상실된 교육과 입신 출세를 위한 지식 위주의 교육 등의 인위적인 교육으로 인해 자연성을 상실해 가는 현대 가정교육에 시사하는 바가 크다고 하겠다. 따라서 루소의 가정교육은 신체를 건강하게 하고 조화로운 인격과 선한 품성을 갖추게 하고 올바른 도덕성을 갖추게 함으로써 풍요롭고 행복한 삶을 살 수 있도록 하는 이른바 웰빙 교육이라 할 수 있겠다.

이와 같이 루소의 가정교육을 우리의 현 가정교육 상황에서 '가정의 학교화'의 새로운 의미로 해석해 봄으로써 현대 우리 가정교육의 보완으로서 루소의 가정교육은 보다 구체적이고 실현 가능한 가정교육으로 보완함에 시사하는 바가 크다고 할 것이다.

3) 현대 시민교육에의 시사

"인간은 자유로운 존재로 태어났다. 그러나 인간은 모든 곳에서 쇠사슬에 얽매여 있다"(Rousseau, 1913). 루소는 문명사회의 인간을 스스로 자유롭다고 인식하지만 실제는 정반대의 모습으로 전락한 상태로 살아가고 있다고 폭로하였다. 말하자면 인간은 자유롭지 못한 사회계약구조에 얽매여 있어서 항상 고통을 당한다는 것이다. 루소가 말하는 시민이란 시민적 자유와 도덕적 선성을 겸비한 유덕한 인간으로서 법(계약) 아래 자유롭고 평등하며 도덕적으로 선한 인간이라고 할 수 있다. 사회계약에 의해 정당화되고 있는 불평등은 도덕적 또는 정치적 불평등이라고 할 수 있다. 이는 일부 사람들이 다른 사람들에게 손해를 줌으로써 누리게 되는 특징으로, 다른 사람보다 풍요하다거나 존경을 받고 있다거나 권력을 갖고 있다거나 사람들을 자기에게 복종시키는 특권으로 구성된다(Rousseau, 1913). 따라서 루소는 어디를 가나 법이라는 미명 아래 사욕과 인간의 정념만이 지배하고 있다고 비판하며, 자연과 질서의 영구적 법칙이 실정법(實定法)의 구실을 한다고 주장하였다(Rousseau, 1976).

루소는 모든 인간이 자유와 평등을 누리는 민주사회의 건설을 희망하였으며 새로운 사회의 비전과 사회건설의 방법을 가정교육을 통하여 얻고자 하였다. 가정교육을 통하여 자연이 아동에게 부여한 선을 사회의 악덕으로부터 지켜줌으로써 개인의 본성과 능력을 최대한으로 계발함과 아울러 이상적인 사회가 요구하는 자유롭고 완성된 '사회적 자연인', '도덕적 자연인'으로서 유덕한 인간인 시민을 기르고자 했다. 즉, 자연인이란 근대적 의미의 민주시민을 의미한다. 이와 같이 루소의 가정교육론은 새로운 가치와 새로운 시민사회를 창조하려는 시민교육인 것이다.

루소의 가정교육론은 진정한 인간적 사회공동체의 형성에 두고 있다. '자기 자신과 싸우고, 지기를 극복하여, 공동의 이익을 위해 자신의 이익을 희생시키는 것'을 강조한다(Rousseau, 1976). 과거로의 회귀가 차단된 인간에게 남겨진 유일한 길은 새로운 인간과 공동체의 창출이었으며, 그가 강조한 것은 인간 완성을 위한 교육이었다. 불평등을 산출해내는 자연적 경향을 변화시킬 수 있는 것은 평등을 추구하려는 인간의 유덕한 의지뿐이다. 루소는 자유의지와 자기완성능력을 보유한 인간의 본성상 발생할 수밖에 없는 자율적인 역동성과 그에 따른 악을 역시 자유 의지와 자기완성능력으로 막고자 하였던 것이며, 이에 따라 교육을 최우선 과제로 보았다. 공동체의 주된 기능은 경제생활의 수단을 제공해 주는 것이라기보다는 인간 본성이 실현될 수 있는 터전을 제공해 주는 것이었다(김영인, 2000).

루소의 가정교육은 인간 각 개인을 위한 인성교육론이기도 하지만 동시에 사회의 유지와 발전을 위한 공교육론이기도 한 것이다. 이는 또한 루소의 가정교육사상의 최종 목적이 오늘날 공교육의 궁극적 목적이라고 할 수 있는 민주시민의 육성과 민주사회의 건설과 일맥상통한다고 볼 수 있다. 따라서 그의 가정교육사상은 성숙한 민주주의 사회건설을 위한 시민교육을 위하여 우리의 교육이 나아가야 할 방향과 교육의 방법에 시사하는 바가 크다고 할 것이다.

현대 우리의 가정은 여성의 사회진출과 경제적 기능의 변화에 따른 맞벌이 부부의 증가로 자녀들이 부모들과 함께 지낼 수 있는 시간이 부족하므로 가정교육과 시민교육이 불가능하게 되며 이로 인하여 보육원, 어린이집, 학원 등 사회교육기관에 가정교육과 시민교육을 위탁하게 된다. 또한 미혼모나 부모의 이혼, 실직, 가출 등으로 인하여 사회 기관에 버려지는 아동들도 날로 증가하고 있다. 가정형편이 어려워 학교를 가지 못하는 소년소녀가장들과 가정을 잃고 사회 기관에 맡겨지는 아동은 해마다 증가하고 있으며 그러한 사회 변화에 따라 그들의 보육 · 생활 · 사회적응을 위한 교육 등이 새롭게 해결해야 할 문제들로 발생하게 되었다.

인간 소외를 극복하는 방법으로서 동질적인 이익과 정서에 입각한 공동체운동의 중요성에 주목해야 한다. 현대사회에서 시설 아동들의 양육과 교육은 단지 부모들의 몫만이 아니라 지역사회와 국가공동의 책임이라는 의식으로 전환되고 있다. 이미 양육과 교육을 사회의 공동 책임이라고 보는 '공동육아관'을 가진 서구 유럽과 이스라엘에서는 양육과 교육의 기회를 모든 계층에게 확대하고 출산, 양육의 일을 직장 일처럼 인정해 주는 사회보장제도가 상대적으로 발달되어 있다. 양육이 사회공동의 책임이라는 인식은 육아를 어머니 또는 가족만의 몫이 아닌 국가, 사회 공동의 몫으로 보는 것이다.

한편, 가정부재인 아동들을 위하여 대안가정이 필요하며 이러한 대안가정을 통하여 가정교육과 시민교육이 이루어져야 하겠다. 소외되고 아픈 상처를 안고 있는 아동들에게 내 자식과 같은 온정을 주고 심리와 정서를 치유해 주어 차별 없는 인간으로서의 존엄성을 찾아주며 가정의 사랑을 심어주고 아동 자신만의 독특한 모습을 되찾아 주어 재능을 발견하고 계발시켜주어야 한다. 나아가 청소년들로 하여금 사회 속에 살면서 독립된 하나의 인격체로 자기 자신을 책임지며 나라의 앞날을 짊어질 한국인으로 성장하게 도와주어야 한다.

이와 같이 공동육아, 대안교육, 대안가정, 자매결연, 사랑 나누기 공동체 등의 공동체 건설은 자유시민과 평등이념을 추구하는 교육활동이다. 인간의 자유성, 평등성이 철저히 소외되어 있는 지식 위주, 경쟁 위주의 현대의 시민교육과 사회교육에 위와 같은 공동체 교육은 경제적, 사회적, 문화적, 교육환경적 등의 불평등 구조를 완화시킬 수 있다. 인간의 자유를 지나치게 추구하면 평등이 소외되고 평등을 지나치게 추구하면 자유가 소외된다.

따라서 루소는 자연과 문명사회의 조화를 지향하는 올바른 시민사회의 창출을 교육을 통해서 이루고자 했다. 루소의 가족 중심 교육은 시민사회교육을 강조함으로써 사회에 필요한 능력과 기능을 키우고 나아가 자신과 서로 다른 의견을 가진 사람과 집단에 속한 사람들을 이해하고 인정하며 더불어 살아가는 공동체 의식과 관용적 자세를 기를 수 있게 함으로써 시민사회교육의 기초를 형성하게 된다.

최근 우리 사회는 빈부의 격차 및 학력과 경제력에 의한 사회적 · 경제적 불평등이 더욱 심화되고 있으며 개인 중심의 경쟁체제가 날로 가속화되어 가고 있는데, 루소의 교육철학이 시민교육에 시사하는 바가 크다고 하겠다. 이는 자신과 서로 다른 의견을 가진 사람과 집단에 속한 사람들을 이해하고 인정하며 더불어 살아가는 공동체 의식과 관용적 자세를 기르고 올바른 시민의식과 가치관을 형성함으로써 풍요롭고 행복한 공동사회를 건설할 수 있도록 하는 이른바 웰빙 교육이라 할 수 있겠다.

루소의 가정교육의 교육이념과 일치하므로 루소의 가정교육은 우리의 현 사회교육 상황에서 '사회의 가정화'라는 새로운 의미로 해석될 수 있겠다. 이에 루소의 가정교육사상은 보다 구체적이고 실현 가능한 시민사회교육으로 보완함에 시사하는 바가 크다고 하겠다.

제8장

페스탈로치

1. 생애

페스탈로치
(J. H. Pestalozzi)

페스탈로치는 1746년 1월 12일에 취리히에서 태어났으며, 그의 할아버지는 취리히 근교의 신교의 목사였고, 그의 아버지 요한 바프티스트는 충실하고 정직한 외과 의사 겸 안과 의사였다. 그의 어머니 수잔나 호스는 경제적으로 윤택한 농가 태생이었으며 유명한 호스 장군의 조카 되는 사람이었다. 그의 가족은 아무런 정치적인 권리도 갖지 못하는 중하층 계급에 속한 사람들이었다.

그런데 페스탈로치가 다섯 살이 되었을 때 아버지가 33세의 나이로 어머니와 세 아이들을 남기고 별다른 재산도 없이 눈을 감았고 그의 어머니는 어려운 살림으로 자녀를 교육시키기 위해 곤궁한 생활을 해야 했다. 그렇기에 훗날 페스탈로치는 가족에게 강요되었던 검소한 생활을 기억하면서 그의 생활을 '어린이의 발달 가능성도 분명 제한했던 몹시 쓰라린 검소한 생활'로 기억했다. 그러나 그는 이러한 가난을 오히려 하나의 선물로 받아들일 준비가 되어 있었다. 그의 어머니는 젊은 나이에 세 아이를 데리고 검약한 생활을 하였으나 공공 자선사업이나 축의, 선물 등에는 돈을 아끼지 않고 지출하였다.

또한 페스탈로치의 가정에서 간과할 수 없는 사람이 있는데, 가정부인 바베리(발바라의 애칭)이다. 김정환의 『페스탈로치의 생애와 사상』에서 페스탈로치의 아버지 바프티스트는 죽음을 예감하고 임종시에 가정부를 불러 "우리 식구들을 버리지 말아다오. 내가 죽으면 저것들은 거리를 헤매게 되며 차디찬 남들의 손에 넘어가게 되리라. 부디 잘 돌보아다오."라고 부탁하였다. 이에 그녀는 처녀의 몸으로 큰 희생을 각오하고 약속을 했으며, 이 약속을 지키고 그 후 30여 년 동안 평생 페스탈로치 일가에서 봉사하였다. 그는 이렇게 따뜻한 사랑 속에서 자라났다. 그를 감싼 정신적 분위기는 사랑 · 감사 · 신뢰 · 신앙 · 극기 · 인내 · 헌신이었다. 그의 정신 속에 풍부하게 발로된 도덕적 · 종교적인 힘은 이런 환경과 안방에서 싹터 견고하게 발전하여, 마침내 그를 교육의 혁명가로 만들어 세상을 흔들게 만들었던 것이다. 그러나 그에게는 남성적인 힘, 남성적인 경험, 남성적인 사고방식, 남성적인 훈련이 결핍되어 있었다고 스스로 말했다.

> "… 나는 여섯 살 때부터 그 나이에 남성적인 힘이 형성되는 데 절실하게 필요한 모든 것이 내 환경에서는 결핍되었기 때문에 고통을 받았다. 이러한 점에서 나는 가장 훌륭한 어머니의 손에서 어쩌면 그 이상이 될 수 없을 정도로 여성의 자녀로 그리고 어머니의 자녀로 자랐다."

또한 그에게 영향을 주었던 것은 할아버지인 안드레아스 페스탈로치다. 할아버지는 횡크에서 취리히의 세상물정에 어두운 사람들을 대상으로 한마을목사였으며 아들이 죽은 후에는 아들가족을 각별히 돌봐주었다. 페스탈로치는 횡크에 자주 갔는데, 그는 이미 외가를 통해 취리히 농민들의 특수한 상황을 알고 있었다. 그는 농민과 날품팔이꾼이 경제적인 제한 때문에 자신들의 상황을 지속적으로 개선하는 것이 저지되고 아주 불충분한 교육제도로 인해 비자립성과 의존성이 한층 더 강화되는 것을 자주 경험할 수 있었다.

페스탈로치는 특히 진보적인 학생 서클인 '애국단'의 열렬한 회원으로 행정 당국에 항의하는 운동에도 참여하다가 불온유인물을 소지했다는 혐의로 체포 · 구금당하였다. 며칠 후 석방되었지만 이로 인한 정신적 충격과 좌절감이 컸으며 이를 계기로 그에게는 새로운 꿈이 싹텄다. 학문과 정치에 회의를 느낀 그는 농촌계몽과 민중교육이란 구체적인 실천 방향과 보다 원대한 꿈의 실현성이 마련된 것이다.

그는 농업기술을 배워 노이호프에 들어가 농장을 세우고, 이곳에서 헐벗고 굶주리는 농민의 자녀들을 모아 기술을 가르치고 공부도 시키는 빈민노동학원을 세우기도 했고, 전쟁고아들을 위해 세운 슈탄스 고아원 운영과 관리를 자진해서 맡아, 이곳에서 거지 같은 아이들에게도 하나님이 주신 아름다운 인간성과 능력의 씨앗이 내재해 있음을 확인하였다. 그는 자신의 이 같은 사명 자각을 여러 곳에서 피력하고 있는데, 그 대표적인 것은 『민중교육과 산업』(1806)에서라고 여겨진다. 이곳에서 그는 이렇게 다짐하고 있다.

① 빈민을 그 인간성을 황폐화시키지 않는 방법으로 구제하고, 그의 내재적인 여러 능력을 계발하여, 그들이 어떤 처지에서도 자활할 수 있게 하고,
② 어린이 각자의 여러 능력이 기업이 요구하는 기술에 치우쳐 시들지 않게 고루 계발하여, 자신의 발전과 국가의 번영에 기여하게 하고,
③ 경제적 자립을 가져올 능력의 훈련을, 빈민층에 이어서도, 높은 정신력과 심정력의 도야에 결부시킨다.

이 셋은 각각 빈민의 경제적 구제, 국민대중교육의 확립, 그리고 인간으로서의 교양과 모든 교육의 기초를 동시에 다지는 일반도야, 전인교육의 이념의 탐구 ·

실천을 말하는 것이다.

이렇게 노년에 이르기까지 많은 업적을 남긴 페스탈로치가 82세의 장수를 누린 점을 주목해야 한다. 그에게는 위대한 정신력과 그리고 하나님이 주신 특유한 사명이 있었다. 이것이 소년시대부터 병약했던 그를 안나 부인과 45년, 그리고 부인과 사별한 후 12년, 이렇게 82년까지 살게 한 비결이었다. 1827년 2월 17일, 그는 "나는 나를 훼방했던 모든 적을 용서한다."는 최후의 말을 남긴 채 82세를 일기로 세상을 떠났다.

2. 사상적 배경

페스탈로치가 활동하던 18세기의 시대상은 다음과 같이 요약할 수 있다.

첫째, 자유, 평등, 박애의 인간 본질적인 자세를 회복하고자 했던 프랑스 혁명이 있던 시대이다.

둘째, 사람의 혼을 위로하고자 했던 괴테 문학이 존재하던 시대였다.

셋째, 모든 가치를 감상하고 비판하며 창조에 정열을 쏟았던 칸트 철학이 지배하던 시대였다.

페스탈로치가 태어난 18세기 중엽의 취리히는 유럽문화의 중심지로서 독일어 사용권의 문화적 수도 역할을 하였다. 당시 취리히는 유럽지역에서 명성을 떨친 사람들이 많았고, 또한 그들은 각처의 저명인사들을 초빙해서 활발하게 사상교류를 펼칠 수 있었다. 전통적인 보수와 낭만이 깃든 진취적 성향이 교차하던 곳에서 페스탈로치는 영국 산업혁명 중에 농촌과 도시의 빈민을 향한 대중교육에 관심을 갖게 되었다. 페스탈로치는 계몽주의, 경건주의, 그리고 자연주의가 교차되는 격동의 시대에 살았다. 그의 교육사상에 영향을 미친 배경들을 살펴보면 다음과 같다.

경건주의는 공인된 교권에 대립하여 내면적 정신생활, 종교적 감정을 중요시하고, 자신들 스스로가 성서 해석권을 가지고, 세속의 더러움을 피하여 평화로운 전원생활을 즐기면서 경건한 태도로 생활하려고 하였다. 그들은 자유나 평등, 평화, 경건의 정신이 풍부한 기독교 신앙을 가지고 그들을 학대하고 핍박하는 교권과 대립하고 새로운 시대를 개척하고 있었다.

한편, 계몽주의 사상은 봉건적 구습과 교조적 종교에 의한 무지에 지배된 민중의 우매를 자연의 빛인 이성에 비추어 깨우치고, 자유사상이나 과학적 지식, 비판적 정신을 보급시키고자 하였다. 결국 계몽을 통해 인간의 존엄성을 자각시키려고 한 것이다. 칸트는 이를 '인간이 자기 책임하에 미성년인 상태에서 탈각하는 것'이라고 정의했다. 페스탈로치가 호흡한 18세기가 바로 이 이성의 시대이자 계몽의 시대였던 것이다. 이러한 계몽주의 운동은 문예활동을 통해서 취리히를 중심으로 전개되었고, 페스탈로치는 취리히 대학의 보드머, 브라이팅거 교수들에게 깊은 감화를 받았다. 17세기에 시작한 계몽사조는 18세기에 이르러 자연주의를 이끌어 내었다. 페스탈로치에게 영향을 준 루소의 자연주의 교육사상은 합자연의 원리를 교육의 기초로 삼고 인간의 자연성을 중시하는 교육으로 외부에서 강제로 되는 방법이 아니고 개인의 자연적 발달을 강조하였다.

페스탈로치의 교육사상에 큰 영향을 미친 또 다른 사상으로 18세기 말부터 19세기에 걸쳐 독일을 중심으로 일어났던 신인문주의를 들 수 있다. 신인문주의는 18세기의 냉소적이고 주지주의적인 계몽사상에 대한 반동으로 일어난 사상으로 인간의 정의적 측면을 무시하지 않고 인간성의 원만한 발달을 추구하는 경향이 있다. 신인문주의 교육사상은 인간의 여러 능력을 조화롭게 발달시키고, 개성과 역사 그리고 민족을 존중하며 사랑의 관계를 통한 교육을 강조한다.

3. 교육사상의 이해

1) 교육사상

페스탈로치의 교육사상에 대한 기저와 배경은 합자연의 원리, 직관의 원리, 노작교육의 원리를 통해 알아볼 수 있다.

(1) 합자연의 원리

합자원의 원리는 자발성의 원리, 조화의 원리, 방법의 원리, 사회의 원리로 요약할 수 있다. 이를 살펴보면 다음과 같다.

자발성의 원리는 인간이 갖는 자연의 힘은 내적인 힘에 의해서 스스로 발전하는 것이며 사물은 발전에 필요한 조건이기는 하지만 자기 발전을 보조하는 수단에 지나지 않는다. 어린이의 능력을 내면으로부터 자발적으로 발달시켜야 한다는 원리이다.

조화의 원리는 교육은 인간이 갖는 고유능력을 조화적으로 발전시켜야 한다. 다시 말하면, 유아의 여러 능력인 정신력, 심정력, 기술력 등을 조화롭게 발달시켜야 한다는 원리이다.

방법의 원리는 인간의 기초도야로서의 도덕적 · 지적 · 신체적 이 세 가지 능력의 조화로운 발달은 일정한 순서가 있으므로 교육의 방법은 그 단계를 따라야 한다. 도덕적인 도야는 생활을 통해서 무규율단계(자연 상태)에서 타율단계(사회상태)로 타율단계에서 자율단계(도덕단계)로 전개되어야 한다. 지적인 도야는 사물의 수와 종류를 식별하고, 다음으로 그 형태와 모습을 보고 마지막으로 그 이름을 음과 말로 표현하는 방법을 익히는 단계로 순서 있게 이루어져야 한다는 원리이다.

사회의 원리는 개인과 사회와의 밀접한 관계를 인정하여 “환경은 사람을 만들고 사람은 환경을 만든다."고 하여 사회는 교육을 수단으로 하고 사람은 그 사회에 의해서 사람답게 살 수 있다는 상호 유기적인 관계를 강조하였다. 교육은 바로 이러한 관념 속에서 개인과 사회의 조화를 성취하기 위한 방법으로 나아가야 한다는 원리이다.

(2) 직관 교수의 원리

직관의 원리는 모든 인식은 반드시 직관으로부터 출발해야 하며, 이러한 모든 직관의 기초로서 수 · 형 · 언어를 중시해야 한다는 원리이다. 교과에 의존하지 않고 사물을 발견하여 경험을 통해서 실증하는 사물학습으로 모든 아동으로 하여금 감각에서 지각으로 분석적으로 진행되어 가는 교수법이다. 사물에 대한 지식학습의 기초로서 실물관찰과 직접경험을 통한 교수가 인위적 판단이나 추론 등에 선행되어야 한다. 따라서 모든 교육은 구체적 사물이나 실제적인 일을 통하여 이루어져야 한다. 이러한 직관의 원리는 당시의 서적과 언어, 암기 위주의 교육에 대한 반대였다.

페스탈로치는 직관을 외적인 직관과 내적인 직관으로 구분하였다. 외적인 직관이란 감각기관을 통한 인식이고 내적인 직관이란 마음의 눈으로 체험을 하는 것을 말한다. 구체적인 예를 들면 자녀들이 생활 속에서 항상 기도하는 부모의 모습과 부모의 사랑과 배려를 직접 보고 느끼면 사랑과 순종과 감사를 알게 되며 마음으로 사랑과 순종과 감사의 원천인 신을 알게 되는 것이다. 이러한 직관의 중심은 항상 자기 자신이고 이 직관을 강조한 것은 곧 교수의 중심이 교사보다는 자신에게 있음을 강조한 것이다.

(3) 노작의 원리

페스탈로치는 인간성 개발의 원리로 노작의 원리를 중시하였다. 빈곤한 서민이 그 가난함을 대대로 불려주는 것은 빈곤을 극복할 방법을 배우지 못했기 때문이므로 빈곤 자녀와 마을 어린이에게 반드시 노동의 의미와 기쁨을 알 수 있게 하는 노작교육을 행해야 한다고 강조한다.

교육은 지식으로만 이루어지는 것이 아니라 생활을 영위하도록 하는 것이 필요하다고 하였으며 따라서 생활 속에서 행동함으로써 아동들의 관념은 명백하게 여겨지고 모든 지식의 절대적인 기초로 생활경험의 인식 속에서 출발하여 교수의 원리로 나아가게 된다. 손을 움직여서 구체적인 행동을 일으키고 가치 있는 재화를 생산하는 동안에 아동의 내부에 지극히 고상한 정신적 교양의 기초가 발전한다. 그리고 노작교육의 대상은 빈민이었으며 아동들을 기술적으로 훈련해서 근면한 인간, 신앙심이 가득하고 자신의 직업에 충실히 헌신할 수 있는 노동자를 육성하려는 취지에서 생활노작과 교육을 결합하였다.

아동에게 노동의 의미와 더불어 직업적 능력을 몸에 지니게 하는 것이 이들이 보다 바람직하게 살아갈 수 있는 길이라는 것을 깨닫게 해 주려고 노력했다.

2) 교육과정

페스탈로치는 정신능력 도야를 위해서 수 · 형 · 언어 교과로 직관력을 키워주는 데 있다고 하였다. '수'를 세면서 사물을 분류하기 위해 계산과 수학을, 이것을 다시 '형'으로 겉모양을 살피기 위해 도화 · 습자 · 측량을, 마지막으로 언어'는 쓰기 · 말하기 · 읽기를 통해 표현하여 그 속성을 더욱 또렷하게 익힌다. 심정력 도야는 '도덕교육'이며 현대의 도덕, 종교교육과 시민교양교육을 포함하는 넓은 것이다. 심정력 도야의 핵심 개념은 '사랑'이며 이것을 키우는 데 기본적인 덕목인 신뢰 · 순종 · 감사 · 사랑의 이 네 덕목의 훈련이 필요하다.

그러나 이 훈련은 가정 안에서 가족 사이의 인간관계, 특히 어머니와 자녀 사이에서 출발되어야 한다. 신체력 도야는 기술 · 신체 · 직업 · 예능 등의 도야를 총

칭한다. 신체력 도야는 인간생활에 필요한 기능의 기본을 훈련을 통해서 익히게 하는 것이므로 그 신체력은 기본적인 것이 심리학적 계열의 단순한 것에서 복잡한 것으로, 쉬운 것에서 어려운 것 등으로 짜여야 한다. 또 그는 과학적, 경험적인 실물교육을 중시하였는데, 물리 · 화학 · 광물 · 식물 · 동물 등의 표본을 준비하여 아동들의 관찰을 위해 이용하기 위한 노력도 하였다.

3) 교육 목적

페스탈로치의 교육 목적은 그의 사상인 인간관에서 분명하게 알 수 있다. 인간의 본성인 선성, 발전 가능성, 평등성을 대 전제로 하여 인간이 선천적으로 가지고 태어난 지 · 덕 · 체의 세 가지 능력을 덕성을 중심으로 상호 조화롭게 발전시킴으로써 인간성을 원만히 개발하고 이를 통해 사회개혁을 이루어야 한다고 보았다.

그가 주장하고 있는 인간성의 세 가지 능력은 심정력(심장-heart), 정신력(머리-head), 신체력(손-hand)이다. 즉, 심정력은 인간의 감정이나 심정을 대표하는 것으로 도덕 종교심의 육성과 관계되는 것이며, 정신력은 지성이나 지적인 활동을 대표하는 것으로 사고력과 판단력의 도야와 관계되는 것이고 마지막 신체력은 신체적 여러 기능을 대표하는 것으로 기능의 습득과 관계된다고 보았다. 이들의 조화로운 발달을 주장하면서 이 가운데서 페스탈로치는 특히 인간의 심정력의 개발을 가장 중시하였다.

4) 교육 방법

(1) 기초능력 도야

페스탈로치는 도야에 있어, 인간의 여러 능력을 고루 계발하는 일반도야(Allgemeinbildung)와 인간이 되려면 꼭 갖추어야 할 기본적 능력의 기초를 닦는 기초도야(Elementarbildung)를 중시했다. 일반도야와 기초도야가 아닌 교육은 진정한 교육이 아닌 것으로 여겼다(김정환 역, 2008). 특히, 민중의 자녀들을 인간으로 일깨워주는 것은 기초교육의 원리라 여겨, 민중교육에 있어 기초교육을 중시했다.

페스탈로치가 기초 도야의 근본으로 여긴 것은 첫째로 '자연교육의 원리'라 할 수 있다. 자연에 일사분란한 아름다운 법칙이 있듯 인간 성장에도, 교수와 학습에도 이것이 있기에 우리가 꼭 그것을 따라야만 한다고 했다. 이것은 좁은 의미에서의 교육 방법 원리로 '합자연원리'다. 교육은 하늘이 주신 자연의 질서에 따라야 하며, 교수 · 학습에서 특히 존중되어야 할 것은 순차성 · 상관성 · 전인성 · 법칙성 · 개별성이다(김정환 역, 2008). 그는 합자연의 원리에 대하여 만물의 자연스러운 성장을 예로 설명했다.

> 인간이여! 이 고상한 자연의 행위를 모방하십시오. 자연은 가장 큰 나무의 씨앗에서 먼저 눈에 띄지 않는 싹을 틔우고, 그 다음에 눈에 띄지 않을 만큼 날마다 시간마다 새로운 것을 덧붙여 먼저 줄기를, 그 다음엔 큰 가지를, 마지막으로 잔가지와 잎이 달리는 실가지까지 차례로 길러 냅니다. 나무의 모든 부분을 하나하나 보살피고, 모든 새로운 부분을 이미 안전하게 생명을 유지하고 있는 부분에 연결시키는 자연의 행위, 이러한 고귀한 자연의 행위를 주목해 보십시오(김정환 역, 2008).

그는 올바른 시작이 교육의 성패를 좌우한다고 생각했기 때문에 가정교육을 가장 중요한 '기초능력 도야의 장'이라 생각했고, 주로 초등교육에 관심을 가지고 있었다. 가정에서 유년 시절에 잘 지도받는 것이 중요하며, 이렇게 자연스럽게 교육을 받는 것이 이후의 생활에 좋은 영향을 준다고 했다. 즉, 초보적인 단계의 교육은 인간의 내면적 힘을 증대시키기 때문에 가정교육이나 초등교육에서는 완벽성을 추구하는 마음이 중요하다고 여겼다. 초보적 단계의 완성은 어린이가 미처 알지 못했던 힘을 의식하는 것, 특히 보편적인 미적 감각이나 질서 감각의 성장과 밀접한 관계가 있다고 생각했다. 이를 위해 고수했던 원칙은 다음과 같다.

첫째, 어린이들이 배운 것은 그것이 작은 일이라도 완성시키며 절대로 퇴보시키지 않는다.

둘째, 배운 단어는 하나라도 잊지 않게 한다.

셋째, 글자 하나라도 서툴게 쓰는 일이 없도록 한다. 나는 진보가 느린 어린이에게는 진전이 있을 때까지 참고 기다리며, 그 전보다 뒤떨어지는 어린이에게는 엄격했다(김선미, 2005).

이러한 기본 원리에 따라 기초 도야에 있어 '수(數) · 형(形) · 어(語)교수론의 원리'를 확립했다. 현대적 용어로 산수 · 기하 · 국어의 세 교과에 대한 교육방법론을『게르트루트는 어떻게 그의 자녀를 가르치나』6,7,8신에서 구체적으로 도표화해서 세밀하게 논술하고 있다. 그는 수(數)와 형(形), 언어(語)를 통한 머리의 교육방법은 지능력, 논리력, 사고력을 향상시킬 뿐 아니라 정확한 판단력과 창조력, 그리고 인내력을 향상시켜 올바른 인간을 형성하게 된다고 생각했다.

우리의 모든 지식은 이 세 가지 힘에서부터 생긴다고 파악했던 것이다.

① 음(音)을 발(發)하는 힘에서 언어의 근원이 발생한다.

② 심상(心象)을 만드는 것,아직 명확하지 못한 단순한 감각력, 그리고 이 힘에서 모든 형의 의식이 생긴다.

③ 명확하고 별로 단순한 감각적이 아닌 것에서 통일의 의식이 생기고 또한 그와 같이 계수(計數)와 산수(算數)의 힘이 생겨야 한다(김선미, 2005).

이 세 교과의 주요 교수원리는 가장 단순한 것에서부터 시작하고, 주요 개념을 철저하게 익히며, 개념들 사이의 연관성 학습을 철저히 하고 심리학적인 순차성과 계열성을 존중해야 한다는 것, 마지막으로 직관력을 키우는 데 궁극적인 목표를 두는 것에 있다(김정환 역, 2008).

다음으로는 '직관력'인데, '직관력 도야'는 직관적으로 사물의 본질에 접근함으로써 사물의 본질을 올바르게 이해하는 힘을 키워 주는 교육을 말한다(김정환 역, 2008). 페스탈로치가 말하는 직관이란 단순히 개념적인 것이 아니고 감정을 중시하는 것이어서 논리적이고 심리적인 것이라 할 수 있다. 그는 직관을 외적 직관과 내적 직관으로 구분한다. 어떤 개념을 이해하고자 할 때 먼저 사물에서 받는 감각적 인상을 외적 직관이라 하며, 이 외적 직관의 감각적 인상을 자신의 내면적 인식활동으로 재구성 · 인식해서 자기의 인격으로 형성해 나가는 것을 내적 직관이라고 한다.

페스탈로치에게 있어 직관은 감각적 경험을 통해 외부 세계와 사물에 대한 지식을 획득하는 방법이다. 이것은 객관적인 사물을 감각적 경험을 통해 인식하되, 인간의 주관적인 능력에 맞게 사물을 인식하는 방법이다(김선양, 1974). 그는 어린이가 스스로 자기 주변의 사물들과 접촉하고 직관을 통해 흡수한 것들을 곧바로 마음속 개념으로 형성하는 활동을 중요하게 생각했다. 아동기의 인식능력은 감각 수준에 불과하기 때문에 아동기까지는 지식이나 언어 중심의 추상적이고 관념적인 교육을 배제해야 한다. 어린이들에게는 감각을 통해 사물을 직접 경험하고 체험하게 하는 것이 가장 효과적이며, 이런 직관의 원리가 지적인 교육 방법에만이 아니라 인간의 정서와 도덕교육에도 적용될 수 있다고 생각했다(김선미, 2005).

그가 모든 교육 방법론의 결론 부분으로 중요하게 여기는 것이 '도덕 · 종교교육의 원리'다. 페스탈로치는 이 부분을 전 교육체계의 초석(礎石)이라 스스로 다짐

했다. 이 도덕교육이 어린이에게는 정서적으로 접근해야 한다고 했다. 어린이의 첫 학습은 머리도 이성도 아닌 감각 · 가슴 · 사랑의 사항이기 때문이다. 그렇기 때문에 어려서 어머니와의 교감, 어머니의 안방교육이 매우 중요하다고 했다. 신(神)의 개념 역시 어머니와 자녀 사이에서 자라나는 사랑 · 신뢰 · 감사 · 순종 · 믿음 · 의무감 등에서 싹튼다고 했다. 어머니의 교육으로 싹튼 신과의 관계는 자기 자신을 초월해 인류의 역사 완성이라는 성스러운 과제에 참여하는 삶의 자세로 나타난다고 하였다(김정환 역, 2008).

페스탈로치가 중요하게 생각한 기초능력은 삶을 통해 습득되어야 하는 것들이다. 가정에서 생활교육을 바탕으로 정립되는 교육이야말로 페스탈로치가 소망한 민중교육의 초석인 것이다.

(2) 도덕성 도야

페스탈로치는 삼육론을 통해 머리, 손, 가슴을 고르게 발달시켜야 한다고 했다. 그러나 세 부분을 동일하게 발달시켜야 한다는 의미는 아니다. 가슴, 머리, 손의 조화가 각각 동등한 가치를 지니고 있다는 뜻이 아니라 한쪽으로 편향되지 않는 '균형성'을 의미한다고 볼 수 있다. 그는 머리, 가슴 ,손 중 하나에만 치우치지 말아야 하나, 가장 중심이 되는 교육은 가슴이 되어야 하고 머리와 손의 교육은 이를 바탕으로 이루어져야 한다고 했다.

'가슴의 교육'은 도덕성교육이다. 가슴의 도야는 도덕성을 뿌리로 이루어지고, 사람됨을 보장하는 보증이다(정영근, 2011). 그는 모든 능력이 고루 자극되어 각각의 몫을 다해야 한다고 했다. 그때 가장 기준이 되는 것이 인간의 정신적 본성이며, 교육이란 인간 본성에 깃든 모든 능력을 균형 잡히게 계발하는 것이라 생각했다. 이때 정신적 본성 계발은 어린이와 가장 먼저 교류하게 되는 어머니의 몫이라고 했다.

페스탈로치는 인간이 태어나면서부터 도덕성을 가지고 태어나기 때문에 가정에서 어머니의 사랑을 통해 자연에 따르는 교육을 받아야 도덕적 상태에 도달하게 된다고 했다. 가정에서 시민적 도덕성의 기본이 되는 믿음, 감사, 신뢰, 사랑의 감정 등이 바르게 교육되어야 도덕적으로 도야된 인간이 될 수 있다는 것이다. 또한 도덕교육은 이성적 접근과 정서적 접근방식이 있는데, 어린이에게는 정서적 접근이 앞서야 한다고 했다. 특히, 어린이의 첫 학습은 머리나 이성으로서가 아닌 감각 · 가슴의 사항이기 때문에 도덕적 도야는 어머니의 정서적 사랑을 체험해야 싹트고 계발될 수 있다는 것이다(김정환 · 이재준 역, 1991). 어머니는 도덕성을 일깨우고 인간들 사이에서 실천하도록 하면서 인류 전체를 구원해야 하는 과제를 가지고 있는 것이다.

페스탈로치는 도덕적 기능을 실제로 도야시키려면 도덕적인 생활태도에 익숙해지도록 해야 한다고 했다. 도덕적인 생활태도는 도덕적 기능을 도야하지 않는 이론과 설교를 듣는 것보다 좋다는 것이다. 페스탈로치는 은자의 황혼에서, 자신이 "거칠고 난폭한 행동을 하는 아이들은 엄격히 다루고 체벌도 주었지만 아무 문제도 없었다"고 했다. 이것은 평소 아이들을 향한 교사의 마음과 사랑에 진실성이 있었는가에 대한 것이며, 그런 진실한 사랑을 바탕으로 작은 규칙들을 엄수시키는 것이 아이들의 도덕적 기능을 도야시키는 방법 중 하나라고 했다.

> 정의는 무엇이며 부정은 무엇이냐 하는 관념을 어린이들에게 인식시키기 위하여 행한 방법은 단순하였다. 그것은 매일 주위에서 일어나는 일을 직관시키며 경험시키는 데서 나오는 것이다. 즉, 조용하지 못할 때 "그래서 공부가 되겠는가?"라고 조용히 그들 자신의 감정에 호소하면 되었다. 그들의 정의감과 공정감은 참으로 확고하며 또 자연스럽게 발로된다. 그리고 그 감정은 참된 호의로서 사람됨을 높여주고 굳세게 한다…. 도덕의 기초 도야는 일반적으로 다음과 같은 세 개의 착안점 위에 서 있는 것이다.
>
> 첫째, 참된 감정으로 도덕적인 정서를 환기시킬 것

둘째, 올바르고 착한 일에 자기 자신을 극복하려고 노력하도록 도덕적인 훈련을 시킬 것

셋째, 어린이들의 생활과 환경 속에 얽혀 있는 정의관계 · 도덕관계를 사색, 비교시킴으로써 도덕적인 견해를 갖게 하는 것이다(김정환 역, 2003).

뿐만 아니라 도덕성과 사회성의 긴밀한 연결성에 대하여 강조했다. 한 개인으로서의 인격 완성이 도덕성 향상의 중요한 목표이며, 도덕성의 향상은 자아완성과 동포 완성의 두 측면을 지녀야 한다고 했다. 자기 자신의 도덕적 도야는 이웃과의 완성으로 이어져야 하고, 이웃과의 완성으로 도덕의 사회적 도야가 이루어져야 완전한 도덕적 도야가 이루어졌다고 할 수 있다는 것이다. 개인의 구원과 사회의 구원이 서로 함께해야 한다는 말이다. 교육 원리란 현실 생활과 맺어진 직관적인 경험으로 의식될 때야 비로소 참된 것이며, 경험적 배경이 없는 진리는 어린이들에게는 그저 싫증날 장난감에 지나지 않는다는 것이다.

인간 안에 진리감과 정의감이 깊이 개발되면 그것은 인간 인식의 기본원리를 이루게 된다. 그리하여 편견이 어떠한 중대하고 해로운 결과를 가져와도 그것에 순수하게 대항할 힘을 그 내부에 간직할 수 있게 된다. 이러한 사람에게는 어떠한 나쁜 교육의 씨가 뿌려져도 그대로 자라지는 않는다. 그리고 어떤 편견, 어떤 무지, 어떤 미신도 그를 유혹할 수는 없을 것이다. 사람들이 제 아무리 정의를 영원이라 말하고, 스스로는 사랑도 정의도 없이 지껄인다 해도(김정환 역, 2003).

인간은 내면적인 힘, 즉 진리에의 감각이 있기 때문에 비로소 참된 인간이 되는 것이며, 교육은 이런 도덕적 인간이 되게 하는 일이라고 보았다(황보용, 1994). 또한 도덕적 능력의 활성화 정도에 따라 사회적 발전이 어느 단계에 놓여 있는가를 평가하기 때문에 국가는 그러한 것에 대해 깊은 관심을 가져야 한다고 했다(박영희, 2013).

페스탈로치는 교육의 목적을 인간개혁과 사회개혁에 두고 있다. 교육을 인간

도야의 수단인 동시에 인간개혁의 수단으로 보는 것이다. 인간개혁을 통해 사회를 개혁시킬 수 있다고 주장하는 그는, 도덕적으로의 인간개혁으로 결국엔 사회를 개혁시키고, 나아가 이상 사회를 건설하고자 했다.

(3) 기술력 도야

페스탈로치에 있어 완전한 교육이란 기초교육과 사회교육, 그리고 직업훈련의 통합이었다(김선미, 2005). 그는 누구보다도 노동과 직업을 신성하게 여기고 그것을 교육의 장에 도입시켜 실천하려고 노력했다. 특히, 『게르트루트는 어떻게 그의 자녀를 가르치는가』를 통해 일상생활 속에서 노동과 교육을 통합시켜 기초교육 하는 모습을 잘 표현하고 있다.

직업교육은 전인교육의 관점에서 신체도야과정이라 할 수 있다. 직업교육을 통해 습득되는 기량은, 단순한 움직임으로부터 복합적인 방향으로 나아가는 법칙성을 지니며 자연스럽게 발달하는 교육과정을 거치기 때문이다. 또 페스탈로치의 노작교육은 '가정에서의 노동'을 강조한다. 가사활동은 어린이들의 주의력을 집중시키고 그 판단력을 날카롭게 한다. 또한 반복되는 활동을 통해 그 심정이 높은 경지까지 올라갈 수 있기 때문에 교육적으로 효과가 있다고 보았다(황보용, 1994). 가사노동교육의 중요성에 대한 그의 생각은 다음과 같은 글에서 알 수 있다.

> 현 세대는 가정적인 노동을 비웃으며, 그 기초 위에 선량한 시민교육을 건설한다는 생각을 비웃는다. 그리하여 그들은 학교에서 어린이들에게 인간의 사명이, 시민의 권리가, 조국애가 어떠어떠한 것이라고 가르쳐 주고 있다. 그대들의 자녀들이 부모에게 순종하며 일하고, 가족을 본받아 하느님을 찾도록 하고 겸손하게 거닐도록 가르쳐라. 그대는 그럼으로써 다른 어린이들이 입으로만 외우는 일을 그대의 어린이는 실행하는 시민이 되게 한다. 그리고 가장 중요한 진리를 따름으로써 현자를 만들게 된다. 또 자녀들을 훌륭하게 기르는 가장을 만들게 된다. 그러나 오늘날 우

리들은 요설로 어린이들을 이끌어 그들의 오감(五感) 중에서 귀만을 채워주고 있는 것이다(김정환 역, 2003).

때문에 그는 기초교육에 있어 노작교육을 중요하게 여겼다. 노작교육의 방법 원리는 '일하면서 배우고 배우면서 일한다'이다. 노동이란 각자가 처한 환경에 알맞은 생활교육의 일환이 되어야 하고, 그 과정에서 필요를 얻으며 감사함을 배울 수 있다고 했다.

> 그의 육체적인 욕구는 그의 여러 능력을 개발시키는 기반이 된다. 그것은 모든 참된 인간의 지혜와 덕성의 이중적 기초를 단순하고 바르게 제공한다. 그것은 감사와 사랑을 낳게 한다… 그리고 빵을 얻으려고 스스로 노력하는 것이 노동이 되고, 그것은 인간의 도덕과 덕성을 지상에 확립시키는 것이 된다(김정환 역, 2003).

페스탈로치는 직업교육의 목적을, 개인이 보다 효과적으로 삶을 영위하는 데 필요한 기능을 미리 익히는 데 두었다. 그가 제시하는 전인교육의 방향은 자신의 신분과 처지에 알맞은 직업을 가지고, 일 하는 가운데서 생활이 나아지며 더 나아가 도덕적으로 성실함을 갖춘 근로인을 육성하고자 하는 것이다. 초기에 그가 직업교육을 강조한 것은 당시 빈곤상태에 놓여 있던 빈민 자녀들을 교육을 했기 때문이라 여겨진다. 그는 빈곤을 타개하려면 기술력 도야가 필수적이라 믿었다. 그러나 그 시기의 빈민층들은 좌절감이 깊었기 때문에 기술적인 기능을 가르치는 것만으로는 온전한 생활도야가 불가능하다고 판단했다. 단순한 기술도야만으로는 한계가 있고, 결국 심성도야인 도덕교육이 이루어져야 한다고 생각했다. 인간의 내적 도야가 조화된 기술력 도야만이 궁극적으로 민중의 삶을 도야시킬 수 있다고 판단한 그는 직업교육에 있어 전인적 직업교육을 주장했다.

> 많이 일하고 많이 경험하라. 또 그럼으로써 일반적인 법칙과 원리에 비추어 가장 능숙하게 일을 처리하라. 그러면 그대의 행로는 굳건할 것이다. 그대의 인생의 노

정은 아무 때,아무 곳에서나 그대에게 필요한 것을 지니게 될 것이며 그것을 응용 할 수 있을 것이다… 인간의 행복을 첫 욕구로 도야하고 그것을 순수한 가정의 지력(智力)에까지 높여 주는 유익하며 유용한 진리의 인식은, 유년 시절에 노동을 통하여 개발되는 것이다(김정환 역, 2003).

직업교육과 인간교육 중 어느 것이 앞서야 할 것인가의 문제는 그를 오랫동안 괴롭힌 문제였다. 그의 교육활동 후반기에서는 인간 도야가 절대 우선해야 한다고 믿었으나, 『게르트루트는 어떻게 그의 자녀를 가르치는가』를 쓸 무렵에는 빈민에게는 직업도야가 인문교육이나 언어교육에 우선해야 한다고 논하기도 했다(김정환, 2008). 페스탈로치 노동교육사상의 기본적인 원리는 다음과 같다(임상희 역, 1985).

첫째, 생산노동을 교육의 기초로 삼고 있다. 그는 현실적으로 빈민의 절실한 필요에 의해 생산노동을 현실적으로 시도했다. 지도층과 민중이 같이 협력해서, 위로부터의 도덕적 교화와 아래로부터의 근면한 노동을 통해 사회 전체의 복지를 추진할 수 있다고 보았다.

둘째, 노동교육을 빈민생활상의 필요와 결부시켜 경제적 측면과 인격 형성 측면을 하나의 교육으로 파악했다. 노동교육은 노동의 효율성을 높여 경제적인 이익을 얻음과 동시에 노동의 과정을 통해 주의력, 판단력, 인내 · 근면성 등의 능력을 통합적으로 기르게 한다. 페스탈로치는 민중을 빈곤과 사회혼란에서 벗어나게 하기 위해서 노동 그 자체를 인간 형성의 보편적 원리로 삼은 것이다.

셋째, 생산노동과 교육을 결합한 '종합기술 교육사상'이 생겨났다. 페스탈로치는 아동들을 단순 노동 분야에 국한시키지 않고, 노작활동을 통해 다면적 능력을 발달시키고 종합 기술적으로 각종 노동을 교육하려 했다.

페스탈로치의 노작교육은 경제적 필요에서 출발해 노동을 인간 형성의 보편적 원리로 삼았다. 아동들이 실생활에서 노작으로 확실하게 형성한 능력들을 바탕으로 다른 상황에서 적응력과 창조력을 발휘할 수 있게 하자는 것이다. 이는 일, 곧 '경험'이 '학습'에서 갖는 의의를 인식하고 있다는 점에서 가치를 지닌다(황보용, 1994).

페스탈로치의 '기술교육'은 일반적인 '직업교육'과는 다르게 해석되어야 한다. 페스탈로치가 언급하는 기술교육은 종합적 교육을 의미한다. 즉, '단순한 기술력 도야'가 아니라 '기술력 도야'과정을 통해 정신과 육체가 함께 발전되어야 하고, 자연과 사회적 삶의 양식을 배제하지 않는 조화로운 도야를 말한다. 그의 기술력 도야는 노동의 목적, 과정, 결과 등에서 교육성이 배제되어서는 안 된다는 의미로 해석되어야 할 것이다.

4. 현대교육사상사적 의의

1) 교육실천의 확산

페스탈로치의 유아교육사상적 영향 중 대표적인 하나가 교육실천가로서의 의의이다. 단순한 관념상의 주의주장이나 논리의 제시가 아니라 자신이 직접 아동을 기르고 가르치면서 새로운 교육관과 교육 방법의 길을 구상하고 제시했다는 점이다. 이론 없는 실천이 무의미하고, 실천 없는 이론이 공허하다는 것을 우리는 잘 알고 있다. 이 점에서 페스탈로치는 스스로 이론가이며 실천가로서의 생애를 산 훌륭한 교육사상가였으며 이러한 실천은 현대유아교육 실천에 지대한 영향을 미쳤다.

2) 유아의 가정에 대한 중요성 부각

가정이 인지와 정서, 이론과 실천, 지식과 사랑, 개인과 사회를 조화롭게 통일하는 최초의 가장 위력 있는 교육의 장이라는 것을 교육사상의 기저로 삼았으며 현대유아교육사상을 정립하는 근본이 되는 것이기도 하다.

3) 현대 유아교육원리의 확산

직관교수론을 비롯해서 아동관, 교육 목적론, 유아지도론 등 그 이후에 프뢰벨이나 디스터백 등을 비롯한 많은 근 · 현대 유아교육사상가들에게 지대한 영향을 미쳤으며, 이것은 그의 새로운 교육실천의 구체적 제시와 그의 확고한 사상이 다음 세대들에게 보다 명확한 시사와 지침을 제공했기 때문으로 볼 수가 있다. 무릇 위대한 인물은 위대한 후진들을 낳는다는 상식이 증명되는 본보기이기도 하다.

4) 아동 중심주의교육 정착

인간 중심, 아동 중심 사상은 전통에서 흔히 보는 선택받은 귀족이나 부유층을 위한 교육이론이나 실천이 아니고 당시의 헐벗고 굶주리는 민중의 자녀를 위한 인간교육의 길, 사회혁신의 길을 사상의 바탕으로 하고 있었던 점에 주목하여야 한다. 바로 이 점이 19세기 이후 유아교육의 길을 여는 데 그가 등대 역할을 했다는 점이며 현대의 유아교육에까지 그 영향을 미쳤다.

5) 체험적 학습의 정착

유아는 감각 · 운동 · 정서적 발달이 중심을 이루는 시기이므로 특히 직접적 경험에 의한 '직관적' 교육 방법은 유아교육의 기본이 되고 있다. 비록 그의 직관교수론이 문자 · 숫자 · 형상 등 추상적인 상징의 학습으로 흐르는 오류를 가지고는 있지만 그 기본 의도는 직접경험에 의한 감각적 교육 방법이 유아교육 방법의 기본이 되어야 한다는 그의 주장을 중요하게 수긍 · 수용할 필요가 있다고 본다.

6) 유아교육에 미친 영향

페스탈로치의 교육 목적은 인간의 여러 능력을 완성시켜서 양심적인 행동과 봉사를 할 수 있게 하고, 사회의 유능한 일원으로서 자주 독립적인 정신을 배양하고 개인에 대해서는 행복을 주는 것에 있었다. 이러한 교육은 아직 이성이 깨우쳐지지 않은 유아 때부터 부모의 사랑과 신뢰의 관계를 통한 심정적인 습관교육에 의해서 가능하다고 보았다. 심신이 함께 건전한 상태로 키우는 교육은 유아기의 습관에 의해서 달성되고, 이것은 가능한 한 빠른 시기에 실시해야 한다는 것이다.

페스탈로치는 아동은 성인의 축소판이 아니고 성인의 세계가 있듯이 아동도 자기 고유의 세계가 있는 것으로 보았으며, 아동의 내면에는 인간성의 모든 능력이 내재하고 있다고 보았다. 인간 형성의 기초가 가정교육에 있다는 것을 강조하며, 가정생활에 있어서 양친과 아동들의 애정이 넘치는 생활이야말로 인간교육의 가장 탁월한 자연의 교육이라고 하였다.

유아교육은 모성애를 매개로 하여 달성되므로 유아교육은 양친이 맡아야 하며 어머니의 모성애야말로 교육자의 제1조건이며 원동력이라고 보았다. 가정에는 질서와 순서가 있어야 하며 자연도 순서가 있으므로 아동의식 발달단계를 고려해서 이에 맞도록 가르쳐야 한다.

아동이 수동적인 존재가 아닌 스스로 사고하는 주체가 되도록 유의하며, 아동의 욕구와 충동, 흥미를 존중하고 아동의 감정을 중시하고 인식에 기초를 두어야 한다. 가정은 순수한 감정이 길러지는 도덕교육의 터전이다. 이 순수한 감정은 부자 · 모자 관계에서 발생하여 하느님께로 향하며 다시 내려와 이웃으로 뻗쳐 간다. 가정은 기초교육이 다져지는 곳이다. 종래의 기초교육(읽기, 쓰기, 셈하기)에 도덕교육과 실제교육을 덧붙인다. 아동에게 언어로 가르칠 것이 아니라 실물로 가르쳐야 한다. 가정에서 부모의 사랑이 인간 형성의 기초와 종교교육, 도덕교육이 싹트며 이 모든 힘의 원천은 어머니의 사랑인 모성애로부터 온다고 보았다.

아울러 페스탈로치의 유아기 교육에서는 우선, 사물을 실제로 보게 하고 체험시키는 것이 중요하다고 보았다. 그리고 그는 자연이 인간보다도 훌륭한 교사라면서 이렇게 말하기도 하였다. "인간은 자연의 가르침에 그저 조용히 따라야만 한다. 작은 새의 지저귐이 주의를 환기시키고 희귀한 벌레가 나뭇잎을 기어 다닐 때는 우리는 말을 말아야 한다. 작은 새나 벌레가 보다 많은 것을 가르치고 있기 때문이다."고 그는 이렇게 세상의 부모들을 향해 가르쳤다.

페스탈로치는 교육실천가로서 가정의 중요성을 강조하였으며 직관교수, 인간 중심, 아동 중심으로 조화로운 인성교육을 강조하였다. 교육 방법면에서는 아동들의 심리적 발달 순서에 따른 직접적 경험과 실물교육 등을 강조한 직관교육 등은 오늘날도 아주 중요시되고 있는 점이다.

제9장

오웬

1. 생애

오웬
(R. Owen)

오웬은 1771년 영국 북웨일즈의 뉴타운에서 중산층의 가정인 마구상의 아들로 태어났다. 초등학교 밖에 정식 교육을 받지 못한 그는 7세에 초등학교의 조수가 되었고, 9세 때부터 견습공으로 여러 도시를 돌아다니면서 상인으로서의 실무를 배웠다. 그는 소년 시절부터 여러 상점의 점원 생활을 하는 동안 직접 노동자의 곤궁 · 타락을 목격하였으며, 19세 때에는 큰 방직공장의 지배인이 되어 큰 성공을 거둔 후 스코틀랜드의 실업가 데일의 인정을 받고 그의 사위가 되었다. 28세(1799)에는 장인으로부터 물려받은 뉴나라크 방직 공장을 직접 경영하기에 이르렀다.

당시의 일반적인 산업 자본가들의 영리와 착취 제일주의와는 대조적으로 인도적이고 과학적으로 우수한 공장 경영, 노무관리, 새 교육을 하여 생산성과 수익성을 높여 '사회 개량의 메카'라고 찬양되었으며 구미 각국의 순례자들을 매혹시켰다. 그는 당시의 영국을 휩쓴 공리주의의 인생관에 서서 인생의 궁극의 목적을 행복의 실현에 두었다. 그 조건으로서

① 인간의 천부적 자질의 조화적 발달
② 빈곤의 근절을 들고 좋은 성격의 형성과 사회체제개혁의 필요성을 강조하였다.

그는 사회개혁과 인간의 성격 형성은 동일 행동의 양 측면이며 동시에 착수해야 한다고 보았다. 즉, 인간의 본성은 선(善)이지만 생후의 환경에 따라 좋게도 나쁘게도 될 수 있으며 좋은 성격을 향상하려고 하면 우선 좋은 환경을 주어야 할 필요가 있고, 특히 유아기의 환경은 그 인간의 성격 형성에 지대한 영향을 준다고 확신하였다. 이 사상을 1813년부터 연이어 발표, 1814년에는『신사회관(新社會觀, A New View of Society)』을 간행하였다.

1816년 그가 경영하는 방직공장 내에 아동노동의 성격과 아동 선도를 교육적 측면에서 해결하려는 '성격형성학원(New Institution of the Formation of Character)'과 '유아학교(Infant School)'를 창설하였다.

그밖에도 근로자의 대우 개선과 노동 입법 제정 운동에 투신하였고, 아동 노동의 참상을 개선하기 위하여 공장법 제정 운동을 주진하였으며, 1819년 통과시켰다.

그는 자신의 이상을 실현하고자 1824년에는 북미 인디애나주 뉴하모니촌에 건너가 '뉴하모니 평등촌(New Harmony Community of Equality)'을 건립하여 협동조합 사회주의 반종교 사상의 열렬한 선전자로 활동하였다. 이 운동은 3년만에 실패하고 1827년에 귀국하였다. 귀국 후 오웬은 평화적 수단에 의한 사회개혁운동을 전개하였다. 그리하여 그는 1834년에 영국 최초의 노동운동이라고 할 수 있는 대 노

동조합(Grand National Union)을 결성하게 되었고, 그 후에도 정신 갱생 운동에 몰두했으며, 1858년 고향인 뉴타운에서 88세로 세상을 떠났다.

18세기 중엽부터 19세기 초엽에 걸쳐서 영국에서 일어난 산업혁명은 석기시대 이래의 인간 문명의 일대 변혁이었다. 산업혁명은 생산력의 확대, 부의 무한한 축적, 공업의 고도화를 일으켰으나 반면에 사회문제도 심각하게 대두되었다. 산업혁명의 진전과 사회적으로 공장이 기계화되어 숙련된 노동자가 필요 없게 되면서 빈곤에 허덕이는 노동자 계급의 아이들은 전혀 교육을 받을 기회를 갖지 못하였다. 그들은 하루 종일 공장에서 심한 노동에 종사하는 어린아이들의 순수성이 오염되어 점차 무지와 악덕과 도덕적 타락에 빠지게 되는 것을 바라보며 이러한 하층 노동자층의 노동의 성격과 도덕적 타락의 방지책을 교육적 측면에서 가장 먼저 고민을 하고, 이를 타개하려는 노력이 나타났다. 이에 그들의 자녀들을 위해서 성격형성학원과 유아학교를 창설하게 된 것이다.

오웬은 뉴하모니 평등촌을 건설해 사회주의의 직접 실천을 시도한 사회운동가로서 우리에게 훨씬 더 알려져 있다. 교육을 '인간 행동의 계획적 변화'라고 정의할 때, 그 내면에는 한 인간의 마음을 움직여서 행동을 의도한 바대로 변화시켜 나가는 목적의식적 활동이라는 측면과 아울러 그 개개의 변화를 통해 궁극적으로 도달하고자 하는 사회의 지향에 대한 측면을 모두 포함한다고 볼 수 있다.

2. 사상적 배경

18세기 중엽부터 19세기 초엽에 걸쳐서 영국에서 일어난 산업혁명은 석기시대 이래 인간 문명의 일대 변혁으로 생산력의 확대, 부의 무한한 축적, 공업의 고도화를 일으켰다. 그러나 동시에 사회적인 문제도 심각하게 대두되어 신흥공업도시의 빈민가에서 자라나는 아동의 대다수가 무지와 도덕적 타락 속에 팽개쳐졌다. 이러한 사회적 분위기 속에서 바람직한 사회를 꿈꾸는 사람들이 나타나게 되었고, 이들은 인류가 직면하고 있는 문제의 핵심이 자본주의라는 제도에 있다고 판단하고 이를 바꾸기 위해 노력하게 된다.

오웬의 교육사상의 핵심은 '성격형성론'이지만, 그의 주장에 의하면 인간의 성격은 후천적 영향과의 상호작용에 의하여 형성된다는 것이다. 그는 "인간은 하나의 복잡한 존재이며, 성격은 타고난 성질과 조직 및 그것에 대한 일생의 외부적 사정과의 결과에 따라 형성된다."고 보았으며 가장 좋은 성격을 형성하려면 훈련과 더불어 교육은 태어날 때부터 시작해야 한다고 하였다. 즉, 인간은 하나님의 손으로 제1창조를 받고 태어나며, 그 위에 환경에 의한 제2의 창조를 시작한다는 것이다.

산업혁명에 대한 예민한 위기의식을 가지고 있었던 로버트 오웬(1771~1858)은 산업혁명의 최전성기를 살며 한편으로는 진보적인 공장 주인의 입장을, 다른 한편으로는 노동자들과 나란히 서서 자본주의체제에서 일어나는 여러 현상을 극복하는 것을 목표로 한 사회개혁가의 입장을 체험했다. 그가 역사 속에서 현저히 부각되는 것은 전자에서부터 후자에로의 변용 때문이다. 오웬의 사상 형성과 사회 개혁에 관한 갖가지 투쟁은 이처럼 영국의 산업혁명 진행과정과 밀접한 관계를 가지고 성립되었다. 때문에 그가 살았던 시대적인 배경을 아는 것은 그의 사상을 이해하는 데 중요한 역할을 한다.

따라서 인간은 2종의 창조에 의하여 형성되는 것이다. 성격은 환경에 의해서 형성되는 것으로 인간은 언제나 대부분 자기의 환경의 산물이었고 현재도 그렇게 또 앞으로도 그렇게 되지 않으면 안 된다고 하였다. 오웬에 의하면 합리적인 성격이야말로 행복한 인간의 근본적인 조건이다. 또한 그는 공정한 교육과 올바른 기회를 가지게 되면 누구나 다 자기와 남을 위해서 공헌할 수 있는 사람이 된다고 생각했다. 그리하여 빈부귀천의 차별 없이 공평한 교육기회를 줄 수 있는 국민교육제도를 수립해야 한다고 역설하였다.

3. 교육사상의 이해

1) 교육사상

오웬의 교육사상의 핵심은 '성격형성론'이지만, 그의 주장에 의하면 인간의 성격은 후천적 영향과의 상호작용에 의하여 형성된다는 것이다. 그는 "인간은 하나의 복잡한 존재이며, 성격은 타고난 성질과 조직 및 그것에 대한 일생의 외부적 사정과의 결과에 따라 형성된다."고 보았으며 가장 좋은 성격을 형성하려면 훈련과 더불어 교육은 태어날 때부터 시작해야 한다고 하였다. 즉, 인간은 하나님의 손으로 제1창조를 받고 태어나며, 그 위에 환경에 의한 제2의 창조를 시작한다는 것이다.

따라서 인간은 2종의 창조에 의하여 형성되는 것이다. 성격은 환경에 의해서 형성되는 것으로 인간은 언제나 대부분 자기의 환경의 산물이었고 현재도 그렇게 또 앞으로도 그렇게 되지 않으면 안 된다고 하였다. 오웬에 의하면 합리적인 성격이야말로 행복한 인간의 근본적인 조건이다. 또한 그는 공정한 교육과 올바른 기회를 가지게 되면 누구나 다 자기와 남을 위해서 공헌할 수 있는 사람이 된 다고 생각했다. 그리하여 빈부귀천의 차별 없이 공평한 교육기회를 줄 수 있는 국민교육제도를 수립해야 한다고 역설하였다.

그는 상시몽 · 푸리에 등과 함께 공상적 사회주의자로 평가된다. 오웬이 그의 저서 『사회에 관한 신견해』에서 밝힌 바와 같이, 가난한 양친은 일찍부터 아이들을 공장 노동에 종사시킴으로써 목전의 아주 적은 금전을 얻는 것에 전심하고 있었던 것이다. 이에 노동자 계층의 아이들은 전혀 교육을 받을 기회를 갖지 못하였을 뿐 아니라, 하루 종일 공장에서 심한 노동에 종사하지 않으면 안 되었다. 이에 따라 어린이들의 순수한 자연성은 비인격화되어, 점차 무지와 악덕과 도덕적 타락에 빠지게 되었다. 이러한 아동 노동의 도덕적 악화와 지성의 결여를 방지하기 위하여 레이크스(1736~1811)와 같은 사람은 일요일학교를 세웠다. 그 취지는 다만 일요일 하루라도 그들에게 인격교육을 해 보자는 것이었다. 이 일요일 학교 설치 운동은 산업혁명기 당시에 급속히 확대되어 갔다.

오웬도 그러한 취지에 따라 성격형성학원을 성립하였으며 그 취지는 다음과 같다.

① 이 마을 전 거주자의 직접적인 이익과 안락을 위해서
② 이웃 마을 사람들의 복지와 이익을 위해서
③ 영국 전체의 모든 명의 개선을 위해서
④ 전 세계 각 국민의 점진적 향상을 위해서

이 교육기관을 설치한다고 선언하였다.

공정한 교육 기회를 제공하는 무상에 의한 교육제도를 가지게 되면 누구나 다 자기와 남을 위해서 공헌할 수 있는 사람이 된다고 생각한 것이다.

그는 1816년에 유아학교를 설립하였는데, 1~3세, 4~6세의 두 반에 나누어 수용한, 유치원에 해당되며 유아를 위한 세계 최초의 제도적 실행의 첫발을 내디딘 것이다. 이는 프뢰벨의 유치원 창설(1840년)보다 24년이나 앞섰다.

한마디로 그가 창설한 유아학교는 단지 직장을 가진 어머니를 위하여 그 노동력을 보장하기 위하여 유유아(乳幼兒)를 맡아서 신체적인 보호를 한다는 탁아시설은 결코 아니며, 격동하는 사회, 가정생활의 변화 속에서 유아의 바람직한 성격

을 형성하고, 옳은 성장이 보장되는 환경조건을 제공하려고 했던 유아교육시설이었다고 말할 수 있다.

오웬은 그의 『자서전』에서 유아학교를 설립하게 된 동기를 다음과 같이 쓰고 있다.

> 가난한 노동자 계급의 주택을 어린아이들의 훈련에 전혀 부적당했었다. 어린아이들은 이들 주거의 한정된 넓이와 설비로서는 시종 그들 부모, 즉 하루하루 일에 얽매이지 않으면 안되는 양친들의 무거운 부담이 아니 될 수 없었다. 그리하여 양친은 100명 중 99명까지 어린이를 다루는 올바른 방법을 전혀 모르고 있었다. 이러한 사정은 유아가 양친의 품을 떠날 수 있고 가장 일찍부터 그들의 성격 형성의 원리에 대하여 훈육할 수 있는 유아학교의 필요를 생각했다.

2) 오웬의 교육론

(1) 유아교육론

오웬의 유아교육론은 성격 형성론에 잘 집약되어 있다. 이 성격 형성론에 기초한 교육실천이 뉴 라나크의 성격형성학원이었다. 이 이론은 과거의 역사적 경험과 사실 그리고 여러 가지 사정하에서 인간성에 관한 이론과 실제에 대한 장기간의 끈기 있는 연구의 결과로 이루어진 것이고, 그 논증성에 대해서는 오웬 자신이 자부하는 바이다.

대개 사회의 조화와 발전은 인간성, 사회, 인간과 사회와의 관련이라는 세 가지 지표를 가지고 생각할 수 있다. 그 가운데 인간과 사회환경의 관련, 즉 인간성에 미치는 환경의 영향에 대한 과학 및 환경이 제어할 수 있는 제 수단에 대한 지식이 성격 형성론의 골자가 되는 것이다. 지금까지 사람들은 자기 자신 및 자기 자신의 형성 발전에 대하여 무지하였다. '각 개인이 자기의 성격을 형성한다'는 인간성에 관한 잘못된 원리에 의해 인도되고 있었다.

“이 세계에 있어서 오류와 해악의 가장 일반적인 원천의 하나는 유아, 아동 및 성인은 그 자신에 의해 형성되고 그 자신의 선택에 따라 만들어진 의지에 의해 지배되는 주체라고 하는 생각이다.” 이것은 개인이 자기의 의견과 습관에 대하여 책임을 진다고 하는 것이고, 인간에게 어울리지 않은 행동을 만든다는 원리라고 할 수 있다. 부당하게도 개개인에 대하여 벌과 보상을 주는 이론이다. 단적으로 노동자 계급의 상태를 보면 열악한 처지와 무지와 악습과 편견과 불행, 게다가 범죄라는 악순환 상태에 빠져 있다. 그럼에도 불구하고 많은 사람들은 더구나 종교는 그 원인을 노동자 개개인의 책임으로 돌리고 있다.

(2) 오웬의 인간 형성에 관한 고찰

인간의 성격은 그를 위해서 형성되는 것이지 그에 의해서 형성되는 것은 아니다. 교육의 중요성과 가능성이 호소되고 있으며, 인간 형성을 위한 보다 좋은 교육환경의 설정이 문제로 부상된다.

인간의 형성은 이중의 창조과정을 지닌다. 제1의 창조는 생전의 불가사의한 심신의 결합인 선천적인 것으로, 태어나면서부터의 차이와 다양함에 유의하는 것이 교육의 출발점이라고 보고 아동을 잘 관찰할 것을 호소한다.

만들어진 것은 만든 것으로부터 일체의 성질을 받고, 창조된 것은 그 창조자로부터 일체의 성질 및 능력을 받는 것이다. 인간에게 있어서 행복의 소망과 자연적인 성질의 씨앗과 지식을 획득하는 능력은 그 자신이 알지도 못하는 사이에 모태 내에서 형성되는 것이다. 이러한 것들은 완전하든 불완전하든 조물주의 손에 의한 것이고, 유아도 어른도 본래 어떻게 할 수 없는 것이다.

제2의 창조는 제1의 창조의 세계에서 나타나는 성숙, 창조라는 후천적인 것이다. “인간은 복합체이고 그의 성격은 태어나면서부터의 심신의 구조 혹은 구조에 의하여 형성됨과 함께 거기에 태어나서 죽을 때까지 작용하고 있는 외계 환경에 의해서도 형성되는 것이다. 이러한 타고난 심신의 구조 및 외계의 사정의 영향은 시종일관 서로 상호 간에 작용하고 반작용하는 것이다.

(3) 교육환경 설정론

아동들의 심신이 불건전한 것에 감화되는 것을 예방함과 동시에 다른 한편으로는 적극적으로 사회적인 습관을 형성하는 것을 목표로 한 것이다. 그리하여 탄생에서부터 일관성이 있는 합리적인 성격 형성의 장을 설정하는 것이 요구되는 것이다. 이것이 유아학교의 계획이다.

(4) 성격 형성의 원리

자기 발견과 타인의 발견을 재촉하여 인간의 발견으로 인도하고, 마침내 인류에 대한 보편적인 선과 자선심을 키워간다는 낙관적인 전망을 가지고 있다. 환경만능론이라고도 생각할 수 있는 그의 사상은 오웬 자신의 생활 태도와 그의 자수성가한 악전고투의 생활과 활동을 보여 주고 있다.

그는 당시의 산업혁명의 최전성기에서 유소년의 비참한 생활을 보고 열악한 사회환경의 극복과 나아가 사회개혁을 목표로 하여 인간성의 조화로운 발전을 위하여 위에서부터의 개혁으로서 공장법의 법제화 운동에 몰두하였다. 이와 동시에 자기 사상의 구체적인 실현으로서 뉴 라나크의 유아학교와 뉴 하모니의 유아교육의 실천을 추진했던 것이다.

3) 성격형성학원

1816년 1월 1일 신학원 개설에 즈음하여 '뉴 라나크 주민에 대한 강연'을 하였다. 그는 그 가운데에서 뉴 라나크 자녀들의 상태를 목격하고 성격 형성의 참 원리에 기초하여 교육할 성격형성학원의 설립 취지를 호소하였다. 그는 아동의 악습을 발생시키고 계속 증대시키는 경향이 있는 나쁜 환경을 철폐할 방침을 세웠다. 성격형성학원의 목표는 다음과 같은 네 가지였다.

① 이상적인 행복 건설, 합리적으로 생각하고 행동하는 심신이 모두 완성된 아동을 육성

② 그의 영국 국민 교육사상의 실천을 모범적으로 실험

③ 노동자 가정의 붕괴에 대해 협동체의 가치 있는 성원을 육성

④ 노동자인 부모들의 잘못된 교육으로부터 벗어나게 하고 아동들에게 의식주에 관한 쾌적한 생활을 보장(이것이 탁아소 보육의 시초라고 말할 수 있는 까닭이 여기에 있다)

성격형성학원의 시설은 공장 부지의 중앙에 위치하였고 전방에는 놀이장과 운동장이 있었다. 유아학교는 계단 아래에 있는 세 칸의 방(1~4세아를 위한 통풍이 좋은 방, 4~6세아를 위한 그림 · 동물 · 지도 등이 준비되어 있는 방, 유희실)을 교실로 사용하였고, 모친의 참관이 허용되었다. 상급 학급은 2층의 두 칸을 이용하였다.

성격형성학원의 학급은 유아학교 제1반(제1준비반) – 유아가 혼자서 걸을 수 있을 때부터 입학할 때까지의 1~3세아를 수용한다. 주간 동안 보육하고 야간은 부모 슬하의 가정으로 돌아간다. 이 학급에서는 놀이와 레크리에이션이 주된 교육내용이다.

유아학교 제2반(제2준비반) – 3~5세의 아동을 기숙제로 수용한다. 이 반도 유희와 레크리에이션이 주 활동이고, 제1반에 비하여 산책이 많이 포함되었다. 이상 유아 학교의 두 반의 정원은 30~50명이다. 그 위에 초등학교에 해당하는 6~10세아 학급, 노동자 자녀를 위한 야간 학교인 10~15세, 15~20세, 20~25세의 성인 학급으로 연결되었다. 오늘날의 사회교육이나 성인 강좌라고 할 수 있다.

성격형성학원의 방침은 상벌의 폐지와 무질책, 무징벌 그리고 개방적이고 아동 집단 속에서 개성을 발달시키며 좋은 성격을 형성하기 위해 야외나 운동장에서 친구들과 함께 사이좋게 놀면서 학습활동을 하게 하였다. 성격형성학원에서의 아동의 활동은 완전히 자유롭고 아무런 강제가 없었으며, 놀이와 휴식의 구분이 없을 정도였고, 생생하고 사이좋고 즐거울 수 있도록 보장하였다. 그리고 아이들에게는 항상 전력을 다하여 놀이 친구들을 행복하게 하도록 해야 한다는 것을 교육하였다. 나아가 학원의 4~10세인 아동은 더 어린 아이들을 돌보도록 하였고, 서로 힘을 합하여 서로의 행복을 지향하였다. 여기에서 오웬의 공동 사회주의 사상을 기초로 한 집단보육사상을 볼 수 있다.

성격형성학원의 목표는 놀이 친구를 존중하고 동료의 행복을 지향하는 철저한 도덕적인 성격의 형성이 목표가 되었다. 따라서 교과서의 학습은 폐지되었고 원칙적으로 책은 사용되지 않았다. 특히, 유아단계의 교육 내용으로서 중시된 것은 체육이었다. 기후와 체력이 허락하는 한 유아는 야외의 신선한 공기 속에서 놀았다. 유아들은 놀다 지치면 낮잠을 잘 수 있는 준비가 갖추어진 교실에서 보내었다. 이러한 야외 활동을 주로 하는 교육은 그 후 런던, 데드포드의 맥밀란 자매의 '오픈 에어 너서리 스쿨'의 실천으로 계승된다.

성격형성학원에서의 교육 내용 놀이, 레크리에이션 외에 2세 이상의 유아들의 교육 내용으로서 무용, 4세 이상이 되면 음악, 군사 훈련, 지도 읽기와 자연의 사물이나 동물의 탐구를 목표로 하는 지리와 자연사의 기초 학습, 5~6세가 되면 창가가 도입되었다.

이러한 학습은 "유아에게 건강을 주고, 육체에는 오염되지 않는 우아함을 주며, 자연스러운 복종과 규율을 가르치고, 마음에 평화와 행복을 창조한다. 모든 정신적인 재능에 대하여 가장 좋은 방향으로 진보할 기초를 길러 주는 것이다." 라고 말한다.

게다가 초등학교에서는 읽기, 쓰기, 셈하기, 이해, 군사 훈련, 더 나아가서는 박물, 고대사, 현대사 등의 제 학문이 성과를 알기 쉽고 정확하게 교육하도록 되어 있다. 특히, 여자에게는 유아학교의 상급 학급에서부터 재봉, 뜨개질, 요리 등의 가정 과목이 짜여져 있다.

성격형성학원의 교육 내용에서 주목되는 것은 5~7세의 아동에게 작업, 실습이라는 생산노동이 들어 있는 점이다. 일이든지 작업이든지 가벼운 것에서부터 고도의 것, 실험적인 것으로 순차적으로 이루어진다. 이러한 것들은 협동사회의 구성원으로서 아동에게 어울리는 쾌적한 만족이 수반되는 것이다.

완구는 유아의 자유로운 활동이라는 점에서 폐지되었다. 이리하여 성격형성학원에서의 교육은 집단 보육에 의한 동료 형성과 아동의 신체 건강의 증진을 도모하고 신체적인 표형을 만족시켜 기꺼이 하는 복종과 규율을 체득시키고 제 능력의 조화로운 발달을 재촉하는 것이 요망되었다.

성격형성학원에서의 교육 방법은 밝고 개방된 교육방침이 취해졌다. 먼저 아동의 자발성이 존중되었다. 그 위에 상벌과 경쟁이 배제되었다. 상벌은 편중된 불공평한 조치이고, 무익하고 유해하다. 그 때문에 오웬이 교사에게 요망했던 것은 "어떤 일이 있어도 아이들을 때리지 말라. 어떤 짓을 해도 협박하지 말라. 욕설을 퍼붓지 말라. 항상 유쾌한 얼굴로 친절히 대하고 상냥한 말로 서로 이야기하라."는 것이었다.

그가 책에 의한 구식 교육을 하는 선임 교사를 그만두게 하고 읽기, 쓰기도 거의 할 수 없는 직공인 제임스 부케난(James Buchanan)과 젊은 여공인 모리 영을 학원의 교사와 보모로 선발했던 것은 "큰 아이도 좋아하고, 어디까지나 아이들을 잘 돌보고 편애를 하지 않으며 게다가 철두철미한 순종으로 오웬의 명령에는 기꺼이 따르는 영리한 사람"이라고 확신하였기 때문이었다.

부케난이 웨스트민스터 유아학교로 전출 간 후 성격형성학원 출신의 젊은 교사를 채용했던 것이 한층 더 효과를 거두었다고 한다. 이와 같이 친절한 마음과 애정을 가지고 아동들을 대하는 교사들과 격의 없이 보내는 가운데 생생하게 살아 있는 대화에 의해 아동들의 호기심이 자극되었고, 그것에 대해 질문을 하게 되면 교사는 유아가 이해할 수 있는 범위 내에서 제시하고 설명을 하여 즐겁고 기쁘게 하였다.

4) 교육 방법

오웬은 성격형성이론에 페스탈로치의 교육정신의 영향은 받아, 다음 7개조를 교육원칙으로 하였다.

① 성격형성론에 바탕을 둔 환경개선의 교육
② 어린이들의 자기활동을 중시하는 교육
③ 사랑과 행복의 교육
④ 상벌의 폐지
⑤ 직관교육
⑥ 생산노동과 결합된 교육
⑦ 자연과 결합된 교육

또한 유아학교가 성인교육에 기본이 된다고 기대하고, 그 교육방법을 다음과 같이 하였다.

첫째, 주입식 교육 대신 개발교육으로 수업은 항상 개발교육으로서 아동의 호기심을 불러일으키기도 하고, 아동과 교사 간의 참된 대화를 창조하도록 하였다. 또 교사는 아동의 질문에 대하여 항상 능력에 최선을 다하며 친절하게, 이해력을 충분히 고려하며, 쉽게 알아듣도록 명확한 설명을 해 주도록 하였다.

어린이들은 책으로 괴롭혀서는 아니 되며, 그들 주변의 흔한 사물의 이용법이나, 본질 또는 성질을, 어린이들의 호기심이 그것에 관하여 질문토록 할만큼 자극되었을 때, 격의 없는 대화에 의하여 가르쳐야 한다. 유아학교에서는 책은 무익이라고 하기보다 유해하다.

둘째, 징벌교육 대신 벌이 없는 사랑의 교육을 주장했다.

합리적으로 관리된 유아학교에서는 벌은 결코 필요하지 않을 것이다. 그것은 그들의 음식 속에 독을 집어넣은 일처럼 피해야 할 것이다.

아동에게 손을 대지 말며, 또는 언제나 행동으로서 아이들을 위협하지 말고, 사나운 말을 쓰지 말며, 언제나 즐거운 표정으로 그리고 친절한 태도와 부드러운 음성으로 대하라. 언제나 아동 상호 간에 즐겁게 대하게 하고, 나이 든 아동이 자기보다 어린 아동들을 돌보아주게 하라.

셋째, 주지주의적 교육을 배격하고 독(讀) · 서(書) · 산(算)의 훈련을 제외하였으며, 그 대신 실물교육을 주로 하였다. 즉, 최근 유아학교에서는 오히려 유해하다고 하며, 교실에는 지도나 그림(주로 동물), 또는 숲에서 가져다 준 자연물로서 실물교육, 직관교육을 중시하였다.

넷째, 엄격한 교육 대신 개성 존중의 자유교육으로 아동의 모든 습관 형성이나 그들의 태도 · 성질 · 상호행위에 대해 언제나 자유를 주라고 하였다. 그는 교육에 있어서도 규칙 강조는 비교적 효과가 없는 것이라고 했다.

다섯째, 집단적인 생활훈련을 통하여 규율과 복종의 습관을 키움과 아울러 합리적인 사고와 행동을 취할 수 있는 성격을 형성하는 데 노력하였다. 이런 뜻에서 음악이나 군사교련도 교육 내용에 포함되었다.

댄스나 음악이나 군사교련은 항상 성격 형성을 위한 하나의 합리적 제도에 있어서의 탁월한 환경이다. 그것들은 몸에 건강과 참다운 의미를 주며, 쾌활한 태도 위에 복종과 규율을 가질 것을 가르치며, 또 모든 지식의 획득에 있어서 진보를 이루려는 최선의 방법으로 정신의 기반은 만들면서 정신에 평화와 행복을 창조한다.

여섯째, 실내교육 대신 자연과 벗하는 야외교육을 중심으로 하였다.

정원, 과수원, 논밭, 숲 등의 생산물이나 가족, 자연과학 일반에 관한 취미를 갖도록 아동들을 집밖으로 데리고 가는 것은 노동자의 아이들에게 베풀 수 있는 교육의 중요한 부분이다.

그리고 중시된 교육 방법은 교사와의 허물없는 이야기에 의해 아동에게 흥미를 일으켜 자유로운 표현활동을 재촉하였다. 그리고 실물에 의한 직관 교수를 중시하였다. 오웬은 날씨가 좋으면 언제나 아이들과 산책을 갔다. 걸어가는 중에 많은 것을 보고 듣고 하는 경험도 중요시했지만, 여러 가지 자연물을 가지고 오게 하여 방안에 늘어놓고 교재로 사용하였다. 말만으로 가르치는 것이 아니라 실제의 사물을 보고 만지며 느끼게 하는 것이 특히 유아들에게는 꼭 필요한 공부라고 보았다.

4. 현대교육사상사적 의의

오웬의 생애와 사상은 그의 사회 개혁에의 실천과 분리하여 생각할 수 없다. 그는 자기의 생활 체험을 학설로 체계화해 나갔고, 그 위에 자기의 학설을 실천 속에서 체화시켜 갔다. 이 점은 그가 그의 일생을 통하여 보여 준 저작과 집회, 팸플릿, 기관지, 정기 간행물 등 다방면의 풍부한 활동이 그 증거이다.

그의 교육사상이 완전히 독창적인 것이 아니라는 것은 말할 필요도 없다. 그의 교육사상은 성격 형성론으로 특징지어진다. 그의 성격 형성론은 환경교육론으로서 다음과 같은 두 가지 방향으로 전개되었다.

① 백지설처럼 인간에 의한 무한한 교육 가능성이고, 환경의 성격 형성론에서 나온 인간의 성격에 대한 관용이다. 그리고 유아학교에서도 유아의 지적, 도덕적, 신체적, 미적인 다방면의 교육 내용이 도입되었고, 유아의 조화로운 발달이 목표가 되어 있다.

② 적극적인 인간교육에 의한 사회개혁이다. 그가 이상으로 하는 사회는 경쟁과 불화가 없는 만인의 행복과 복리를 가져다주는 사회였다. 그 실험으로서의 유아학교는 지역화였고, 지역 주민의 개선과 일체가 되는 것이었다. 이 사회개혁론은 마침내 오웬에게서 공동 사회주의로 형성되어 갔다.

현재 형성되어 가고 있는 인간의 성격은 개인적인 책임이 아니라는 것과 나아가서는 새로운 환경의 설정이 도입된다. 여기에서 나쁜 환경의 배제라는 측면에서 노동자에 대한 훈련과 고용의 보장이 새로운 환경의 설정이라는 면에서 국민교육제도의 정비가 주창되었다. 그 배후에는 교육은 자선이 아니라 권리라고 파악하는 사상이 있었던 것에 주목해두고 싶다.

성격 형성론의 두 가지 입장은 서로 함께 어울려 유아의 유연한 사소성에 대한 착안에 의해 유소기에서부터의 질적, 양적인 교육의 보장을 필연적으로 요청한다. 그 때문에 오웬은 유아교육 또는 유아단계의 교육을 특정한 과제와 영역을 가지고 전체 교육계획 속에 위치시켰던 것이다. 이러한 의미에서 성격 형성론은 그의 평생의 과제였고, 인간 형성과 사회의 불가분한 역동적인 관계의 파악이었다.

오웬의 성격형성학원은 산업 혁명이 진행됨에 따라 수반되고 있는 인간 소외와 빈곤을 목전에 둔 성격 형성론의 실천이었다. 여기에서의 실천의 성과가 오웬의 성격 형성론을 생기 있게 하고 있고, 특히 1~6세의 유아학교는 주목할 만한 것이었다. 유아학교는 오웬의 성격 형성론에서 필연적으로 도출된 것임과 동시에 산업 혁명에서 수반되는 가정 파괴에 대한 보육시설의 보급은 시대적인 급무였던 것이다. 그 때문에 유아학교는 당시의 노동자 계급의 조잡한 가정교육 상황에서 취학 전 아동에 대한 가정교육의 대체 기능도 담당하고 있었던 것이며, 단순한 보육시설 이상의 것이었다. 유아학교는 공동사회주의의 생활계획 속에서 생활실천과 연결되어 명확한 위치와 의의를 지닌 것이었다. 이러한 의도는 뉴 하모니에도 계승되었다.

유아학교에서는 서적, 특정 종교 등 지식체계가 배제되었고 아동의 관찰과 발견, 사고, 논증 등의 활동이 존중되었으며, 계통적이고 합리적인 교육활동과 아동의 자유로운 활동이 무엇보다도 중시되었다. 더구나 상벌, 경쟁 등 교육 외적, 개인주의적인 강제를 하지 않았고, 아동의 생활 현실과 결합된 또래 아동들의 지적 흥미를 재촉하는 집단보육사상을 수립하였던 것이다. 게다가 아동의 도덕적, 미적, 지적 및 신체적인 예비 형성이라는 전면적인 교육이 배려되고 있었다.

그리고 오웬이 중요시한 특징으로 아동 중심의 사상을 들 수 있다. 벌이 없는 사랑의 교육을 바탕으로 한 그의 사상은 아동의 인권에 대한 진정한 자각에서 오는 참사랑의 정신이라고 할 수 있다. 오늘날 교사 중심의 획일적인 강의식 수업, 답답한 교실과 교과서 중심의 닫힌 교육의 현실은 대안교육의 중심을 아동 중심주의 철학에 두기에 충분했다. 우리 교육의 미래 지향을 설정하는 데 있어서 주입식 교육 대신 계발교육을, 징벌교육 대신 사랑의 교육을, 서적 중심주의 교육 대신 실물교육을, 엄격한 교육 대신 개성 존중의 자유교육을, 실내교육 대신 자연과 벗하는 야외교육을 중심으로 하는 교육방법을 일찍이 역설한 그의 말을 귀담아 들어야 할 것이다. 정보 홍수의 미래사회 속에서 우리가 길러내야 할 인간은 비판적 사고능력을 가진, 문제해결능력이 있는 인간이며, 획일적인 주입식 교육으로는 이러한 인간 만듦의 길이 요원하기 때문이다.

우리는 그 변화의 전제로 진실된 인간적인 만남을 설정할 필요가 있다. 그러한 만남이 없이 변화를 가져올 수 있다고 믿는 것은 교육을 진정으로 고민해보지 않은 자의 오만에 불과하다. 그리고 밀도 있는 만남을 위해서는 개별화교육과 그것을 일구어 낼 수 있는 교육환경이 매우 중요하며, 그 만남의 시작, 중심에 아동중심 사상이 굳건히 자리 잡아야 할 것이다.

또한 오웬이 자신의 신념을 위해서 진지한 고민과 실천으로서 매진했듯이 교육의 주체로서 철학의 부재가 제도교육의 큰 문제임을 인식하고, 고민과 실천, 철학의 상관관계를 깊이 반추해 봐야 할 것이다.

오웬에 의하여 영국의 유아학교는 프뢰벨의 유치원 설치보다 25년여경 앞서 착수되었다. 뉴 라타크의 유아학교 설치 이후에 라운즈 다운 후작, 브룸 경 등에 의해 런던 웨스트민스터에 윌더스핀을 교장으로 하는 스파이탈 필드의 유아학교가 세워지게 된다. 뉴 라나크에서부터 부케난을 초빙했던 전자(오웬의 유아학교)는 뉴 라나크에서 유사하였지만 아동을 때리기도 하고 벌을 주기도 하여 뉴 라나크의 정신이 결핍되어 있었고, 후기(윌더스핀의 유아 학교)는 윌더스핀의 실천도 쌓여 있지만 오웬의 외적인 모방에 그치고 있다고 한다. 오웬의 유아학교는 그의 인간과 사회에 관한 사상의 통일된 실천이었다고 할 수 있는 셈이다.

두 학교의 설치 후 자선사업의 성격이 농후한 유아학교운동이 전개되어 서서히 보급, 확대되었다. 1824년에는 유아교육의 진흥을 위하여 런던 유아 학교 협회가 설립되었다. 유이 학교는 스코틀랜드에도 스토우에 의해 보급되었고, 26년에는 유아학교협회가 설립되었다. 34년부터는 유아학교에도 보조금이 지급되었고, 36년에는 본국 및 식민지 유아학교협회도 설립되었다. 당시 빈약하던 유아학교교육의 풍조 속에서 유아학교는 그만큼밖에 보급되지는 않았지만 꽤 큰 성과를 거두었을 것이다. 한 통계에 의하면 36년 단계에 영국에는 유아학교가 약 270개교가 있었고, 약 2만 7,000명 정도의 유아가 수용되어 있었던 것이 아닐까 추측되고 있다.

뉴 라나크 이후 유아학교에서는 당초에 오웬이 이상으로 하였던 교육 이념을 잃게 되었고, 지식 교육을 위주로 하는 유아교육이 진전되어 갔다. 그럼에도 불구하고 오웬에 의하여 선구적으로 실시되었던 영국의 유아교육은 윌더스핀, 스토우, 메이요 남매, 맥밀란 자매 등의 노력에 의해 서서히 정착되어 갔다.

그의 교육의 가장 큰 특징으로 노동자 계층의 아이들의 교육에 대한 관심을 들 수 있다. 그는 공정한 교육기회를 제공하는 무상에 의한 교육제도를 가지게 되면 누구나 다 자기와 남을 위해서 공헌할 수 있는 사람이 된다고 생각했다. 오웬의 이러한 사상과 실천은 세계 인권 선언에도 명시되어 "사람은 누구나 교육을 받을 권리를 가진다. 교육은 적어도 초등 및 기초단계에서는 무상이어야 한다."에 나타난다.

제10장

프뢰벨

1. 생애

세상의 어떤 사상도 배경 없이 나타나는 것은 없다. 이 말은 학자의 사상에도 마찬가지이다. 학자의 사상은 그의 삶에 기인한다. 프뢰벨의 삶을 살펴봄으로써 프뢰벨의 사상을 더 잘 이해할 수 있기를 기대한다. 더 중요한 것은 프뢰벨의 삶에 드러난 생태적인 요소들을 찾아보고 그 생태적인 요소들이 인간교육이 기독교 생태교육으로 해서될 수 있는 가능성과 배경을 발견하고자 한다.

프뢰벨은 1782년 4월 21일 독일의 튜링겐에 있는 숲속의 아름다운 작은 마을 오버바이스바흐라는 마을에서 태어났다. 목사인 요한 야곱 프뢰벨과 야코비네 엘에 오노레 프리데리카 호프만 여섯째 아이로 태어난 그는 프리드리히 빌헬름 아우구스트라는 이름으로 불리었다. 그의 형제는 모두 6명이었다(곽노의, 1996). 어렸을 때 관찰한 자연을 통해 자연의 이치에 그의 눈이 열리게 되었고, 인류와 자연이 긴밀하게 함께 얽혀 있음을 그는 어렴풋이 느끼게 되었다. 이렇게 자연에 대한 인식과 친숙함은 그의 소년기에 형성되었으며 프뢰벨은 자신의 성격 형성과 발달은 자기부모의 집의 위치에 영향을 입었다고 고백한다(이상욱, 1996). 프뢰벨은 사람들 사이에서 외톨이였다.

프뢰벨의 사색적인 성향이 오히려 자기만의 세계에만 있는 듯이 보여 친구나 다른 사람들로부터 환영받지 못하였다. 이러한 이유로 프뢰벨은 초등학교를 그만두고 1797~1799년까지 측량사이며 임무관이었던 빗쓰의 조교가 되었다. 조교 생활은 그의 사상 형성과정에 있어서 빼놓을 수 없는 시기를 이루게 되었다. 프뢰벨은 임무관 조교생활을 하면서 신비스러운 삼림생활을 통해 '하나님의 권능이 역사하고 있다'는 것을 크게 깨닫게 되었다. 이 시기는 프뢰벨에게 자신의 정신생활을 불러일으키는 데 좋은 계기가 되었다.

이때부터 프뢰벨은 모든 사물 가운데 숨겨져 있는 보편적인 법칙 및 통일성을 추구하려는 것을 사색의 중심과제로 삼았다. 그리하여 그는 듀링겐의 숲속을 거닐면서 자연계의 사물과 친숙하고 아직은 과학적인 교육을 전혀 받지 않았던 때였지만 자연의 법칙 및 통일성에 관하여 깊은 통찰을 하게 되었다. 그는 17세 때 그 숲속을 떠나게 되었는데, 이때에는 이미 그의 생애를 지배하는 사상의 기초가 마련되었다. 소년시대에 튜링겐 숲속에서의 고독한 산책은 인간 및 사상가로서의 프뢰벨에게 결정적인 영향을 미쳤다. 그 후 자연연구에 관한 그의 흥미는 더욱 고양되어 '자연의 통일성과 보편성'에 대한 깊은 사색을 하는 일이 그에게 있어서는 억제할 수 없는 생명의 요구가 되었다.

그 후 프뢰벨은 1799년 예나(Jena) 대학에 진학하여 자연과학과 공학을 연구했다. 당시 예나에서는 피히테의 수제자이며 낭만주의 철학자인 쉘링(Friedrich Wilhelm Schelling, 1775~1829)이 활약하였다. 프뢰벨은 쉘링과 쉬레겔(Friedrich Schlegel, 1772~1829), 노발리스(Friedrich Von Hademberg Novalis, 1772~1801) 등의 낭만주의 철학의 영향을 받았다.

특히, 1809년 프뢰벨은 페스탈로치와 만나면서 교육에 눈을 뜨기 시작한다. 그는 형 크리스토프 앞으로 보낸 편지에서 "교육학은 어떠한 철학적인 범주에도 속하지 않지만 본질적으로 철학과 깊은 관계가 있다"고 쓰고 있다. 또 이 편지 가운데에 우수한 교사가 구비해야 할 여러 학문을 열거하면서 제일 중요시해야 할 것으로 철학을 들었다. 이러한 면을 볼 때 프뢰벨이 철학에 얼마나 많은 관심을 갖고 있었는가를 엿볼 수 있다. 그가 연구한 철학적 원리는 그의 교육학의 기초를 세우는 데 지대한 영향을 미쳤다.

이와 관련해서 레그만은 "프뢰벨의 교육학은 경험적 교육학이라기보다는 오히려 과학적 교육학 혹은 철학적 교육학이라고 해도 과언은 아닐 것이다."라고 말하고 있다. 이처럼 페스탈로치와의 만남은 프뢰벨에게 교육에 대한 관심을 불러일으키는 사건으로 프뢰벨은 페스탈로치 정신에 따라서 교육자로서 살기로 결심하였다.

프뢰벨에 의하면 인간과 자연은 본래 일원적인 것으로서 다같이 동일한 법칙에 의해서 지배되고 있다고 보았다. 따라서 인간 본성에 대한 깊은 연구를 위하여 더욱 자연의 본성에 대한 깊은 연구를 해야만 되겠다고 생각했다. 이는 프뢰벨 특유의 인간 본질 관으로부터 페스탈로치의 교육경험에 의거하여 발견한 원리를 더욱더 발전시켜 완성하려고 한 것이다.

프뢰벨은 이 시기에 페스탈로치도 자연의 연구에 대해서는 불충분하다고 느꼈다. 그래서 그는 다시 11년간이나 중단되었던 대학생활을 계속하고자 하여 1811년 6월(29세) 게팅겐 대학에서 화학, 물리학, 광물학, 자연철학 등을 배웠다. 이러한 학문의 연구를 통해서 프뢰벨은 페스탈로치에 있어서는 해결이 주어지지 않았던 교육의 근본적인 통일원리를 탐구하려고 하였다. 이러한 발상이 신(神)과 자연과 인간에 대한 그의 기본적인 사고방식에 영향을 주었고 후에 그의 사상을 통해서 발현되기에 이른다.

프뢰벨에게 정신과 육체의 상호 관련성을 배우게 하고, 그의 국민교육사상의 배경을 형성시켜준 것은 그의 군대생활이었다. 프뢰벨은 1814년 5월 파리강화조약이 체결될 때까지 약 1년 동안의 군대생활을 하였는데, 이 시기는 나폴레옹 전쟁 당시였다. 종전과 함께 그는 다시금 베를린으로 돌아와 봐이스 교수 아래서 광물박물관의 관리인으로 일하게 되었다. 그후 그는 고아가 된 생질과 또한 다른 형으로부터 온 두 조카를 교육하기로 결심하였다. 그리고 이웃으로부터 몇몇 어린이를 모아서 학교를 개설하기로 하였다. 이번 기회를 통해서 프뢰벨은 그가 지니고 있던 신교육의 이론을 실천해 보기 위한 것이었다. '일반독일 교육원'이 그 장(場)이 되었다.

프뢰벨은 1816년부터 하고 있던 '일반독일 교육원' 활동을 1817년, 카일하우로 옮겼으며 학원도 형태를 갖추고 생도 수도 증가하였다. 카일하우 학원은 점점 발전하여 1820년에는 12명, 1821년에는 20명, 1825년에는 56명에 달하였다. 1826년 간행된 『인간의 교육』은 카일하우에서의 10년간의 경험이 뒷받침된 것이다. 프뢰벨은 카일하우 학원을 운영하면서 그의 교육적 이상을 피력하고 보다 많은 동조자를 얻기 위하여 1820~1824년까지 일곱 개의 논문을 발표하였다. 이 논문은 '카일하우에서의 소논문'이다.

프뢰벨은 피히테가 주장한 국민교육사상에 깊이 공감하고 있었으며, 그의 소논문들은 국민교육사상의 특징인 독일 민족주의가 강하게 드러난다. 이것은 바로 나폴레옹 전쟁의 영향에 기인한다. 그것은 프뢰벨에게 있어서 독일과 독일 민족의 이해에 밑거름이 되었고, 그 경험으로 인해 학원은 독일 민족의 근본 요구를 충족시키는 장이 되기도 했다.

1836년(54세) 프뢰벨은 브르크돌프를 떠나 베를린으로 간다. 유아교육에 착수한 프뢰벨의 확신의 핵심은 어린이는 놀이에 있어서만이 합자연적인 발달을 이룬다는 것이다. 따라서 창조적인 놀이를 키우는 것, 그리고 그것을 위한 올바른 놀이, 도구(선물)가 올바른 방식으로서 주어지는 것이 무엇보다도 중요하다고 하는 것이 그 확신의 내용이다. 프뢰벨은 놀이도구(선물)를 갖고서 신과 자연과 인간의 전체를 상징하고 이 상징을 통하여 유아에게 신과 자연과 인간의 일체를 예감시키고자 한 것이다.

1839년에는 장난감 중심의 유아교육에 대해 강연회를 열어 프뢰벨의 명성이 높아졌다. 같은 해에 '어린이 작업소'를 만들고 이것을 유치원이라 부르기 시작했다. 이것이 전 시민의 관심과 고관부인들의 관심을 받기에 이르렀다. 그런데 뜻하지 않은 불행이 찾아온다. 1851년 8월 프로이센 정부는 유치원의 금지령을 내렸다. 유치원을 금지한 직접적인 이유는 프뢰벨의 유치원이 아이들을 무신론과 사회주의에 인도한다는 것이다. 이에 프뢰벨은 금지령의 철회를 탄원하나 받아들여지지 않고 그가 죽은 뒤 1860년까지 금지령은 계속되었다. 1852년 6월 21일 프뢰벨은 마리엔타르에서 70세의 생애를 마쳤다.

프뢰벨의 생애에 자연은 통일성을 내포한 어떠한 존재로 다가오는데, 프뢰벨이 어린 시절부터 친숙하게 접해온 자연 속에 법칙들이 비단 자연에만 종속되어 있는 것이 아니라는 생각이 자연의 한 부분인 인간을 인지하게 되었다. 이것을 통하여 자연뿐만 아니라 인간을 포함한 모든 만물에 해당하는 보편적인 법칙과 통일성을 발견하게 되고, 자연의 법칙은 그의 종교적인 환경 가운데 확고한 신념과 함께 더욱 구체화를 이루어 가게 된다. 이러한 프뢰벨의 종교적인 환경은 신이 그에게 준 선물이었다. 태생적으로 기독교 가정에서 태어나 자란 프뢰벨이었기 때문이다. 이러한 기독교적 가정환경은 그의 삶과 고백으로 이어졌다. 프뢰벨이 고민한 '자연의 법칙'과 '만물의 근원', '신의 존재'에 관한 사색의 주제들은 그의 기독교적 사고에서 비롯된 것이다. 후에 프뢰벨은 자신의 종교적 기본 사상과 사색의 주제들을 자신의 교육의 과정과 목표로 삼게 되었다.

프뢰벨은 교실에서 학생들을 처음으로 만난 후 교사로서의 행복감을 경험하였다고 한다. 이러한 프뢰벨에게 있어서 교육은 불합리하게 인간의 본성을 거스르는 것에 반대하는 것이었고 이를 대신하여 자연을 벗 삼는 생활교육 속에서 인간을 교육하려는 것이었다. 다시 정리해서 살펴본 대로 프뢰벨의 생애를 통해 드러난 그의 철학, 교육관, 자연관, 종교관의 여러 영역에서 기독교 생태적 요소들이 드러나고 있다.

2. 사상적 배경

프뢰벨이 태어난 1782년은 독일 낭만주의 초기의 분위기 가운데서 자라나면서 그의 사상적 줄기를 형성했다. 18세기 후반부터 예술, 문학, 철학, 심지어 정치학까지의 '낭만주의 운동'에 영향을 받았고 그 운동의 일부를 형성했다(이상욱, 1996). 이러한 분위기에서 성장한 프뢰벨에게 이 시기의 철학 사조인 낭만주의를 이해하는 것은 프뢰벨의 사상적 배경을 이해하는 데 중요하다.

낭만주의는 18세기 말부터 19세기 초에 걸쳐 유럽 각국의 사상계와 문예계를 휩쓸었던 정신 사상의 한 현상이다. 낭만주의는 전(前) 세기의 정신계를 지배하고 있었던 합리적, 기계적 계몽주의와 형식적 · 인습적인 고전주의에 대한 반발로서 일어난 운동이다. 낭만주의는 냉정한 이지를 배제하고 자유로운 감정과 공상의 약동을 구가하며 적나라한 주관의 해방을 희구하는 동경적 혁신정신에 충일한 흐름이었다. 낭만주의는 하나의 정신적 범주에 대한 명명인 동시에 독일과 유럽 문학의 한 시대 및 양식의 방향을 일컫는 명칭이다. 정신적 범주로서의 낭만주의는 세계를 이성에 의해 규정된 현실로 보는 것이 아니라, 세계는 이성에 의해 파악될 수도, 이해할 수도 없다는 비밀에 가득찬 존재로 보는 정신적 태도이다.

독일 낭만주의는 독일 정신사에 커다란 기여를 하며 정신력의 본원적 요소가 되어져 왔고 그 내용에 있어서의 다양성은 다른 어떤 문예사조와도 비교되지 않을 정도이다. 따라서 낭만주의는 독일 정신사에 있어 전승되어 온 제반현상들 중에서 가장 파악하기 힘들고 가장 신비로운 현상 중에 하나였다(장남준, 1989).

프뢰벨은 이러한 낭만주의적인 사조 속에서 공부를 했다. 특히, 프뢰벨이 진학한 예나대학에서 강의를 하던 쉘링은 피히테와 실러를 계승한 철학자였다. 낭만주의는 독일 관념론 이후 예나대학을 중심으로 형성되었다. 낭만주의 사상을 이해하기 위해서는 이를 독일 관념론과의 관련 속에서 고찰해야 할 것이다.

독일 관념론은 서양 근대사회의 반영이었다. 독일 관념론의 자연에 대한 이해와 인식이 이를 입증해 준다. 중세시대에 있어서 자연은 신의 은총의 질서로 이해되었다. 그러나 중세 이후부터 자연 자체에 대한 관심이 급증되었다. 이러한 관심은 근대를 형성한 시민 계층이 자연에 대해 법칙적으로 인식하려는 태도와 맞물려 있다. 따라서 자연에 대한 관심은 자연을 법칙적으로 인식하는 자연과학을 발달하게 하였다. 중세시대에는 자연을 넘어서 있는 신의 은총의 질서가 자연 속에 표현되고 있다고 생각되었다. 그리하여 사람들은 자연을 노동의 대상으로 보기보다는 신의 은총의 계시로 보았다. 그러나 근대 시민 계층은 자연을 노동의 대상으로 보는 자연관을 형성하기에 이르렀다. 이러한 자연관의 변화가 칸트와 쉘링의 철학에 반영되었다.

프뢰벨이 낭만주의자들, 특히 쉘링으로부터 영향을 받은 이와 같은 사상은 철학적으로 말한다면 동일철학이다. 쉘링의 자연철학은 통일성의 철학의 순수한 전형이다. 이 철학의 논리는 동일성이다. 즉, 그것은 자연과 정신의 동일성, 우리 인간 정신과 우리 인간 밖의 자연의 본질적 동일성이다.

자연은 외부에 의하여 경계지어진 것이 아니고, 정신은 내부에 의하여 한계지어진 것이 아니다. 우리 인간 외부에도 동일한 정신이 지배하고 있고, 우리 인간 내부에도 동일한 자연이 지배하고 있다. 그러나 이 이론은 역시 자연의 영역 내부에서도 존재하는 통일성의 철학이다. 쉘링의 자연철학은 자연 속에서 인간의 정신과 유사한 원리를 발견하게 하는 것이었다. 쉘링의 이와 같은 인간과 자연의 동일성의 개념을 프뢰벨은 인간이 지닌 신성과 자연에 내재된 신성은 하나님으로부터 창조된 피조 세계가 동일하게 지닌 것으로 해석한다.

프뢰벨은 쉘링이 강의하던 예나대학에서 뿐만 아니라 괴팅겐대학, 베를린대학 등에서 직접 철학자의 강의를 들었을 뿐 아니라 학우들과의 교제 또는 서적을 통하여 그 시대의 철학자나 시인 등과 많은 접촉을 가졌었다. 대학에서 그가 전공한 과목은 자연과학과 수학이었지만 계속 철학 강의를 수강하였다. 프뢰벨이 자연과학을 전공하면서도 이렇게 철학 강의를 들었다는 것은 그가 철학에 깊은 관심을 가지고 있었기 때문이기도 하지만, 또 다른 한편으로는 당시의 시대적인 요구이기도 한 것이었다. 이는 그 당시의 자연과학이 자연철학과 분리할 수 없는 직접적인 관계에 있었기 때문이었다(곽노의, 1990).

이러한 시대배경 속에서 프뢰벨은 여타의 사상들과 대화하면서 자신의 교육사상을 전개하였다. 그의 사상의 중심은 만물(자연, 인간)은 하나님의 피조세계로서 그 안에 신성을 지니며, 하나님은 이러한 창조질서 속에 있는 자신의 신성을 펼쳐 나간다는 점에 있다. 창조질서 안에서 만물은 서로 유기적인 관계를 지니는 것이다. 여기에 바탕을 둔 그의 신-인간-자연에 대한 이해와 교육론은 종교적-신비적인 특징을 지닌다. 그리고 그의 전체 사상을 관통하며 그의 자연과 인간, 노동의 방식을 규정하는 종교적-신비적인 특징과 유기체적 세계상은 그를 넓은 의미에서 낭만주의의 카테고리 안에 포함시키는 계기로 작용한다. 그는 낭만주의 교육학자다.

그러나 이상과 같은 낭만주의자들의 자연개념은 비합리적이고, 정서적이며 중세적 자연으로의 복고의 성격을 띤다는 것이다. 그러므로 자연지배를 목적으로 자연을 법칙적으로 인식한 기계론적 자연개념이 근대 시민사회에서 현실적인 영향력을 주지 못한 것이다. 프뢰벨은 이러한 낭만주의로부터 구별된다. 그는 산업적으로 이용되는데, 지배를 목적으로 하는 근세 기술 과학적 자연과학에 대한 비판을 낭만주의자들과 공유하면서도 그들의 복고주의와는 달리, 자연과학이 지니는 합리성과 긍정성을 수용하였던 것이다. 그는 자연과학이 발견한 자연속에 들어 있는 합법칙성을 보았다. 그에게 인간과 자연은 똑같이 그 안에 신적인 힘이 운동하는 자연적 존재이다.

그리하여 그는 자연과학적 수학방식을 받아들임으로써 그것을 자연 속에서 신성이 펼쳐지는 방식으로 이해했다. 프뢰벨은 근대 자연과학의 법칙개념과 법칙의 운동방식을 자신의 철학 속에 받아들인 것이다. 그는 전반적으로 낭만주의교육사상의 틀 안에 있으면서도 자연을 심정적으로 느끼고 직접적으로 드러내려고 했던 낭만주의자들과 달리 자연과학의 합리성과 긍정성을 수용함으로써 자연과학과 자연철학을 통일시키려고 하였다. 그는 다른 한편 자연과 인간의 매개로서의 노동개념을 수용하였다. 이러한 그의 사상의 특징은 우리로 하여금 그의 안에 내재되어 있는 생태교육의 가능성을 보도록 하며, 그 의미와 타당성을 재고하도록 요청한 것이다(이향명, 2003).

3. 교육사상의 이해

1) 교육사상

(1) 종교관

① 통일의 원리

신-인간-자연의 불가분의 관계를 주장한 것은 루소나 페스탈로치에서도 발견되는 것이지만 루소에게는 자연성, 페스탈로치에게는 인간성이 중심이 된다면, 프뢰벨 사상의 중심은 신성에 있다고 할 수 있다. 프뢰벨에게 있어 신은 우주를 지배하는 주체가 되는 '영원한 법칙'이며 통일의 원리는 이러한 신관으로부터 출발한다.

프뢰벨에게 있어 신은 우주의 본질이고 통일의 중심이다. 신은 창조주로서 만물의 생명력을 부여하며, 만물 속에서 끊임없이 활동함으로써 신성을 드러내는 영원한 법칙인 것이다. 여기서 신이 창조한 만물은 서로 떨어진 개체로서의 다원론적 개념이 아니라, 보편적인 생명을 내재하면서도 고유한 실현의 방법으로 드러나는 '부분적 전체'의 개념이다. 그는 자연계를 내적인 통일하에 있는 생명의 커다란 유기체로 파악하였고 이 유기체에 작용하는 영원한 법칙이 곧 통일이며, 이 통일이 신이라고 하였다.

따라서 프뢰벨의 신은 그의 신성을 통하여 만물을 조화와 통일성 속에 지배하며, 우주의 본질로서 모든 것의 유일한 근원이 되는 존재라고 할 수 있다(권소영, 2000).

② 만유재산론

프뢰벨은 만물의 본질로서 신은 만물 중에 존재하고, 동시에 만물은 신 가운데 존재한다는 '만유재산론적 세계관'을 주장한다. 이것은 단순한 낭만주의적 범신론을 넘은 그리스도교 주의의 성격을 띄고 있다(곽노의, 1995).

프뢰벨의 경우, 신이 창조한 만물은 신성으로서 작용하는 자연법칙과 일치해도 신 그 자체는 신성의 근원으로서 만물을 초월하는 신성과 구별되는 성격을 가지고 있다. 때문에 신은 만물을 창조해 가는 발전적인 성격을 가지고 있으나 만물에 의해 창조되지 않으며, 만물은 신에 의해 창조되면서 어떤 사물인가를 창조하는 발전적인 형태를 가진다. 내재하고 초월한다는 프뢰벨의 내재초월론은 신성과 신의 두 가지 개념의 호응관계에서 성립된다(곽노의, 1994).

즉, 만물 가운데 존재하며 만물의 내계와 외계의 형성법칙이 되는 신성과 그 신성이 바로 자기 창조활동이 되는 신 자체의 개념이다.

(2) 인간관

프뢰벨의 인간은 신이 자신의 향상을 그대로 본떠 창조한 존재이다. 프뢰벨은 모든 인간은 신의 사랑과 친숙함, 그리고 은혜의 표적으로서 신의 선물이며 그(인간) 속에 신적인 영이 표현된 존재로 보았다(곽노의, 1994).

프뢰벨에 의하면 인간은 다른 피조물과 구별되는 '인식하는 존재'로서, 의식적이고 이성적으로 발전하는 영혼과 몸을 가졌으므로 자신의 존재와 본질을 인식할 수 있다. 따라서 이러한 능력을 통하여 자신의 본질인 신성을 외부에 드러내는 것이 인간에게 주어진 특별한 사명이라고 하였다.

프뢰벨은 진실한 인간 육성이란 인간 안에 내재하고 있는 신적이며 정신적인 것의 발전에 있으며, 인간은 자기 내면에 있는 본질에 따라 생활할 때 행복을 얻게 된다고 하였다. 이로써 인간은 영원한 법칙인 신적인 통일에 접근하게 되고, 인간생활에 있어 이상적인 존재방식인 '생명의 통일'에 이르게 된다.

인간 이해로서 두드러진 것 중의 하나는 인간의 개성을 강조한 점이다. 그에 의하면 모든 인간에겐 그 자체에 전체 인류와 전체적인 신성을 반영하는 인간성이 내재해 있다. 그런데 개체로서의 인간이 모범적인 인간성을 형성하기 위해서는 인간의 모든 힘이 조화롭고 균등하게 형성되어야 하며, 각각의 인간은 자신의 중심으로부터 이 인간성을 균등하게 발달시켜야 한다는 것이다.

프뢰벨 인간관의 또 다른 특징은 인간을 관계성의 관점에서 본다는 것이다. 그는 인간을 인류의 '부분적 전체'라고 본다. 즉 인간은 그 자체로 보면 하나의 전체이지만 동시에 우주 전체를 구성하는 성원이기도 한 것이다. 따라서 신과 자연의 자녀로서 인간은 신적인 것과 자연적인 것, 유한한 것과 무한한 것을 조화롭고 통일되게 나타내야 하며 인류의 일원으로서 인류의 본성과 경향성과 힘을 드러내야 한다.

이상에서 볼 때 프뢰벨의 인간은 신의 형상대로 지음받은 존재로서 개성을 통하여 신의 본질을 나타내며, 발달단계마다의 요구를 따라 성장하는 유기체이다. 또한 그가 보는 인간은 신이 부여한 능력에 따라 자신의 고유한 본질을 인식하며, 그것을 신과 자연과 인류와의 조화로운 관계 속에 나타내는 사명을 가진 신의 자녀인 것이다.

(3) 아동관

프뢰벨만큼 종교를 인간교육의 모든 분야에 빠짐없이 뿌리 깊게 심어 놓은 사람은 교육사상사에서 보기 드물며, 또한 교육과 종교의 입장을 보다 더 확고한 기반 위에 세워 강조한 사람 역시 프뢰벨이라 할 수 있다. 참으로 그의 교육학의 특색은 종교로부터 출발하여 종교로 돌아간다고 할 수 있을 것이다. 교육이란 유아의 본성인 신성은 무한하며 절대적이므로 신성을 넓게 펴고 나타내는 것을 목적으로 하는 인간의 교육은 유아에게 있어서 무한을 무한하도록 하고 절대를 절대적으로 하도록 하는 가장 깨끗한 움직임이 되어야 한다.

사람은 출생할 때 신의 유아로서, 자연의 유아로서, 인간의 유아로서 끊임없이 신, 자연, 인간 3자 관계 안에 있는 유아가 인류와 자연과 조화되는 것은 우주의 진리이며, 영원의 진리인 창조주 하나님 아버지를 알게 하는 것만이 최고의 교육이라고 프뢰벨은 보았으므로 교육의 최고 목표는 사람을 하나님의 아들로 만드는 것이다.

① 놀이이론

㉠ 창조적 자기 활동과 놀이

프뢰벨은 신성의 본질을 신이 조물주라는 입장에서 한 활동, 창조, 노동으로 보고 있다. 그러므로 신성을 자기 본성으로 한 인간은 태어나면서부터 활동충동, 표현충동, 창조충동을 가지고 있다. 이와 같이 유아는 본래 자기 활동적이라는 것이다. 프뢰벨은 유아들이 자기 활동을 중히 여기면서 아울러 무의식적이고 본능적인 활동충동과 표현충동, 창조충동을 어떻게 하면 강화하고 의식화할 수 있을 것인가 고심하였다. 교육에 있어서 그는 다른 사상가보다 더욱더 유아의 자기 활동을 창조적인 것으로 보고 이것을 육성하려고 하였다.

자기활동의 원리는 프뢰벨 교육에 있어서 가장 중요한 기본적인 원리이다. 교육의 가장 중요한 과제는 스스로 깨닫고 사유하고 인식하는 본질로서의 인간이 의식과 자기활동으로서 내적 이성, 즉 신을 순수하고 완전하게 실현하도록 격려하고, 또 그 경지에 도달하는 길과 방법을 제시하는 것이다.

프뢰벨에 의하면 유아의 행위는 모두 창조적인 것이나, 창조적인 행위는 동시에 자기 속에 숨어 있는 신적인 것으로서의 자기 표현이다.

㉡ 놀이의 중요성

자기 활동을 중요시하는 교육은 유아의 흥미를 중요시하는 교육이기도 하고 생활 중심 교육인 동시에 놀이를 중요시하는 교육이 된다. 왜냐하면 유아들의 흥미의 대상은 놀이이며, 유아의 생활 또한 구체적으로 놀이이기 때문이다.

실내 놀이는 인간의 전체적인 표현이며, 인간은 놀이를 통해서 자기를 표현하고 자기 형성을 한다. 이 자기 표현과 자기 형성은 항상 스스로 생명화를 요청하고 있다. 이와 같이 하여 놀이는 인간의 내적 생명을 형태화하고 외적 소재로 생명화한다. 더욱이 이러한 놀이를 하는 노력은 어린이처럼 왕성한 시기가 없다. 유아기의 생활은 이 활동으로 채워지고 있다.

유아기의 생활은 놀이생활이라고 할 수 있다. 이 시기의 아동은 생명의 자기 형성에 바쁘다. 프뢰벨에 의하면 진실로 건강한 유아는 활동적이며 끊임없이 무엇인가를 하지 않고는 배기지 못한다. 이토록 활동적인 유아들은 자기 눈에 비치는 모든 것을 생명과 연관시킨다.

프뢰벨은 무엇보다도 먼저 유아의 활동충동, 창조충동 내지 작업충동을 순화하고 강화하고 육성하려고 노력하였다. 프뢰벨에 의하면 그는 일찍이 유아교육의 근본은 무엇보다도 먼저 유아를 잘 놀도록 인도하는 일, 즉 놀이로서 지도하는 일 내지는 그를 즐겁고 행복하게 함과 동시에 발전시킬 것을 노력하지 않으면 안 된다고 했다.

② 은물과 작업

프뢰벨은 놀이 중에 어린이가 자기 스스로 자연스럽게 날 때부터 부여받은 능력을 충분히 발전해 가기 위해 교육용 놀이를 고안 제작하였으며, 이것을 통해서 어린이가 자기의 창조적인 활동충동을 발전해 나가며 동시에 보다 근원적이고 궁극적인 것을 직관해 가도록 기대했었다. 즉, 이 놀이기구를 통하여 자연을 알고, 자연의 창조주인 신을 알며, 신을 알게 됨으로써 자기를 알 수 있게 된다고 생각하였다. 프뢰벨은 이 놀이기구는 자연, 즉 우주를 단순화시킨 것이다. 신을 쉽게 이해하기 위해서 복잡하고 다양한 자연계를 단순화하고 놀이기구인 은물 속에 응축시켰다고 보았으며, 은물의 제작동기를 "은물의 가장 중요한 목적은 단지 외적 신체활동을 위한 것이 아니라 오히려 정신활동과 같은 내적인 활동의 양상과 발달을 위한 것이다."라고 설명한다(고후순, 1992).

프뢰벨은 놀이가 아동의 자발적인 활동이 취한 자연스러운 형태로 보았으며, 작업은 보다 성숙한 수준에서 취한 자연적인 형태라고 보았다. 프뢰벨은 작업을 통한 교육을 조직적으로 만듦으로서 그에게 있어서는 '손의 작업'이 교육 방법이다. 프뢰벨에게는 신체적인 노동이 곧 정신력과 연결되어 있는 것으로 느껴졌고, 신체적인 창작은 정신적인 교육과 관계가 있다고 했다.

프뢰벨이 일이 교육적인 중요한 의미를 갖고 있다는 이론의 토대 위에서 고안한 것이 놀이기구인 은물과 작업이다. 프뢰벨은 어린이의 창조 충동을 건전하게 육성시키기 위해서는 우선 어린이에게 이상적인 놀이 기구를 주고 이 놀이기구에 의해서 자기 스스로의 창조력을 자각시키는 훈련이 필요하며 이는 어린이가 창조활동을 충분히 만족하도록 하지 않으면 안 된다고 하였다.

프뢰벨은 신이 창조한 모든 사물의 기본적인 형태를 은물로서 어린이에게 만들어 주어 그 물체의 내적 · 외적으로 지니는 힘을 스스로 체험하게 하고, 물체에 내재하는 능력을 어린이 자신의 능력과 더불어 활동시키고 발전시키려 하였다. 또한 그 물체가 시사하는 힘을 바탕으로 해서 창조력을 불러일으켜 외계의 자연과 인간에 대해 눈을 뜨게 하여 자신과 외부와의 관계, 전체와 부분의 가치, 분해와 종합, 균형과 안정, 반복과 리듬, 미적 관념을 높이는 등 진리에 이를 수 있는 교육을 하고자 하였다. 또한 작업은 어린이들에게 내재된 힘을 길러주기 위해 고안된 일련의 수기활동이다(이윤자, 1979).

프뢰벨의 은물과 작업의 특성을 살펴보면 다음과 같다.

첫째, 어린이에게 신의 작용을 알리는 것, 신처럼 창조하는 것, 어린이의 창조력을 일깨우는 것이어야 한다. 그러기 위해서는 유아가 자유롭게 자기 활동적으로 취급하도록 되어 있는 것이어야만 한다.

둘째, 다음에 나오는 놀이의 발견이 이미 앞의 놀이 속에 포함되어 있지 않으면 안 된다. 이렇게 하면 유아의 활동은 비약함이 없이 연속적으로 발전될 수 있다.

셋째, 이것을 사용함으로써 인식능력이나 심정, 의지 및 여러 가지 능력을 단련할 수 있어야 한다(곽노의, 1998).

이와 같이 은물로서 놀이를 하면 어린이는 무의식 속에 사물의 안과 밖을 인식하게 될 뿐만 아니라 자기 자신의 환경을 발견하고 자신의 창조력을 인식하게 된다고 한다. 은물과 작업은 단순한 것에서 복잡한 것으로, 구체적인 것에서 추상적인 것으로, 가벼운 것에서 무거운 것으로, 잘 알려진 것에서 덜 알려진 것으로, 보이는 것으로부터 보이지 않는 개념으로 나아간다. 한편, 은물과 작업의 다른 점은 은물이 고정된 형태로부터 분해해 들어가는 과정이라면, 작업은 변형이 쉬운 재료를 가지고 점으로부터 종합해 가는 활동이라는 점에서 차이가 있다(홍성란, 1997).

③ 유희론

유희론이 비로소 프뢰벨 사상의 가장 내면적인 것에로 이끈다. 프뢰벨의『인간의 교육』에서 보면, "유용하게 조용하게 또 끈기 있게 노는 어린이는 자라서 반드시 유용하며 조용하며 끈기 있는 어른이 된다"고 하였다. 또 20년 후 무메 슈밋트에게 보낸 편지에 다음과 같은 이야기가 쓰여져 있다. 유희는 "식물이 씨로부터 또한 동물이 알로부터 발생하듯이 현상에 있어서 가장 단순한 것이요, 제일가는 것, 즉 구로부터 나오도록 해야 한다"고 하였고, "모든 여러 가지 기초에 통일이 있다. 모든 외견적인 자의 및 우연성의 기초에 조용히 지배하는 법칙이 있다"는 것이다. 이리하여 사람은 그 속에 이 조용한 지배하는 법칙이 보이며 또한 이 법칙이 명료하고 순수함으로써 보는 이의 얼에 이행하는 바의 대상을 발견하고 표현하여야 한다.

그러나 어머니와 유치원의 보모는 말과 노래와 동작으로써 깊은 의미를 해명하여야 된다. “어른이 모든 행동에 의하여 신과의 합일을 느끼듯이 유아는 그 행위에 의하여 어른과 합일을 항상 느껴야 된다.”는 것이 프뢰벨의 생각이거니와, 여덟 개로 나누어진 정육면체에 의하여 무수한 여러 가지 모양이 형성된다.

프뢰벨은 어머니들이 우선 첫째로 다방면에로 발전하는 유희의 도야법칙 및 성장법칙을 스스로 밝히고 이어서 어린이들에게 설명할 수 있게 지도하였다. “그 내적 자연적 분지에 따라서 따로 따로 또한 순차적으로 연이어 일어나는 현상에 있어서 전체를 자유롭게 독자적으로 표현하게끔 시도하라”고 하였다. 그렇게 함으로써 그대는 그후 “표현과 말과 의미, 형상적 이해(해석)를 서로 서로 결합할 수 있을 것이리라. 유아생활의 감정은 결코 깊지도 않고 따뜻하지도 않으며 또 활동적인 것도 아니므로 어린이 스스로가 작은 작품에서 자신을 눈에 띄게 표현할 수 없었다.” 그래서 또한 해명되지도 않았다.

그런데 교구와 그것을 사용할 때의 수학적 법칙에는 가장 깊은 진리성과 명료성이 제시되어 있다. 그러므로 유아의 기대에 가득찬 기쁨의 감정을 신중한 해석에 의하여 이 진리를 의식시키게끔 하는 일이 어머니와 유치원 보모의 과제이다. 「어린이와 사랑의 노래」가 유아의 생애에서 만나게 되는 많은 사건들의 의미와 법칙을 해명할 수 있도록 교구를 가지고 노는 어린이에게 어머니가 이야기해주고 또한 노래 부르는 시구야말로 어린이가 운동 또는 형상의 의미를 이해하려고 하는 것을 돕는다. 모든 것에 있어서 일체를 창조하는 정신이 여기 저기서 나타나듯이 이러한 모든 작용을 하는 것은 형태 있는 교구가 아니라 “오직 순진하게 사랑하고 경신하며 진정 종교적이고 신적인 이 유아보육 방법의 정신이다”(장정희, 1997).

2) 교육의 과정(인간교육의 내용 및 과정)

(1) 영아기의 인간

프뢰벨은 갓 태어난 인간을 '젖먹이'라고 부른다. 이 단계에서는 '삼키는' 단 하나의 활동만이 존재한다. 즉, 이 단계에서는 외부의 다양한 것을 받아들이고 그것을 자기 속에 흡수하고 담아두는 것에서 끝나는 것이다. 곧 '삼키는' 것이다.

프뢰벨은 이 단계가 인간의 현재와 미래에 있어서 지극히 중요한 것으로 보았다. 그러므로 이 시기에 나쁜 것을 삼키지 않도록 젖먹이의 환경을 깨끗하게 해주어야 한다. 프뢰벨은 인간의 삶은 이 발달단계에 뿌리박고 있기에 젖먹이의 보육을 중요하게 생각한 것이다. '삼키는' 행위에서 최초로 형성되는 반응의 행위가 어린이의 최초의 미소이다.

또한 프뢰벨에 의하면 이 단계에서 인간은 무엇보다도 세계에 대한 인상을 감각적으로 수용하는 것을 배운다. 따라서 이러한 감각의 발달과 반응은 그 이후의 인간발달과 교육의 토대가 되게 된다. 그 뿐만 아니라 그것은 원초적으로 다른 사람과의 '공동감정'에 뿌리를 두고 있다.

"어린이의 최초의 미소를 단순히 신체적인 자아감정, 혹은 자기감정이라고 하는 것과 같은 것에 뿌리를 박고 있을 뿐 아니라, 먼저 모자 간의 관계가 성립되고 다음에는 아버지와 형제 자매 간에 마지막으로 일반 사람들과 어린이들 사이에 고차원적인 공통 감정이 성립되는 근거를 가지고 있기 때문이다"(서석남, 2002).

프뢰벨은 이 공통 감정을 모든 참된 종교심의, 즉 영원한 것, 신관의 완전한 결합을 구하는 모든 참된 노력의 눈이며 최초의 발달이라고 하였다. 따라서 젖먹이도 희미하게나마 자신이 신적인 것으로부터 나온 것이라는 것은 예감한다. 이 예감이 인간 속에 육성되고 강화되어서 종교적 의식에까지 이르는 것이다. 그러므로 젖먹이가 신앙을 지니기 위해서는 어머니의 보육과 교육이 중요하다. 부모로부터 받은 종교상이 어린이의 종교심에 영향을 주므로 이는 일찍부터 신앙으로 양육되어야 한다.

그러므로 영아기도 프뢰벨이 말하는 만물의 신적 운동에 포함된 것으로서 보아야 한다. 본 장에서 프뢰벨의 사상과의 연관 속에서 영아기와 노동에 대한 연관성을 밝혀보려는 시도를 할 것이다.

프뢰벨은 외적인 산물을 생산하는 인간의 활동을 중요하게 여겨 노동과 근로의 개념을 그의 교육사상과 결부시켜 설명한다. 이러한 프뢰벨의 인간의 노동에 대한 이해는 인간을 하나님의 형상대로 지음 받은 피조물로 보는 데서 출발한다. 즉, 인간에게는 신의 창조성이 부여되어 있다는 것이다.

신의 형상은 끊임없이 연속적으로 창조하고 활동을 계속하고 있다. 신의 생각은 모두 하나하나가 작품이며 성과이며 산물이다. 더욱이 신의 생각은 어느 것이나 창조하는 힘에 의하여 생산하고 표현하면서, 작품과 성과를 창조하고 영원히 활동을 계속하고 있다(서석남, 2002).

즉, 창조활동을 통하여 안에 있는 것을 바깥으로 표현하고, 정신적인 것에 육체를, 영원한 것에, 즉 정신 안에 살고 있는 것에 유한하고 일시적이고 외적인 존재를 부여하는 것이다. 그러므로 노동을 통하여서만 비로소 인간은 신의 모습을 닮게 되는 것이다.

그렇다면 인간이 신의 형상을 닮아가는 노동을 통하여 만물 속에 있는 신적인 힘이 만물을 이끌고 하나님에게로 다가간다는 것은 이 창조된 자연을 버리고 그것을 넘어서서, 신이 만물 안에서 만물에게 '가까이 오는 것'을 의미한다.

프뢰벨은 인간의 생명을 통하여 신적인 것을 표현하라고 한다. 더 나아가 유기체들, 모든 생명체들이 하는 행위도 역시 창조행위로 보고 신이 부여한 본질을 표현하는 것을 인간은 자연으로부터 배워야 함을 일깨워준다.

프뢰벨은 인간의 노동과 자연의 노동 사이의 차이를 구분하지 않았다. 즉, 자연과 인간은 생명이란 현상 속에서는 노동을 하지만 인간의 노동이 사회적 특수성을 지니고 있음을 이야기하지 않고 있다. 이러한 사회적 노동의 특수성은 인간이 자연에 노동을 가함으로써 이루어지는 것이다. 그리고 인간은 자연에 노동을 가함으로써 인간으로 형성되어 가는 존재이다. 즉, 프뢰벨의 사상에서 알 수 있는 것은 인간의 사회적 노동조차도 자연의 생명적 노동에 기초를 두고 있다는 것이다. 더 나아가 인간의 특수한 노동과 자연의 노동을 종합할 수 있는 단초를 발견할 수 있다.

인간의 노동은 자연의 노동을 신에게로의 다가감, 또 신의 다가옴이 되도록 인도할 수 있는 능력과 책임이 있다. 프뢰벨은 인간의 노동이 지닌 특수성을 간과하고, 노동을 개념화시키지는 못했지만 자연의 노동과 인간의 노동을 동일하게 보면서도 양자를 구별하여 인간의 노동이 자연의 노동을 신의 다가옴을 향하여 인도한다는 생각 속에는 인간의 사회적 노동의 특수성을 개념화, 그것도 성서적, 기독교적으로 개념화할 수 있는 단초가 된다.

(2) 유아기의 인간

어린이는 놀이와 언어 속에서 생활한다. 즉, 언어 습득으로 시작되며 이와 함께 놀이가 중요한 요소로 등장한다. 우선 말이 중요한 역할을 한다. 프뢰벨은 영아기와 유아기의 구분을 언어 형성의 시작에 의해서 규정하고 있다. 그에 따르면 말을 통하여 사물이 사물로서 드러난다. "비록 외계가 그 자신에 있어서는 언제나 동일한 사물 하나라도 이제 갓 나온 인간인 유아에 대해선 외계는 무로부터 더욱이 처음에는 이른바 안개 자욱한 사물의 형태로 일정하지 않은 암흑의 상태에서 혼동된 혼란의 상태에서 나타난다. 다음에 모든 사물은 이러한 무로부터, 이러한 안개로부터 특히 말을 통하여 그 자신으로서는 고정된 완성된 전혀 별개의 것으로서 어린이에 대하여 나타난다. 특히, 말은 어머니에서 먼저 발하게 되고 어린이와 외계 사이에서 일찍부터 나타나며, 처음에는 양자는 분리하지만 다음에는 다시 하나로 결부시키는 작용을 영위하는 것이다."

이 시기의 다른 중요한 요소인 놀이는 말과 밀접한 관계 속에 있다. 유아기의 어린이는 놀이를 통하여 말을 구사한다. 어린이는 각각의 사물과 대화를 한다. 즉, 사물이 자신의 말을 들어 준다고 믿는 것이다. 그러므로 어린이들이 말을 통해서 자연과 자연에 깃들어 있는 생명과의 관계를 더욱더 활발하게 해주기 위해서 양친과 가족은 노력을 해야 한다.

놀이와 말은 인간과 만물 속에서 운동하고 있는 신적인 힘의 표현과 활동 양태인 것이다. 이 경우 말과 놀이가 인간을 포함한 만물을 신적인 힘과 관계시켜 주는 양식은 안과 밖이라는 카테고리이다. 영아기는 삼키고 삼키는 자극이 일으키는 만족감에서 오는 직접적인 반응으로서의 미소가 카테고리였다. 여기서 영아기에서 유아기로의 발전에 따른 신적 힘의 운동의 단계적인 전재를 보게 된다.

유아기 어린이의 이와 같은 놀이와 말에는 생명성이 있으므로 어른들은 어린이에게 가서 생명을 되찾아야 한다. 언어가 기호화, 문자화되어 말이 외면화에 이르면 유아의 단계에서 소년의 단계로 넘어간다.

(3) 소년으로서의 인간

이 단계는 자기를 의식함으로써 자기와 외적인 것의 분리를 경험하며, 외적인 것을 내면화하는 단계, 즉 학습의 단계이다. 그리고 교수와 학습을 중요한 활동으로 하는 단계이다.

"지금까지 말하여 온 인간의 발달단계, 즉 유아기의 단계는 주로 살기 위한 것뿐인 생명의 단계 또는 생명 그 자체의 단계이며, 내적인 것을 외부에 나타낸다는 것을 주로 하는 단계였지만 여기서 취급하는 단계, 소년의 단계는 주로 외적인 것을 내면화하는 단계, 즉 학습의 단계이다"(서석남, 2002).

프뢰벨은 학습을 '외적인 것을 내면화하는 것으로 규정하고 있다. 그리고 이러한 학습을 하는 시기가 소년기인 것이다. 그는 또한 외적인 것을 내적으로 하는 장을 '학교'라고 부른다.

> "학교란 인간이 자기 밖에 있는 사물과 그 본질을 거기에 내재하고 있는 특수한 법칙과 보편적인 법칙에 따라서 인식하도록 인도하는 곳이기도 하고 또 그 인식에 도달하는 곳이기도 하다. 즉, 외적인 것과 개별적인 것과 특수적인 방법을 통하여, 인간의 보편적인 것과 내적인 것과 특수적인 것의 제시를 통하여, 인간이 보편적인 것과 내적인 것과 통일적인 것을 인식하도록 인도하는 곳이기도 하고 또 그 인식에 도달하는 곳이다. 그러므로 소년기의 인간은 동시에 학교 학생이 된다. 소년의 단계와 더불어 인간에게 있어서는 최초의 학교가 시작된다"(서석남, 2002).

즉, 학교는 지식을 키우는 곳이다. 그러나 이 단계에는 정신의 의지활동이 소년에게 생기게 된다. 프뢰벨은 이 의지의 교육에 있어서도 목표는 인간의 본질을 발전시키고 그것을 표현하는 것임을 강조한다.

또한 소년기는 '생산물을 위한 활동의 시기'라고 할 수 있다. 즉, 유아의 활동충동은 형성충동, 조형충동으로 발전하고 그 속에서 외적인 생명 전체가 외적인 표현이 융합된다(서석남, 2002).

소년들은 생산활동에 참여함으로써 기쁨을 만들고 모험을 즐기게 된다. 소년기의 어린이에게 있어서 놀이는 힘의 표현이다. 프뢰벨은 신체활동을 필요로 하는 소년기의 '공동 놀이터'의 필요성을 이야기한다. 그는 이 공동 놀이터에서의 놀이를 통해 공동법칙이 습득되고 발달된다고 보았다.

프뢰벨에 의하면, 소년기의 어린이들은 자연과 더불어 자연을 소재로 놀이를 통하여 자연을 인식한다. 이 인식은 '정원 가꾸기', '마당 만들기'에서 얻게 된다는 것이다. 이를 통해 소년기의 어린이들은 자연에 대한 물음과 인식에 도달하게 된다.

그러므로 소년기의 어린이들은 외적인 것을 내면화함으로써 모든 사물을 하나로 결부시키는 통일자인 신을 예감하게 된다. 아울러 자기 자신도 발견하게 되는 것이다.

3) 교육의 목적

프뢰벨의 교육의 원리는 하나님과 그의 피조물인 자연, 인간의 유기적이며 삼위일체적 특징을 나타낸다. 또한 그의 교육의 목적은 신 · 인간 · 자연의 일치를 지향하고 있다. 이러한 부분을 잘 드러내 주는 것은 앞에서도 소개한 부분이지만 프뢰벨의 신 이해와 맞닿아 있다. "만물에는 영원한 법칙(ein ewiges Gesetz)이 깃들어 있으며 만물을 움직이며, 작용하고 그리고 지배하고 있다. 이 법칙은 내부에 있는 정신(Geist)이 자연에 의해 외부로 보여지고, 외부에 있는 자연이 정신을 통하여 내부로 드러난다. 그러면서도 이 둘이 하나로 일치하고 있다. 또 생명에서도 이 둘이 함께 있다는 것을 명확하게 판명할 수 있다. 이러한 모든 법칙의 근저에는 모든 것을 움직이고, 스스로 분명하고, 생명력이 있으며, 자신에 대해 분명하게 알고 있는 그런 영원히 존재하는 통일자가 있다. 그러므로 통일자는 신앙을 통해서든, 약동하고, 명확하면서도 포괄적인 직관을 통해서든 자신의 존재를 인식시키고 있다. 따라서 통일자는 인간의 조용하고 세심한 마음과 사려 깊은 명석한 정신에 의해 예부터 지금까지 확실하게 인식(Erkenntnis)되어 왔고, 앞으로도 인식될 것이다. 이러한 통일자(die Einheit)가 곧 신이다"(서석남, 1999).

프뢰벨의 인간교육 출발의 근저가 되는 것이다. 즉, 그의 교육의 원리, 목적은 위에서 인용된 것에서 나타난 사상에 토대를 두고 있다. 여기서 신과 만물의 관계와 피조물, 즉 인간과 자연의 관계는 본질과 현상, 신과 신적인 것의 관계로 묘사되고 있다. 이 둘은 이분법적으로 분리된 것이 아니라 상호 반사적 관계다. 즉, 현상은 본질과 유리되어 있는 것이 아니라 본질을 드러내는 본질의 현상이다. 따라서 피조물은 그의 본질인 하나님의 외화로서 하나님의 발현체이다. 그의 본질인 하나님은 만물 속에서 활동하며 작용하는 영원한 법칙이다.

프뢰벨에게 물질적 자연을 포함하여 생명을 지닌 모든 생명체의 생명활동은 하나님의 활동방식이며, 생명현상은 곧 하나님이 자신을 드러내는 계시의 방법이다. 따라서 우리는 피조물을 통해서라야 하나님을 인식할 수 있으며 피조물 속에서 작용하는 생명의 법칙을 통해서 하나님의 생명의 법칙을 파악할 수 있는 것이다.

그리고 인간과 자연은 동일한 생명의 법칙이 작용하는 하나님의 피조물로서 묘사되고 있다. 인간과 자연은 동일하게 하나님이 자신을 드러내는 신적 현상인 것이다. 이런 의미에서 인간과 자연은 상호 유기적 관계에 있으며, 상호 반사적 관계에 있다. 동시에 인간과 자연은 각자의 본질, 즉 각자의 신적인 것, 또는 신적인 것 그 자체를 펼쳐야 할 사명이 있다. 특히, 이성적 존재로서의 인간에게는 교육적 사명이 주어져 있다. 그것은 자신 안에 있는 신적인 것이 실현되도록 한다는 것이다. 그것은 인간과 반사적 관계에 있는 자연 속에 나타난 생명의 법칙을 통해서 가능하다.

프뢰벨의 교육은 한편으로는 신이 그의 피조세계를 통하여 자기를 드러내며, 운동해 나가는 신의 자기실현을 위한 교육과정이며, 다른 한편으로는 신의 피조물인 인간과 자연을 통하여 발현하는 신의 영의 운동을 통하여 신과 합일을 향해 나아가는 과정이라고 할 수 있다. 다시 말하면, 신과 신적인 것, 신과 피조물인 인간과 자연의 자기 합일, 통일을 향한 운동과정이라고 할 수 있다. 그의 사상과 교육 원리의 핵심은 신과 피조물과의 관계이며 그 내용은 신은 피조물을 통해서 자신을 계시한다는 것이다.

더 구체적으로 말하면, 프뢰벨은 인간이 해야 할 일은 인간의 본질적인 신적인 것을 인식하고 통찰하여 자기 자신의 생명 속에서 실현하고 활동시켜 구현하는 것이라고 하였다. 더 나아가 이를 위한 방법과 수단을 제시하는 것이 인간교육이라고 하였다. 그는 인간을 만물 중 최고의 것으로 보았으며 인간은 만물보다 더욱 신적인 것을 가지고 있다고 한다. 즉, 인간과 만물은 똑같이 그 속에서 신적인 힘이 운동하는 자연적 존재이다. 그리고 이 신적인 인간의 만물을 이끌고, 신적인 것에게로 보다 가까이 운동하게 하는 것이다. 그런데 이러한 운동 가운데서 인간은 맨 앞에 있다는 이야기이다.

프뢰벨은 이러한 사상을 중심으로 학문과 교육, 교육론, 교육기술, 그리고 교육의 목적에 대하여 이야기하고 있다. 앞에서 서술한 프뢰벨의 사상과 연관시켜 볼 때 프뢰벨이 이해하는 학문으로서의 교육학, 교육적 실천으로서의 교육기술이 어떠한 성격의 것인가는 스스로 명백해진다.

우선, 학문은 프뢰벨에 의하면 생명의 학문이다. 이 생명의 학문은 영원한 법칙을 인식하는 것, 그것을 의식하는 것, 이 법칙의 근본과 본질을, 통합과 연관에 대해 통찰하는 것, 그리고 신적인 통합체로서의 생명에 대한 지식 이것이 학문이며 생명의 학문이다.

교육은 영원한 법칙의 인식과 통찰에서 생겨나고 사고하고 이성적으로 행하는 존재로서의 인간이 자기 직분을 이해하고 자기의 사명을 달성하도록 인도하기 위한 처방이다. 이성적 존재인 인간의 사명을 달성하기 위하여 그의 직접적인 발전과 완성을 꾀하고 이러한 사실인 진리의 인식과 통찰을 자기 활동에서 자유롭게 응용할 수 있게 하는 것이 교육학이다(서석남, 1999).

교육의 목적은 충실하고 순수하며 상처 없는 신성한 생명을 표현하는 데 있다. 지식의 응용과 의식의 표현이 이 법칙에 충실하고 순수하고 신성한 생명의 봉사 속에 일치된다면 이것이 곧 생활의 지혜이며, 지혜 그 자체인 것이다. 그러므로 인간은 하나님의 영의 운동, 생명의 법칙을 자연 속에서 인식 할 수 있고, 그러한 생명의 법칙이 지배하는 창조질서 속에서 생명의 하나님을 비로소 만날 수 있다. 그것은 신적인 것이 그의 피조세계를 통해서 현상하며, 따라서 피조물 안에 있는 신적인 것을 피조물의 외적인 모습을 통해서 볼 수 있기 때문이다. 또한 그 때문에 교육은 인간을 하나님, 자기와 동류 인간들 그리고 자연과의 화해로 인도할 수 있게 되는 것이다(서석남, 1999).

그리고 프뢰벨이 『인간교육』을 통해 이루고자 하는 인간상은 초월자 하나님과 그의 영이 움직이고 있는 자연 사이의 중개자로서 하늘과 땅을 그의 품에 껴안고 사는 마치 예수와 같은 인간을 의미한다(서석남, 1999).

프뢰벨은 이와 같이 그의 교육이론 및 실천을 하나님과 그의 피조물과의 관계 속에서 모색했으며, 성서의 창조개념을 토대로 하여 궁극적으로는 신 · 자연 · 인간의 통일을 교육의 목적으로 설정한 것이다. 이 과정에서 그의 교육사상은 기독교 생태교육적 색채를 강하게 드러내고 있다.

먼저 그는 자연을 인간의 자기만을 위한 죽어 있는 물질로 보지 않고 그 안에서 생명, 살아계신 하나님의 영이 작용하는 신적 존재자로 보았으며, 이러한 그의 자연관은 오늘날 시도되고 있는 생명, 영성신학에 맞닿아 있다. 다음으로 그는 자연과학적 법칙을 하나님이 피조물 속에서 자신을 펼쳐나가는 일종의 노동의 방식으로 봄으로써 자연과학의 합리성을 생태적으로 바라보았다.

따라서 프뢰벨의 교육 내용과 방법은 기독교 생태교육의 단초를 가지고 있다고 볼 수 있다.

4) 교육 방법

(1) 발달 순응적 교육

프뢰벨의 교육 방법은 인간에게 내재한 신성이 자연스럽게 발전하는 데 가능한 방해받지 않도록 하는 것을 목표로 해야 한다는 소극적 입장을 띠고 있다. 프뢰벨은 루소의 '소극적 교육'사상을 '발달 순응적 교육'이라는 개념으로 전개시켰고 이것을 모든 교육 방법의 기초적 원리로 삼았다.

프뢰벨은 성장하는 인간은 내부로부터 고유한 내적 필연성을 따라 발달한다고 보았고 이에 따라 자연의 법칙을 따르는 교육 방법론을 주장하였다. 그는 인간과 자연이 같은 원천에서 출발하고 동일한 법칙에 따르기 때문에 교육 방법에 있어 자연을 고찰하고 그 원리를 배우는 것은 중요하다고 보았다. 따라서 명령적이고 간섭적인 교육은 유아가 신성 작용의 법칙에 따라 개화하여 전인적인 조화를 갖고 발달하는 데 부정적이고 파괴적인 결과를 부르게 된다.

결과적으로 프뢰벨이 말하는 발달 순응적 교육이란 단순한 수동적인 태도를 의미하는 것이 아니라, 끊임없이 유아에 대한 주의와 보호를 하면서 필요한 때는 적극적이고 능동적인 작용을 할 수 있는 태세를 갖추는 것을 말한다.

(2) 노작교육

현대교육의 가치체계 가운데 새로이 노작의 가치를 부여한 사람이 프뢰벨이다. 프뢰벨에게 있어 노작은 정신적인 것, 즉 인간의 본질에 관한 개념이었고 유아의 의식발전의 원리였다. 그는 신을 창조하는 존재, 항상 일하는 존재로 인식하였으며 이러한 신적인 본성은 인간 안에도 내재한다고 보았다. 프뢰벨에게 있어 노작(일, 행위, 창조)이라는 것은 인간 본성을 외계에 발현시키는 것이고 신의 본질을 연구하는 것이었다. 다시 말하면, 노작은 인간의 본질인 신성의 표현을 직접적인 목적으로 하는 인간 생명의 창조적인 활동인 것이다.

프뢰벨에 의하면 행위는 인식에 앞서 행해지는 것이기 때문에 신체적 행위를 동반하는 외적인 것의 형태를 취함으로써 그의 내적인 본질을 실현시킬 수 있다고 보았다. 따라서 노작은 인간의 내적인 것을 인식하고 표현하기 위한 프뢰벨의 구체적인 교육 방법이었다. 유아가 참된 인간으로 발달하기 위해서는 노작충동에 몰두해야 하며, 유아의 생명활동을 모두 노작으로 보았으며 나아가 생명을 활동, 작업, 창조라는 신성의 표현으로 인식했다. 그러므로 프뢰벨의 노작교육은 인간 생명의 원리이며 생명의 발전을 기도한 교육의 원리인 것이다.

(3) 은물을 통한 합일경험

프뢰벨 교육사상의 핵심은 자연을 통해서 인간에게 신을 알리고 신을 알리는 일에 의해서 인간이 신처럼 살아가는 일, 즉 신처럼 끊임없이 창조하고 생산하도록 하는 것이었다. 은물은 유아로 하여금 신을 쉽게 이해하도록 하기 위해 복잡하고 다양한 자연계, 즉 우주를 단순화하여 그 속에 응축시킨 것이다. 따라서 프뢰벨은 유아기 은물을 통해서 자연과 자연법칙을 알고 창조주를 예감하며 신의 역할을 깨달아 마침내 자기 스스로를 알게 된다고 믿었다.

프뢰벨의 은물 속에는 적고 많음, 부분과 전체, 잡다와 통일 등의 원리가 함축되어 있고 동시에 통일되어 있다. 때문에 유아가 은물로서 놀이를 하면 무의식 속에 사물의 안과 밖을 인식하게 될 뿐만 아니라 자신의 환경을 발견하고 나아가 자기의 창조력까지 인식하게 된다는 것이다.

결과적으로 프뢰벨은 유아가 은물 속에 응축되어 있는 자연계에 접촉하여 '자연과의 합일'을 체험할 수 있고 또 은물을 자신의 의지대로 움직이는 것에 따라 자연계를 지배하는 신의 정신에 입각하여 '신과의 합일'을 체험하게 된다고 하였다. 더불어 이것은 유아가 자발적인 활동을 행하는 주체로서의 신성을 표현하여 '자기와의 합일'로까지 이어지게 된다.

5) 인간교육에 관한 이해

(1) 통일의 원리

신-인간-자연의 불가분의 관계를 주장한 것은 루소나 페스탈로치에서도 발견되는 것이지만 루소에게는 자연성, 페스탈로치에게는 인간성이 중심이 된다면, 프뢰벨 사상의 중심은 신성에 있다고 할 수 있다. 프뢰벨에게 있어 신은 우주를 지배하는 주체가 되는 '영원한 법칙'이며 통일의 원리는 이러한 신관으로부터 출발한다.

프뢰벨에게 있어 신은 우주의 본질이고 통일의 중심이다. 신은 창조주로서 만물의 생명력을 부여하며, 만물 속에서 끊임없이 활동함으로써 신성을 드러내는 영원한 법칙인 것이다. 여기서 신이 창조한 만물은 서로 떨어진 개체로서의 다원론적 개념이 아니라, 보편적인 생명을 내재하면서도 고유한 실현의 방법으로 드러나는 '부분적 전체'의 개념이다. 그는 자연계를 내적인 통일하에 있는 생명의 커다란 유기체로 파악하였고 이 유기체에 작용하는 영원한 법칙이 곧 통일이며, 이 통일이 신이라고 하였다.

따라서 프뢰벨의 신은 그의 신성을 통하여 만물을 조화와 통일성 속에 지배하며, 우주의 본질로서 모든 것의 유일한 근원이 되는 존재라고 할 수 있다.

(2) 만유재산론

프뢰벨은 만물의 본질로서 신은 만물 중에 존재하고, 동시에 만물은 신 가운데 존재한다는 '만유재산론적 세계관'을 주장한다. 이것은 단순한 낭만주의적 범신론을 넘은 그리스도교 주의의 성격을 띠고 있다.

프뢰벨의 경우, 신이 창조한 만물은 신성으로서 작용하는 자연법칙과 일치해도 신 그 자체는 신성의 근원으로서 만물을 초월하는 신성과 구별되는 성격을 가지고 있다. 때문에 신은 만물을 창조해 가는 발전적인 성격을 가지고 있으나 만물에 의해 창조되지 않으며, 만물은 신에 의해 창조되면서 어떤 사물인가를 창조하는 발전적인 형태를 가진다. 내재하고 초월한다는 프뢰벨의 내재초월론은 신성과 신의 두 가지 개념의 호응관계에서 성립된다. 즉, 만물 가운데 존재하며 만물의 내계와 외계의 형성법칙이 되는 신성과 그 신성이 바로 자기 창조활동이 되는 신 자체의 개념이다.

(3) 인간관

프뢰벨의 인간은 신이 자신의 향상을 그대로 본떠 창조한 존재이다. 프뢰벨은 모든 인간은 신의 사랑과 친숙함, 그리고 은혜의 표적으로서 신의 선물이며 그(인간) 속에 신적인 영이 표현된 존재로 보았다.

프뢰벨에 의하면 인간은 다른 피조물과 구별되는 '인식하는 존재'로서, 의식적이고 이성적으로 발전하는 영혼과 몸을 가졌으므로 자신의 존재와 본질을 인식할 수 있다. 따라서 이러한 능력을 통하여 자신의 본질인 신성을 외부에 드러내는 것이 인간에게 주어진 특별한 사명이라고 하였다.

프뢰벨은 진실한 인간 육성이란 인간 안에 내재하고 있는 신적이며 정신적인 것의 발전에 있으며, 인간은 자기 내면에 있는 본질에 따라 생활할 때 행복을 얻게 된다고 하였다. 이로써 인간은 영원한 법칙인 신적인 통일에 접근하게 되고, 인간생활에 있어 이상적인 존재방식인 '생명의 통일'에 이르게 된다.

인간 이해로서 두드러진 것 중의 하나는 인간은 개성을 강조한 점이다. 그에 의하면 모든 인간에겐 그 자체에 전체 인류와 전체적인 신성을 반영하는 인간성이 내재해 있다. 그런데 개체로서의 인간이 모범적인 인간성을 형성하기 위해서는 인간의 모든 힘이 조화롭고 균등하게 형성되어야 하며, 각각의 인간은 자신의 중심으로부터 이 인간성을 균등하게 발달시켜야 한다는 것이다.

프뢰벨 인간관의 또 다른 특징은 인간을 관계성의 관점에서 본다는 것이다. 그는 인간을 인류의 '부분적 전체'라고 본다. 즉, 인간은 그 자체로 보면 하나의 전체이지만 동시에 우주 전체를 구성하는 성원이기도 한 것이다. 따라서 신과 자연의 자녀로서 인간은 신적인 것과 자연적인 것, 유한한 것과 무한한 것을 조화롭고 통일되게 나타내야 하며 인류의 일원으로서 인류의 본성과 경향성과 힘을 드러내야 한다.

이상에서 볼 때 프뢰벨의 인간은 신의 형상대로 지음받은 존재로서 개성을 통하여 신의 본질을 나타내며, 발달단계마다의 요구를 따라 성장하는 유기체이다. 또한 그가 보는 인간은 신이 부여한 능력에 따라 자신의 고유한 본질을 인식하며, 그것을 신과 자연과 인류와의 조화로운 관계 속에 나타내는 사명을 가진 신의 자녀인 것이다.

(4) 아동관

프뢰벨만큼 종교를 인간교육의 모든 분야에 빠짐없이 뿌리 깊게 심어 놓은 사람은 교육사상사에서 보기 드물며, 또한 교육과 종교의 입장을 보다 더 확고한 기반 위에 세워 강조한 사람 역시 프뢰벨이라 할 수 있다. 참으로 그의 교육학의 특색은 종교로부터 출발하여 종교로 돌아간다고 할 수 있을 것이다. 교육이란 유아의 본성인 신성은 무한하며 절대적이므로 신성을 넓게 펴고 나타내는 것을 목적으로 하는 인간의 교육은 유아에게 있어서 무한을 무한토록 하고 절대를 절대적으로 하도록 하는 가장 깨끗한 움직임이 되어야 한다.

사람은 출생할 때 신의 유아로서, 자연의 유아로서, 인간의 유아로서 끊임없이 신, 자연, 인간 3자 관계 안에 있는 유아가 인류와 자연과 조화되는 것은 우주의 진리이며, 영원의 진리인 창조주 하나님 아버지를 알게 하는 것만이 최고의 교육이라고 프뢰벨은 보았으므로 교육의 최고 목표는 사람을 하나님의 아들로 만드는 것이다.

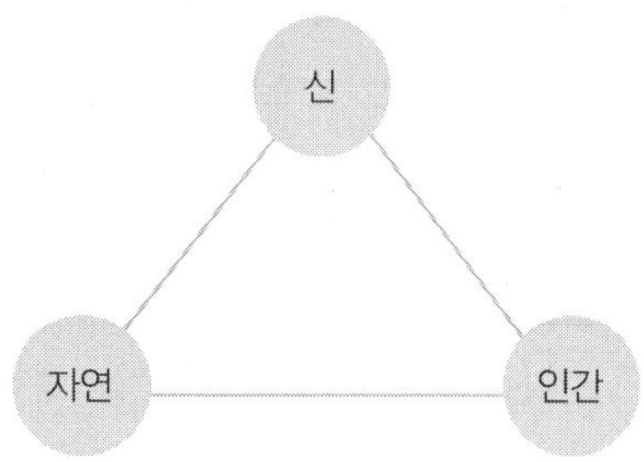

(5) 놀이이론

① 창조적 자기 활동과 놀이

프뢰벨은 신성의 본질을 신이 조물주라는 입장에서 한 활동, 창조, 노동으로 보고 있다. 그러므로 신성을 자기 본성으로 한 인간은 태어나면서부터 활동충동, 표현충동, 창조충동을 가지고 있다. 이와 같이 유아는 본래 자기 활동적이라는 것이다. 프뢰벨은 유아들이 자기 활동을 중히 여기면서 아울러 무의식적이고 본능적인 활동충동과 표현충동, 창조충동을 어떻게 하면 강화하고 의식화할 수 있을 것인가를 고심하였다. 교육에 있어서 그는 다른 사상가보다 더욱더 유아의 자기 활동을 창조적인 것으로 보고 이것을 육성하려고 하였다.

자기 활동의 원리는 프뢰벨 교육에 있어서 가장 중요한 기본적인 원리이다. 교육의 가장 중요한 과제는 스스로 깨닫고 사유하고 인식하는 본질로서의 인간이 의식과 자기 활동으로서 내적 이성, 즉 신을 순수하고 완전하게 실현하도록 격려하고, 또 그 경지에 도달하는 길과 방법을 제시하는 것이다.

프뢰벨에 의하면 유아의 행위는 모두 창조적인 것이며, 창조적인 행위는 동시에 자기 속에 숨어 있는 신적인 것으로서의 자기 표현이다.

② 놀이의 중요성

자기 활동을 중요시하는 교육은 유아의 흥미를 중요시하는 교육이기도 하고 생활 중심 교육인 동시에 놀이를 중요시하는 교육이 된다. 왜냐하면 유아들의 흥미의 대상은 놀이이며, 유아의 생활 또한 구체적으로 놀이이기 때문이다.

실로 놀이는 인간의 전체적인 표현이며, 인간은 놀이를 통해서 자기를 표현하고 자기 형성을 한다. 이 자기 표현과 자기 형성은 항상 스스로 생명화를 요청하고 있다. 이와 같이 하여 놀이는 인간의 내적 생명을 형태화하고 외적 소재로 생명화한다. 더욱이 이러한 놀이를 하는 노력은 어린이처럼 왕성한 시기가 없다. 유아기의 생활은 이 활동으로 채워지고 있다.

유아기의 생활은 놀이생활이라고 할 수 있다. 이 시기의 아동은 생명의 자기 형성에 바쁘다. 프뢰벨에 의하면 진실로 건강한 유아는 활동적이며 끊임없이 무엇인가를 하지 않고는 배기지 못한다. 이토록 활동적인 유아들은 자기 눈에 비치는 모든 것을 생명과 연관시킨다.

프뢰벨은 무엇보다도 먼저 유아의 활동충동, 창조충동 내지 작업충동을 순화하고 강화하고 육성하려고 노력하였다. 프뢰벨에 의하면 그는 일찍이 유아교육의 근본은 무엇보다도 먼저 유아를 잘 놀도록 인도하는 일, 즉 놀이로서 지도하는 일 내지는 그를 즐겁고 행복하게 함과 동시에 발전시킬 것을 노력하지 않으면 안 된다고 했다.

(6) 은물과 작업

프뢰벨은 놀이 중에 어린이가 자기 스스로 자연스럽게 날 때부터 부여받은 능력을 충분히 발전해 가기 위해 교육용 놀이를 고안 제작하였으며, 이것을 통해서 어린이가 자기의 창조적인 활동충동을 발전해 나가며 동시에 보다 근원적이고 궁극적인 것을 직관해 가도록 기대했었다. 즉, 이 놀이기구를 통하여 자연을 알고, 자연의 창조주인 신을 알며, 신을 알게 됨으로써 자기를 알 수 있게 된다고 생각하였다. 프뢰벨은 이 놀이기구는 자연, 즉 우주를 단순화시킨 것으로서, 신을 쉽게 이해하기 위해서 복잡하고 다양한 자연계를 단순화하고 놀이기구인 은물 속에 응축시켰다고 보았으며, 은물의 제작동기를 "은물의 가장 중요한 목적은 단지 외적 신체활동을 위한 것이 아니라 오히려 정신활동과 같은 내적인 활동의 양상과 발달을 위한 것이다."고 설명한다.

프뢰벨은 놀이가 아동의 자발적인 활동이 취한 자연스러운 형태로 보았으며, 작업은 보다 성숙한 수준에서 취한 자연적인 형태라고 보았다. 프뢰벨은 작업을 통한 교육을 조직적으로 만듦으로서 그에게 있어서는 '손의 작업'이 교육 방법이다. 프뢰벨에게는 신체적인 노동이 곧 정신력과 연결되어 있는 것으로 느껴졌고, 신체적인 창작은 정신적인 교육과 관계가 있다고 했다.

프뢰벨이 일이 교육적인 중요한 의미를 가지고 있다는 이론의 토대 위에서 고안한 것이 놀이기구인 은물과 작업이다. 프뢰벨은 어린이의 창조 충동을 건전하게 육성시키기 위해서는 우선 어린이에게 이상적인 놀이기구를 주고 이 놀이기구에 의해서 자기 스스로의 창조력을 자각시키는 훈련이 필요하며 이는 어린이가 창조활동을 충분히 만족하도록 하지 않으면 안 된다고 하였다.

프뢰벨의 은물과 작업의 특성을 살펴보면 다음과 같다.

첫째, 어린이에게 신의 작용을 알리는 것, 신처럼 창조하는 것, 어린이의 창조력을 일깨우는 것이어야 한다. 그러기 위해서는 유아가 자유롭게 자기 활동적으로 취급하도록 되어 있는 것이어야만 한다.

둘째, 다음에 나오는 놀이의 발견이 이미 앞의 놀이 속에 포함되어 있지 않으면 안 된다. 이렇게 하면 유아의 활동은 비약함이 없이 연속적으로 발전될 수 있다.

셋째, 이것을 사용함으로써 인식능력이나 심정, 의지 및 여러 가지 능력을 단련할 수 있어야 한다.

이와 같이 은물로서 놀이를 하면 어린이는 무의식 속에 사물의 안과 밖을 인식하게 될 뿐만 아니라 자기 자신의 환경을 발견하고 자신의 창조력을 인식하게 된다고 한다. 은물과 작업은 단순한 것에서 복잡한 것으로, 구체적인 것에서 추상적인 것으로, 가벼운 것에서 무거운 것으로, 잘 알려진 것에서 덜 알려진 것으로, 보이는 것으로부터 보이지 않는 개념으로 나아간다. 한편, 은물과 작업의 다른 점은 은물이 고정된 형태로부터 분해해 들어가는 과정이라면, 작업은 변형이 쉬운 재료를 가지고 점으로부터 종합해 가는 활동이라는 점에서 차이가 있다.

(7) 유희론

유희론이 비로소 프뢰벨 사상의 가장 내면적인 것에로 이끈다. 프뢰벨의『인간의 교육』에서 보면, "유용하게 조용하게 또 끈기 있게 노는 어린이는 자라서 반드시 유용하며 조용하며 끈기 있는 어른이 된다"고, 또 20년 후 무메 슈밋트에게 보낸 편지에 다음과 같은 이야기가 쓰여져 있다. 유희는 "식물이 씨로부터 또한 동물이 알로부터 발생하듯이 현상에 있어서 가장 단순한 것이요, 제일가는 것, 즉 구로부터 나오도록 해야 한다"고 하였고, "모든 여러 가지 기초에 통일이 있다. 모든 외견적인 자의 및 우연성의 기초에 조용히 지배하는 법칙이 있다"는 것이다. 이리하여 사람은 그 속에 이 조용히 지배하는 법칙이 보이며 또한 이 법칙이 명료하고 순수하므로 보는 이의 얼에 이행하는 바의 대상을 발견하고 표현하여야 한다.

그러나 어머니와 유치원의 보모는 말과 노래와 동작으로서 깊은 의미를 해명하여야 된다. "어른이 모든 행동에 의하여 신과의 합일을 느끼듯이 유아는 그 행위에 의하여 어른과 합일을 항상 느껴야 된다."는 것이 프뢰벨의 생각이거니와, 여덟 개로 나누어진 정육면체에 의하여 무수한 여러 가지 모양이 형성된다. 프뢰벨은 어머니들이 우선 첫째로 다방면에로 발전하는 유희의 도야법칙 및 성장법칙을 스스로 밝히고 이어서 어린이들에게 설명할 수 있게 지도하였다. "그 내적 자연적 분지에 따라서 따로 따로 또한 순차적으로 연이어 일어나는 현상에 있어서 전체를 자유롭게 독자적으로 표현하게끔 시도하라"고 하였다. 그렇게 함으로써 그대는 그후 "표현과 말과 의미, 형상적 이해(해석)를 서로 서로 결합할 수 있을 것이리라. 유아생활의 감정은 결코 깊지도 않고 따뜻하지도 않으며 또 활동적인 것도 아니므로 어린이 스스로가 작은 작품에서 자신을 눈에 띄게 표현할 수 없었다." 그래서 또한 해명되지도 않았다.

그런데 교구와 그것을 사용할 때의 수학적 법칙에는 가장 깊은 진리성과 명료성이 제시되어 있다. 그러므로 유아의 기대에 가득찬 기쁨의 감정을 신중한 해석에 의하여 이 진리를 의식시키게끔 하는 일이 어머니와 유치원 보모의 과제이다. 「어린이와 사랑의 노래」가 유아의 생애에서 만나게 되는 많은 사건들의 의미와 법칙을 해명할 수 있도록 교구를 가지고 노는 어린이에게 어머니가 이야기해 주고 또한 노래 부르는 시구야말로 어린이가 운동 또는 형상의 의미를 이해하려고 하는 것을 돕는다. 모든 것에 있어서 일체를 창조하는 정신이 여기저기서 나타나듯이 이러한 모든 작용을 하는 것은 형태 있는 교구가 아니라 "오직 순진하게 사랑하고 경신하며 진정 종교적이고 신적인 이 유아교육 방법의 정신이다."

4. 현대교육사상사적 의의

프뢰벨은 교육은 보편적이고 기초적인 교육을 받아야 한다고 주장하며 놀이 속에서 어린이가 호흡하고 살면서 자신에게 필요한 정신을 강화하고 확장시켜 나가길 바란다. 이를 통해 어린이는 자신을 발전시키고 표현하며 정신력을 키운다고 본다.

어렸을 때 공부를 했던 것은 거의 모두 주입식 교육이었다. 현재까지도 진행하고 있다. 하지만 이 주입식 공부 암기식 공부는 흥미가 유발되지 않으며 창의적으로 사고할 수 없는 한계점을 가지고 있다. 그래서 어렸을 때부터 공부를 재미있게 '놀이처럼 할 수 있는 방법은 없을까?'하고 생각을 많이 했다. 바로 프뢰벨의 교육사상가가 어린이의 마음을 잘 읽고 학습자의 마음을 이해한 것 같다. 놀이를 통해서 기쁨을 얻게 되며 놀이를 통해서 그 놀이에 적응하기 위해서 또는 성공하기 위해서 기술을 연마하고 내면에서는 꼭 해야겠다고 꼭 이겨야겠다는 악한 마음이 아니라 순수한 내면 마음과 신체 놀이를 통해서 청각에 시각에 촉각, 즉 공감각적 감각을 발휘하여 인간의 사고를 표현할 수 있다고 본다.

하지만 요즘의 어른들은 모두 다 보편적이고 기초적인 교육보다는 기계론적이고 합리적인 사고방식을 요구하며 그에 맞는 계획을 세우고 목표를 향해서 돌진하라고 가르치고 있다.

그러나 어린이, 즉 학습자들은 이에 흥미를 느끼지 못하고 괴리감에 빠지며 그들의 재능을 한껏 살리지 못하는 주입식 교육만을 강요해 그들의 마음에 평화를 빼앗고 있다. 필자도 어렸을 때 주입식 교육에 길들여져 있어 매우 따분하고 지루한 수업을 들었던 것이 기억이 난다. 지금도 마찬가지라고 보지만 지금은 성인이기 때문에 감수한다. 하지만 어린이들은 다른 입장이라고 본다. 외면적인 모습을 키우고 세련되게 겉치레를 했더라도 내면적인 모습이 튼실하지 못하면 그것은 짚으로 집을 지어 늑대가 어린 돼지에게 입김을 불어도 스르르 날아가 버리는 꼴이 된다고 생각된다. 그래서 유아기, 소년기 시절에는 학습자가 중심이 되어서 동심의 세계의 나래를 펼쳐야 한다고 프뢰벨을 조사하면서 생각한 바이다. 그래야 그들의 창의적인 활동과 그들의 독립된 자아로서 스스로 할 수 있는 힘이 생기며 한 가지를 배우면 열 가지 이상을 응용하는 창조적인 학습자가 될 것이라고 본다. 또한 그들의 마음속으로는 행복에 가득 차며 흥미 있어 하고 생명이 넘치는 하루하루가 되며 학교에 가는 것을 하루의 행복으로 느낄 수 있을 것이라 생각이 된다. 사막한 현대시대에 꼭 필요한 교육사상가는 프뢰벨이라고 필자는 자신 있게 말할 수 있다.

프뢰벨의 교육이론은 그의 형이상학적 전체와 관련지어 이해할 때만이 우리는 유기적인 발전이라는 세계상에 근거하여 그의 교육이론과 사상이 오늘날 우리에게 주는 의미를 알 수 있을 것이다. 그는 유아는 창조적이고 활동적인 생동 체라고 보았으며 창조활동 표현활동 구성활동을 신장하도록 하였고 모든 교육은 학습자가 즐기고 생생하게 활동하면서 필요한 것은 스스로 독자적인 사회적 · 문화적인 배경을 토대로 교육의 문제가 다루어져야 한다고 보았다. 이렇듯 요즘 부조리한 교육 실태를 꼬집는 교육사상가라고 본다. 앞에서 말한 대로 주입식 교육이 아니라 창조적 교육이 되어야 한다는 것이다. 우리는 프뢰벨의 교육이론을 바르게 이해하고 보편적이며 인간의 사고를 깨우칠 수 있는 교육으로 발돋움해야 할 것이다.

제11장

몬테소리

1. 생애

몬테소리(M. Montessori)

교육자이며 과학자이고, 의사이며, 인도주의자이며 철학자였던 마리아 몬테소리(Maria Montessori : 1870~1952)는 이탈리아의 안토나에서 출생하였다. 그녀는 수학과 생물학에 흥미와 재능을 나타내었고 대학에서 의학을 공부하고자 했다. 그러나 당시만 해도 여자가 의학을 공부한다는 것은 세상의 관습에 도전하는 일이었기 때문에 입학원서도 거절되었지만 마침내 그녀는 로마대학 의학부에 입학하였다. 몬테소리는 1896년 그녀의 나이 26세 때 왕립로마대학으로부터 박사학위를 받은, 이탈리아 최초의 여성 의학박사가 되었다.

그녀의 이름이 주목을 끌게 된 것은 1900년 런던에서 개최된 국제부인회의 석상에서 시칠리아의 광산에서 일하는 연소자문제에 대하여 연소노동자 고용금지를 주장함으로써 많은 감명을 주었다.

로마대학 부속 정신병원에서 일하면서 그녀는 정신지체아의 문제는 의학적인 문제라기보다는 교육적인 문제라는 결론을 내리고 정신지체아 교육시설의 필요성을 호소하였다. 1889년 몬테소리의 주장은 열매를 맺어 국립장애인학교가 설립되었고, 정신지체아교육을 위하여 심혈을 기울였다. 거기서 비로소 감각적이고 구체적인 교육 방법을 사용하기 시작하였고, 몬테소리의 시도는 획기적인 성공을 거두어 그 학교에서 교육받은 어린이들은 정규학교 입학시험에 합격하여 정상적인 수업을 받을 수 있게 되었다. 그녀의 노력으로 정신지체아들의 정신력은 매우 향상되었던 것이다. 정신지체아의 교육 방법은 일반적인 것보다 더욱 합리적으로 행해져야 한다고 믿고 노력하였다.

그러나 그 후 그녀의 관심은 점차 정상아에게로 옮겨져서 1901년 국립 장애인학교를 사임하고 로마대학에 재입학하였다. 1907년 그녀의 나이 36세가 되던 해 로마의 빈민굴 개선을 위한 주택사업이 추진되었고, 산 로렌조 빈민가에 공동주책이 건립되었다. 몬테소리는 공동주택의 한 구석에 교육시설을 설치하고 미취학 어린이를 수용하기로 했다.

몬테소리는 이 교육시설을 '어린이 집(Casa dei Bambini)'이라고 명명하였고, 이 '어린이 집'이라고 불리는 유아학교에서 그녀의 교육사상과 방법을 적용하고 실행하면서 자신의 이론을 실천하게 되었다. 여기에서 이따르나 세강의 연구결과를 토대로 자신이 정박어린이에게 사용했던 교육 방법을 경험 삼아 어린이들이 자기활동을 환기시킬 수 있는 교재를 만들어 제공했다. 어린이의 내면에는 육체와 정신의 결합에 따른 활동력이 잠재해 있음을 깨닫고, 어린이가 주변의 수많은 방해에도 불구하고 작업에 집중해서 오랫동안 계속하는 것이 가능하다는 것을 발견했다. 교재선택의 경우도 이런 어린이의 내적 요구에 기준을 정하게 되었고 환경을 교육적으로 준비하는 것을 중요시하고 어린이의 자유교육에 자극을 줄 수 있게 구비해야 한다고 했다. 처음의 '어린이 집'은 가난한 가정의 자녀를 대상으로 했지만 그후는 중류, 상류 가정의 어린이를 대상으로 하였다. '어린이 집'은 기적적인 교육성과를 실현하였다고 하여 세계 여러 지역으로 선전되었다.

이후 몬테소리교육은 급속도로 세상의 주목을 받아 몬테소리협회의 지부와 학교가 이탈리아뿐만 아니라 세계 각지에 설립 · 보급되었다. 그녀는 1952년 5월 6일 네덜란드의 느르드벡 안 제이에서 82년간의 어린이에 대한 사랑과 교육을 위한 위대한 생애를 마감하였다.

2. 사상적 배경

1909년에 메릴에 의해 처음으로 몬테소리교육법이 미국에 소개되자 커다란 관심을 불러일으켰고 많은 지지자를 얻었다. 1913년에 몬테소리 교육협회가 설립되고 벨은 회장이 되었다. 『몬테소리 교육법』(1912)의 영역저서도 출판되었고 몬테소리에 관한 관심은 미국의 교육계를 휩쓴 듯 하였다. 20세기 전기의 몬테소리 붐은 1913년이 정점이었으며 그 이후 급속한 하락경향을 나타낸다.

몬테소리는 1913년에 미국을 방문하여 카네기 홀에서 강연을 하고 열광적인 환영을 받았다. 이때 사회자는 존 듀이였다. 1915년에 재차 미국을 방문하였을 때는 미국 내의 몬테소리 지지자들 간에 분파가 생기고 몬테소리 운동이 분열되었으며 교육계에서도 몬테소리교육법에 대한 비판이 일고 있었다. 학계에서는 콜럼비아 대학의 킬패트릭(William Kilpatrick)이 1914년에 『몬테소리 교육법의 검토(The Montessory System Examined)』를 출판하여 신랄하게 비판하였다. 킬패트릭 교수의 평가는 몬테소리의 첫 번째 출판물이며 그때 막 출판된 『몬테소리 방법(The Montessory Method)』에 근거하고 있고, 로마에서 몬테소리 교실을 직접 참관한 경험에 의거한 것이기도 했다. 킬패트릭 교수는 몬테소리 박사와 개인적인 대담도 가졌다. 그러나 몬테소리교육법의 장점도 인정하였다. 그러나 나치와 파시스트 정권하의 나라에서 몬테소리 학교가 일시적으로 문을 닫은 것 이외에 몬테소리는 세계의 많은 국가에서 계속 번성해 왔다.

1910년경에 개혁파의 승리로 종결이 되었을 때 유럽으로부터 몬테소리교육법이 새롭게 도입되었던 것이다. 20세기 초기의 미국에 있어서의 첫 번째 몬테소리 붐은 단기간에 끝났다. 그 이유는 당시의 미국의 심리학과 몬테소리의 이론이 일치할 수 없었던 점, 미국은 미국 독자적인 교육철학에 근거한 진보주의 교육이론이 수립되는 과정이었다는 점, 유치원 교육계의 부정적인 평가, 킬패트릭과 같은 대학자에 의한 비판, 몬테소리 협회의 분열 등을 들 수 있다.

그러나 몬테소리교육법은 20세기 중반기에 미국에서 또다시 선풍적인 관심을 불러일으켰다. 1952년에 몬테소리는 이미 사망하였으므로 직접 관여할 수는 없었다. 1957년경부터 일기 시작한 관심은 1965년에 최고조에 도달했으며 1970년 이후는 하향추세를 보이고는 있으나 여전히 관심의 대상이 되고 있다.

몬테소리의 세간에 대한 연구는 대단히 깊은 데까지 파고들었다. 세간의 저서를 베네딕트와 수도원에 의한 사본의 정신을 배워서 손으로 직접 필사하여 공부했다고 한다. 그런데 세간에 앞서 장애자교육에 있어 감각, 지력, 정서의 상호관계에 주목한 사람은 이탈드이다. 이탈드의 연구 '아비뇽의 야생아'에 감동하여 그의 뒤를 이어 장애인교육의 가능성을 이른바 실천적으로 한층 명백하게 한 것이 세간이었다. 세간은 철저한 생물학적 근거에 입각, 신체의 근육운동, 특히 손의 운동감각은 훈련을 기초로 하여 지육, 덕육이 완성된다고 주장하였다. 이를 위해 고안된 세간의 기구는 몬테소리 교구에 크게 영향을 미쳤다.

3. 교육사상의 이해

1) 교육사상

몬테소리가 보는 인간은 신(神)을 경외하는, 그리고 자연 속에서의 자유로운 발전과 내면에 깊이 존재하는 창조적 발전의 힘에 대한 신념에 기초한 존재이다(Montessori M, 1962). 그러므로 인간 생명이라는 개념과 인간 존중사상을 바탕으로 한 아동관을 통해 인간의 잠재능력과 자기 발전을 스스로 개발할 수 있는 우주적 환경을 제공하여야 한다고 말한다(조성자, 2006). 또한 어린이들의 자유에 기초한 교육을 주장하면서 어린이는 자기교수를 통한 자동교육 방법으로 교육해야 한다(Montessori M, 1962)는 점을 강조하였다. 몬테소리교육은 어린이를 존중하고 어린이의 작업을 중요시하는 사상에 그 근원을 두고 관찰을 통한 '새로운 어린이'를 발견하는 것으로부터 출발한다(신화식, 2006). 이러한 의미에서 몬테소리의 아동관과 교육 방법, 그리고 몬테소리 교육에서의 관찰의 의미와 중요성을 통해 몬테소리의 교육사상을 정리해 보고자 한다.

(1) 아동관

몬테소리는 유아를 존중하고 유아의 작업을 중요시하는 사상에 그 근본을 두고 있다. 몬테소리는 유아를 끊임없이 자신을 창조해 가는 무한한 잠재능력을 지닌 자유로운 존재로서, 유아 자신이 스스로 자신의 잠재력을 전개해 나간다고 보았다. 즉, 인간은 외부환경의 자극에 의해 수동적으로 반응하는 것이 아니라 내적 에너지에 의해 스스로 탐색하고 발전해 가는 능동적이 존재이며, 특히 유아는 선천적으로 특유한 정신적 본성을 지니고 태어나며 성인에 의해 배우기보다는 유아 자신이 스스로 환경과 접하면서 경험을 통해 배운다고 보았다. 그러므로 유아는 성인의 축소형이 아니며 그렇게 취급되어서도 안 되고 분리된 개별적인 생명을 지닌 존재로 인식되어야 한다고 했다.

몬테소리의 교육원리는 준비된 환경과 자유의 원칙을 따라 여기서 몸과 마음의 심리적 연결을 이루며 어린이의 내적 요구와 환경과 만나서 집중현상이 일어난다는 원리를 설명하고 있다. 특히, 그녀의 유아기의 특이한 감각적 시기와 환경에 흡수되는 마음을 유아의 특징으로 이용하여 교육의 가능성을 발견하고 있다.

① 민감기

민감기란 생물의 발육과정과 어떤 사물에 대한 감수성이 특히 민감하게 움직여 그 기관의 기능이 급속히 발달하는 것을 의미한다.

몬테소리는 아동이 어떤 행동에 민감해지고 구체적 기능을 보다 쉽게 학습하는 어떤 민감기가 있다고 믿었으며, 몬테소리의 민감기 개념은 생물학적인 의미에 근거를 두고 이것을 어린이교육에 적용하였던 것이다. 몬테소리는 민감기에 대해 이렇게 말했다.

"민감기란 어떤 창조물이 진화의 과정에 있는 동안에 유아상태에서 획득하는 특별한 감수성을 가리킨다. 그것은 일시적인 성향이며 특정한 특성의 획득에 제한되어 있다. 이 특성을 획득하면 특별한 감수성은 사라진다."

생물의 모든 특별한 특성들은 일시적인 충동이나 잠재력 개발의 도움을 통해 얻어지는데, 유아는 그의 민감기를 통해 자신을 환경에 적응시키고 그에 따르는 특성을 획득하는 것을 배운다. 이 민감성은 유아가 두드러지게 강렬한 방식으로 외부환경과 접하도록 해준다. 그렇기 때문에 이 시기에는 모든 것을 받아들이기가 수월한 것이다.

㉠ 질서에 대한 민감기

출생 후 처음 3년간에 나타나며 질서에 대한 강한 욕구를 갖는다. 이 시기에 어린이에게는 두 가지의 질서감이 있는데, 하나는 외적 질서로 환경을 자극하는 데

속하며 다른 하나는 내적 질서로서 자신의 신체 각 부위의 대칭 부위를 지각하는 데 속한다. 질서에 대한 욕구가 충족되지 않으면 후에 적응이나 질서에의 순응이 어렵고, 충족되면 어떤 무질서도 참아낼 수 있게 된다. 어린이들에게 있어서 질서는 본질적인 것이다. 출생 후 1년 동안에 영아들은 그들이 후에 지배해야 할 환경으로부터 정향원리를 도출해 낸다.

㉡ 세부에 대한 민감기

1~2세 사이의 유아들은 작고 세밀한 것에 그들의 주의를 고정시킨다. 어른들이 무관심하게 지나쳐서 지각하지 못하는 사물도 지각할 수 있다. 예를 들면, 이들에게 그림을 보여 주면, 우리가 중요하게 생각하는 주된 대상은 무시하고 대신 배경에 있는 작은 대상에 초점을 맞추는 것처럼 보인다. 세부에 대한 이러한 관심은 어린이의 정신발달에 있어서의 어떤 변화를 나타내는 것이다. 아주 세밀한 것에 대한 어린이들의 관심은 성인들을 어리둥절하게 만드는 것이다. 이것은 어린이들의 정신적 성격이 성인들의 그것과 아주 다르며 단순히 그 정도에서만 다른 것이 아니고, 그 종류에 있어서도 다르다는 것을 나타낸다.

㉢ 양손 사용에 대한 민감기

손의 사용에 관한 것으로, 18개월부터 3세 사이의 유아는 끊임없이 물건들을 움켜잡으려고 한다. 유아는 특히 화장대나 싱크대에서 화장품과 그릇들을 꺼내어 뚜껑을 열고 그 안에 다시 이것저것 집어넣는 등의 일을 즐긴다. 그리고 그 다음 2년 동안에는 그들의 동작과 촉감을 세련화시킨다.

㉣ 걷기에 대한 민감기

몬테소리는 유아가 걸을 수 있게 되는 것을 일종의 제2의 탄생이라고 말한다. 즉, 무력한 존재에서 능동적인 존재로 바뀌게 된다. 아기들은 억제할 수 없는 충동에 의해 걷는 것을 시도하게 되며 걷는 법을 배울 때 대단한 자부심을 갖는다.

다른 행동과 마찬가지로 걷기의 의미가 성인에게 있어서와 어린이에게 있어서 서로 다르다는 것을 종종 인식하지 못하고 있다. 성인이 걸을 때는 마음속에 어떤 목적을 가지고 있지만 아기들에게는 걷는 그 자체가 목적이다.

㉤ 언어에 대한 민감기

모든 민감기 중에서 가장 두드러진 것으로 언어의 획득이 있다. 놀랄만한 것은 어린이들이 이같이 복잡한 과정을 학습하는 속도이다. 어린이는 생득적으로 언어기제가 존재한다고 하였다. 생후 수개월에서 2세반 또는 3세 사이의 어떤 결정적 시기에 어린이는 환경으로부터 소리, 단어, 문법 등을 흡수하기 위한 내적 준비가 되어 있다. 어린이는 이러한 인상들을 그의 마음으로서가 아니라 생 자체로서 흡수한다.

소리는 믿을 수 없을 정도로 강한 인상과 정서를 일으킨다. 몬테소리는 언어획득이 선천적인 것이며 성숙적 요인에 의해 지배되기 때문에 어린이들은 그들이 성장하는 곳이 어디든 간에 동일한 단계를 거쳐 언어를 발달시킨다고 주장하였다. 이런 모든 일들은 가르치는 사람도 없이 일어나며 그것은 자발적 획득인 것이다.

몬테소리는 이러한 민감기를 교육에 적용시켰고 어린이의 두 번째 탄생이라 했다. 민감기를 통해 감각이 발달되며, 이러한 감각의 발달은 곧 지각의 발달로 이어져 간다. 따라서 지각의 발달은 사물에 대한 정확한 인상이 형성되고 개념을 구조화하는 기초가 된다. 또한 민감기는 개체와 환경과 사물과의 관계에서 어린이가 환경으로부터 혹은 주위의 사물에게 무엇인가를 흡수하는 경향성을 가지고 있다는 것이다. 이 같은 흡수정신은 지식을 성취하는 과정이며, 발달을 위한 학습이라 할 수 있다.

② 흡수정신

몬테소리는 유아의 정신을 흡수정신으로 정의하고 있는데, 그것은 유아가 내부에 잠재해 있는 흡수하는 정신능력을 통하여 환경을 받아들이며, 스스로 경험하여 배우게 되는 유아의 특성을 말한다.

흡수정신은 유아에게 보여지는 모든 이미지를 무의식적 과정과 의식적 과정을 통해 받아들이고 저장한다. 몬테소리는 흡수정신은 6세까지 지속되며 이 기간을 무의식적 단계와 의식적 단계로 나누었다. 무의식적 단계는 0~3세까지로 유아기의 인성의 대부분을 형성하는 이 시기 동안에 유아는 가능한 한 모든 인상들을 무의식적으로 흡수한다. 의지와 무관한 행동임에도 불구하고 초기의 흡수정신은 수동적이 아니고 능동적으로 일어난다고 한다. 그리하여 흡수된 인상은 어린이의 정신과 육체에 스며들어, 어린이의 지식이 된다기보다 오히려 어린이의 일부가 되어버린다. 이 기간 동안에 모방 · 운동 · 손끝으로 다루는 조작적 놀이와 쥐는 행동 등이 나타나며 그러한 경험을 통해 자신의 정신을 개발시킨다.

의식적 단계는 3~6세까지로 의식적이면서도 계획적으로 환경과 상호작용을 하며, 좋아하는 것을 직접적으로 경험하고자 하는 의지가 강하게 나타난다. 이 의식적 흡수과정은 환경에 대한 지각의 영향에 의해 의식적으로 선택되고 감각도 더 발달하게 되어 흡수하게 된다. 무의식적 활동으로 그의 정신을 준비하여 점차 지각적인 과정을 알게 되고 이런 방법으로 조금씩 그의 정신과 기억능력과 이해력이 상호 작용하게 된다. 이 과정을 지나가 어린이는 정신력을 계속 구성해 간다. 이 흡수하는 정신능력에 의한 창작력은 지적 · 도덕적 성격을 만들어줄 뿐 아니라 인격을 형성하는 모든 것과 관계된다.

③ 자연법칙

다음으로 몬테소리는 어린이의 정신 내적 발달을 관장하는 자연법칙을 발견했는데, 이 내용을 요약하면 다음과 같다.

첫째, 작업의 법칙(Law of work)이다. 유아는 자신이 자유롭게 선택한 과제에 대해 가장 열심히 집중하여 작업하고 그 후에 만족감과 평온감을 느낀다는 것이다.

둘째, 독립성의 법칙(Law of independence)이다. 완전한 인성발달은 외부의 직접적인 지도와 의존에서 벗어남으로써 이루어질 수 있다는 것이다.

셋째, 집중력(Power of attention)이다. 유아는 열정과 흥미를 가지고 주변환경에 있는 특별한 사물에 주의를 기울이며 집중력이 강한 행동에서 즐거움과 만족감을 얻는다.

넷째, 의지의 발달(Development of child'will)이다. 의지는 주의력이나 집중력의 향상과 더불어 나타나며 환경에 내재한 지속적인 활동을 통해 천천히 진전된다. 모든 결정과 활동은 의지의 발달에 바탕을 두게 된다. 반복(Repetition of activity), 자기훈육(Self-discipline), 복종(Obedience)의 단계가 의지발달의 단계이다.

다섯째, 인지발달(Development of intelligence)이다. 교육에 필수적인 기전(Mechanism)을 움직이게 하는 관문이 되는 것이다.

여섯째, 유아의 상상력(Imagination)과 창의력(Creativity)을 발달시키는 것이다.

일곱째, 정신 내적 원리는 유아의 영적인 삶과 정서발달에 관계한다.

여덟째, 유아의 성장단계와 관련이 있다.

(2) 교육관

몬테소리의 교육관은 교수 · 학습이론으로서의 작업이론과 교육 목적으로서의 정상화의 두 가지 측면으로 살펴볼 수 있다. 인간은 작업을 통해서 인성을 형성하고 자신을 완성시키게 된다. 그러므로 기본적인 인성을 위해 유아에게 바람직한 작업의 제시가 중요하다. 반면에 유아는 자연스럽게 작업할 수 있는 내적 충동이 이루어졌을 때, 스스로 작업에 매력을 느끼고 즐기며 자신을 전환시키게 된다. 이러한 작업을 통해 인간은 시민정신의 근본을 배우게 된다. 작업은 인간 특성의 하나이기 때문이다. 이 특성은 삶을 더욱 안락하고 편하게 만들 수 있는 환경을 창의적으로 이끌어 가는 다방면의 능력과 직접적으로 연결되어 있다. 유아의 노동은 성인과는 아주 다르다. 능동적으로 작업에 참여하는 실제 작업자로서 성인으로 발달해 나가는 것이다. 유아가 작업을 할 때는 어떤 목적을 획득하려는 것이 아니라 유아의 작업 그 자체가 목적이다. 유아는 최소한의 노력법칙을 따르지 않으며 오히려 그 반대로 작업하는 데 있어 최대한의 에너지를 소비하고 사소한 일을 실행하는 데도 그의 모든 잠재력을 사용한다. 작업에 대한 몬테소리의 견해는 교수 · 학습에 대한 이론적인 기초로서 받아들여질 수 있다.

몬테소리는 교육 목적을 유아가 전인적인 성장을 하도록 도와주고 자신의 주변 환경에 적응할 수 있게 하며, 인간적인 관계에서 사회적 요구를 받아들이고, 더 나아가 '정상화'되는 데 두었다.

정상화란 유아가 작업에 진정한 흥미를 가지고 집중 · 반복하여 만족감을 가짐으로써 자신의 내적 훈련과 자신감을 발달시키고 목적 지향적인 작업을 선택하게 되는 과정을 말한다. 정상화된 유아는 모든 환경을 사랑하는 감각을 가지며 이 감각은 환경의 질서를 유지하는 데 사용된다.

그리고 작업을 사랑하는 특성을 갖고 작업을 수행했을 때 기쁨을 갖게 되며, 외부세계와의 접촉을 통해 자발적인 집중을 함으로써 인지능력을 구성해나간다. 정상화된 유아는 현실에 애착을 갖는다. 작업에 열중함으로써 스스로 작업에 열중하며 침묵을 사랑하고 소유 본능을 승화시키는 특성을 갖는다. 독립성과 주도성을 가지고 있으며 자발적인 자기 훈육을 이루고 만족감과 기쁨을 가지고 있다.

(3) 환경관(준비된 환경)

정상적인 발달을 하고 인격을 완성시키기 위해서는 적당한 환경이 필요하다고 보았다. 몬테소리는 환경을 어린이를 길러내는 육성지로 보고, 어린이의 자기형성의 요구를 충족시켜주며 그의 인격과 성장의 패턴을 노출시켜주기 위해 계획되었다. 성장에 대한 모든 장애요소가 제거되어야 한다는 것이다.

어린이는 환경에 대하여 정신적 · 감정적으로 반응할 수 있는 정신적인 혼을 가지고 있으며, 아름답게 조화된 환경 속에서 어린이는 느끼고 추상하고 자유로이 상상하여 창조적 상상력을 발달시킨다고 했다.

환경은 자기 구성을 위한 욕구를 충족시키고, 유아의 성장방식이 나타날 수 있도록 고안된 곳이어야 한다고 보았다. 준비된 환경은 교육환경의 시설 · 설비 · 교재 · 교구 등의 물리적 환경뿐만 아니라 유아 자신 · 동료 · 부모 · 교사 등의 인적 환경의 범주가 포함되는 현대적 교육환경의 의미인 포괄적인 개념을 뜻한다고 볼 수 있다.

몬테소리는 환경을 특별히 강조하지만 생명과 환경의 관계는 다음과 같다.

첫째, 환경은 생명을 돕는 2차적 요소라고 생각하고 있다. 어린이는 그의 육성지인 환경 속에 우연히 존재하기 때문에 성장하는 것이 아니고, 어린이 내부의 잠재적 생명이 발달하기 때문에 성장한다.

둘째, 환경은 지식이 있고, 통찰력 있는 성인에 의하여 어린이를 위하여 주의 깊게 준비되어야 한다.

셋째, 성인은 그 환경 속에서 어린이의 생활과 성장과정에 참여하여야 한다.

몬테소리 환경을 구성하는 요소는 자유, 구조와 질서, 실재와 자연, 미적분위기, 교구, 사회성의 발달 등 여섯 가지가 있다.

① 자유

몬테소리는 준비된 환경의 근본적인 특징은 유아가 독립적인 활동을 할 수 있는 자유라고 보았다. 유아 스스로 일을 선택할 수 있는 자유, 시간에 대한 자유, 반복의 자유, 움직임에 대한 자유, 말에 대한 자유가 있다.

몬테소리는 환경 속에서의 자유는 '절대적인 자유'의 개념이 아니라 어린이가 처한 환경에서 허락된 규율에 따라 행동하는 것을 의미하며 인간과 사물을 존중하고 질서 있는 태도로 그의 일을 할 수 있는 어린이를 의미한다. 자유로운 분위기에서만 어린이는 자신을 나타내며, 어린이는 스스로 발전할 수 있는 모형을 소유하고 있으므로 어린이 속에 존재하고 있는 내적 지도(inner guide)로 하여금 어린이의 성장을 안내하도록 자유가 허락되어야 한다. 즉, 장애가 되는 것, 기아, 피로, 폭력 등을 당하지 않게 하고 발달에 적합한 것과 활동에 필요한 재료를 준비한다.

② **구조와 질서**

준비된 환경의 구조와 질서는 유아가 정신세계를 형성하고 질서를 내면화하는 데 도움이 된다. 몬테소리교육에서 교실의 시설은 모두 현실적으로 꾸미되 유아의 욕구와 발달단계에 맞도록 알맞은 크기로 준비되어야 한다. 이는 유아가 실재와 자연의 한계성을 내면화하는 데 도움을 준다. 또 몬테소리 교실은 유동적이면서 연속되는 계획이 있어야 하고, 자유로우면서 구조적이며, 미적이고 온화한 분위기여야 한다. 이 안에서 어린이는 정신적 질서와 자신의 지식을 구성한다.

③ **교구**

준비된 환경에서 유아는 혼란된 세계로부터 질서를 형성한다. 유아의 작업에 사용되는 교구는 자기발달의 감각을 발달시키는 데 도움을 준다. 유아의 정신세계를 확장하기 위해 사용되는 교구는 4가지 특성을 가지고 있는데, 이는 다음과 같다.

첫째, 자동교육이 되도록 고안된 것이다. 잘못의 조정은 교사가 가르치기보다는 교구 자체에서 이루어지도록 되어 있다.

둘째, 심미감을 갖게 하는 매력을 지니고 있다.

셋째, 유아의 활동을 이끈다는 것이다. 작업하도록 기회를 제공하는 교구 자체의 특성에 흥미를 가지고 있다.

마지막 특징은 교구의 수에 제한성을 가지고 있다. 이런 교구의 특성을 바탕으로 4가지 원리가 있다.

교구는 분리된 조작으로 되어 있어 어려움이나 잘못은 분리된 교구조작에 의해 유아가 발견하거나 이해하도록 되어 있다. 교구는 단순한 것에서 복잡한 것으로 진전되도록 고안되어 있으며 간접적으로 미래학습을 위한 준비를 하도록 고안되어져 있다. 마지막으로 교구는 생각을 구체적으로 표현하기 시작하여 점차적으로 추상적으로 표현하게 한다. 각 교재 및 교구는 목적을 위한 수단으로 사용되어야 하며 교재의 사용법뿐만 아니라 정확한 활동을 함께 동반해야 한다. 환경 내에서의 교재는 모든 부분에서 자주 교육의 기초가 되는 것으로 어린이의 집중적인 자주활동을 가져오는 것만으로 한정이 된다.

몬테소리 교구는 유아의 민감기와 정신발달단계에 맞도록 제작되었고, 교구를 통해 유아 스스로 반복하고 집중하며 정상화에 이르도록 고안되어져 있는 것이다. 그 교구들은 어린이의 내적 욕구에 상응하는 것이어야 하고, 이것은 개별적인 교구 하나하나가 어린이의 발달에 있어, 그 시점에 맞는 것으로 제시되어야 함을 뜻한다.

감각교구를 통한 학습은 환경으로부터 흡수한 여러 인상이나 정보를 내적 질서를 통하여 개념화시켜 추상화로 이끌어 가며 감각교구의 제시는 직접적인 지식의 획득보다 어린이의 마음에 어떤 규칙 · 질서개념을 확립시켜 지능의 개발을 돕고, 심성의 발달을 돕기 위한 것이다.

몬테소리 교구에 있어 무엇보다 가장 중요하게 고려되고 있는 점은 '고립화'에 관한 것이다. 몬테소리 교구가 가지고 있는 특성은 다음과 같이 크게 몇 가지로 나누어 살펴볼 수 있다.

첫째, 몬테소리 교구는 자동교육이 이루어지도록 고안되었다.

둘째, 아름다운 색채와 적절한 크기로서 어린이의 흥미를 이끄는 매력을 지니고 있다.

셋째, 모든 교구들은 유아들의 적극적인 참여를 이끈다.

넷째, 교구의 수에 제한성을 갖는다. 교구를 양적으로 제한해야 한다는 원리는 명확하고 논리적이다.

몬테소리 교구는 가장 기본적으로 고려되고 있는 고립화의 원칙과 교구의 특성을 토대로 하여 다음과 같은 원리를 가지고 있다.

첫째, 교구는 분리된 조작으로 되어 있다. 어려움이나 잘못은 분리된 교구조작에 의해 유아가 발견하거나 이해하도록 되어 있다.

둘째, 교구는 단순한 것에서 복잡한 것으로 진전되도록 고안되어져 있다.

셋째, 교구를 통해 유아가 할 수 있는 모든 감각적 활동들은 그 자체로 끝나는 것이 아니라 유아가 간접적으로 미래학습을 위한 준비를 하도록 고안되어져야 한다.

넷째, 교구는 생각을 구체적으로 표현하기 시작하여 점차적으로 추상적으로 표현하게 한다.

④ **교사**

교사는 어린이들의 자기발전을 조성시키는 역할을 한다. 몬테소리가 말하는 교사는 관찰자이며 보호자이고 촉진자이다. 환경을 정비하고 관리하며, 간단명료하게 교구사용법을 세시하고, 유아가 환경과 상호작용을 시작할 때까지는 적극적으로 하되 상호작용이 시작된 뒤에는 소극적으로 개입한다. 유아가 스스로 할 수 있는 작업에 도움을 청할 때는 스스로 해보도록 하며, 교사를 찾을 때는 즉각 반응을 하고 유아가 말할 때는 주의 깊게 잘 듣는다. 유아의 작업을 존중해야 하며 강요해서도 안 된다. 유아가 범한 오류를 직접적으로 정정해서는 안 된다.

몬테소리가 규정하는 교사의 역할을 정리해보면 다음과 같다.

첫째, 몬테소리 교사는 관찰자로서의 역할이다. 즉, 가르치지 않고 발표하지도 않고 다만 관찰자의 역할을 잘 할 수 있어야 한다. 교사가 유아의 내적 조성의 자기 표시를 발견하기 위한 관찰의 측면으로 유아의 작업, 유아의 행동, 순종 등의 세 가지 측면을 들고 있다.

둘째, 환경준비자로서의 역할을 해야 한다. 몬테소리 교사는 유아의 성장과 발달에 도전을 제공해 줄 수 있는 매력적인 환경의 준비 및 유지관리를 위한 후견자의 역할과 더불어 그 자신이 환경 속에서 하나의 모범을 보이는 자로서 교사 자신이 의미 있는 환경의 일부가 되어야 한다.

셋째, 어린이는 스스로 구성하는 강한 동기유발을 가지고 있으며, 교사는 이 동기유발의 기능을 발휘하도록 해야 한다. 교사는 잘 준비된 환경 속에서 어린이들이 자기 활동을 전개할 수 있도록 유혹을 하고 자극을 주는 자극자로서의 역할을 해야 한다.

넷째, 방관자의 역할을 해야 한다. 즉, 어린이가 일단 작업에 집중하게 되면 어떤 경우이든지간에 방해하지 말아야 한다. 칭찬, 주의 조력들이 모두 방해가 되기 때문에 교사는 어린이가 없는듯이 기다려주어야 한다. 어린이에 대한 교사의 사랑은 보다 높은 차원에서 인간정신의 사랑으로 발전시켜야 한다고 되어 있다. 교사는 과학적 정신에 입각하여 어린이의 참 모습을 관찰하고, 어린이의 내적 경향성과 요구에 맞추어 적시에 효과적인 원조를 해주려는 자세에 있어야 한다.

다섯째, 몬테소리 교사는 부모와 지역사회에 대해 협조자로서의 역할을 다해야 한다. 몬테소리 교사는 유아를 고립된 개인으로서가 아니라 가정의 한 구성원으로 보므로 유아의 가정과 긴밀한 관계를 유지해야 하고, 부모들로부터 교사의 강의나 방문의 요구가 있을 때에는 언제든지 이에 쾌히 응할 수 있는 용의가 있어야 한다. 또한 지역사회에 유아의 정신적인 잠재된 힘을 알려서 진정한 교육이 이루어지도록 헌신해야 할 의무가 있다.

2) 교육과정

어린이의 흥미를 증진시키고 여러 가지 작업에 자발적으로 도전하는 용기를 북돋을 수 있도록 편성된 몬테소리 교육과정은 세계 지향적이고, 인격존중의 정신을 주요 바탕으로 하고 있다. 에반스(Evans)는 몬테소리 교육 내용을 크게 준비된 환경과 학문적 기술습득의 두 단계로 나누었다. 준비된 환경의 내용으로는 일상생활교육, 근육운동교육, 감각교육, 언어교육을 포함시키고 학문적 기술습득의 내용에는 쓰기, 읽기, 산수를 포함시켰다. 스포덱(Spodek)은 몬테소리 교육 내용을 일상생활교육, 근육운동교육, 감각교육, 언어교육, 쓰기, 읽기, 산수, 자연교육, 만들기로 분류하였다.

몬테소리에 의해 창설되어 현재 네덜란드에 본부를 두고 있는 국제몬테소리 협회(AMI)의 교육과정에서는 일상생활연습, 감각교육, 언어교육, 수교육, 우주(문화)교육의 5개 영역의 교육 내용으로 분류하고 있다(조옥희 · 권영자, 1998). 그러나 최근에는 몬테소리교육 내용이 좀 더 분화되고 있고 여기에는 음악, 미술, 종교, 평화교육 등이 포함되고 있다.

일상생활연습, 감각교육, 언어교육, 수교육, 문화교육으로 구성하였으며, 특히 유아기를 '감각의 시기'라고 말한 몬테소리는 감각훈련이 최고의 중요성을 갖는다고 생각하고, 실제생활 훈련과 신체훈련을 주로 하는 교육과정을 구성하였다.

(1) 일상생활교육

일상생활연습은 매일의 생활에서 일어나는 작업으로서 유아의 독립심과 바른 인성을 기르는 데 도움을 주는 교구들로 구성되어 있으며, 매력적인 학습환경 내에서 활동적으로 실제연습을 하도록 고안되어 있다. 일상생활연습은 기술과 자기충족에 대한 유아의 내적으로 좌절된 욕구를 즉각적으로 충족시켜 주기 때문에 몬테소리 교실에서 다른 활동에 비해 첫 번째로 도입되는 활동이기도 하다.

유아는 주변에서 매일 볼 수 있는 성인의 행동, 즉 옷 입기, 청소하기, 인사하기 등과 같은 행동을 스스로 시도할 수 있는 기회를 갖게 된다.

일상생활연습은 유아에게 기본적인 운동의 습득을 하게 해주며, 인내력 등의 억제심이나 의지력을 단련시켜 주고, 기본적인 생활태도의 습관을 형성시켜 주며, 교사와 유아 또는 유아 간의 신뢰관계를 길러준다.

몬테소리 유아교육 내용으로서의 일상생활연습은 ① 인간에 대한 배려, ② 환경에 대한 배려, ③ 사회적 관계에 대한 배려, ④ 활동의 분석과 통제 등의 네 가지 형태의 활동으로 분류할 수 있다.

(2) 감각교육

유아는 성장함에 따라 세계를 이해하고, 그 세계에 대해 확신을 가지고 적응하는 과정에서 주변환경의 구조와 감각인식과의 상호 관련성을 분별하려고 노력하게 된다.

감각교육의 주된 목적은 유아의 감각기관을 통해서 받아들여지는 많고 다양한 인상들을 유아들이 분류하는 것을 돕고자 함에 있다. 감각교육은 유아의 감각을 단순한 것에서 복잡한 것으로 발달시키며, 다양한 인식적 질을 경험하게 함으로써 질서를 형성시켜 주며, 과거에 경험하지 못한 특정 감각경험을 하게 함으로써 세계에 대한 인식을 확장시켜 주고, 감각을 명확하게 고립화해서 감각을 세련되게 해준다.

몬테소리의 감각교육은 시각, 촉각, 청각, 미각, 후각 등의 다섯 가지 감각의 교육을 내용으로 하고 있으며, 그 내용은 각각의 감각기관을 합리적으로 자극하도록 고안된 감각교구에 의해서 교수된다.

(3) 언어교육

몬테소리에 의하면 언어란 인간의 의사, 감정, 정서를 전달하는 것으로 말이나 글, 얼굴 표정, 몸짓, 음악, 춤, 그림, 연극, 율동, 시각적 부호 등으로 나타나며, 의사소통의 상징이라고 한다. 언어발달은 추상적인 경험으로 발달하는 것이 아니라 구체적 사물의 조작을 통하여 발달하고, 주위의 사물에 호기심을 가지고, 끊임없이 질문을 계속함으로써 어휘와 문장을 발달시켜 나간다.

몬테소리 언어교육의 직접 목적은 모국어를 정확하게 이해하고 표현하는 기초능력을 기르는 데 있고, 간접 목적은 모국어를 존중하는 태도를 기르고, 문화의 전승과 창조의 힘을 발달시키며 사고력, 이해력의 증진을 통한 논리적 사고력의 확립에 있다.

(4) 수교육

수교육은 지적 발달을 자극하기 위해서 어린이들에게 사물을 논리적으로 생각해 가는 힘을 몸에 익히게 하는 데 의의가 있다. 또한 수교육을 어린이의 모든 정신적 · 지능적 발달의 기초가 되는 교육으로 중요시했으며 수교육의 기초를 수개념의 파악에 두고 수개념 지도를 신중히 할 것을 강조하였다.

수교육의 직접적인 목적은 유아기의 생활경험을 통하여 수와 양을 논리적으로 배울 수 있도록 하는 데 있고, 간접 목적은 인격 형성을 위해 필요한 추상력, 상상력, 이해력, 판단력 등을 기르는 데 있다.

몬테소리의 수교육은 어린이에게 실생활에 입각한 여러 가지 사고활동을 요하는 수학적 상황을 제공하는 것이라 할 수 있겠다.

(5) 문화교육

몬테소리는 어린이들을 위한 교과과정에 지리, 식물학, 동물학, 과학, 역사, 음악, 미술 등이 필요하다고 믿었다. 실제로 많은 교사들이 어린이집이나 유치원 연령의 어린이들에게 문화적 내용을 어떻게 소개해야 하는가, 어떤 자료를 사용해야 하는가에 대한 정확한 정보를 찾기 힘들다. 이런 현장의 요구와 몬테소리 자신의 신념에 따라 유아 연령에 필요한 문화교육의 내용과 교구가 선정되었는데, 문화교육에서 하는 활동은 주로 인간의 경향과 각 경향에 해당하는 문화적 요인들로 구성되어 있다.

(6) 과학교육

유아들이 일상생활에서 경험하는 신기한 것들에 대한 호기심을 풀어주고 초기의 과학적 경험이나 활동으로 유아의 인지적 발달에 중요한 영향을 준다. 과학교육을 통해 여러 분야에 관심을 갖게 하고 자연과 문화에 대해 가지고 있는 호기심을 충족시키며 인간과 자연과의 관계를 이해하기 쉽고 과학 탐구과정에서 합리적 · 분석적인 사고를 기르게 하는 데 있다.

(7) 몬테소리 교구(약 400여 종)

몬테소리는 어린이의 교육자료, 즉 교구를 어린이의 내적 욕구를 충족시킬 수 있는 것으로 모색했다. 그가 어린이를 깊이 관찰하여 발견한 사실의 하나는 특정시기에 어린이는 어떤 요구를 가지고 있으며 따라서 그 욕구를 충족시키기 위한 기술이 획득되어야 한다는 것이다. 그런데 그 기술은 한꺼번에 배울 수 없다. 그 기술을 획득하기 위해서는 간적접으로든 직접적으로든 점진적인 준비가 있어야 한다. 그래서 몬테소리는 간접적 과정을 모색하여 어린이로 하여금 그 기술을 획득할 수 있도록 준비시키고 그 후에 직접적 단계로 들어가 쉬운 기술부터 점차 어려운 기술을 획득하는 단계로 이행시켰다.

예를 들어, 4세 된 유아들은 독립적이 되려는 자연적인 욕구로 인해 자신의 단추를 채우고 구두끈 묶는 법 등을 배우고 싶어하지만 이러한 과제들은 그들에게 너무 어렵다, 그 이유는 유아들은 세부적 운동기술이 아직 부족하기 때문이다. 이 문제를 다루기 위해서 몬테소리는 어린이가 숙달할 수 있는 수준에서 단계별로 기술을 배울 수 있는 도구를 개발했다. 구두끈을 매는 경우에는 너비가 넓은 끈을 묶는 교구를 개발해서 어린이가 보다 큰 근육으로 끈 묶기 동작을 제대로 연습할 수 있도록 했다.

즉, 몬테소리 교구는 어린이의 내적 욕구를 충족시킬 수 있는 활동을 위해 상호 관련되어 있다. 또한 몬테소리 교구는 그러한 기술획득이 간접적으로든 직접적으로든 점진적으로 준비되어 시작이나 손의 감각을 사용하는 모든 활동이 더 정교한 활동의 기초가 되도록 구성되어 있다.

① 일상생활 훈련 교구

단추 끼우기, 지퍼 올리기, 리본 매기, 안전핀 꽂기, 똑딱단추 끼우기, 밸트 매기, 구두단추 끼우기, 구두끈 매기

② 감각훈련교구

감각훈련교구는 시각, 촉각, 청각, 미각, 후각 등의 내용이 포함된다. 시각을 위한 교구의 목적은 눈을 사용하여 시각거리와 수평 시각을 발달시키는 것으로 10가지가 있다.

꼭지원기둥 4세트, 분홍 탑, 빨간 막대, 살색계단, 색원 기둥, 색판, 기하도형 서랍, 구성 삼각형 1, 구성 삼각형 2(촉각판, 무게판, 헝겊 맞추기, 기하입체, 온도병, 온도 감각판)

③ 산수교구

산수교구는 아동이 1~10까지의 수를 세기, 숫자에 대한 개념 갖기, 십진법 알기, 덧셈, 뺄셈, 나눗셈, 곱셈하기 등 추상적인 수준에서 수 다루기 등을 목적으

로 한다.

수막대, 숫자판, 수막대와 숫자카드, 방추형 막대와 상자, 숫자와 바둑알, 구슬과 구슬대

3) 교육 목적

몬테소리 교육의 목적은 어린이의 발달 수준에 적합한 교재와 교구를 사용해서, 유아 본래의 정신인 정상성(normal)을 찾고 보존하는 것이다. 몬테소리에게 있어서 '정상화된 어린이'란 천성이 왜곡됨이 없이 발달된 어린이로서 다른 사람에게 의지하지 않는 독립적인 어린이이다.

올바른 교육을 받은 사람은 학교를 떠난 후에도 자신이 자연적 호기심과 자식에 대한 사랑 안에서 일깨워졌기 때문에 배우기를 계속한다. 그리하여 몬테소리 박사는 조기 아동교육은 미리 짜여진 교과 공부에 아이들을 얽매지 말고 스스로 배우고자 자연스러운 욕구를 개발시켜 주도록 해야 한다고 믿었다.

이를 요약해보면 첫째, 강요나 지시에 의한 교육보다는 스스로 좋아하는 것을 선택하게 하여 자신이 선택한 작업을 통한 기쁨을 맛보는 성취감이 있고 자율적인 아이가 되도록 도와주는 것이다. 둘째, 장래 학문을 하는 데 있어 자신의 능력을 최대한 발휘할 수 있도록 준비된 환경을 갖추어 주고 집중력, 독립심, 협응능력을 개발하며 능력 있는 아이가 되도록 돕는다. 셋째, 자연과 친숙한 환경을 제공하여 미래의 주인으로서 자연을 아끼며 자연 속에서 이루며 사는 창조적인 아이가 되도록 돕는다.

4) 교육 방법

몬테소리는 아동의 전인적인 발달과 조화로운 신체적 발달, 즉 '전인적인 아동'에 관심이 있었다. 아동의 인지적 · 사회적 발달뿐만 아니라 아동의 영양, 운동 그리고 정신적 건강에 대한 관심은 그녀의 교육 방법에 반영되었다. 몬테소리 교사는 아동의 신체, 인식-운동 그리고 언어발달을 주의 깊게 관찰했으며, 문제점이 관찰될 때마다 적절한 조치(치료적 교수, 부모면담 등)를 취했다. 또한 그녀는 아동발달에서 초기 '형성기'의 중요성을 강조했으며, 따라서 발달의 초기부터 정상적인 발달을 촉진해야 한다고 생각했다.

(1) 3단계 교수법

몬테소리는 유아가 올바른 교구 사용을 통하여 자신의 기존 개념에다 새로운 개념을 일치시키는 것을 돕기 위하여 3단계 교수법을 제시하였다.

① 제1단계

대상물을 제시하고 사물의 이름을 설명 없이 단순하게 구성해 준다. 즉, "이것은…이다."라고 말해주는 단계이다. 예를 들면, "이것은 빨강이야."라고 말해 주면서 빨간색을 보여주는 것이다.

② 제2단계

유아의 마음에 이 추상적인 인상이 연관지어졌는지를 시험해 보는 단계로서 "…을 보여 줄 수 있겠니?" 혹은 "…을 줄 수 있겠니?"와 같은 말을 해주는 단계이다. 예를 들면, "빨간색을 선생님에게 보여 줄 수 있겠니?"라고 말하는 것이다.

③ 제3단계

유아에게 대상물의 명칭을 기억시키고 말해보게 하는 단계이다. 즉, "이것은 무엇이니?"라고 묻는 단계로서, 예를 들면 "이것은 무슨 색이니?"라고 물어보는 것이다. 이 단계에서 교사는 유아들이 그들의 생활환경 속에서 자발적인 관찰자가 되도록 하여 아동들이 새로운 감각을 탐구하도록 해야 하고, 나아가 유아 스스로 만족감과 자기존중감을 갖도록 도와주어야 한다고 하였다.

(2) 자동교육(자기교육)

몬테소리교육 방법은 자기발전의 잠재력을 가진 유아의 자기 교수를 통한 자동교육 또는 자기 교육 방법을 특징으로 한다.

유아가 스스로를 교육할 수 있는 능력을 지녔다는 개념을 그녀는 자동교육이라고 언급하고 있다. 다른 교육환경에서 실패를 경험한 유아일지라도 몬테소리 교실에서는 성공을 경험하게 된다. 이곳에서 유아는 현재의 자신의 수준에 맞는 단순하고 기본적인 과업으로부터 시작하여 점차적으로 한 단계씩 높은 단계로 발달하게 된다.

즉, 인간은 스스로 학습한 것들이 무엇이며, 그것들을 학습할 때 어떤 조건이나 환경에 있었는가를 생각할 수 있고, 그 생각을 통해 다른 모든 것들 가운데에서 자기 학습에 동반되는 자기 만족감과 계속된 참여를 일으키는 힘 등을 스스로 발견할 수 있게 된다는 것이다.

(3) 개별화교육과 혼합연령 집단수업

몬테소리교육은 집단교육이 아닌 개별교육으로서 유아 개개인에 대해 초점을 맞추고 실시된다. 교사가 관찰을 하고 각 개인에 대한 지도를 하기 위해 교실을 돌아다닐 때 유아들은 자신이 선택한 교구를 가지고 자기 자신의 능력껏 시간제한을 받지 않고 직접적으로 작업을 할 수 있다. 수동적이고 외부적인 훈련보다는 유아의 능동적인 학습과 능동적인 내적 훈련에 강조점을 둔다.

몬테소리교육 방법에서 고려될 필요가 있는 또 하나의 특징은 혼합연령 집단

수업을 들 수 있다. 몬테소리 교실에 있는 아동들은 2~6세까지 그 나이가 서로 다르며, 학년 진학이 없다는 장점을 지니고 있다. 즉, 유아들은 협력하여 학습할 수 있으며, 서로 도울 수가 있다. 나이가 든 아동은 나이 어린 유아를 직접적으로 도와주기도 하고 또 단지 나이 든 유아가 하는 것을 지켜보는 것만으로도 나이 어린 아동은 배울 수가 있다.

방대한 범위의 교구들이 모든 어린이들에게 유용하며, 조금 나이가 많은 어린이들은 나이가 어린 유아의 역할모델이 된다. 따라서 몬테소리 체계에서 외적인 보상이나 처벌이 아닌 자기발전의 내적인 보상에 강조점이 주어진다.

4. 현대교육사상사적 의의

젊은이들이 오늘날 직면하고 있는 생존의 도전에 대처해 나가기 위해서는 교육을 통해 창조, 독립, 내적 훈육, 그리고 자신감에 대한 그들의 잠재력을 최대한 계발해야 한다. 이것이 바로 몬테소리 교육에서 중점을 두고 있는 내용이다.

이러한 일반적인 목표 이외에도 몬테소리 접근법에서 우리에게 구체적으로 도움을 줄 수 있는 점을 몇 가지 더 들 수 있다. 몬테소리가 작업을 바라보는 시각이 그중 하나이다. 몬테소리가 생각하는 '작업(work)'이란 기계적으로 하는 고된 일이라기보다는 개인이 자유로이 선택한 육체적 · 정신적 활동이며, 이런 활동이 개인의 성장을 촉진시키고 사회에 기여한다는 의미를 지니게 된다. 즉, 유아가 일을 하고자 하는 아동의 본능을 진지하게 생각하여야 한다. 아동의 본능과 유목적적 활동을 하고자 하는 그들의 욕구를 중요시하지만, 이런 활동은 아동의 희망과 욕구에 근거하여 이루어지는 것이므로 성인의 노력으로 아동의 재능을 개발하려고 하지는 않는다.

오늘날 몬테소리 접근으로부터 큰 영향을 받은 또 하나의 영역은 가족생활에 관한 것이다. 몬테소리는 아동을 양육하고 보호하기 위한 자연적 단위로서 가족을 강조하였으며, 특히 아동이 태어나는 순간부터 맺게 되는 어머니와의 특별한 관계를 강조하였다. 특히, 몬테소리가 아동의 학교생활에 부모들을 참가시키는 것과 집에서 자신의 역할을 바르게 수행해 나갈 수 있도록 부모들을 지도하는 것은 뜻깊은 일로 판명되었다.

몬테소리가 인간 생애의 또 다른 차원에서 아동기를 강조했던 것은 오늘날 또 하나의 중요성을 갖는다. 어떤 희생을 감수하고서라도 생산과 성취를 향한 속도를 늦추지 않는 우리 성인 사회는 세상을 보는 아동의 눈을 통해 균형을 되찾아야 할 것이다. 아동에게도 자신들만의 자연법칙이 존재하고 있다. 자신들의 자연적 리듬 중 대부분을 상실해버린 우리 성인들은 이런 아동만의 자연법칙을 찾아내어 그 법칙에 우리의 속도와 박자를 맞추어 나가는 편이 좋을 것이다. 아동의 욕구를 존중하면 우리 자신의 욕구를 재발견하는 데 도움을 받을 수 있을 것이며, 우리보다 나이든 연장자들이 가지는 욕구에 대해서도 좀 더 참을성을 가지고 받아들일 수 있게 될 것이다.

어떤 교육 방법을 따르든지 우수한 교실을 만드는 일은 인간의 힘으로 이루어야 하기 때문에 항상 어려운 것이다. 몬테소리 교실도 예외는 아니다. 그리고 몬테소리교육은 아동에 대한 독창적인 접근에 근거하여 실제 교육 방법을 개발해 낸 한 인물의 천재성을 부각시키고 있다. 따라서 몬테소리교육은 선구적이기는 하지만, 이상적인 교육에 대한 최종적인 해답이 되어서는 안 된다. 앞으로 아동에 대한 독창적인 접근법에 근거한 효과적인 새로운 교육 방법들이 개발될 수도 있다. 그렇게 되면 몬테소리 철학과 교육 방법은 아동의 교육과 삶에 대한 해답을 우리 성인들의 경험이 아닌 아동의 경험에서 찾고자 했던 진정한 출발점으로 인정받을 수 있게 될 것이다. 이런 이유 때문에 몬테소리 철학과 교육 방법은 미래 교육을 위한 훌륭한 발판이 될 수 있는 것이다.

몬테소리는 프뢰벨 이후에 다시금 유아교육을 활성화시키는 데 중요한 역할을 한 사람으로서 몬테소리 교육 방법에 있어서 모든 원리와 초석이 되는 것은 유아 존중 사상이라고 할 수 있다. 몬테소리의 교육법 착상은 유아의 내면적 욕구관찰에 기초를 두고 있다. 몬테소리의 교육이론은 그의 생리학, 심리학에 기초를 둔 감각적인 교수법을 고안 · 시행한 데서 그 중요성을 찾을 수 있다.

몬테소리의 진보적이면서 실제적인 교육관은 고국인 이탈리아에서 보다 영국, 미국, 스위스, 인도 등 다른 나라에서 꽃을 피웠고, 우리나라에서도 몬테소리 방법과 원리를 이용하는 유치원이 매우 많은 실정이다. 몬테소리 방법은 1900년 초 미국을 중심으로 유아교육에 많은 영향을 미쳤으나 그 붐은 단기간에 끝났다. 그러나 1950년대 말 이후 다시 각광을 받기 시작하여 현재에도 큰 영향을 미치고 있다. 몬테소리교육 방법이 사회성의 경시, 상상력의 결여 등에서 비판을 받고 있지만 유아교육 영역을 획기적으로 확대하였기 때문에 오늘날에도 그 생명력이 유지되는 것으로 판단된다.

제12장

듀이

1. 생애

듀이(J. Dewey)

듀이는 평범한 가문 출신으로 할아버지는 3대째 미국 동북부에 위치한 버몬트 주에서 농사를 지은 농부였다. 듀이의 아버지 아치발드 스프래그 듀이(Archibald Sprague Dewey)는 가업을 잇는 대신 식료품 사업을 시작하였다. 그는 44세 때 20년 연하인 어머니, 루시나 아르테미시아 리치(Lucina Artemesia Richs)와 결혼하여 4명의 아들을 두었다. 그중 듀이는 1859년 10월 20일 셋째로 태어났다.

듀이의 모친은 종교적인 이유에서가 아닌 도덕적 판단과 양심에 따라 사회에서 소외된 가난하고 병든 사람들을 돌보는 데 헌신적이었다. 그녀는 사회적 활동에 적극적으로 참여했다. 그녀는 반 노예주의자이자 박애주의자로서 듀이에게 안식일을 정확히 지키도록 하였고, 외출 후 어디서 무엇을 했는지에 대하여 물어보곤 하였다. 듀이는 성장시절을 추억하면서 그 당시 어머니의 물음에 대해 잘못을 저지르지 않았는데, 죄책감을 느꼈다고 회상하곤 하였다. 듀이의 부모님은 모두 농촌 출신으로 어릴 적 다른 소년들처럼 학업에 큰 흥미를 느끼지 못하고 생활 속에 경험을 통해 배우는 것을 좋아했다. 듀이가 6세 때 남북전쟁이 일어나고 그의 아버지가 참전하게 되면서 3년간 떨어져 살았고, 전쟁이 끝난 2년 후에도 가족이 같이 살지 못했다. 듀이는 어린 시절 주 1달러의 신문배달, 14세 때는 주 6달러의 사무원 일을 하기도 하였다.

듀이는 버몬트 대학에 입학하여 1879년 학사학위를 받았다. 학생시절 뛰어난 학생은 아니었으나 수학 등 다른 학과목에 비해 생리학에 탁월한 재능을 보였다. 듀이는 또한 심리학에 관심이 많았고, 특히 실험 심리적 성격을 강조하는 새 심리학의 이론을 수용한 것은 학생시절부터 그의 학문적 소양을 나타낸 것이었다.

1879년 대학 졸업 후 펜실베이니아주 오일시에 있는 작은 고등학교에서 2년간 교사로 있으면서, 교사생활에 정착하지 않고 철학연구에 흥미를 가지게 되어 한 철학 잡지에 투고한 그의 논문이 기고가 되자 그는 당시 유일하게 대학원교육이 주어지는 존스 홉킨스 박사과정에 진학하였다. 듀이는 대학원 생활을 통해 철학과 심리학 분야에서 자신의 학문적인 자질을 발견하게 되었다. 존스 홉킨스에서 독일 헤겔 철학의 전문가로 듀이에게 독일 관념주의를 특징짓는 헤겔의 통합적이고 유기적인 모델을 각인시켜준 조지 모리스(George Morris) 교수와 당대 미국에서 가장 뛰어난 실험심리학의 대가 중 한 사람인 그랜비 스탠리 홀(Granville Stanley Hall) 교수에게 듀이는 큰 영향을 받았다.

듀이는 1884년 미시건 대학에 철학과 전임강사로 부임하여 1930년 콜럼비아 대학에서 교수직을 은퇴할 때까지 무려 46년간 대학교단을 떠나지 않았다. 교수와 연구뿐만이 아니고 국내 · 외적으로 많은 여행을 하면서 학술강연을 하였고 이들 내용이 수많은 저서와 논문으로 출판되었다. 학문적인 활동 이외에도 정의로운 사회실현을 위한 조직적인 시민활동에도 참가하였다.

듀이는 1888년 1년간 미네소타 대학에서 재직했던 것을 제외하고 1884년부터 9년간 미시건 대학에서 교수생활을 하였다. 미시건에서 그는 대학을 민주적이고 창의적인 분위기로 만들기 위해 노력했으며, 또한 독일 철학자 제임스의 심리학에 대한 비판적 재평가를 주력하였다. 듀이는 1886년 자신보다 한 살 연상인 앨리스 치프먼(Alice Chipman)과 결혼했다.

시카고 대학 재직 당시 듀이는 교육학 발전에 특별한 관심을 가지고 교육 전문가로서의 교육학 교수, 교육감, 학교장 및 교사교육을 위한 교육학부의 독립을 주장했다. 그는 또 교육적 발견 혹은 이론의 발전을 위한 교육 실험실과 최신 교재, 참고서, 기계적인 도구 등의 전시를 위한 교육박물관을 설치할 것을 제안하였다. 듀이의 이런 제안은 하퍼총장과 이사회의 승인을 얻었고, 1895년 시카고 대학은 듀이학교 또는 실험학교로 알려진 시카고대학 부설 초등학교를 개설했다.

듀이는 철학적 아이디어를 적용할 실험학교 운영을 통해 사상의 영역을 교육학으로 넓혀 자신의 첫 번째 주요 교육론인『학교와 사회』를 내놓게 된다. 여기에 그의 교육철학의 주요 기본 원리가 제시되어 있다. 그 원리란 교육과정은 아이들의 흥미에 바탕을 두고 시작되어야 하며 교실 안에서 여러 가지 경험을 하는 가운데 사유와 행위의 상호작용이 일어나도록 학교는 '축소된 공동체'로 조직되어야 한다는 것이다. 즉, 교사는 안내자이자 학생의 동료가 되어 아이들이 전인적으로 성장하도록 하는 교육 목표가 있어야 한다고 했다. 듀이는 교육에 관한 많은 책을 저술했다.『학교와 사회』는 듀이가 시카고 대학의 실험학교에서 기금을 모금하기 위해서 행한 세 강의가 이 책의 첫 부분을 이루고 있다.

듀이는 이 책을 통해 아동에게 적합한 새로운 교육을 위해 교육의 개혁이 필요하다는 것을 역설하였다. 처음 이 책이 나왔을 때 전통교육을 벗어난 아동 중심 교육관이라는 비판이 있었지만, 교육자나 학부모, 일반 대중의 관심으로 곧 베스트셀러가 되어 10년 동안 7판이 나오게 되었다. 듀이는 이 책에서 전통적으로 우리 교육에 존재하는 학교 안의 경험과 학교 밖의 경험이 연속되지 못하고 이원적으로 분리되어온 것을 반대하였다. 이러한 교육철학 이념을 실현하기 위한 행정적 노력의 결과 교육학은 독립된 학과로 인정받게 되었고, 실험학교를 설립하여 심리학과 철학이 제안한 교육이론과 실천방식을 실험할 수 있게 되었다. 실험학교들은 폭넓은 관심을 끌었고 진보적 교육사상의 중심지로서 시카고 대학의 명성을 드높였다. 1901년 듀이 부인은 대학 부속 초등학교의 교장으로 임명되었다. 그리고 1903년 통합된 듀이학교와 파커학교의 교장으로 봉급 2,500달러를 지급받았다.

1904년 실험학교의 운영과 관련된 불화로 듀이는 시카고 대학을 사임하고 컬럼비아 대학의 철학과로 자리를 옮기게 되었다. 듀이는 1905년 철학과 교수이며, 동시에 컬럼비아 사범대학 이사회와 교수회의 요청으로 사범대학 협동교수로 임명되었다. 듀이는 컬럼비아 대학에서 1930년 은퇴할 때까지 25년간의 교수생활을 하였다. 이미 미시건 대학과 시카고 대학에서 20년간의 교수와 연구생활을 통해서 준비된 원숙한 원로교수로서 국내 · 외적으로 많은 활동과 생산적인 저술을 하였다. 듀이는 컬럼비아 대학에서 행정적 책임을 떠나 오로지 교수와 논문지도와 연구에만 몰두했다.

듀이는 철학과 교육학을 이원적으로 구분하여 생각하지 않았다. 듀이는 그의 저서 『민주주의와 교육』에서 철학을 '교육의 일반이론'으로 정의하였다. 철학적 원리는 교육실천이라는 실험실을 통해서 실증된다는 것이 그의 생각이었다. 철학적 원리 없이 올바른 교육이 불가능하고 교육실천을 통해서 증명된 이론이 바로 철학이 된다는 주장이다. 그런 뜻에서 그는 철학자인 동시에 교육사상가였다.

듀이는 사범대학의 먼로교수가 편찬한 학술지에 교육과 관련된 많은 논문을 실었다. 1911~1913년 사이에 나온 5권의 학술지에 총 121편의 논문을 게재하였는데 컬럼비아 대학 부임 초기인 1910년에 저술한 듀이의 교육 방법서인 소책자에서 그는 "학습과정은 바로 사고과정"이라고 주장하였다. 특히, 이 책의 6장에서는 문제 해결을 위한 '반성적 사고'를 분석하여 5단계, 즉 ① 어려운 문제에 직면하여, ② 그것이 무엇인가를 규명하여 밝히고, ③ 그 문제를 풀기 위한 가능한 제안을 세워, ④ 그 제안을 다각도로 검토하여, ⑤ 관찰하고 실험하므로 해결책의 수락 여부를 결정짓는 것이다.

듀이는 학술적인 일 이외에 많은 사회적 활동에 참가했지만 그래도 철학과 교육에 관한 학문적인 연구에 소홀히하지 않았다. 1916년에 출판된 『민주주의와 교육』은 베스트셀러가 되었고, 10여 개국에 그의 저서가 번역되어 출간되었다. 이 저서는 플라톤의 『국가론』, 루소의 『에밀』과 함께 교육철학사에 있어서 3대 고전으로 평가되고 있다.

1927년 아내의 죽음으로 듀이는 개인적으로 커다란 불행을 겪었다. 두 사람은 유달리 사이가 좋았기 때문에 아내의 빈자리는 쉽사리 채워지지 않았다. 아내가 죽은 뒤 아들, 딸과 함께 살다가 1946년 로버타 로위츠 그랜트(Roberta Rowitz Grant)와 재혼했다. 듀이가 2번째 부인 로버타를 처음 만난 것은 그녀가 10대 초반의 소녀였을 때 그녀의 부모를 통해서였다. 재혼할 당시 듀이의 나이는 87세, 로버타는 42세였다. 이 부부는 전쟁으로 고아가 된 벨기에의 오누이를 입양해 키웠다.

듀이는 많은 영예를 누렸다. 국내외 13개 대학교에서 명예학위를 받았고, 1939년에는 중국 정부로부터 제이드 훈장, 1949년에는 칠레 정부로부터 메리트 훈장을 받았다. 1932년 '전국교육협회' 명예회장, 1938년 '미국 철학회' 종신 명예회장, 1952년에는 뉴욕주 자유당 명예 부위원장에 선출되기도 하였다.

듀이는 워낙 건강했기 때문에 오랜 활동기간 동안에도 병 때문에 강의나 대학 밖의 일을 취소하는 법이 거의 없었다. 그러나 나이가 들면서 어쩔 수 없이 쇠약해져 80대에 들어서는 병원에 자주 드나들었다. 그런 와중에서도 활동을 멈추지 않았으며, 뉴욕 시와 고향 버링턴에서 열린 자신의 90회 생일축하 모임에 참석하는가 하면 1951년 6월에는 예일 대학교 개교 250주년 기념 명예학위 수여식에도 직접 참석했다. 1951년 11월 둔부를 다쳐 접골 수술을 했으나 실패함으로써 1952년 봄까지 쇠약해진 몸으로 아파트에 갇혀 지냈다. 그러나 그의 지적 활동은 여전히 계속되어 『경험과 자연(Experience and Nature)』(1929)의 재판 출간 등 일찍이 계획해두었던 일을 계속 진행했다. 1952년 5월 31일 폐렴에 걸려 끝내 회복하지 못하고 6월 1일 밤 7시 93세를 일기로 그의 생을 마감하였다.

2. 사상적 배경

듀이의 사상을 구성하고 있는 네 개의 기본적 요소는 교육이론, 논리학, 윤리학, 사회철학이었다. 첫째, 항상 교육의 이론과 실천에 근본적인 관심을 가진다. 둘째, 과학과 도덕 사이의 틈을 건널 수 있는 유효한 탐구의 방법(논리)을 확립하고자 했다. 셋째, 인간의 경험을 생명활동으로서 이해하는 경우에 윌리엄 제임스의 영향으로 생물학적인 견해를 중요시한다. 인간의 심리나 도덕(윤리)을 추상적인 철학적 개념에 의해 설명하는 것이 아닌 살아 있는 환경과의 연결에서 설명하고자 한다. 넷째, 철학에 있어서는 사회적인 견해를 확립하는 것이 필요하며 정치, 경제, 사회의 모든 문제에 관심을 가지려고 한다.

듀이의 교육에 관한 기본원리는 그의 대표적 논문과 저서인 『나의 교육 신조』, 『학교와 사회』, 『민주주의와 교육』, 『경험과 교육』 등에서 찾아볼 수 있다. 그의 교육관은 다음과 같이 요약할 수 있다.

첫째, 교육은 생활이다. 아동이 사회와 더불어 여러 사람과 함께 생활하는 과정이 곧 교육이라는 것이다. 즉, 전통적인 입장에서 말하는 바와 같이 교육은 미래의 삶을 위한 준비가 아니라, 현재적 삶의 과정 그 자체라는 것이다.

둘째, 교육은 성장이다. 듀이는 유기체인 아동이 생명을 가지고 성장발달하는 과정이 교육이라고 보았다. 교육의 목적은 육체적 · 정신적 · 심리적 성장 이외의 아무것도 아니다. 인간은 태어나서부터 연속적으로 발전하고 성장하는 존재이므로, 그 과정이 곧 교육이라고 본다. 즉, 교육은 끊임없이 개조, 변형되어가는 연속적 성장의 과정이라는 것이다.

셋째, 교육은 경험의 계속적인 재구성이다. 아동은 자연, 사회, 인간과 더불어 많은 것들을 경험하는데, 여기에서 교육이 이루어진다. 교육은 경험의 의미를 증가시킬 뿐만 아니라, 뒤따르는 경험을 지도하는 힘을 증가시키는 경험의 재구성이다. 경험의 재구성은 경험의 성장, 생활을 통한 성장을 의미하며 그것은 유기체와 환경의 상호작용인 동시에 교육이라는 것이다.

듀이는 원만한 교육활동을 위해 아동의 능력과 흥미, 그리고 그들의 습관 등을 올바르게 포착할 수 있는 심리적 통찰이 필요하다고 보았다. 즉, 아동의 능력, 흥미, 습관 등을 부단히 분석하여 그들이 무엇을 원하고 있는가를 파악하고 이를 토대로 교육계획이 수립되고 교육활동이 전개되어야 한다고 봄으로써 아동 중심 교육사상을 정립하였다. 듀이는 교육의 기초로서 네 가지 흥미를 다음과 같이 들고 있다. 대화와 의사소통에 대한 흥미, 사물을 탐구하고 발견하려는 흥미, 사물을 제작하고 구성하려는 흥미, 예술적 경험에 대한 흥미 등 이상과 같은 흥미가 조화롭게 나타나는 사회생활의 마당으로서의 학교가 되어야 하며, 학교는 아동들이 자신을 위해 어떤 흥미를 발견할 수 있도록 많은 생활경험을 제공해 주어야 한다는 것이 듀이의 아동 중심, 활동 중심 교육사상의 핵심이다.

듀이의 아동 중심 교육사상에서 몇 가지 특징을 요약해보면 다음과 같다.

첫째, 아동을 존중하고 있다는 점이다. 아동 존중은 아동본성에 대한 이해와 그들의 본성에 맞게 하는 것을 의미한다.

둘째, 아동의 자발적 활동을 중요하게 여기는 점이다. 아동을 존중하고 아동 본성에 맞추는 것은 결국 아동의 자발적 활동을 방해하지 않고 수용해 주는 일이다. 자발적 활동은 곧 성장과 발달로 이어진다고 보기 때문이다.

셋째, 아동을 존중하고 아동의 자발적 활동을 강조한다고 하여 아동을 방임하는 것은 아니다. 아동은 미숙하고 충동적이며 사려 깊지 못하기 때문에 그들의 충동적 에너지가 낭비되지 않고 올바른 방향을 잡아서 사회적으로 유용한 습관과 능력을 형성하려면 성인의 안내와 도움이 절대로 필요하다고 보았다.

듀이는 학생 자신들이 처해 있는 문제를 파악하여 능동적인 학습지도의 일환으로 반성적 사고를 통한 5단계 문제해결과정을 제시하였다.

1단계 문제의 상황에서 학생은 불확실한 특성을 지닌 불완전한 상황에 처해 있어서 사람들은 혼란스러워서 당황해 한다. 이 문제의 상황에서는 사람들이 과거의 경험과는 다른 특이한 상황적 요소를 접하게 되어 개인의 행동이 장애를 받는다.

2단계 문제의 인식에서 개인은 문제의 상황을 검토하여 행동을 방해하고 있는 낯선 특정한 문제의 성질을 개념화한다.

3단계 문제의 명료화에서 문제의 상황에 작용하고 있는 요소를 분석하여 찾아내서 검색한다. 개인은 이 단계에서 곤란한 것을 해소하기 위해서 체계적으로 그리고 반성적으로 탐색을 하는데, 여러 생각과 아이디어를 짜내고 여러 도구와 자원을 활용한다.

4단계 잠정적인 가설의 설정에서 개인은 여러 가지의 일반화 과정을 하면서 문제를 해결하기 위한 가설들('만약 ~한다면 ~일 것이다'라는 형식의 진술)을 탐구한다. 이 과정에서 미래를 예측해 보고 가능한 결말들을 상정해 본다. 그래서 가능한 최적합한 수준의 해결 방향과 해결책을 구상한다.

5단계 가설의 검증에서 잠정적인 가설이 문제를 해결하여 바람직한 결말을 얻을 수 있을 것이라면 또 다른 문제가 나타나기 전까지는 잠정적 가설대로 행동한다. 그러나 선택한 가설이 문제를 해결해 주지 못할 때에는 또 다른 가설을 세워서 문제를 해결하는 과정을 거치게 된다.

듀이에 따르면 전통철학의 가치화의 큰 약점은 특정한 시간과 장소와 관계없이 정당화되는 근거가 고정되어 있다는 점이다. 그런데 그것은 현상 유지를 위한 정당화를 제공하는 것이다. 그러나 현대세계에서 가치론은 문화적 상호교류를 통하여 조정되고 수정된다. 특히, 산업사회에서는 급속한 사회 변화가 그 특징을 이루는데, 전통적인 가치론에 입각한 생활태도와 관습은 부적합한 것으로 되는 것이 많다.

듀이의 가치론은 전통적인 보편적 위계와 관습이나 관례에 기초하지 않고, 개인의 기호, 바람, 희망, 욕구, 욕망 등에 기초하고 있다. 듀이의 가치 기준은 목적과 수단, 방법과 목표와 상호 관련성에 기초하고 있다. '생각하는 행위' 자체가 문제의 상황에서 일어나므로 가치화는 개인의 기호와 바람과 기대가 갈등을 이루고 있는 상황에서 일어나기 마련이다. 사람이 만약, 단일한 바람을 가졌다면 그 한 가지 욕망만을 충족시키기 위해서 행동할 것이다.

그러나 가치가 갈등을 이루고 있을 때에는 수단적으로 갈등을 이루고 있는 욕망들을 단일화할 필요를 느끼게 될 것이다. 욕망이 단일화되지 않으면, 갈등을 이루고 있는 대안들 중에서 선택을 해야만 한다. 선택은 가능한 결말을 검토하고 평가함으로써 가능해진다. 듀이의 가치론은 목적과 방법을 단일화하는 데에 있다. 하나의 목적이 달성되면 그것은 다음의 다른 목적을 위하여 하나의 수단이 된다.

듀이의 가치론은 실험적인 구상을 전제하고 있지만, 그와 함께 중요한 것은 사회와 교육에 시사를 주고 있는 민주주의의 개념이다. 듀이의 민주주의는 정치적 제도나 정부의 형태에 관한 것 이상의 더 많은 의미를 가지고 있다. 그것은 도덕적으로 필수적인 것이며 방법적으로도 필수 불가결한 것이 된다.

민주적인 사회에서는 제도권 내의 생활이나 행정적인 과정에 가능하면 최대한의 분배가 이루어지고 참여가 이루어져야 한다. 듀이는 사회와 개인을 구분하는 이원론을 거부한다. 계층이나 성, 종족 등에 대한 차별은 지적인 풍부함과 사회적 성숙을 위해서 없어져야 한다. 가치란 인간의 성장발전과 사회적 공유와 공동의 경험에 공헌하느냐 그렇지 않느냐에 따라서 평가되어야 한다. 교육적 상황에서 듀이의 가치론은 개방된 학습에 의한 탐구정신을 강조하고 있다. 그러한 개방성이 오랜 지속력을 지닌 아이디어를 만들어 낼 것이다. 교사와 학생은 아이디어와 가치를 활발하게 시험 검증하는 사람들이다. 개방된 마음은 순진한 낭만주의나 교육적 무질서를 뜻하는 것이 아니라 인간의 문제를 다루는 실험적 방법론이며 지성적 방법을 촉진하는 사회환경을 얻기 위해 필요하다.

3. 교육사상의 이해

1) 교육사상

(1) 생활의 필요로서의 교육

자기 존재를 계속 지키고자 하는 것은 생명의 본능적인 욕구일 것이다. 그리고 그러한 존재가 존속하는 일은 끊임없는 갱신에 의하여 확보되기 때문에 생명이란 자기 갱신의 과정이다.

사회가 그 구조와 자원에 있어서 더욱 복잡해짐에 따라 형식적 또는 의도적인 교수와 학습은 한층 더 필요하게 마련이다. 그러나 형식적인 교육, 즉 학교교육이 그 범위를 점점 확장해 감에 따라 직접 사회생활에서 얻은 경험과 학교에서 얻은 경험과의 사이에 엄청난 불일치성을 일으킬 수 있는 위험이 뒤따른다. 그러한 위험이 오늘과 같이 심각한 시대는 일찍이 한 번도 없었고, 그러한 위기는 지난 2, 3세기 사이에 발전된 지식과 전문기술의 급작스러운 진보에서 기인된 것으로 보고 있다.

듀이는 농업에 기초를 둔 미국의 구체제시대가 완전히 종지부를 찍고 산업주의의 근대적 미국이 급격하게 발전하기 시작하는 것을 보고 교육을 국민생활에 필요한 것으로 인식하였으며 아동은 사회와 교육을 통하여 변천하는 시대에 적응해 나갈 것을 강조했던 것이다.

(2) 사회 기능으로서의 교육

사회가 존속하는 일은 자기 갱신에 의하지만 그러한 갱신은 결국 아동의 교육적 성장에 의하여 이루어진다고 듀이는 주장하고 있다. 따라서 사회생활을 유지한다든지 사회의 필요에 따라 심적 태도나 성향을 아동의 마음속에 발전시키고자 한다면 단지 신앙, 감정, 지식을 아동에게 직접 전달해 주는 것만으로는 충분치 못하게 되며, 그것은 특수한 환경을 만들어 줌으로써 성취될 수 있다고 설명하고 있다.

사회환경이란 다른 사람들이 각기 행동하는 것과 직접 관계를 맺고 있는 '나'와 '너'의 행동의 총체로서 성립된다. 그 환경 속에서 '나'와 '너'가 공동활동에 함께 참여하게 될 때 교육적 효과를 가져다 준다. '나'와 '너'가 공동활동을 수행하는 목적은 민주사회 건설에 필요한 조건과 방법을 습득하는 데 있으며, 이를 습득하며 행동하게 될 때 '나'와 '너'는 동등한 감정과 정신이 충만한 기분을 갖게 될 것이다. 따라서 아동은 자기가 속한 사회의 여러 가지 활동에 참여함으로써 무의식적으로 소속감을 더욱 깊이 갖게 되며 교육적으로 발달이 된다. 그러나 사회가 더 복잡해짐에 따라 미성숙한 아동의 교육을 위한 특수한 직무를 가진 특수한 사회

환경, 즉 학교 설립의 필요를 느끼게 된다.

이러한 학교의 역할로서 세 가지를 들 수 있다. 그것은 아동의 심리적 경향의 요인이 될 수 있는 현상을 단순화하는 것이고 질서를 세우는 것, 마지막으로 현재의 사회습관을 순화시켜 이상적인 것으로 만드는 일이다. 즉, 보다 조화를 가져다 줄 수 있는 질서가 잡힌 아름다운 환경이 필요하게 된 것이다.

(3) 지도로서의 교육

듀이는 교육의 임무를 '통제', '선도'가 아니라 '지도'라는 말로 표현하였다. 통제라는 말은 외부의 힘에 의하여 지도를 받는 아동의 반항을 제어하는 것을 뜻한다. 이에 반해, 흔히 쓰는 가이던스(guidance)라는 말은 개개 아동의 자연적 능력을 서로가 도와서 조력하는 뜻이 담겨 있다. 지도는 양자의 중간에 위치해 있는 개념으로서 지도한다는 뜻이다. 즉, 지도를 받는 아동의 활동적 경향이 목적에서 이탈하지 않고 일정한, 연속적인 진로를 따르도록 이끌어 주려는 뜻이 있다. 아동이 가지고 있는 자연이라는 본능적 충동은 성인들이 사회에 만들어 놓은 관습과는 일치되기 어렵기 때문이다.

교육의 임무란 지도하는 데 있는 것이다. 지도라는 것은 육체적으로 강제로 이끄는 것과는 다르다. 이는 아동이 본능적으로 나타내는 충동을 어떠한 특수한 목적에다 집중시켜 선한 습관을 만들어 주는 일이다. 아동의 무의식적 행동을 흥미 있는 방향에로 자극을 주어 도덕적 방향으로 지도하는 것이 학교교육의 임무이다. 아동은 학교사회생활에 있어서 교사의 행위를 본받아 자기의 행위로 관조시켜 버린다. 그렇기 때문에 교사의 행위와 아동의 행위는 똑같이 공동의 선과 도의를 확립하는 방향으로 서로 지도되어야 한다. 학교는 아동이 이러한 공동의 도덕적 행동을 조성하도록 더욱 민주적 기회를 마련하여야 할 것이다.

(4) 성장으로서의 교육

듀이 교육상의 핵심은 성장과 변화에 있다. 아동의 행동 속에는 무한히 발전할 수 있는 가능성이 내포되어 있다. 따라서 아동의 행동을 지도하는 데 있어서 사회는 아동의 미래를 결정하는 동시에 사회 자체의 미래도 결정하게 된다. 오늘의 아동은 내일의 사회를 조직하는 요소이기 때문에 내일의 사회의 성격은 오늘의 아동이 받고 있는 지도 여하에 따라 좌우되는 법이다. 그렇기 때문에 내일에 나타날 수 있는 결과를 향하여 여러 가지 활동이 누적되는 것을 듀이는 성장이라고 말하고 있다.

성장하고자 하는 힘이란 다른 사람과 같이 발달할 수 있는 가능성이 있다는 것을 뜻한다. 아동은 경험에서부터 학습하는 능력의 습관을 길러야 한다. 습관과 환경과는 불가분의 관계가 있다. 그러므로 교육은 성장을 의미하며 성장은 생의 특성이다. 듀이에 의하면 성장으로서의 교육은 교육 이외에 다른 어떠한 것도 목적이 될 수 없다.

(5) 개조로서의 교육

듀이의 교육에 대한 정의는 과거의 전통적 · 보수적 교육관과 대립이 될 것이다. 특히, 유럽의 교육사상가들이 주장하는 교육의 준비설, 개발설 그리고 형식적 도야설과도 대립이 된다. 그렇기 때문에 듀이는 과거의 전통적 교육관을 극복해야 하며, 교육이란 생활의 과정인 동시에 아동이 체험하는 경험의 끊임없는 개조(reconstruction of experience)라고 주장한다.

교육이란 아동의 내부로부터 잠재적인 능력을 계발하는 것도 아니고, 외부로부터 과거의 전통이나 문화의 유산에 입각하여 아동의 마음을 형성하는 것도 아니라고 한다면, 교육은 경험의 끊임없는 개조 혹은 제조에 불과한 것이라는 학설로 귀착될 것이다. 그러나 경험의 끊임없는 개조에는 시종일관 아동이 오늘의 생활을 어떻게 하면 보람된 삶이 되도록 할 것인가 하는 도덕적 목표가 전제된다. 그리고 어릴 때나 청년이나 노년의 각기 처해 있는 시기에서 우리는 경험으로부터 학습하게 되기 때문에 그것은 가치가 있는 것이 된다. 어떠한 시기에서든 인간이 생활 속에서 자기 자신이 경험한 것을 가치 있는 것으로 여기는 것은 그 다음 경험하는 데 보탬이 될 때이며, 이러한 과정을 통해 인간은 자시를 발전시키고 사회에 공헌하게 된다. 그렇기 때문에 아동이나 교사 모두에게 있어 교육을 하고, 교육을 받는 과정은 상호 간의 경험을 개조하고 경험을 다시 쌓아 올리는 계속적인 성장발달의 과정인 것이다. 이러한 과정을 듀이는 교육이라고 정의를 내렸던 것이다.

(6) 진보주의 교육운동

듀이의 실험학교가 미국사회에 미친 영향이란 지대한 것이었다. 특히, 주목할 만한 것은 '진보주의적 교육'이란 용어가 미국에서 1890년대에 이르러 신문과 잡지에 많이 나오게 되었다는 것이다. 진보적 교사니 진보적 학교니 진보적 방법이니 하는 교육적 용어들이 미국교육계에 파다하게 유행하였다.

1905년 듀이가 콜럼비아대학으로 교수직을 옮긴 후 거기서 그의 유명한 교육철학저서인 『민주주의와 교육』을 세상에 내놓게 되자 그의 진보주의 교육사상은 구체적으로 미국 교사들에게 영향을 미치기 시작했다.

제1차 세계대전이 끝난 직후 미국의 교육계는 여러 가지 심각한 문제에 봉착하게 되었다. 특히, 전통주의 교육과 진보주의 교육과의 사이에 여러 가지 갈등이 있었기 때문에 진보주의적 교사들은 진보주의 교육의 구체적 발전을 추구했던 것이다. 이리하여 1919년 12월 스텐우드 콥(Stanwood Cobe)의 지도로 진보주의 교육협회(Progressive Education Association : PEA)가 조직되었다. 듀이는 그 협회에 직접 참가하지 않았지만 명예회장으로 추대되었다.

아동 중심의 학교는 새로운 학교 자체를 학습하려는 아동의 의도에 맞도록 조직하는 것인 반면, 구 학교는 그 자체를 아동을 지도하는 교사의 의도에 맞도록 조직하는 것이라고 쓰고 있다. 후자는 형식적으로 학습을 지도할지도 모르나 전자는 진실된 학습을 확실히 지도하는 것이다.

이 새교육운동은 아동의 자발적인 창의성과 무럭무럭 성장할 수 있는 자유와 흥미를 통한 자기 활동 및 학습에 있어서의 자기 표현을 주된 중심과제로 삼았기 때문에 협회는 진보주의 교육 목적을 1930년에는 다음과 같이 일곱 가지 항목으로 발표했다.

① 자연적으로 발달할 수 있는 자유(Freedom to develop naturally)
② 흥미는 모든 작업의 동기이다(Interest, the motive of all work).
③ 교사는 감독자가 아니라 지도자이다(The teacher, a guide not a task master).
④ 학생발달에 관한 과학적 연구(Scientific study of pupil development)
⑤ 아동의 육체적 발달에 영향을 미치는 모든 것에 대한 적극적인 관심(Greater intention to all that affects the child's physical development)
⑥ 아동생활의 요구에 응하기 위한 학교와 가정과의 협력(Cooperation between school and home to meet the needs of child life)
⑦ 진보주의 학교는 교육운동의 지도자이다(The progressive school, a leader in educational movements).

이러한 듀이의 교육관은 아동 중심의 교육사상이었다. 아동 중심의 교육운동은 활발히 이루어졌으며 듀이를 중심으로 한 이 운동은 민주사회를 건설하고 이에 적응할 수 있는 인간을 육성하며 산업사회를 발전시키는 데 있어 필요한 지적, 도덕적 생활양식을 형성하는 데 힘썼던 것이다.

1933년 듀이가 쓴 「진보적 학교는 무슨 이유로 필요한가」라는 논문에서 듀이는 다음과 같이 그의 주된 사상을 세 가지로 설명하고 있다.

첫째, 구태의연한 학교는 조용하고 침묵을 지키고 가만히 있는 정적인 아동을 착한 아이라 규정지었다. 그러나 오늘의 학교에 있어서는 아동에게 자유스럽게 자기를 표현할 수 있는 고도의 언론의 자유를 허용해 주어야 한다.

둘째, 과거의 교사는 아동을 감독하고 통제하고 억압해 왔지만 진보주의 교사는 감독자의 입장에서가 아니라 오히려 협동자의 입장에서 아동과 더불어 협력하여 학습활동에 같이 참여할 수 있는 기능을 발휘해야 한다.

셋째, 전통적 학교는 아동이 다른 사람과 경쟁 속에서 여러 가지 시험 성적이라든가, 품행이라든가, 신용이라든가 하는 등급을 가지고 인격의 우열을 평가해 왔다. 그러나 진보주의 학교는 아동으로 하여금 다른 학생들과 더불어 협동하며 서로 신뢰하고 각자의 인격을 존중하면서 도덕적, 민주적 사회생활을 경험할 수 있는 사회생활 자체의 광장이 되어야 한다.

그러나 아동을 중심으로 한 진보주의 교육운동이 우기에 봉착하게 되었다. 왜냐하면 1929년 가을부터 시작된 경제대공황은 많은 실업자를 탄생시켰고 학교교육은 제 기능을 발휘할 수가 없었기 때문이다. 이러한 사회적 전환기에 처하여 듀이는『내일의 교육』이라는 저서에서 이렇게 말하고 있다.

현재의 미국의 경제적 붕괴는 오늘의 미국 문명에 있어서 모든 제도에 대한 도전이다. 그것은 또한 학교에 대한 도전이기도 하다. 그러나 교사는 현재의 어려운 상황에 직면하는 데 있어 크나큰 용기가 필요한 것이다. 교육의 기능이란 국민들에게 현존하고 있는 사회조직이 가지고 있는 관심을 갖게 하는 일이다. 그러나 학교에 있는 대부분의 학생은 생활의 현실문제를 당면과제로 받아들일 준비가 되어 있지 않다.

문제는 학교가 미래의 사회창조를 위하여 어떻게 참가할 것인가 하는 문제가 아니라 교사와 학생은 최고의 지성과 책임을 가지고 어떻게 하면 문제를 해결하여 민주주의의 도전과 사회의 도전에 응할 것인가의 문제다. 듀이는 이렇게 사회의 도전에 대응할 수 있는 교육개혁의 필요성을 강조했던 것이다.

(7) 미국의 유아교육

미국에서의 최초의 유치원은 프뢰벨 학도인 독일인에 의하여 독일어 유치원이 개설되었다. 최초의 미국인에 의한 유치원(영어 유치원)을 1860년 보스턴에 창설하였던 피바디도 프뢰벨파의 한 사람이었다. 1880년경에는 미국의 약 30개 주에서 공립 유치원이 설립되었으며 19세기 말까지는 종합대학과 사범학교에 부속유치원이 많이 개설되었다. 당시의 유치원은 프뢰벨의 교육 방법을 고집하여 형식화되어 있었다.

유치원에서의 활동 중에서 프뢰벨의 은물을 가장 중요시하여 상징주의를 강조하고 있었다. 또 초등학교는 교사 중심과 교과서 중심의 주지주의와 훈련주의의 입장이었기 때문에 유치원과 초등학교와의 사이에 연계가 없었고 양쪽의 교사들도 서로 불신감을 지니고 있었다.

이윽고 이러한 보수주의적인 교육의 구 사상을 극복하고 유아들의 생활에 따른 새로운 유치원 교육운동이 전개되었다. 듀이가 주장하였던 것처럼 새로운 유치원은 초등학교의 기초가 되는 것이다.

20세기 초 무렵에는 점차 사립보다도 공립 유치원 쪽이 많아져 갔다. 미국의 자본주의와 자유주의의 발달에 따른 번영에 힘입어 필연적인 교육의 발전으로서 진보파가 이상으로 했던 자유로운 유치원 교육이 발달해 갔다. 이리하여 듀이의 교육 원리인 아동 중심주의, 경험주의가 유치원에서부터 미국의 교육실천 전체로 확대되어 갔다고 할 수 있다. 그리고 또 듀이가 유치원 진보파의 실천을 발전시켜 이론화했다고도 할 수 있을 것이다.

2) 교육 목적

듀이는 경험을 통한 끝없는 성장과정을 교육이라고 생각하고 있기 때문에 교육의 목적을 아동의 성장이나 교육과정 그 자체와 별개의 것으로 생각하지 않는다. 오히려 성장 그 자체를 교육으로 보았기 때문에 목적은 인간의 활동 안에서 발생하고 작용하며 행동의 끝이나 종착점이 아니고 사고의 정거장이며 활동으로 나가는 전환점이 된다고 하고 있다. 따라서 듀이의 교육 목적은 성장, 계속적인 과정 중심일 수밖에 없고, 이것은 다시 현재를 중요시하고 활동을 중심으로 하는 교육이 되는 것이다.

듀이는 바람직한 교육 목적이란 학생이 현재 가지고 있는 경험을 조사하여 그것이 다룰 잠정적 계획을 세운 다음, 그 계획을 끊임없이 염두에 두되 새로운 조건이 발생함에 따라 수정되어 나가는 실험적인 목적이며, 그것은 행동에 의해 검증되면서 끊임없이 성장하는 목적이라고 하였다.

듀이에게 있어 목적을 가지고 행동한다는 것은 지적으로 행동하는 것과 같다. 이것은 생각을 가지고 행동하는 것이며 그 생각에 비추어 사물의 의미를 파악하는 것이기 때문에 목적을 형성하는 과정의 시작은 활동 안에서 아동이 원하는 것, 즉 어떤 이들이 현재 상황에서 무언가 다르게 하고 싶다는 바람으로 비롯되는 것이다. 이것을 실현 가능한 수단적 측면에서 고려되고 다시 지식과 결합될 때 목석이 창출되므로 교육 목적에서의 그의 아동 중심, 성장 중심, 흥미 중심은 아동 자신의 자연적 · 자발적 충동을 지력에 의해서 이끌어 나갈 수 있도록 하는 데 있는 것이다.

이러한 듀이의 교육 목적에서 다음과 같은 시사점을 얻을 수 있다.

첫째, 유치원 교육 목표의 설정 시에 교육 목표는 유아의 활동과 요구에 내재된 것이어야 한다.

둘째, 유치원의 교육 목표는 대개 아동들의 발달 수준과 흥미가 여러 영역에 걸쳐 골고루 나타나야 한다.

셋째, 유치원 교육과정에서 목표는 아동의 활동이나 생활을 안내해 나가야 할 방향으로 기술되어야 한다.

넷째, 유치원의 교육 목적은 생각을 가지고 행동하는 지적인 측면에 대한 고려가 있어야 한다.

3) 교육 방법

(1) 교육 내용 선정과 조직

듀이는 교육을 경험의 계속적인 재구성으로 보고 있기 때문에 경험을 떠나서는 교육을 생각할 수 없다. 듀이가 논하는 경험은 사고가 개입되어 있었을 때 참의미를 가질 뿐 아니라 아동의 경험에서 출발하여 교과 혹은 교육과정과 연속성을 가질 때 학습으로서 효과를 가진다. 따라서 교육에서의 그의 경험은 교육의 목적이자 내용이며 방법이고 또한 과정이며 결과이다.

듀이의 견해가 개인과 사회, 내부로부터의 발달과 외부로부터의 형성, 흥미와 도야, 아동과 교과, 경험과 지식을 이원적 사고로 대립시키려고 했던 것이 아니라 통합하려는 데 초점이 있었음을 잘 나타낸다. 다만, 교육의 출발점을 항상 아동 자신에게 두고 있었기 때문에 아동만을 위주로 한 교육이나 경험만을 위한 교육, 생활의 문제만을 해결하는 교육으로 오해받거나 비판받기도 한다.

듀이가 주장하는 교육 내용 선정의 몇 가지를 살펴보면 다음과 같다.

첫째, 교육 내용의 출발점은 아동 자신이어야 하지만 이는 교과 혹은 지식과 연결될 때에 가치 있는 것이다.

둘째, 교육 내용으로의 경험은 중요하나 지적인 요소가 개입되어야만 교육 효과를 가져온다.

셋째, 교육이란 사고하는 것을 배우는 것이기에 교육 내용은 그러한 것을 담고 있어야 한다.

넷째, 교육의 내용은 인간과 가정을 중심으로 한 아동의 사회적 활동에 초점을 맞추어야 한다.

이 모든 것은 아동의 경험이 지적으로 연결되도록 현재의 경험에서 출발하되 능동적 학습이 일어나 나선형이 되도록 조직해야 한다는 듀이의 교육 내용 조직 원리에 의해 조직되어야 한다. 우리는 위의 내용을 바탕으로 다음과 같은 시사점을 얻을 수 있다.

첫째, 유치원 교육과정의 내용은 발달적 차원, 문화적 차원, 지식 차원에서 선정되어야 한다.

둘째, 유치원 교육의 내용은 과정과 결과를 중요하게 여겨야 한다.

셋째, 유치원의 교육 내용은 통합적으로 운영되어야 한다.

(2) 교수-학습과정

듀이는 교육의 출발점은 아동 자신이고 그것이 사고와 연결될 때 목적이며 내용이라고 하였듯이 방법에 있어서도 아동의 입장에서 출발하되 사고하는 능력을 길러주기 위해 관찰자, 안내자, 연결자, 제안자, 중재자로서 교사의 적극적 참여를 권하여 아동과의 계속적인 상호작용을 원한다.

듀이가 주장하는 교수 방법은 다음과 같다.

첫째, 아동의 본성에 따라야 한다.

둘째, 교육 방법은 아동의 흥미를 존중해야 한다.

셋째, 교육 방법, 내용, 목적은 분리될 수 없다.

넷째, 개별화 방법을 찾아야 한다.

다섯째, 자발적인 자기표현에 의한다.

이를 바탕으로 다음과 같은 시사점을 얻을 수 있다.

첫째, 유치원 교육에서는 교사와 유아가 능동적으로 상호작용할 때 교육의 효율성이 높다.

둘째, 교수-학습과정에서 유아의 흥미는 중요하게 다루어져야 한다.

셋째, 교수-학습과정에서 개별화 방법으로 접근하는 것이 유용하다.

넷째, 유치원 교육에서는 교육의 목적과 방법, 내용이 통합되어야 한다.

(3) 평가

듀이는 아동을 환경과 상호작용함으로써 스스로 갱신해 나가는 하나의 생명체로 보고 그 생명체가 반성적인 사고를 가지고 환경과 끊임없이 상호작용하면서 얻는 경험, 그리고 그 결과인 지속적인 성장의 과정을 교육의 과정이자 목적으로 보았다. 따라서 듀이의 교육관은 앎, 성장, 경험으로 압축될 뿐 아니라, 그것 자체가 목적이며 내용이며 방법이고 또한 과정이자 결과인 것이다.

듀이는 참된 학습과정에서 가장 해로운 것은 외부로부터 부과되는 외적 목적 설정이라고 보고 성장을 주도하는 것은 아동의 요구와 능력에서 나온다고 강조하고 있다. 외부에서 부과되는 목적, 목적만을 위한 목적을 경계하였던 듀이는 개인을 환경과 분리해서 인식하려고 하지 않으며 또한 인간의 특성을 한 면만 강조하여 보려 하지 않았고, 지식을 실제 상황적 행동에서 분리하지 않고 통합적으로 인식하고 있다.

듀이가 말하는 가치판단은 유기체 외부에서 일어나는 것이 아니라 경험을 만드는 주체에 속해 있으며 이것은 교육의 목적, 내용, 방법 등과도 일치함을 보여 주고 있다. 아울러 듀이는 평가에서 아동의 입장을 고려하여야 할 것을 주장하고 있다.

(4) 교실환경의 생명력의 재생·유지

유연한 생각을 잃지 않고 아동의 생생한 생활 감정을 기초로 하여 교육의 이상을 추구했던 듀이는 오랜 교육경험과 사색을 기초로 유치원의 이상적인 모습에 관해 귀중한 견해를 명확하게 제시하고 있다. 그의 견해에 의하면 현재 상태에서 가장 긴요한 문제는 유치원과 초등학교 간에 일정한 상호작용이 이루어지는 것이다. 그에 의하면 4~8세까지의 교육이 초등교육의 제1단계라고 생각되지만 현재 상태로서 이 단계는 유치원과 초등학교 저학년 과정으로 나누어지고 더구나 각각 의식적으로 서로 연계되는 일도 없고 또 그것에 대해 아무런 의문도 제기되지 않은 채 운영되고 있다. 오랫동안 유치원은 초등학교 과정으로부터 분리되어 오고 있다. 그리하여 어느 사이에 양자 간에 높은 장벽이 생겨 "양자를 연계시키는 데 있어서 교사는 문을 통해 들어가는 대신에 담장을 넘지 않으면 안되게 되었다."

어느 사회에서든지 아동생활의 실제적인 연구에서 나온 제 요소-육아실의 유지-야말로 교육의 모든 것에 생명력을 불어넣는 힘이 되고 있다. 원래 유치원의 기본 구상은 프뢰벨에게서 확정적이 되었던 것이고 거기에서 어머니가 아이들과 함께 행하였던 유희와 경기가 셸링의 매우 로맨틱한 상징적인 사상과 연결되어 있다. 이에 대한 철학적인 성찰은 일단 제쳐두고 '육아실에서'의 생동하는 힘이 어떻게 해서라도 회복되고 유지되어야 한다. 육아실에서 나온 생명력이 활발하게 약동하기만 하면 유치원뿐만 아니라 초등학교 과정까지도 일관성 있는 교육을 부활시킬 수 있는 것이다.

(5) 유희 및 게임

듀이의 유아교육은 프뢰벨의 유아교육사상의 비판적인 계승을 제창하고 있다. 프뢰벨은 부모가 아이를 데릴러 갔을 때 놀이에 지쳐 푹 잠에 빠져 있는 정말 아이다운 아이야말로 밝은 장래가 약속되어 있다고 생각하였다. 듀이는 이러한 견해를 계승하여 유희가 지닌 의의를 한층 더 깊이 성찰하였다.

듀이에 의하면 아동이 자기가 가지고 있는 이미지와 흥미를 어느 정도 만족할 수 있는 형태로 구현하는 경우 유희는 아동의 모든 능력, 모든 사상, 육체적 운동 모두가 자유로운 활동이다. 넓은 인간적인 견지에서 보면 놀이는 소극적으로는 경제적 압박-생계수단을 얻고, 또 다른 사람을 부양할 필요로부터 해방이며, 성인들의 전문화된 직업에서 오는 고정된 책임감으로부터의 해방을 의미한다. 적극적으로는 아동의 최선의 궁극적인 목적을 달성하는 것에 연결된다.

즉, 유희는 내면에 싹트고 있는 힘을 충분히 실현할 수 있는 것이고 그 실천을 통해서 '끊임없이 한 가지 면에서 다른 면으로 옮겨가는 것'을 의미한다. 이와 같은 일반적 서술로는 때때로 막연한 것으로 느껴지지만 그러나 교육 실제에 활용될 때에는 유치원의 교육 방법을 근본적으로 바꾸어 놓을 수 있다고 보고 있다. 그에 의하면 '유희'는 아동의 외면적인 행위를 나타내기보다는 오히려 아동의 심리적 태도를 보여 주는 것이다.

듀이는 프뢰벨의 교육원리를 정말 되살리기 위해서는 지금까지 계승되고 유지되어 온 유치원의 놀이 기구와 유희에 대하여 '기성(旣成)의 편성 방식에 따르는 경향으로부터 해방되어야 한다고 하였다. 프뢰벨의 원리는 시대의 변천에 따라 항상 새로운 유희를 창조해 가는 것에 있었다.

유아교육의 역할 가운데 하나는 이 시대의 아동들의 놀이와 어머니가 유아들과 함께 하고 있는 게임을 연구하여 이를 귀납적으로 어머니와 유아들의 생활 감정에 가장 합치하는 오늘날의 유희 형태를 재창조해 가는 것이다. 이를 위해서는 결정학(結晶學)에서 유래된 은물(恩物)을 유구로 사용한 프뢰벨식의 경향을 불식하는 것은 물론이고 소꿉장난과 같은 '모방놀이' 형식도 오늘날에 맞도록 충실화시킬 필요가 있다고 여겨진다.

따라서 사용되는 물건들이 자연스럽고 직접적인 것이면 것일수록 정말 아동의 상상적인 유희를 표현할 수 있는 연상적인 암시를 불러일으켜 상상력과 결합하기 위한 풍부한 기초가 이루어지는 것이다. 그러므로 교구와 교재는 가능한 '현실적인 것'이고, 직접적이며 솔직한 것이어야 한다.

(6) 모방과 암시

듀이에게 있어서는 유아기 특유의 문제는 말할 것도 없이 "우선 아동의 자연스런 충동과 본능을 수용하는 것이고 아동들이 사물을 이용하여 지각과 판단력을 더 높은 단계로 향상시킬 수 있도록 해주고 더욱더 효과적인 여러 가지 습관을 지닐 수 있도록 해주는 것"이다. 또 아동이 그 의식을 확대, 심화시켜 여러 가지 행동을 하려고 하는 힘에 대한 통제를 증대할 수 있도록 해주는 것이다. 이러한 성과를 얻을 수 없을 경우에 유희는 단순한 기분 전환으로 끝나고 기분 전환이 무의미하다고까지는 하지 않더라도 적어도 거기에는 교육적 성장이라는 작업 활동에 있어서 목재, 금속, 가죽, 실 등을 비롯해 여러 가지 다양한 재료에 접할 수 있도록 해야 한다. 옛날 이야기와 노래와 게임을 적절하게 도입해 가면서 아동의 감각을 예민하게 활동시켜 정확한 관찰을 하게 한다.

어린아이는 매우 모방적이고 암시를 받기 쉬는 존재라는 것은 의심할 여지가 없다. 그리고 아이들의 '조잡하고 어설픈 힘과 미숙한 의식'이 모방과 임시를 통해서 끊임없이 향상되고 인도되어 가는 것이 필요한 것은 말할 필요도 없다. 더구나 모방과 암시가 결정적인 의미를 지니게 되면 될수록 그것이 외면적, 단편적, 임기응변적인 것인가, 아동 자신의 내적인 활동과 유기적인 관련을 가진 것인가를 구별하는 일이 더욱더 필요하게 된다. 이러한 경우 모범을 보이는 것과 본보기를 제시해 주는 것은 아동 자신이 정말 무엇을 원하고 있는가를 마음속에 더욱더 명확하게 그릴 수 있도록 도와주기 위한 것이다.

본보기에 의해 촉발된 아동의 작업은 결국은 그 본보기로부터 분리되어 아동이 성장하는 각 단계에서의 주도적인 형태와 일치하는 것을 만들어 나가야 한다. 교사와 부모들에게 이러한 이상적인 모습에 대한 통찰이 부족할 때 아동은 종종 지도, 명령에 잘 따르게 됨으로써 자기를 통제하고 표현하는 힘을 읽고 외부의 힘에 의존하기 쉬운 자주성이 없는 성격을 기르게 된다. 이러한 성찰을 하게 될 때는 예컨대 집짓기 놀이에서 집에 대한 암시, 즉 집에 설치하기 위한 준비된 다양한 재료를 보는 데서 생기는 암시와 작업을 하고 있는 다른 아동들을 보는 것에서 생기는 암시는 정상적인 5세아의 활동을 확실하게 지도하는 데에 충분한 것이 된다. 그것은 아동 자신의 욕구와 관념을 실현시키는 계기로서도 충분한 역할을 한다.

(7) 이미지 형성과 내적 관련

듀이는 이러한 성찰하에 유아에게 있어서의 이미지의 형성과 그 내적 관련의 필연성을 문제로 삼는다. 그에 의하면 일반적으로 어린 아이들은 주로 관찰과 사고를 통해 인간에게 주의를 기울이고 있다. 즉, 사람들이 무엇을 하며, 어떻게 행동하고, 어떠한 일에 종사하며, 그 일을 통해 무엇을 만들어 내는가 하는 것에 진지한 관심을 나타낸다. 그것은 지적 문제의식이나 목적의식과 관련되는 것에 의해 확립된 것이 아니라 직접 참여하는 구별하기 힘든 이야기 세계에서 발견할 수 있는 것이다. 여기에서 이야기라고 하는 것은 어떤 심리적인 것, 즉 인간과 여러 가지 사물과 사건들은 감정에 기초한 어떤 공통관념으로 연합된 것이지 개인의 의식으로부터 독립된 하나의 외적 세계의 서술을 의미하는 것은 아니다.

이 단계에서 아동의 정신은 다양성과 변화에서 풍부해지고 행동에 의해서 생생해지고 그리고 확실한 특징에 의해서 의미를 파악할 수 있는 하나 하나의 통합을 추구하는 것이다. 그러나 형태와 구성을 각각의 세세한 부분에 걸쳐서 구분하는 것은 하고 싶어하지도 않고 마음에 들지도 않는 것이다.

따라서 이 단계에서의 학습에서는 '사회적'인 분야, 즉 인간의 제 활동 및 그 상호 의존관계에 대한 관심과 '(자연)과학적'인 것, 즉 자연계의 여러 가지 사실과 힘에 대한 관심을 분리시켜서는 안 된다. 왜냐하면 '인간과 자연과의 의식적인 구별은 더 나아가든 후의 사색과 추상의 결과'이고 이것을 유아에게 강요하는 것은 아이들을 혼란시켜 당혹하게 만들기 때문이다. 그렇지만 이것은 유아교육에서 흔히 볼 수 있는 바와 같이 자연물에 인간적인 의미를 부여하기 위해 의인화하고 이것이야말로 자연에 인간학적인 의미를 부여하는 데에 필요한 의상(衣裳)이라고 하는 경향을 정당화하는 것은 아니다.

이러한 임시변통적인 경향의 결과로서 "우리들은 끊임없이 식물과 구름과 비(雨)의 상징화에 접하게 되는 셈이지만 이러한 것은 단지 사이비(似而非) 과학을 가능하게 하는 것에 지나지 않는다"고 듀이는 보고 있다. 그에 의하면 그러한 경향은 자연 그 자체에 대한 사랑을 불러일으키는 대신 여러 가지 감각적 · 정서적 부속물에 흥미를 갖게 하여 결국에는 흥미를 소산(消散)시켜 흥미가 없어지게 하고 마는 것이 된다.

또 문학을 매개로 하여 자연에 접하는 경향(「불만을 품은 소나무」라는 우화를 통해 본 소나무)마저도 자연과 인간과의 결합의 필연성을 인정하고는 있지만 이 경우에도 마음으로부터 바로 사물로 통하는 길 -생활 그 자체와 직결되는 것- 이 있다는 사실을 잊어서는 안 된다. 이때 "해야 할 일은 아동의 정신과 자연과의(인위적인) 연결을 하는 것이 아니라 이미 이루어져 있는(본성적인) 연결에 자유롭고 유효한 활동을 할 수 있도록 해주는 것이다." 그러므로 아동의 이미지 형성에서 그 내적 필연적 관련을 확인해야 한다.

(8) 교육시설(유치원)의 역할

교육의 효과는 사회생할을 하는 가운데 무의식적으로 그 구성원들에게 영향을 미친다. 이것이 바로 사회의 기능으로서의 저절로 이루어지는 교육 효과이다. 소위 이 '기능적 교육(機能的 教育)'에 포함되면서 여기에서부터 발달해 가는 교육이 일정한 교육적 의도를 지닌 의도적 교육이고 특정한 교육시설(보육시설, 유치원, 초등학교, 중학교, 대학, 기타)이다. 여기에서는 소위 '의도적 교육'이 실시된다. 유치원에서부터 대학까지의 학교교육의 가장 중요한 역할은 무엇일까? 이미 알려져 있는 바와 같이 듀이의 실험학교의 제1단계는 4~8세까지를 대상으로 한 것이며, 그는 여기에서 유치원의 존재 의의에 대해서도 생각하고 있었던 것이 분명하다.

먼저 유치원을 포함한 이들 교육기관의 역할을 살펴보면 다음과 같다. 의도적 교육기관의 첫째 의무는 종교, 과학, 예술, 정치, 실업 등 사회생활 그대로를 아동에게 경험시키는 것은 아이들의 내면에 혼란을 가져다주기 쉽기 때문에 우선 '단순화된 환경을 아동에게 제공하는 것'이다. 현재의 사회생활은 복잡다단하고 사회현상들은 서로 뒤섞여 있기 때문에 가장 좋은 환경하에 있는 아동마저도 많은 중요한 사상들에 다 참여하기란 쉽지 않다. 그러나 중요한 사상에의 참여 없이는 그 의미가 아동에게 전달되지 않는다. 따라서 그들의 정신적 경향과 성격의 일부가 될 수는 없다. 그것은 곧 "나무를 보고 숲은 보지 않는다"는 말처럼 유기적인 관련을 가진 아동에게 이해할 수 있을 정도로 가장 기본적인 사회사상을 선택하여 이것을 코메니우스나 슈프랑거의 견해와 같이 간단한 것에서 점차 복잡한 것으로 순서화하여 매우 자연스럽게 성찰할 수 있도록 인도해 가고 배려하는 것이다.

두 번째 역할은 현실사회의 가장 기본적인 사상을 배운다고 해도 사회에는 무익한 인습과 유익한 풍속이 계승되어 있고 또 사회의 기본적인 성격을 이루고 있는 경우가 많다. 그렇기 때문에 의도적 교육기관의 임무는 현재의 사회사상의 '바람직하지 않은 부분을 제거하는 것'에 있다고 해야 한다. 다시 말해서, 교육기관은 첫째, 사회사상의 '단순화'와 함께, 둘째, '순수화'로 연결되어야 한다. 이와 같이 페스탈로치와 듀이의 견해에서 명백해진 것처럼 교육기관과 교육 당사자는 사회사상을 사회의 더 높은 향상, 발전을 지향하고 '장래의 사회에 공헌할 수 있도록' 취급하는 방법을 터득하고 있어야 한다는 것은 말할 나위도 없다.

세 번째는 그 지역사회와 밀접한 관계를 지니고 가장 좋은 것을 배울 수 있도록 배려함과 동시에 아동 '개개인이 그가 태어난 사회공동체의 다양한 제약으로부터 해방되고 한층 더 넓은 환경과 생생한 관계를 지닐 수 있도록 노력하는 것'이다. 왜냐하면 아동은 현실적으로 그가 살고 있는 지역사회의 편협함을 두고 그냥 지나칠 수 없기 때문이다. 여기에서 사회공동체라고 하는 것에는 가족과 이웃, 더 나아가 놀이친구와 부모들의 직장 동료, 각 모임에서의 교제 등 다양한 집단을 말한다. 그것들은 각각 독특한 특성과 장점을 지니고 좋은 영향을 미치고 있지만, 반면에 다소간 지역적인 편협한 사고방식과 어떤 특정한 경향을 지니고 있다. 따라서 폭넓고 균형 있는 사회관과 인간관, 자연관을 얻기 위해서는 아동들에게 지역성의 장점을 살리면서 그 편향성을 수정한 이상적인 공동체를 보여 주어야 한다. 이것이야말로 교육기관의 가장 중요하고도 어려운 역할 중의 하나라고 생각된다.

자기 가정, 자기 지역, 자기 부모들의 사회적 지위와 사고방식에 영향을 받은 아동이 다양한 배경을 지닌 아동들과 사귀고 지역사회에 토대를 두고 이를 초월한 교재와 접하면서 폭넓게 형성되어 가는 것이다.

(9) 유아의 네 기지 본능

유아의 실제적인 활동과 구체적으로 관련지을 때 그곳에는 생생하게 활동하고 있는 본능적인 활력이 있는 것을 알게 된다. 이 활력을 정말 활발히 활동하게 함으로써 구김살 없는 인간 형성을 기대할 수 있고 유아의 자폐증과 같은 불행한 현대적인 병으로부터 아이를 보호할 수 있다. 유아의 이러한 본능적인 활력 가운데 하나는 담화나 개인적인 교재(직접적인 체험)와 그 외의 다양한 커뮤니케이션에서 나타나는 '사회적 본능'이다. 듀이는 유아가 4~5세경에 얼마나 자기 중심적인 경향을 지니고 있는가는 모두가 주지하고 있는 사실이라고 하였다. 그는 또 더 나아가 다음과 같은 성찰을 권유하고 있다.

어른이 되면 먼저 무언가 새로운 것을 말하게 되는 경우보다는 오히려 대개 아동이 먼저 어떤 것을 말하기 시작하는 경우라는 편이 보다 더 적절할지도 모르지만 어쨌든 아동은 "나는 그것이라면 본 적이 있다"라든지, "우리 아빠(엄마)가 그렇게 말했다"라는 식으로 표현하는 것이 보통이다. 일반적으로 아동의 시야는 좁다. 그러나 아동은 정말 아동다운 아동인 한 직접 주변의 경험을 토대로 그 경험을 다른 사람들에게 말한다.

듀이에 의하면 이러한 사회적인 본능은 언어적인 본능으로서 나타나고 또 "언어적인 본능은 아동의 사회적인 표현의 가장 단순한 형식이다"고 인정한다. 이러한 의미에서 "언어는 모든 교육적 수단 가운데에서 중요한 것, 아니 어쩌면 가장 중요한 것"이라고 인정될 수 있다. 아리스토텔레스가 말한 "인간은 사회적인 동물이다"라고 하는 명제가 인간이 '로고스를 가진 기능'과 밀접한 관계를 지지고 있는 것처럼 사회적 본능, 언어적 본능을 중시하는 것은 매우 흥미로운 현상이라 할 수 있다.

다음에 들 수 있는 것은 '구성적인 충동'이다. 이것은 실 뽑기, 편물, 재봉 등의 초보적인 작업에서 현저하게 나타난다. 이와 같이 아동이 모든 일을 구성적으로 처리하는 활력(活力)은 처음에는 유희, 운동, 손짓, 모방으로 나타나며 그것이 한층 더 명확해져 나중에는 여러 가지 재료를 손으로 무언가를 만들거나 후에까지 오랫동안 남을 수 있는 구체적인 물건을 만드는 중에 그것을 다룰 수 있는 방법을 가지고 있다. 아동은 모방하면서 독창적인 구상력을 발휘하게 되는 것이다.

셋째로 구성적 충동과 담화적 충동의 결합에서부터 아동의 '탐구 본능'이 나타나는 것을 들 수 있다. 듀이는 원래 어린아이들에게 있어서는 과학 실험과 같은 직업과 목공과 같은 직업 사이에는 어떠한 구별도 없다고 보고 있다. 이러한 활동에서 유아의 흥미는 전문적인 법칙을 다루는 것도 추상적인 진리에 따르는 것은 아니다. 이 경우에 아이들은 탐구심을 만족시키기 위해 무엇인가를 해보고 싶어서 어쩔 수 없기 때문이며 이렇게 하면 어떻게 되는가를 지켜보고 있는 것이다. 교사와 부모의 입장에서 보면 이러한 탐구의 충동을 그대로 방임할 수도 있지만 가치 있는 결과를 가져오도록 도와줄 수도 있고 또 아동의 지도에 약간은 도움을 얻을 수도 있다.

넷째로 '예술적 충동'이다. 듀이는 이 예술적인 충동도 커뮤니케이션에 관계되는 사회적 본능과 구성적 본능으로부터 생긴다고 보고 있다. 아동은 편물과 봉제, 그 외 다양한 직업에서 색채와 형상을 통해서 자기를 표현하려고 하며 여기에서 예술적인 작품을 산출하게 된다.

듀이는 이 근본적인 충동들을 방임하지 않고 교육적으로 살려 나가기 위해 "우리들은 아동들과 함께 생활하자"고 제창한다. 그 때문에 우선 무엇보다도 먼저 아동들 자신이 생활하는 것이라는 사실을 잊어서는 안 된다.

(10) 직업

아동 본래의 활력을 충분히 발휘시키기 위한 가장 자연스런 방법은 실제적인 작업을 통한 것이다. 듀이에 의하면 지식을 전수하기 위해 실물 교육으로 구성된 것을 교실에서 아무리 해보아도 농장과 정원에서 실제로 동 · 식물과 함께 생활하며 돌보는 사이에 동 · 식물과 서로 호흡이 통해 가는 것에는 도저히 대신할 수 없다. 또 훈련을 목표로 하여 교육기관에서 감각기관의 훈련을 아무리 해보아도 실제 상황에서의 감각 훈련을 따라갈 수는 없다. 예컨대, 정원 가꾸기, 동물 돌보기 등과 같은 실제적인 일에 매일매일 최선을 다함으로써 얻어지는 감각의 충실함과 발랄함에는 도저히 당할 수 없다.

오늘날 유치원을 비롯한 초등학교에서 화초와 새 돌보기 등의 활동을 도입하고 있는 경우를 많이 찾아볼 수 있다. 듀이에 의하면 이러한 것은 오히려 본능적으로, 다시 말해서 이러한 작업이 아이들의 마음을 사로잡아 아이들에게 다른 어떤 방법으로도 얻을 수 없는 것을 주게 된다는 사실에서 이러한 활동을 실시해 보고 나서 깨닫게 됨으로써 시행되고 있는 것이다. 이러한 작업을 가정적인 노작이나 생산적 노작으로 확대함으로써 교실과 가정과 작업장과의 울타리를 없애려는 노력이 의식적으로 행해짐으로써 교육적 노작의 의미와 성과가 확인되어야 한다. 이러한 노작은 다양하다.

즉, 소풍, 원예, 사육, 식사 준비, 재봉, 채색, 도화, 창가, 연극, 이야기, 읽기, 쓰기 등 풍부하다. 또 재료상으로 보아도 얇은 종이, 두꺼운 종이, 나무, 가죽, 천, 편물, 점토, 모래, 금속 등 다양하다. 듀이는 이러한 다양한 작업 지도에 있어서 종래의 유치원은 걸핏하면 잘못된 방법을 취하고 있다고 한다. 즉, 여태까지 유치원에서의 작업은 원아가 실수하지 않도록 교사가 세심한 배려를 하고 일일이 지도하려고 하는 경향을 지닌다. 그러나 듀이에 의하면 때때로 원아에게 실수할 기회를 갖게 하는 것도 필요하다고 한다. 물론 실수하는 그 자체가 결코 바람직한 것은 아니지만 다른 한편으로는 지나치게 재료와 도구와 작업방법을 가려 원아에게 잘못을 저지를 수 있는 기회를 주지 않으려고 하는 것은 그들의 독창력을 한정된 범위로 제한시켜 버림으로써 판단력도 부족하고 마치 온실에서 자란 연약한 아이를 만들어 버리는 것이 된다.

듀이의 이러한 기본적인 자세에 의하면 물론 기성의 재료를 아동에게 주면 아동의 작업이 실패하는 것을 피할 수 있는 것이 사실이라고 해도 아동은 이러한 재료를 다루는 것에서 그 재료가 새롭게 만들어졌을 때 사용되었던 지혜를 어떻게 해서든지 습득할 수 있을 것이라는 기대는 잘못된 것이다. 그런데 프뢰벨과 몬테소리는 작업을 통해서 사물의 크기, 형태 및 그 배합과의 관계를 암시하고 수학적이고 합리적인 사고, 판단능력을 키우는 것을 목표로 했던 것이다.

여기에서 듀이가 소재의 취급 방법을 통해 전인적인 활용으로 인도하려고 하는 맥락에서 두 사람을 비판하는 것은 이 두 사람의 본래의 의도와 맞지 않을 것이다. 다만 그가 초보적인 작업에서조차도 아동의 주의력을 요구하여 작업의 목적을 더욱더 인간에로 근접시켜 일상적인 경험에 접근시킴으로써 생생한 살아 있는 지혜를 이끌어 낼 것을 제창하고 있는 것은 경청할 만한 가치가 있다고 할 것이다.

(11) 교육의 방법과 원리

1893년 미국교육협회에서 '아동연구'라는 주제 강연을 통해 '관찰법'을 새로운 유아교육의 연구방법으로 주장하는 스탠리 홀은 프뢰벨을 몇 가지 점에서 비판하고 있다. 즉, 프뢰벨이 펼치고 있는 상징주의나 신비주의는 아동의 욕구를 전혀 고려하고 있지 못하다는 점과 은물과 작업이 아동의 내면적인 발달을 고려하고 있지 않기 때문에 아동을 혹사시키고 있다는 점에서 비판하고 있다.

듀이도 프뢰벨의 교육과정에 대해 비판하는 모습을 보이고 있다. 듀이는 아동의 실제생활과 밀접한 경험을 교육과정으로 제공해야 한다고 보았으므로 프뢰벨 교육과정의 핵심요소에 해당하는 상징성, 놀이, 통합, 모방보다는 경험을 아동의 발달과 흥미에 맞게 재구성한 유아교육과정을 제안하고 있다. 보다 구체적으로 살펴보면, 듀이는 놀이를 학습에 기여하는 것으로 보았지만 프뢰벨식의 계획적인 놀이과정에는 전적으로 동의하지 않았다.

듀이에 의하면 놀이란 아동의 자연성의 발로이며 아동의 의식 및 활동을 보다 높은 수준으로 자극하는 것이다. 따라서 프뢰벨 유치원처럼 유아교사의 행동을 모방하거나 지시대로 움직이는 활동은 놀이가 아니라고 주장한다. 듀이의 입장을 따르는 유아교육자들은 프뢰벨 프로그램의 인위적이고 추상적인 상징적 놀이로부터 아동의 자발성을 반영하는 상상놀이로 대체되어야 한다고 하였고, 이를 위해 아동은 가능한 직접적 · 구체적인 교구, 교재와의 접촉이 필요하다고 하고 있다.

더욱이 사물에 대한 명확한 심상은 아동의 직접 경험들에서부터 일어나므로 민주적 집단생활은 아동에게 있어 매우 중요한 경험이 된다. 따라서 듀이는 사회적 공동 삶의 원리를 교육의 또 한 방법으로 발전시키고 있다. 즉, 의미 있는 경험의 장은 사회적 상황이며, 사고와 감정과 행동을 통합할 수 있고 이의 성장을 가져올 수 있는 경험을 사회 속에서 갖도록 아동에게 안내할 필요가 있기에 집단생활을 통한 사회적 공동 삶을 듀이는 강조하고 있는 것이다.

듀이는 이 사회적 공동 삶의 원리에 입각한 학교는 다음의 목적을 달성할 수 있다고 보았다.

첫째, 어린이는 협동적 · 상호 조력적 삶을 영유할 수 있도록 돕는다.

둘째, 이와 같은 정신을 실제생활 속에 실천하여 적용할 수 있는 힘을 길러주도록 한다. 민주적 집단생활이란 교사의 지도나 감독으로부터 실행되는 것이 아니라 아동 자신의 직접적 체험으로부터 시작되는 것이며 좋은 경험은 의미와 중요성의 인식을 보다 넓혀 주는 것을 의미한다.

학교교육은 좁은 의미의 교육 또는 경험이라고 할 수 있다. 어린이들이 이미 가정생활이나 다른 상황에서 가졌던 경험과 욕구와 흥미는 학교생활에서도 지속되어야 하며 이러한 욕구, 흥미, 표현양식은 학교 교육과정의 출발점이 된다. 따라서 학교는 사회적 상황의 장이어야 하며 민주적인 사회적 상황이어야 한다. 그러므로 공통의 목적과 활동을 나누면서 개인의 특성을 살리기 위해서는 각 특성에 맞는 흥미영역들이 마련되어 있어야 할 것이다. 또한 사회적 상황과의 조화 속에서 통합된 표현을 통해 개인의 특성이 형성될 수도 있을 것이다.

학교교육의 내용과 방법은 분리될 수 없으며 하나로 이루어져야 한다. 이렇게 볼 때 교육의 과정은 목적과 별개의 것이 아니며 목적은 어린이의 내적 요구를 바탕으로 문제해결과정 속에서 추구되고 있다. 이는 교육이 성인생활의 준비를 위한 것이라기보다는 어린이 자신의 발달과 성장을 도와주는 과정이 되어야 함을 강조하고 있다. 즉, 아동 중심 교육으로서 교육 내용과 교육과정 역시 어린이의 직접적인 경험을 구성하는 활동으로 이루어지게 된다.

4. 현대교육사상사적 의의

듀이는 사회란 개인들의 유기적인 결합이라고 보았고, 교육은 이 유기적인 결합을 가능하게 하고 좀 더 발전되게 하는 것이라고 보았다. 듀이가 사회를 개인이 유기적으로 결합한 집단이라고 하여, 인간관계를 중요시하고, 사회의 주체로서 그 사회를 변혁할 수 있는 변인을 교육에서 찾은 것이다. 또한 듀이는 사회와 개인의 끊임없는 변화와 연속적인 진보라는 최대의 역할을 수행하는 것이 사고력이라고 보았다. 정말 사고가 사회와 인간관계를 해결한다고 하면, 참된 교육은 개개인의 행복은 사회 전체와 깊은 관련이 있다는 것을 인식하고 살아가는 문제해결력을 길러야 한다. 듀이는 아동들이 학교에 가야 하는 이유로 "다른 아동들과 함께 배우지 않으면 안 된다."고 하였다. 인격의 형성이 행동의 소산으로서 이루어진다고 하면, 교육적으로 아동들이 서로 함께 활동할 수 있고 교육적으로 적절한 장소와 기회를 마련해 주는 것이 중요하다. 듀이의 교육사상은 자연과 인간, 이론과 실천, 이성과 현실, 전통과 진보, 주관과 객관의 대립과 갈등을 극복하고 조화하여 인간성의 존엄과 성장이라는 것을 교육적 가치의 최고 척도로 삼아, '문제를 해결하는' 과학적, 민주적, 실천적인 방법론을 제시한 데 그 특성이 있다. 그는 근대 유럽철학의 재구성을 시도하면서, 새로운 교육학의 건설과 통합을 모색하고 일생 동안 탐구한 것이다. 그의 사상이 현대 유아교육사상의 발전에 주는 의의를 다음과 같이 정리할 수 있을 것이다.

첫째, 교육은 구체적이고 실제적인 생활경험을 통한 실용적인 가치를 증진하는 일이라는 사상이다. 이는 이론의 무시가 아니라 종래의 주지주의적인 교육이 경시한 실천적인 사회적응능력을 함께 강조함으로써, 이론과 실천의 분열은 피하고 현실문제를 사고하는 지행합일을 지향하는 교육이었다. 학습경험은 지적 · 실천적 · 도덕적인 균형 잡힌 가치를 지향한 것이다. 간혹 생활에 입각한 실천적인 경험교육이 넓이와 깊이를 결여한 것처럼 주장하는 것은 잘못이다. 오히려 실천을 통해서 이론의 깊이와 가치가 살아나고 심화되기 때문이다.

둘째, 계속성의 원리이다. 유기체가 오랜 세월 동안 환경 변화에 맞게 진화하듯이, 인간의 지적 능력도 계속적 · 점진적으로 발전 · 진화한다. 교육의 방법 · 내용 · 환경의 발전도 과격한 배제나 편중이 아니라 점진적 균형과 조화를 지향하도록 한 것이다. 실천에 있어서는 어렵다. 미국의 진보적 교육운동과 같이, 전통적 가치의 배제나 제거를 통해선 일방적인 강조가 되기 쉽다. 참된 균형을 찾기 위해서는, 과학적인 탐구와 건설적인 민주적 태도가 요구된다. 프래그머티즘의 조화적 · 계속적 태도는 사회발전과 개인능력의 원만한 추구로서, 진화의 법칙을 정신발달에 적용한 것으로 볼 수 있다.

셋째, 민주적인 가치이다. 즉, 교사의 아동의 해방을 추구한 점이 높이 평가된다. 우리가 흥미를 가지는 것은, 진보적인 교육운동의 아동 중심적인 '자유' 그 자체가 아니고, 내적이고 자발적인 '탐구과정'에 더 많은 가치를 부여함으로써 '민주적인 삶'의 태도를 바탕으로 하고 있는 점이다. 아동의 인격을 존중하고, 자유롭고 개방적인 교사와 아동 간의 인간관계에서 찾을 수 있는 아동존중의 사상을 통해서, 현대의 산업사회에서 상실하기 쉬운 인간가치나 개성을 되찾는 교육이 필요한 것이다. 이러한 교육은 일방적인 아동 중심에서보다는 창의적인 과제와 민주적인 협동활동에서 더 효과적으로 실현될 수 있다.

넷째, 사고의 기술이다. 과학적 문제해결 방법이 고도로 발전한 오늘의 과학기술 사회에 얼마나 적절했느냐를 우리는 재평가해야 한다. 우리나라는 아직도 19세기까지와 마찬가지로 과거 문화유산에서 비롯된 단편적인 지식 중심으로, 교육과정을 편성하고 학습방법과 평가 기준을 마련해서 획일적인 주입식 교육을 하고 있는 실정이다. 미국의 경우 벌써 100년 전부터 이것을 폐지하고, 문제해결 중심의 사고기술의 교육에 중점을 두어 온 것에 우리는 주목해야 하는 것이다.

우리는 이상에서 진보주의 교육사상의 시사점에 대해 언급했다. 중요한 것은 듀이가 어린이를 학습의 주체로 보고 사고하면서 문제를 해결하는 태도와 능력을 길러주는 것이 교육의 요체이고 그런 점에서 그 이후의 교육학이 20세기 중후반까지 1세기 동안 현대교육사상의 주류를 이루고 있으며, 유아교육도 그의 영향하에 커다란 변화와 발전을 해왔다는 사실을 기억해야 할 것이다. 이런 점에서 듀이의 사상은 오늘의 유아교육의 기본 사상이고 실천의 중심을 이루고 있는 교육사상이라고 평가할 수 있다.

제13장

슈타이너

1. 생애

루돌프 슈타이너는 인지학(人智學 ; Anthroposophy)의 창시자로, 괴테아눔(Goetheanum)의 창설자이며, 스위스 바셀 근처 도르나하에 있는 자유 정신과학대학의 창립자로서 세계적으로 유명한 사람이다. 루돌프 슈타이너는 가난한 철도공무원의 아들로 1861년 2월 27일 당시 오스트리아에 속하였던 변방 지역 클라리에베크에서 태어났고 그후에는 오스트리아 여러 도시에서 성장하였다. 그는 비엔나 공대에서 수학과 자연과학을 공부하였고 부전공으로 문학, 철학, 역사학도 공부하였다.

그는 대학시절 21살의 나이에 이미 요셉 큐르쉬너(Joseph Kuerschner) 교수의 추천으로 괴테의 여러 작품(특히, 괴테의 자연과학작품들)들을 큐르쉬너의 독일민족 문학 대전집에 출간하는 일들을 하였으며, 비엔나에서는 한 가정의 가정교사로도 일하였다. 그리고 대학시절의 경험들을 통하여 후에는 독일 바이마르의 괴테-쉴러 박물관에 취직을 하게 되었다. 이 시기에 그는 '괴테의 세계관에 대한 인식이론의 기본'을 이룩하게 되었고 이를 통하여 '살아있는 것의 현상'을 위한 괴테 관찰법의 학문적인 토대를 만들어 놓게 되었다.

1891년에 그는 독일 로스톡 대학에서 철학박사학위를 수여받았고 당시의 논문 내용은 후에 『진리와 과학(학문)』이라는 제목으로 출판되었으며 이 작품은 나중에 슈타이너의 대표작으로 일컬어지는 『자유의 철학』(1894)을 만들어 내는 전초가 되었다. 이렇게 바이마르에서 지내는 시기에 수많은 철학과 철학역사에 관한 글들을 쓰게 되었으며 1894년에 『자유의 철학 – 현대적인 세계관의 요강』을 집필하게 되었다. 이 작품은 주로 정신과학에 대한 통찰력을 바탕으로 이루어졌다. 이는 괴테의 '순수 인지학', '원초형상'을 기반으로 하여 슈타이너는 새로운 유기체적인 세계에 대한 연구를 만들어 놓은 것이다. 이를 통하여 그는 '순수한 사고 안에서의 활동하는 자아'에 대한 통찰력의 터득을 이룩하게 되었고 이와 함께 그는 인간과 세계에의 닫힌 면에 대한 인식의 확장을 준비하게 하였다. 또 이 시기에 그는 후리드리히 니체(Freidrich Nietsche)와 에른스트 헤켈(Ernst Haeckel)에 관한 저서들을 남기기도 하였다.

1897년 루돌프 슈타이너는 베를린에서 오토 에리히 하르트레벤(Otto Erich hartleben)과 함께 주간지 「문학을 위한 잡지(Magazin)」를 인수하여 출판하면서 활동적인 일들을 하게 되었고 동시에 리브크네히트가(Liebknecht) 창립한 베를린 노동자학교에서 교육을 히였다.

1901년부터 슈타이너는 초기에는 주로 신지학(神智學 : Theosophy) 단체 안에서 강연활동을 시작하였으며 1902년에는 독일신지학회를 창립하여 주도적으로 활동하였는데, 그의 추종자들은 해를 거듭할수록 늘어나게 되었다. 그는 자신의 정신과학연구에 대한 결과들을 주로 강연하였다.

1913년에는 신지학회에서 나오게 되고 그후 인지학회를 창립하게 되는데, 이것은 슈타이너의 서양적인 정신 삶과 기독교문화에 대한 그의 자세가 결국 동양의 영향을 받은(인도철학 등) 신지학의 관계와 결별하게 된 것이다. 그리고 베를린에서 인지학회를 창립하게 되었다. 이는 동양적인 신지학의 비교와 동시에 기독교 문화의 그리스도론에 대한 통찰을 바탕으로 하여 이루어진 인간학이다. 이러한 학문적인 작업에 더해서 예술적인 작업이 첨가되게 된다. 1910~1913년 사이에 루돌프 슈타이너는 네 개의 '신비드라마'를 썼는데, 이 안에서는 인간 안에서의 정신(spirit)적인 그리고 영혼(soul)적인 과정들이 무대 위에 연속상(連續像)으로 표현되었다. 이 작품은 당시 뮌헨에서 공연될 때에 인지학을 바탕으로 한 새로운 '언어조형', 무대예술과 미술들이 발전되어 나왔다. 여기에 첨가적으로 새로운 동작예술인 오이리트미가 생겨나왔고 이는 오늘날 아주 중요한 교육적인 과제와 치료적인 과제를 담당하고 있는 것이다. 이 오이리트미의 탄생에는 마리 슈타이너- 씨버르스 부인이(부인을 사별한 슈타이너의 두 번째 부인) 아주 큰 공헌을 하였다. 이때에 마리와 함께 베를린에서 출판사를 창설하기도 하였다.

예술활동과 강연활동을 보존하기 위하여 스위스 도르나하의 동산에 루돌프 슈타이너의 설계에 의하여 '쌍돔' 형식의 건축물이 탄생되었다. 슈타이너는 이 건축물을 괴테아눔이라고 명명하였다. 이는 인지학을 위하여 괴테의 작품들이 많은 의미가 있다는 것을 기리기 위함이었다. 이 건축물이 건립되면서 건축예술의 새로운 장르가 탄생되었고 그뿐 아니라 조각예술과 그 외의 수공예술들이 발전하게 되었다. 이러한 다양한 예술들을 보여 주고 스스로 작업에 참여하기 위하여 슈타이너는 1914년 도르나하로 이주하게 된다.

인간의 본질과 사회 삼구조체로서의 사회유기체의 새로운 연구 결과는 슈타이너에게 아주 중요한 출발점이 되었고 이는 바로 삶의 현실 안에서 정신과학을 적용하는 것이었다. 1919년 독일 슈투트가르트에서 '교육예술'안에서 새로운 자극으로서의 학교운동을 시작하게 되었고 이때에 그의 교육학을 시작하는 때가 되었다. 이것이 최초의 자유 발도로프학교였다. 이는 슈투트가르트에 있던 발도로프-아스토리아 담배회사의 명칭에서 시작되었고 이때에 이 회사의 사장 에밀몰트(Emil Molt)의 후원으로 담배회사 직원들의 자녀를 위한 학교를 설립하게 되었던 것이 시작이었다. 새로운 모든 활동을 위하여 슈타이너는 전문교육 코스 안에서 정신과학적인 토대와 실질적인 활용 방법들을 강연하였다.

1923년 크리스마스에는 '일반인지학 협회'를 창립하여 세계적인 협회로 정립시켰다. 그는 이 협회를 연구의 핵심으로 하는 자유정신과학대학으로 발전시켰고 이 대학은 순수하게 협회회원의 회비와 찬조금으로 유지가 되었다. 1922년 송년밤 방화에 의하여 괴테아눔은 불에 탔지만 슈타이너의 설계에 의하여 두 번째 괴테아눔이 다시 건립되었다. 이 두 번째 괴테아눔이 활발히 건립되던 중인 1925년 3월 30일에 슈타이너는 그의 삶으로부터 떠나게 되었다. 그의 자서전『나의 삶의 여정』(1925)에서는 그의 유일하고 우주적으로 천재적인 인격에 대한 과정들이 인상적인 상으로서 표현되고 있다.

루돌프 슈타이너는 매우 많은 저작물들을 남겨 놓았다. 그의 저서들과 논문들은 약 50권의 전집으로 출판되었으며, 그의 6,000회 이상의 강연들은 녹취를 통하여 250권이 넘는 전집으로 출판되어 남겨져 있다.

2. 사상적 배경

슈타이너는 인간의 본질을 본질적인 구조로서의 인간과 본질적 구성 요소로서의 인간 그리고 발달 단계로서의 인간으로 구분한다.

첫째, 본질적인 구조로서의 인간관이다. 슈타이너는 인간은 신체와 영혼 그리고 정신으로 구성되어 있는데, 인간은 자기 육체와 더불어 사물과 모든 관계를 맺고, 영혼을 통해서 사물의 인상을 받아들이면서 내면화 세계를 형성하며, 정신을 통해서는 사물 자체의 속성을 표출한다고 한다.

둘째, 본질적 구성요소로서의 인간관이다. 인간은 신체와 정신 그리고 영혼이 서로 다르게 작용하는 것이 아니라 통합적으로 작용하는 것으로서, 인간은 물질체, 생명체, 감정체, 자아체라는 구성요소를 지닌다. 이 네 가지 구성요소는 본능적인 요소로서 태내 10개월 동안은 물질체로, 7세까지는 생명체로, 14세까지는 감정체로, 21세까지는 자아체로, 이것은 인간이 완성체로 형상하는 단계를 의미한다.

셋째, 발달단계로서의 인간이다. 네 가지 구성요소들은 각각 발달에 적합한 민감기를 가지고 있다. 예를 들어, 물질체는 광물질적인 것으로서 시각으로 변별이 가능한 상태를 의미하고, 현상적으로 증명할 수 있는 인간 본질의 모든 것을 의미한다. 그리고 죽음과 더불어 물질체는 소멸되고 생존 시에는 물질로 존재한다.

감정체인 아스트랄체는 인간에게 희노애락의 감정을 부여한다. 아스트랄체는 인간이 외부 세계로부터 각인된 인상들을 내면 세계에서 체험하도록 만드는 내적 활동의 한 형태이다. 인간은 감각기관에 의해서 다양한 사물을 지각하고 의식하고 자극에 반응하면서 감정을 느끼면서 생활한다. 즉, 하나의 정신적이고 감정적인 실체이다.

마지막으로 자아체는 광물과 식물 그리고 동물의 기질 속에 소유하고 있으면서 인간만이 공유하는 특성이다. '나'라는 아이텐티티를 가지고 타 존재로부터 자아를 발견하고, 자유로운 존재, 자아를 사랑하는 존재로서 자아 인식을 하는 것이다.

3. 교육사상의 이해

1) 교육사상

슈타이너는 인간의 본성을 구성하는 요소는 우주 전체와 다양한 관계를 가지고 있으며, 인간 본성의 진화는 우주 전체의 진화에 관련되어 있다고 말하고, 그 진화를 고찰하는 것을 통하여 인간 존재의 깊은 비밀을 통찰할 수 있다고 한다.

근대의 우주론이 우주의 발생을 순수하게 물질적인 것으로 설명하고 있는 데 대하여, 슈타이너는 우주생성에 관여한 신적 존재들을 중시한다.

슈타이너는 우주에 관한 예로, 교사가 학교에서 욕조에 기름을 떨어뜨리고, 그 기름을 막대로 저으면 그 기름방울로부터 작은 기름방울이 몇 개나 떨어져 중심의 기름방울 주위를 회전하게 되는 실험을 하고, 교사가 이렇게 하여 우주는 형성되었다고 설명을 하고 있지만, 그 기름방울을 젓고 있는 존재가 있다는 것을 교사는 잊어버리고 있다는 내용을 말한다.

우리들은 보통 우주에 관한 이야기를 할 때, 지동설과 천동설로 구분한다. 슈타이너의 생각은 물질적으로는 지동설, 영적으로는 천동설의 생각을 가졌다고 볼 수 있다. 또한 슈타이너는 코페르니쿠스 이후, 수성과 금성의 이름이 바뀌어진 사실도 지적한다. 즉, 지금 우리들이 금성이라고 하는 것은 중세 이전에는 수성으로, 지금 우리가 수성이라고 하는 것은 금성으로 불리었다는 것이다. 슈타이너는 인체는 지구의 일부이며 넓은 의미에서는 물질적인 우주 전체의 일부라고 한다. 우주 진화는 동시에 인간 의식이 진화되는 역사로, 신체의 진화, 나아가 의식의 진화를 밝히고 있다.

우주와 지구와 인간은 함께 어우러져 있다. 인간은 지구에 영향을 끼치며, 지구는 우연하게 진행되고 있는 것은 아니다. 사람은 죽어서 그 힘이 지구에 통합된다. 그들은 진화를 계속한다. 그러나 지구의 진화는 단지 인간에게 의존하는 것만은 아니다. 여기에 우주적 차원이 있다(고대교육 · 철학연구회역, 1998).

인간을 우주 진화와 관련지어 이해함으로써 우주 전체의 진화를 고찰하고, 그것을 통하여 인간 존재의 깊은 비밀을 통찰할 수 있다. 따라서 슈타이너의 우주 진화론에는 우주의 진화와 지구상에서 인류의 진화를 볼 수 있다.

슈타이너는 우주의 처음부터 지금까지를 4개 시기로 구분하고 있다. 열의 시대, 공기의 시대, 물의 시대, 흙의 시대가 그것이다.

(1) 열의 시대

열의 시대 이전에는 시간도 공간도 존재하지 않았으나, 열의 시대에는 시간의 발생이라는 중요한 사건이 생기고, 이는 미래 인간 생성을 위한 준비의 초기 단계로 인간이 될 수 있는 싹을 틔웠다고 본다. 슈타이너는 열의 시대를 인간 물질체가 처음으로 나타난 인간에 있어 큰 의미를 가지는 시기로 보고, 토성의 분화열은 인간 물질체에 있어 최초의 근본적 표현이었으며, 이 열이 오늘날 인간에 있어 혈액으로 본다. 물질체라는 것은 현재 광물계에서 보여지는 물질 법칙의 지배를 받고 있는 것으로, 토성에는 물질적 법칙에 비재된 물질적 신체성만 있었고 그 물질적 법칙은 열의 작용을 통해서만 나타났다.

즉, 물질체는 정교하며, 얇고, 에테르적인 열체였다. 이러한 열체로 토성 전체가 이루어졌다. 이 열체가 현재의 물질적-광물적인 인체의 기초로, 이렇게 물질체는 토성 위에 존재하였고, 영혼은 토성을 둘러싼 영역에 존재하였다.

(2) 공기의 시대

열의 시대 뒤에 열이 기체로 응축된 공기의 시대가 이어지고, 토성으로 불려졌던 천체는 태양이 된다. 열은 공기와 빛으로 나누어졌으며, 태양 안에서는 바람처럼 흐르는 기체로 인해 외부를 향하여 빛으로 반짝였다. 이렇게 안과 바깥이라는 공간이 출현한다.

태양 단계는 토성에서보다도 한층 더 고차원적인 의식상태로 인간 존재를 높이게 되는데, 인간의 의식은 오늘날의 인간이 꿈을 꾸지도 않고, 잠이 든 상태와 가까운 무의식으로 말할 수 있는 상태가 된다.

그러나 공기의 시대에서는 앞서 열의 시대에 나타난 에테르적인 물질체에 에테르체 생명체가 유입되었다. 이때 비로소 태양은 빛나기 시작하고, 동시에 인간의 싹에 내적인 활동이 나타나게 된다. 생명의 탄생 시기이다.

(3) 물의 시대

열의 시대와 공기의 시대를 거치며, 기체는 응축되어 물이 되면서 물의 시대, 즉 액체적인 존재 형식의 시기를 맞이하게 되고 이 시대를 달이라고도 부른다. 인간의 의식은 꿈을 꾸는 것과 같은 상태로 내면과 외면의 구별은 할 수 없지만, 감정체인 아스트랄체가 부여되어 형성되고, 그것을 통하여 신경조직이 되었다.

(4) 흙의 시대

물의 시대가 끝난 후, 우주는 흙의 시대로 들어간다. 달은 진화가 끝나고, 지구의 진화가 시작되는 것이다. 슈타이너는 인간은 지구 진화를 통하여 한층 더 발달하였다고 한다. 인간이 현재와 같은 모습을 갖추게 된 것은 지구상에 있어서이다.

제일 먼저 존재하였던 열은 공기와 물로 응축되었을 뿐만 아니라 동시에 정밀하게 되는 과정도 거쳐왔던 것이다. 열은 공기와 응축되는 것뿐 아니라 빛으로도 응축되었고 물로 응축되는 것뿐 아니라 음으로도 정밀하게 되었다.

이렇게 시대를 거치며 형성되어온 물질체, 생명체, 감정체는 흙의 시대에 와서는 자아형성으로 발전되었고 현재의 인간은 이 네 가지, 즉 물질체 · 생명체 · 감정체 · 자아로 구성되어 있다. 이 네 가지 구성요소 가운데 물질체가 가장 오래된 것이고, 가장 완성된 것으로 볼 수 있다. 그리고 각 시대별로 형성되어 온 생명체(에테르체), 감정체(아스트랄체), 자아 등으로 성숙도를 알아볼 수 있다.

지구의 진화는 계속되어 지구는 불, 공기, 물의 세 가지 부분으로 구성되고, 이 단계가 완성되기 전에 불 · 공기 지구에서 하나의 독립된 천체가 분리된다. 그것이 현재의 태양이 되었고, 그후 달의 분리도 이루어졌다.

달이 분리된 후, 지구의 표면은 육지와 바다로 나누어졌고, 인간은 연골이 형성되기 시작함과 더불어 서게 되었으며 폐로 공기를 호흡하게 되었다. 인간은 지구상에서 개체화하여 심혼적인 존재가 된다.

또한 달의 분리로 인해 남녀 양성의 분리가 이루어지게 되었다. 그때까지 태양은 남성적인 힘을 가지고, 달은 여성적인 힘을 가지고 있었다. 달이 분리하기 전의 지구상에는 태양으로부터 쏟아지는 남성적인 힘이 강하였으나, 달이 분리함에 따라 지상에는 태양으로부터는 남성적인 힘, 달에서부터는 여성적인 힘을 받을 수 있게 되었고, 인간은 남녀로 존재하게 되었다.

우주는 연속적인 단계들을 통해 정신에서 물체로 응축하고 인간의 도움으로 다시 영혼이 된다고 슈타이너는 시사한다(Uhrmacher, 1995).

2) 교육과정

(1) 발달단계에 근거한 유아교육

슈타이너는 인간은 7년을 주기로 발달 변화를 한다고 말한다. 그러므로 그는 인간발달을 7년기로 부른다(Uhrmacher, 1995).

① 1~7세로서 첫 번째 7년기

신체적인 성숙 시기로서 신체만이 성장하는 시기이다. 모든 기관이 발달하고, 호흡 리듬과 일상생활 습관이 발달한다. 유아들의 의식은 환경 속에서 신체 감각을 통한 모방 학습에 의해서 이루어진다. 이 시기는 신체가 발달하는 시기로 영구치를 가지게 되고, 언어를 통한 교육보다 환경 속에서 사물과 사람들에 의한 모방 학습과 놀잇감을 통해서 상상력을 증진시키는 시기이다.

유아들은 자기들의 욕구 충족을 자연스럽게 발달시켜야 하며, 애정과 사랑을 느낄 수 있는 환경 구성과 아름다운 리듬에 의해서 신체율동을 발달시킬 수 있어야 한다.

② 8~14세인 두 번째 7년기

신체적인 발달을 근거로 이 시기에는 정신세계가 발달하는 학년기라고 말할 수 있다. 유년기는 신체적인 발육상태가 약해지는 반면 정신적 작용능력이 최대한으로 발달하는 시기이다. 이 성숙한 감정상태를 분화시키는 활동을 전개함으로써 예술성에 눈을 뜨도록 만드는 시기이다.

유아기의 자유로운 표상활동과 기억활동을 통해서 이 시기에는 이성적인 감정과 인간다운 감정이 자연스럽게 발달하여 감정체가 사고력을 주도하게 한다. 즉, 이 시기에는 모든 것이 감정을 통해서 사고력과 추상적인 개념들이 발달하기 시작한다.

③ 15~21세인 세 번째 7년기

어린이들의 사춘기 특징이 나타나는 감정체의 출산 시기이다. 사고력이 풍부해지고 추상적이고 개념적인 고도의 학습단계가 시작되는 시기이다. 개인의 관심영역과 호기심이 증대되고, 인식세계의 확장과 독립적인 판단능력이 발달하는 시기이다. 도덕적인 원칙과 자신에 의한 판단력을 훈련시켜야 하고 타인의 의견을 경청하는 태도를 길러야 한다.

이 시기에는 자유가 발달하는데, 그의 자유 개념은 자신의 능력에 의해서 생각하고, 스스로 감정을 조절하며, 자유의지에 의해서 행동하는 자발적 · 자율적 ·

독립적 인간상을 의미한다.

학문적인 내용과 실제기술을 통해서 자유로운 인간상을 형성하도록 교육하는 데 목적이 있다.

(2) 모방에 근거한 유아교육

어린이들은 외부의 세계와 관계를 맺으면서 사물을 지각하고 사물에 대한 관심을 가지고 물리적 환경과 자기를 에워싸고 있는 사람의 행동을 모방하면서 발달한다.

어린이들은 외부 세계에 대해서 모든 것을 감각으로 지각하고 모든 환경을 단순하게 흡수함으로써 인지를 발달시킨다. 자기에게 관심과 흥미를 유발하는 모든 행동과 관심 그리고 종교적 예절들을 사진기로 촬영하듯이 받아들여서 그대로 모방행위로 연결시킨다. 아직 이성적으로 옳고 그름을 판단하지 못하므로 모방 충동이 강하게 형성된다. 모방의 특징을 보면 다음과 같다.

유아는 7세까지는 몸 자체가 완전한 감각기관으로서 사물을 받아들이는 눈 역할을 한다. 무의식적으로 모방행동이 이루어진다. 모방충동은 교육적 매체 역할을 한다. 외적인 행동뿐만 아니라 자연스럽게 주위환경에 있는 사람의 생각과 느낌, 즉 정신세계와 도덕적인 면까지도 흡수한다. 어린이들은 자기가 신뢰할 수 있는 사람들의 행동과 생각을 그대로 모방한다.

슈타이너는 위와 같은 모방 특징을 고려하여 어린이를 위한 물리적 환경과 인적 환경의 중요성은 물론이고, 어린이에 대한 깊은 사랑을 중요시하였다.

(3) 상상력에 근거한 유아교육

슈타이너는 어린이들의 행동 근거는 그들의 내면에 존재하는 상상력의 결과이며, 어린이들은 상상력으로 가득 차 있다고 말한다. 어린이들은 조소적인 힘과 능력에 의해서 내재적 성장력과 형성력이 기능적으로 작용하며, 상상력은 신체를 통제하고 조절하는 힘을 가지고 있다. 어린이들 상상력의 특징을 살펴보면 다음과 같다.

- 어린이들의 자유로운 상상력은 자유로운 사고와 기억능력에 있다.
- 어린이들의 정신생활은 풍부한 상상력의 결과다.
- 어린이들은 상상력을 내면화하고 상상의 세계를 확장하여 현실화하려는 경향이 있다.
- 어린이들은 인형을 통해서 자기 생각을 표출한다.
- 어린이들은 상상력을 발휘하여 활동과 연결시킨다.
- 어린이들은 자연적인 놀잇감을 통해서 자연에 대한 생각, 상상, 신비, 조형적인 힘을 상상하고 생각의 범주를 확장한다.
- 어린이들은 동화 모임을 통해서 식물, 동물, 광물에 대한 창조적인 상상력을 자극시킨다.

(4) 율동에 근거한 유아교육

슈타이너는 인간발달에서 리듬의 중요성을 강조하며, 정신력을 가진 감각적 인간, 율동력을 가지고 호흡 리듬과 혈액 순환을 진행하는 생물학적 인간, 신진대사를 진행하는 인간으로, 이것은 모든 운동과 율동에 근거한다고 말한다. 그에 의한 율동의 특징은 다음과 같다.

모든 생명체는 삶의 리듬에 의해서 생존한다. 그러므로 한 번 리듬이 깨지면 반복되어 결국에는 생명을 잃게 된다. 인간의 삶은 리듬에 의해서 발달하고 움직인다. 즉, 신체 리듬에 의해서 움직이면서 생각할 수 있는 기회를 만든다.

우주에 존재하고 있는 사물들은 리듬의 법칙에 의해서 일관성을 가진다. 예를 들면, 천체계의 움직임과 밀물 · 썰물의 변화, 생물계의 변화, 일 년의 주기, 하루의 리듬 등이 있다.

- 어린이들은 본능적으로 생활 리듬을 따른다.
- 어린이들은 리듬 활동을 통해서 기쁨과 삶의 에너지를 얻는다.
- 어린이들의 신체 기능 발달에 리듬은 필수적인 요소이다.
- 모든 리듬은 신체 리듬을 발달시킨다. 리듬은 어린이들의 기초학습, 즉 말과 언어 학습을 발달시킨다.

(5) 예술에 근거한 유아교육

슈타이너 교육방법의 기원은 예술성에 근거한다. 교육환경, 특히 학교 건축과 교육과정 그리고 교육 방법 역시 예술성을 응용하고 있다. 그는 인간에게 예술적인 방법이 두 가지가 있는데, 하나는 조소적 · 조형적 방법이고 다른 하나는 시적 · 음악적 방법이라고 말한다.

이 두 가지 예술영역을 서로 통합하면서 인간의 고차원적인 영역으로 끌어들인다. 그의 시적 · 음악적 방법의 특징은 다음과 같다.

- 어린이들의 신체를 음악과 연관지어 주위 세계를 이해해 나가는 법을 터득하게 만든다.
- 음악적 요소는 어린이들이 독립적으로 생명을 이어가는 의지적 요소이다.
- 음악으로 어린이들의 심미적인 환경을 조장한다.
- 음악은 건전한 인간발달을 위한 전제 조건이다.

슈타이너 학교에서는 장애인을 위한 음악교육과 음악치료를 한다. 슈타이너 유치원에서는 어린이들의 신체를 움직이도록 예술적으로 창안된 오이리트미를 사용하여 말과 음악을 시각적으로 표현하도록 만든다. 오이리트미의 교육적 효과는 신체를 움직임으로써 어린이의 욕구를 충족시키고, 어린이의 의지력을 강화시키며, 건전하게 자기애를 발달시키는 역할을 한다. 이에 반해 조소적 · 조형적 특징을 살펴보면 다음과 같다.

- 감각활동을 통해서 색상에 대한 감각을 익힌다.
- 예술 공예의 창조적 기능을 발달시킨다.
- 유치원에서 어린이들에게 색채를 체험하도록 한다.
- 색채를 통해서 자연의 영혼과 모든 우주의 영혼을 표현할 수 있도록 지도한다.
- 풍부한 색상 감성으로 인해서 치료적인 효과를 얻을 수 있다.

3) 교육 목적

1919년 학교를 시작하면서 발도르프학교의 교육 목적은 다음과 같다.

첫 번째는 자유를 향한 교육이다. 발도르프학교는 교육을 예술로서 이해하고 예술가를 길러내기 위한 것이 아니라, 교육을 통해 인간이 삶의 여정 속에서 끊임없이 자기창조의 과정을 밟아갈 수 있는 창의적이고 자유로운 인간을 교육하기 위함이었다. 그럼으로써 루돌프 슈타이너는 적극적인 자유를 강조하며 정신적인 자유를 위해서는 학생들에게 교사의 권위가 필요하다고 강조하였다. 루돌프 슈타이너는 권위가 교사와 친밀감을 느끼게 하고 그것을 통해 확신감과 안정감을 얻게 하는 원천이기 때문에 권위는 유아들이 교사에게 보이는 교사에 대한 사랑과 신뢰의 징표(정윤경, 2004)나 마찬가지라고 한다.

두 번째는 통합성을 추구하는 교육으로 인간 본성에 대한 관점 자체가 통합적(holistic)이라는 것이 특징으로 통합성이란, 전인교육으로서 조화로운 인간을 형성하여 통합적인 교육을 바탕으로 전인적인 유아를 기르기 위한 신체 · 영혼 · 정신이 하나 되는 인간에 잠재되어 있는 발달 가능성을 제시하는 교육을 말한다(정윤경, 2004). 발도르프학교에서는 교육 목적에 국한하지 않고 삶 자체의 목적으로 간주한다.

그럼으로써 그의 전인교육관은 이론적으로 인지학을 정신과학적인 차원에서 정립한 것이라고 볼 수 있다. 그는 인간에게 자유를 줌으로써 이러한 인간의 잠재능력을 스스로 깨달을 수 있음을 강조하여 교육적인 측면에서는 이러한 자유 속에서 인간에게 저마다 맞는 각각의 특성을 살리면서 자기의 내면에 숨어 있는 본성을 알게 됨으로써 자기에 맞는 인생을 선택할 수 있다고 보았다. 즉, 자기에 맞는 길이란 성인이 한 면만 강조한 임의적인 것이 아니라 도와주는 것이 성인의 책임인 것이다. 자기 삶에 대한 자각을 할 수 있는 능력 계발은 유아발달과 본성에 맞는 교육적인 환경을 통해서 가능한 것이다(김정임, 2003).

4) 교육 방법

루돌프 슈타이너는 발도르프 학교를 시작하며 학교규약을 뷔르템베르크(Würtemberg)주 교육부에 보내어 발도르프학교만의 독자적인 교육과정을 자유롭게 운영한다. 발도르프학교는 12년제 종합학교로서 예술적 · 도덕적 · 지적 · 종교적 교육의 포괄적인 내용을 다루면서 유아의 발달단계에 기인하여 교육 내용을 정한다(김원종, 2004).

발도르프교육 내용은 8학년까지의 학생들의 판단력을 성숙시키기 위한 활동으로 발도르프학교에서는 교육과 수업은 이론과 실제로 분리되지 않으며 학교에서는 엄격하게 나누어진 과목들이 존재하지 않는다(이명환 · 곽노의, 2003). 이러한 교육으로 수업과 시험규정에 대한 압박과는 거리가 멀었고, 대학 진학에 목적을 두지 않았으나 대다수의 학생과 학부모는 대학 진학을 원했기 때문에 상급학교 12년을 마치고 별도의 대학입학시험준비를 하기 위한 1년의 과정을 포함하여 13학년간 학교교육이 필요하게 되었다.

(1) 리듬생활 : 오이리트미, 라이겐

발도르프교육에서 음악은 일반교육과는 달리, 다섯 개의 음만을 사용하는 5음계 '라 · 레 · 미 · 솔 · 시'를 중심으로 사용하고 반음인 '도 · 파'음을 포함하지 않는다. 5음계로 이루어진 음악은 반음을 사용하지 않기 때문에 끝나는 느낌을 주지 않고 계속 이어지는 느낌을 주는 것이다(강인구 · 최경, 2006). 신체와 정서가 발달되고 있는 유아들에게 너무 강렬한 박자나 명확하게 끝나는 음을 가지고 있는 음악은 아이의 성장을 인위적으로 촉진하는 역할을 하기 때문에 바람직하지 않다고 한다. 이와 같이 발도르프교육에서 말하는 예술을 즐기고 표현하는 교육이란 모든 교육환경과 내용의 구성에서 유아들이 자신의 주변과 내면에 있는 아름다움 그 본질적인 의미를 발현하고 상상해서 그 느낌을 가장 잘 아름답게 표현한다.

오이리트미는 보이지 않는 것을 보이는 형태로 나타내는 의식의 예술이라 표현하며 세계와 하나가 되는 일체감을 배운다. 이러한 동작 예술은 강약의 신체적 힘으로 하는 체조에 반해서 오이리트미는 신체 동작을 통해 언어와 음악의 법칙성을 영적인 체험으로 표현해 내도록 노력한다. 이것을 루돌프 슈타이너(1924)는 인간은 움직일 때, 자기 자신을 의지의 존재로 느낀다. 오이리트미를 하면서, 걸어보면 누구든지 자신이 땅속에 속하는 존재임을 알게 된다. 내가 한 발자국을 뗄 때, 땅의 힘이 내 안으로 퍼지는 것을 느끼며, 땅과 관련되어 있던 나의 의지는 땅으로부터 자유롭게 된다. 그러나 여전히 나는 땅과의 일체감을 발견한다. 왜냐하면 나는 땅 위에 서 있기 때문이라고 설명한다.

라이겐은 '주제가 있는 움직임'이라고 할 수 있다. 주제는 주로 '계절의 변화'라든가 '인간활동' 등이 그 주요 중심 주제라고 할 수 있다. 즉, 자연의 움직임을 교사가 예술적인 움직임으로 만듦으로 해서 인간의 움직임으로 전환시키는 과정이라 할 수 있다.

유아들은 주제가 있는 동작활동인 '라이겐'을 통해서 자연이나 삶에서 겪는 여러 가지 생활 모습들을 교사의 부드럽고 아름다운 동작 혹은 역동적인 동작과 목소리를 통해서 자연스럽게 받아들이게 되고, 자신의 신체와 그 느낌을 표현할 기회를 갖는다. 점토나 수채물감, 다양한 악기 소리, 여러 가지 자연물인 놀잇감, 바느질활동 등의 다양한 수공예활동을 통해 느낀 사물 등에 대한 감각과 인식들은 아이들의 정신과 신체를 깨워준다고 할 수 있으며 예술은 정신세계가 지각 가능한 세계로 변형된 것이라고 할 수 있기 때문에 교육은 아이들 자신의 내부에 있는 힘과 의지, 창조적인 힘을 인식하게 한다.

이것이 발도르프교육에서는 '교육' 자체도 예술과 같은 창조행위로 보는 것으로 교사는 유아에게 이 세상과 예술적으로 관계를 형성하는 방법을 접하게 하는 것이라고 할 수 있다.

(2) 미술교육 : 포르멘, 수채화그림

발도르프교육에서 미술교육활동 중 포르멘 수업은 형태와 관련된 그리기 활동으로 선 긋기, 도형 그리기 등을 통한 감각을 배우는 것이다. 마음대로 쓸 수 있는 종이와 부드러운 연필이나 콘티(conte)를 준비하고 지우개는 가능한 사용하지 않게 하여 종이에 크레용으로 선을 긋고 도형을 그리면서 대칭이나 색채감을 익히고 더 나아가 형태 감각까지 익힌다. 처음에는 선 긋기, 꼴 긋기로 대칭을 배우고 색채감을 익히다가 점차 학년이 올라갈수록 복잡한 도형 그리기로 옮겨간다. 색채도 어떤 색을 칠해야 한다는 획일적으로 정해진 것이 아니라 자신의 개성을 나타내는 것이다.

루돌프 슈타이너는 인간의 교육을 삶의 과정 속에서 찾도록 하고 있으며 육체 · 영혼 · 정신까지 총체적으로 이해, 의지와 감성을 바탕으로 포르멘을 그려나가는 속에서 인간의 본질 · 육체 · 영혼 · 정신 및 우주의 이치를 이해하는 데 초점을 두며(이우용, 2000), 포르멘의 목적은 눈에 보이는 선이나 도형 등을 통해 내적인 통찰력과 직관의 능력을 기르는 데 있다(반채익, 2002).

발도르프교육에서 색채의 의미는 색은 자연의 혼이고 전 우주의 혼을 표현하고 있다. 색을 체험하는 것에서 우리들은 우주의 혼을 공감하는 것이고, 색깔들은 물속에서 자신의 본질적 요소를 가장 잘 드러내기 때문에 유아들에게 가장 좋은 색채경험은 색채를 체험하는 것에 의해 자연 안에 있는 여러 가지 사물들과 연결되어 가는 것이다.

미술활동에서 수채화 그리기는 마른 종이보다 젖은 종이를 선호하는데, 왜냐하면 마른 종이에 표현하면 그림을 그리는 것은 자유롭고 상상이 풍부한 아이의 내면을 마른 종이 위에 딱딱하게 굳어버리게 하고, 고정시키는 것이다. 반면에 젖은 종이에 그림을 그리는 것은 부드럽고 완결되지 않았다는 느낌을 주기 때문에, 아직 꿈꾸는 듯한 환상의 세계에 살고 있으며 지속적으로 변화하여 성장하고 있는 아이의 본성에 가장 적합한 것이다. 수채화 그리기를 할 때는 여러 색으로 갖추지 않고, 유아들에게 빨강 · 노랑 · 파랑의 3가지색으로 칠하게 한다. 각 색깔에서 생겨나는 여러 느낌을 경험할 수 있고, 한 가지 색에 몰입을 통하여 색의 기분 · 밝음 · 어두움 · 슬픔 · 따뜻함 · 차가움 · 움직임 등을 느낄 수 있게 하는 것이다.

이렇게 루돌프 슈타이너는 교육의 섬세한 부분까지 배려하여 유아들에게 자유롭고 유동적인 감성과 생각을 기르게 하며 예술성 또한 발달할 수 있도록 돕는다.

(3) 교육 방법 : 독특한 교육 방법

발도르프학교만의 독특한 교육 방법인 주기집중수업, 8년 담임제, 모방을 통한 교육, 집단활동 등의 구성방식으로 진행된다.

첫째, 주기집중수업은 이 시기를 뜻하는 독일어 EPOCH 원어를 옮겨 '에포크 수업'이라고 번역하기도 한다. 영어권에서는 이것을 main Lesson이라는 용어를 사용하여 '주기집중수업'이라고 하며, 주기집중수업은 일정 주기 동안 집중해서 하나의 교과를 가르치는 수업으로서 학교생활에서 시간단위의 구체적인 활동으로 예술적인 성질을 발견하면서 생활의 리듬을 고려한 수업방식을 말한다.

발도르프학교에서는 리듬과 반복을 중요시하는데, 이는 교사들이 성급하게 아이들의 능력을 계발해 내려고 교육하지 않으며, 능력 계발의 면에서도 한쪽에 치우친 내용만을 강조하지 않는다. 발도르프 교사들이 리듬을 고려할 때 시간의 리듬, 즉 하루 · 일주일 · 계절의 변화 · 일년의 시간에 따라 교육 내용에 영향을 받는다. 또한 루돌프 슈타이너는 학교에서 일반적인 시간표대로 유아들이 집중하게 할 수 없다고 지적하고, 다른 과목으로부터 방해받지 않고 집중할 수 있도록 발도르프학교에서는 매일 매일의 시간을 유기적으로 파악할 것을 강조하며 주기집중수업을 가장 풍성하고 효과적인 교육 방법이라고 말한다.

주기집중수업은 매일 두 시간가량을 3~6주 동안 내내 같은 교과를 가르치는 시간표 운영방식으로 동일한 교과를 몇 주간에 걸쳐서 행한다. 루돌프 슈타이너가 각각의 수업이 진행되는 50분씩의 수업방식 대신에 주기집중수업을 주장하는 것은 인간의 리듬이 50분 단위로 끊어지는 것이 아니기 때문이라 하며 이러한 방식에 대해 주기와 주기 사이의 휴지기 동안 이미 배운 것을 망각하지 않느냐고 걱정할 수 있으나 아이러니하게도 주기집중식으로 교육과정을 운영하는 것은 일정하게 주어진 시간 동안 깊이 있게 집중하고, 학습한 것을 잊어버리게 한 후 기억 깊은 곳에 두었다가 새로 조합할 때 다시 기억해낼 수 있게 하기 위함이라 하였다(조연제, 2008). 더불어 루돌프 슈타이너는 한 번 배운 것을 잠시 동안 잊어버리는 망각의 중요성을 강조한다(Calfren, 1986).

그리하여 수업을 통해 배운 것을 잊을 기회를 갖는다는 것은 외부에서 받아들인 것을 표면에 그치는 것이 아니라 인간의 안쪽에 해당하는 영혼과 정신의 영역에 통합할 수 있는 시간을 갖는다는 의미이다. 주기를 정해 집중해서 한 과목을 배우는 수업을 통해 아이들은 외부의 자극이나 방해 없이 수업 내용을 내적으로 통합할 수 있다(정윤경, 2004).

둘째, 모방을 통한 교육은 인간발달단계에서 물리적 신체의 탄생 기간은 신체 밖으로 나와 있는 시기로 물리적 세계의 환경과 직접적으로 관계를 맺게 되며 이 시기 유아의 학습 기본 형태는 본보기와 모방으로 어른의 시범적인 행동을 따라 함을 의미하는 것이 아니라 어른과 유아의 내적인 유대를 말한다.

유아기의 가장 큰 특징 중 하나는 유아들은 주변에 있는 환경에 특별히 관심을 기울여, 주변에 대한 지각은 유아들에게 있어 내부에 흡수되어 지각한 그대로 '모방'으로 나타난다. 유아가 어리면 어릴수록 주위 환경에서 모든 것을 섬세하게 느끼고 인상깊이 받아들이기 때문에 유아에게 가장 기본적인 학습태도는 모방인 것이다(김성원, 2001).

발도르프학교에서 말하는 '모방'의 개념을 좀 더 교육적인 입장에서 이해를 한다면 유아는 내적인 의지를 가지고 타인의 행동을 자신의 것으로 내면화하려는 것으로 유아들은 단순한 행동을 따라하는 것뿐 아니라 그 사람의 내적인 성격이나 생각까지도 내면화하게 되기 때문에 자신만의 행동을 표출하게 되어 잠재되어 있는 내면의 본성을 발현하는 것이다.

유아들의 경험과 지식은 물리적 환경에서 일어나 유아의 외적인 모방 형태는 신체기관에 남게 됨으로써 성인은 유아에게 물리적 환경에서 가능한 한 사고의 영역을 넓혀 주어야 한다.

여기에 요하네스 키르쉬(2004)는 발도르프학교 교사에게 7살짜리 유아는 태도의 본보기나 몇 가지 일차적인 정보를 심어주는 미완성체가 아니라, 거듭된 지상의 삶에 대한 결실로서 내부에 숨겨진 운명적 소실을 지닌 하나의 인격체가 교사 자신에게 맡겨져 있다는 사실과, 섬세한 도덕적 충동에 이르기까지 교사의 태도를 유아는 자연스럽게 믿으면서 모방하여, 신체기관의 성장에 지속적으로 영향을 미친다는 것을 교사 스스로가 의식해야 한다고 강조한다.

그러므로 성인은 유아에게 자율성을 주고 이러한 유아와 교사와의 상호작용이 일어나는 가운데 참다운 교육이 가능한 것이다.

셋째, 발도르프학교에서는 교육의 연속성과 학생 · 가정과의 지속적인 관계 형성을 위해 한 명의 교사가 계속해서 8년을 가르친다. 이렇게 함으로써 교사는 아이들 삶에 대하여 면밀히 관찰하고 교육적 도움을 지속적으로 줄 수 있다고 믿는다. 이것은 루돌프 슈타이너가 유아의 8년을 전체 성장 단위로 보아야 한다는 데에서 나온 제도이다. 8년 담임제의 단점이라면 교사와 학생 사이에 쉽게 해결되지 않는 문제가 생겼을 때, 교사 학생 모두에게 매우 힘든 상황이 전개될 수 있다는 것이지만, 반면 8년 동안 함께 생활하기 때문에 교사는 유아가 학교에 입학하여 청소년기로 접어드는 시기까지 아주 긴밀하고 안정된 환경 안에서 친밀한 교사-학생 관계 형성이 가능하다.

그럼으로써 발도르프학교에서의 교사는 단순한 지식의 전달자가 아닌 유아들이 신뢰관계를 형성할 수 있는 대상이 되어 유아 한 명 한 명의 특성을 자세하게 파악하고 한 교사가 8년간 담임을 함으로써 자신이 맡은 학생들에게 교육적 열정을 기울여 지속적인 교사-학생 관계 속에서 자연스럽게 교사를 신뢰하고 따르면 교사의 권위도 자연적으로 경험할 수 있는 것이다.

넷째, 루돌프 슈타이너의 학급은 혼합 연령으로 다양한 교육 방법이 필요하다는 취지에서 전체 집단활동뿐만 아니라 소집단활동은 더욱 주의 깊게 편성되어야 한다. 이는 혼합연령집단에서는 대집단활동보다 소집단활동을 전개하면 높은 연령 영유아는 과제 수행에 있어서 낮은 연령의 영유아에게 교사로서의 역할을 하는 등 개인적 기여도가 크게 향상된다는 이유에서 소집단활동이 가치가 있다는 의미이고(김명숙, 2008), 유아들은 교사에게 그들의 주의를 집중함으로써 내면적 도전으로부터 도움을 받으며, 전체로서의 집단의식을 발달시킨다. 그리하여 자유로운 놀이를 위한 충분한 기회는 다양한 집단활동과 균형을 이룬다.

4. 현대교육사상사적 의의

루돌프 슈타이너의 교육철학 및 교육 원리에 대한 이해를 적용하여 유아를 교육함으로써 유아는 자신의 내적 · 정신적 에너지로 활용하며 이를 통해 완전한 인격 형성에 이른다고 본다. 그들의 사상적 배경은 실용주의에 입각한다고 볼 수 있다. 즉, 일반적인 주입식 교육이 아니라 경험을 바탕으로 한 교육 방법으로 유아의 발달을 돕는 환경을 제공하고 유아 스스로 성장할 수 있도록 교사는 능동적인 교육을 하는 것이다. 이와 같이 유아기는 다른 어느 때보다 교육환경에 의한 영향을 많이 받는 시기이기 때문에, 특히 유아는 성인, 다른 유아, 교구와의 활발한 상호작용을 통해 학습할 때 효과적인 학습이 이루어질 수 있다(Powell, 1986).

루돌프 슈타이너의 대안적 학교교육에 대한 높은 관심 속에서 이목을 끌고 있는 발도르프학교는 확고한 사상 및 이론적 기초 위에서 일반 학교와는 다른 교육과정을 행하고 있다. 발도르프학교 특유의 교육체제와 교육방식의 바탕이 되는 교육이론의 근간을 세운 이는 바로 루돌프 슈타이너이다. 루돌프 슈타이너는 독특하고도 광범위한 사상체계를 인지학이라는 이론을 발도르프학교에 적용하고자 하였다. 발도르프 유아교육의 교수-학습 방법의 기초가 되는 교육 원리인 모방,

본보기, 리듬 그리고 질서에 대한 원리는 학습 위주의 교육에 대한 비판적인 시각과 함께 전개되었으며, 예술적인 측면을 강조하며 형성된 독특한 교육 방법인 오이리트미, 라이겐, 주기집중수업, 포르멘 등을 이용하여 인간발달 특성에 맞는 교수-학습방법을 적용하였다. 이와 함께 교사는 수동적인 태도로 유아에게 접근하며, 환경의 대부분은 자연물에서부터 이루어져 인위적인 매체의 활용을 배재하였다.

루돌프 슈타이너는 전인교육이라는 같은 교육 목적을 가지고 교사의 역할, 교구, 환경적 측면에서 각자 독특한 방법으로 교육하였으며, 또한 유아에 대한 끝없는 애정과 열정을 지니고 일찍부터 유아교육의 중요성을 파악하고 유아 중심의 교육사상을 전파시켰다.

그리고 유아기 발달의 중요성을 인식하고 유아의 내부에 잠재되어 있는 잠재능력을 중시하여 유아의 자발성을 강조하였으며, 자유발도르프학교를 설립하여 실천하였고, 인간의 이해에서 출발한다는 인간존중사상을 바탕으로 아동의 발달단계를 강조한 점과 유아를 능동적 존재로 보았다.

루돌프 슈타이너와 마리아 몬테소리의 유아교육적 시사점을 제시하면 다음과 같다.

첫째, 교육은 아동의 본성에 따른 아동 중심적인 교육이 이루어져야 할 것이다. 이는 당연히 이루어져야 할 내용인 아동 중심 교육의 필요성을 현 교육에서 부르짖고 있으나 좀처럼 이루어지지 않고 있다. 이는 보편적으로 알고 있지만 교사가 유아에게 어떻게 접근하느냐의 방법에 있을 것이다. 아동 중심 교육을 다시 짚어보자면 유아가 주도하여 자발적인 참여와 적극적인 구성활동을 강조하는 교육으로 놀이를 통한 자기교육을 반영하는 것이다. 즉, 유아의 현재 흥미와 요구를 존중하는 교육으로 통합적인 교육환경 속에서 이루어지는 교실의 물리적 환경뿐 아니라 교육과정과 수업활동이 어떤 의미체제에 의해 일관성 있게 일어나며, 조직된 형태의 상호작용이 보다 의미 있게 일어나려면 통합적인 환경의 조직화가 필요할 것이다. 이는 유아가 주도하는 교육으로서 유아의 자발적인 참여와 적극적인 구성활동을 강조하는 교육으로 놀이를 통한 자기교육을 반영한다고 할 수 있다.

둘째, 시사점에서는 아동 중심적인 유아교육이 이루어지기 위해서는 개인차가 존중되는 교육으로서 교사의 역할이 중요하다. 교사는 중재활동, 즉 매개자로서의 교사의 역할을 중요시하는 교육으로 아동 중심의 방향과 정도를 정하고, 설명하며 안내하여 교육과정을 유아에게 적합하게 적용해야 할 것이다. 따라서 유아의 주도성을 도와줄 수 있도록 교사는 통합적인 환경을 구성하고, 개방적인 질문을 통한 상호작용을 하며, 그들이 보이는 흥미나 요구를 시발점으로 한 교육이 유아들에게 의미 있게 이루어지도록 개별화된 교육을 해야 할 것이다.

셋째, 지역사회와 연계된 교수 · 학습방법의 개발이 강조되어야 한다. 21세기는 계발과 발전하는 사회로 학문의 발달에도 지대한 영향을 미치고 있다. 따라서 유아교육도 질적, 양적인 발전을 행하며 기존의 교수 · 학습 방법과는 달리 새로운 학문의 영역이 개발되어야 한다.

루돌프 슈타이너는 협의적이고 소극적인 방법으로 교사와 부모, 유아 간의 관계를 맺고 있다면, 이를 좀 더 확장시켜 교육 프로그램의 다양화 측면에서 지역기관, 가정, 교사와의 밀접한 인간관계를 바탕으로 다양화된 교육과정으로 추진해 나가야 한다. 그러기 위해서 유아교육의 질적 발전을 위한 연구는 인간의 본성을 찾을 수 있는 철학적 접근과 함께 인간발달 특성에 맞는 교수 · 학습 방법의 개발이 강조되어야 하며, 유아의 본성이나 내면성을 반영한 교육 원리가 교수 · 학습방법에 적용되어 교육현장에서 실천될 때 비로소 유아는 다양한 경험을 통해 지적 · 정서적으로 성숙할 것이다.

마지막으로, 교사교육을 통한 자기계발의 노력이 필요하다. 현 시대의 많은 교사들은 아직도 주입식 교수법에 익숙한 교사들이다. 그러나 앞으로는 교사들이 나아갈 방향에 대해 고민하고, 부단한 재교육과 자기계발을 통해 시대 변화에 부응하는 스스로 반영적인 교사상을 확립해야 한다고 본다.

그럼으로써 유아의 개별성과 창의성, 자발성을 발달시키는 데 도움이 될 뿐만 아니라, 루돌프 슈타이너는 8년의 담임연임제 운영 시스템에서 교사의 노력과 연수과정은 유아발달에 대한 장기적인 안목으로 유아교육에 임할 수 있음을 시사하고 있다.

참고문헌

국내문헌

강기수(2003). J H Ptalozzi의 전인적 기초도야에 관한 연구. **부산교육학연구, 16**(1), 1-18.

강순원 외(1997). 어린이, 청소년들을 위한 방과 후 프로그램의 유형별 분석과 기독교육적 모형 개발을 위한 연구.

강인구, 최경(2006). **발도르프 유아교육의 이론과 실제**. 경기: 아이나무.

강인애(1997). **왜 구성주의인가?**. 서울: 문음사.

강진소(2000). 페스탈로치의 유아교육사상에 대한 고찰. **대구산업정보대학 논문집, 14**, 31-51.

고후순(1992). Froebel의 유아교육 사상. 효성여자대학교 대학원 박사학위논문.

고후순, 김동일, 조옥희(2008). **유아교육사상사**. 경기: 양서원.

곽금주 외(2006). **아동발달심리학**. 서울 : 박학사.

곽노의(1996). 발도르프 유치원 교육이론과 활동. **유아교육연구, 16**(1), 5-22.

곽노의(1996). **프뢰벨 : 생애와 교육**. 경기: 양서원.

곽노의(1997). 프뢰벨 이론에서 본 한국의 보육프로그램. **한국영유아보육학, 11**, 61-90.

곽노의(1998). 유아교육 개혁 모델로서의 자유발도로프 유치원 교육탐색 . 열린유아교육학회. **열린유아교육연구, 3**(1), 173-208.

곽노의(1999). **21세기 유아교육 모델로서 자유발도로프 유아교육**. 서울: 밝은 누리.

곽노의(2000). **유아교육사상**. 서울: 문음사.

곽노의, 김경철, 김창복(2011). **유아교육개론**. 서울 : 학지사.

곽노의, 홍순정(2000). **유아교육사상**. 서울: 문음사.

곽동경(1997). **유아를 위한 영양과 식단**. 경기: 양서원.

곽은복(2001). **영유아를 위한 안전교육프로그램**. 서울: 창지사.

곽향림(2002). **유아교육학논집, 6**(1), 87-109. 중앙유아교육학회 .

구경선(1999). 코메니우스의 교수학과 영유아 교육. **교수논총, 10**(1999. 6), pp. 7-36. 서울신학대학교.

구경선(2008). **유아교육사상사**. 서울: 교육아카데미.

권민균, 권희경, 문혁준, 성미영, 신유림, 안선희, 안효진, 이경옥, 천희영, 한유미, 황혜신(2005). **아동발달**. 서울: 창지사.

권영자, 박정태(2010). **생명을 돕는 몬테소리 유아교육의 이론과 실제**. 서울: 양서원.

김규성(1993). **존 로크의 교육사상**. 서울: 학문사.

김규수 (2001). 포스트모더니즘적 유아교육관 고찰. **유아교육연구**, 21(1), 161-176.

김규수(1995). 프뢰벨과 듀이의 유아교육사상 비교연구. 중앙대학교 대학원 박사학위논문.

김동배 외(2001). **인간행동이론과 사회복지실천**. 서울: 학지사.

김동일(1992). Rousseau의 아동교육사상에 관한 연구. 효성가톨릭대학교 대학원 박사학위논문.

김동일, 조옥희(2011). **유아교육사상사**. 경기: 양서원.

김명윤(2004). **에밀에 나타난 루소의 교육방법**. 상명대학교 인문과학연구소.

김미숙(2002). 루돌프 슈타이너의 교육예술로 연구: 오리미트미를 중심으로. 성신여자대학교 대학원 박사학위논문.

김병희(2007). **교육철학 및 교육사**. 경기: 공동체.

김병희, 정길영, 차상희, 은문숙(2010). **유아교육사상**. 경기 : 공동체.

김상은(1995). 유치원의 자유선택활동에 대한 교사의 인식과 운영 현황에 관한 연구. 이화여자대학교 대학원 석사학위논문.

김선아(2005). J A. Commeuius의 유아와 어머니 이해의 현대적 해석 : 대상관계이론을 중심으로. 강남대학교 대학원 박사학위논문.

김선우 옮김(1989). **N K 크루프스카야 국민교육과 민주주의**. 경기: 청년사.

김성원(2005). **Rudolf Steiner의 유아교육**. 경기: 양서원.

김성희(2000). **유아안전교육**. 서울: 창지사.

김수동(1995). 루소의 자연주의 교육사상 연구: 에밀을 중심으로. 성균관대학교 대학원 박사학위논문.

김수영, 김수임, 송규운, 정정희(2005). **영유아 프로그램**. 경기: 양서원.

김수향, 이경하, 이용주, 이위한, 임영심(2009). **유아교육개론**. 서울: 청록출판사.

김숙이(2006). 코메니우스 유아교육론의 현대적 의의. **교육사상연구**, 18(2006. 2), pp. 55-79. 한국교육사상연구회.

김억환, 박은혜 역(1998). **정신의 도구: Vygotsky 유아교육**. 서울: 이화여자대학교 출판부.

김영선(2000). **몬테소리 유아교육론**. 서울: 학지사.

김영옥(1990). 탁아와 유아교육 세미나. 덕성여자대학교 유아교육연구소, 33-40.

김옥련(2000). **유아교육사**. 경기: 정민사.

김원중(2004). 슈타이너 이론과 발도르프 학교 발전의 관련성에 대한 고찰. 창원대학교 대학원 석사학위논문.

김윤지(2006). 코메니우스의 유아교육사상 연구. 연세대학교 대학원 석사학위논문.

김익균, 노은희, 박금희, 이미정, 이순영, 이행숙, 이혜숙, 정해은, 조미환, 조혜경 공저(2002). **보육학개론**. 경기: 교문사.

김재은(1990). **아동의 인지발달**. 서울: 창지사.

김재인(1996). 방과 후 아동지도 프로그램 개발. 한국여성개발원 연구보고서.

김재희(1994). **유아이해를 위한 교육철학**. 서울: 동문사.

김정애(2000). 방과후 아동지도의 활성화 방안에 관한 연구: 초등학교 아동지도 프로그램을 중심으로. 경원대학교 행정대학원 석사학위논문.
김정원, 이경화, 이연규, 전선옥, 조순옥, 조혜진(2006). **보육과정**. 서울: 파란마음.
김정환(1975). **페스탈로치의 교육사상**. 서울: 고대출판부.
김춘경, 민하영, 승규운, 신인숙, 유승희, 이명환, 이미란, 이영미, 임영심, 전정희, 조성자(2006). **유아교육개론**. 경기: 양서원.
김춘일, 조용태(1998). **유아교육의 이해**. 경기: 교육과학사.
김태오, 김병희 역(2006). **유아교육 철학**. 경기: 양서원.
김현희, 박상희(1999). **유아문학**. 서울: 학지사.
김희진, 오문자(1997). **어린이의 수많은 언어 레지오 에밀리아의 유아교육**. 경기: 정민사.
덕성여자대학교 부속유치원 편(2001). 상호작용 이론에 기초한 유아교육 과정의 운영 및 실제. 서울: 학지사.
류동훈(2003). **신교육학 탐구**. 서울: 창지사.
민희식 역(2000). **에밀**. 서울: 문음사.
박성은, 오정숙, 최선희(2008). **Montessori 유아 교육 철학적 아론과 실제**. 서울: 창지사.
박영실(1981). **몬테소리교육방법 실천**. 서울: 동문사.
박은혜 외(2000). **세계의 유아보육제도**. 경기: 양서원.
박주영(1991). Robert Owen의 社會觀과 Communitarianism에 관한 硏究. 숙명여자대학교 대학원 석사학위논문.
박향아(1996). 일본의 방과 후 프로그램(학동보육)에 관한 연구. **숙명여자대학교 아동연구, 10**.
박혜원, 김말경, 김복희, 김영주, 박초아, 손선옥, 송혜림, 원영미, 이성림, 이성옥 공저(2002). **영아 보육과 교구활용의 실제**. 경기: 양서원.
방은령(1994). 도덕성 발달 과정에 관한 자기보고의 내용 분석. 숙명여자대학교 대학원 석사학위논문.
방인옥, 고문숙, 김은정, 김준규, 김태선, 손혜숙, 신혜영, 원중연, 정연희, 주봉관, 조경서, 한은숙(2010). **유아교육개론**. 서울: 정민사.
방인옥, 박찬옥, 이기현, 김은희(2006). **유아교육과정**. 경기: 정민사.
백혜리, 노은호, 황성원, 조미환, 박종옥, 이순영, 곽혜경, 최효영(2006). **보육과정**. 서울: 창지사.
삼성복지재단(1997). **삼성어린이집 유아프로그램 I, 2세**. 서울: 교육과학사.
서영숙 외(1996). **보육학개론**. 경기: 양서원.
서영숙, 김경혜(2006). **보육학개론**. 경기: 양서원.
성옥련, 김수정, 이지연(1997). **피아제의 인지적, 정의적 발달**. 서울: 중앙적성출판사.
손인수(1998). **교육사 · 교육철학의 이론과 실제**. 서울: 문음사.
송명자(1995). **발달심리학**. 서울: 학지사.
송유진(2008). 루소의 교육과 아동의 행복:「에밀」제2권을 중심으로. **교육철학, 36**, 93-116.

참고문헌

송준식, 사재명(2006). **유아교육의 역사와 사상**. 서울: 학지사.

쇼우지 마사코, 팽영일 역(1995). **유아교육사상의 이해**. 서울: 창지사.

신득렬, 이병승, 우영효, 김회용(2004). **교육철학 및 교육사**. 경기: 양서원.

신득렬, 이병승, 우영효, 김회용(2010). **쉽게 풀어 쓴 교육철학 및 교육사**. 경기: 양서원.

신차균, 안경식, 유재봉 공저(2006). **교육철학 및 교육사의 이해**. 서울: 학지사.

신희백(1992). 로버트 오웬의 교육론의 성격. **고대사학회, 40**(1), 235-262.

이규민(2003). 요한 아모스 코메니우스의 교육사상 연구. **신학이해, 26**, 76-101. 호남신학대학교.

이기숙(1992). **유아교육과정**(개정판). 경기: 교문사.

이상금 역(1999). **몬테소리 교육법**. 경기: 교문사.

이상욱(2008). **유아교육 사상사의 두 지평**. 경기: 교육과학사

이상욱(2009). **21세기 기독교 전인유아교육**. 경기: 교문사.

이상현(2000). **유아교육사상사**. 서울: 세종출판사.

이상현, 최태식, 송준석(2011). **유아교육사상사**. 경기: 정민사.

이선숙, 양경숙(2007). **유아교육의 역사와 철학**. 서울: 청목출판사.

이숙종(1989). 코메니우스의 자연관과 교수법에 대한 연구. **신학사상, 67**(1989년 겨울). 현대신학연구소.

이숙종(1996). **코메니우스의 교육상**. 경기: 교육과학사.

이시용(2004). **코메니우스의 교육사상**. **교육논총, 24**(2004. 8), 73-95. 경인교육대학 초등교육연구회.

이시자(1999). 유아놀이의 인지 발달적 기능에 대한 Piaget와 Vygotsky의 관점 비교. **미래 유아교육학회지, 6**(2), 49-72.

이영석 편역(2001). **유아교육사상사**. 경기: 교육과학사.

이종인(2001). **루소**. 서울: 시공사.

임미선 편저(2008). **유아교육개론**. 서울 : 박문각.

임승렬, 김효생(2003). **유아교사를 위한 몬테소리 교육의 이론과 실제**. 경기: 양서원.

전남련, 김재환, 권경미(2006). **보육과정**. 경기: 양서원.

정금자(2001). **유아교육사상사**. 경기: 교육과학사.

정미연(1997). 서울 부천지역의 보육시설 내 방과후 아동보육 프로그램 활성화 방안 연구. 중앙대학교 사회개발대학원 석사학위논문.

정선아(2001). G. Stanley Hall의 아동연구 발달주의의 의미. **유아교육연구, 21**(4), 481-496.

정옥분(2003). **아동발달이론의 이해**. 서울: 학지사.

정윤경(2000). **루돌프 슈타이너의 인지학과 발도르프 학교**. 인천: 내일을 여는 책.

정윤경(2004). **발도로프 교육학**. 서울: 학지사.

정윤정(1997). 프랑스의 방과 후 아동지도. 방과후 높지도사 전문가 워크숍 자료집. 숙명여자대학교 아동연구소.

정일웅(2002). **대교수학. 모든 사람에게 모든 것을 가르치는 완전한 기술**. 서울: 창지사.

조래영(2001). 코메니우스의 유아교육사상에 관한 연구. **아동연구**, 15(2), 169-193, 숙명여자대학교 아동연구소.

조래영(2002). J. A. Comenius의 기독교 유아교육론. **오순절교육**, 3, 153-181. 한세대학교 기독교교육연구소.

조복희, 정옥분, 유가효(1989). **인간발달: 발달심리적 접근**. 경기: 교문사.

조성례(2006). 슈타이너 유치원의 링(Ring time) 적용 가능성 탐색. 신라대학교 교육대학원 석사학위논문.

조성자 역(1995). **유아의 발견**. 서울: 창지사.

조성자 역(2000). **Maria Montessori의 교사론**. 서울: 창지사.

조성자(2005). **유아교육의 역사와 철학적 이해**. 서울: 창지사.

조주연(1994). 코메니우스의 아동중심교육관에 관한 연구 : "유아교육학교"를 중심으로. 중앙대학교 대학원 석사학위논문.

최숙연 (2010). 루돌프 슈터이너의 상상력과 그 유아교육적 의미 탐구. 세종대학교 대학원 박사학위논문.

최용미(1996). 몬테소리 자유개념의 교육적 의미. 동덕여자대학교 대학원 석사학위논문.

코메니우스 저 . 정웅일 역(2002). **대교수학**. 서울: 창지사.

코메니우스 저. 김은권, 이경영 편역(1998). **세계도회**. 경기: 교육과학사.

코메니우스 저. 이원영, 조래영 역(2003). **유아학교**. 경기: 양서원.

코에니우스 저. 정웅일 역(2001). **어머니학교의 소식**. 서울: 이레서원.

팽영일 역(1998). 쇼우지 마사코 편저. **유아교육사상의 이해**. 서울: 창지사.

팽영일 편저(2005). **유아교육의 역사와 사상**. 경기: 양서원.

팽영일 편저(200이. **유아교육사상사**. 경기: 양서원.

프뢰벨(1972). 인간의 교육, 김병옥 역. **세계사상대전집 제27권**. 서울: 대양서적.

한미라, 전예화, 신혜영, 서현아, 천희영, 최미현, 안부금(2008). **유아교육개론**. 경기: 양서원.

한순미(2000). **Vygotsky와 교육: 문화역사적 접근**. 경기: 교육과학사.

한진이(1998). 슈타이너의 발도르프교육. 한국보육시설 연합회. **보육성보**, 3(4), 12-15.

함동일(2001). **루소의 아동교육사상**. 계명대학교 대학원 석사학위논문.

허선미(2008). John Dewey의 유아교육론. 경상대학교 교육대학원 석사학위논문.

허혜경(1998). Vygotsky의 인지발달이론에 입각한 부모교육 방향 설정에 관한 연구. **교육학연구**, 36(3), 83-108.

국외문헌

Archambault, R. D.(1964). *John Dewey on Education: Selected Writings*. Chicago and London: The University of Chicago Press.

Berk, L. E.(2006). *Child development*. Boston, MA: Allyn & Bacon.

Boyd, W.(1956). *The Emile of Jean Jacques Rousseau*. NY: Bureau of Pub., Columbia University.

Brubacher, J. S.(1969). *Modern philosophies of education*. New Delhi: Tata McGraw-Hill.

Butts, R. F(1947). *A Cultual history of education*. New York: McGraw-Hill Book Co.

Child, G.(1991). *Steiner education in theory and practice*. Edingburgh: Floris Book.

Cob, P.(1993). Where is the mind? Constructivism and sociocultural perspectives on mathematical development. *Educational Researcher, 23*, 52-70.

Cole, P(1992). Constructivism revisited; A search for common ground. *Educational Technology, 53*(2), 27-35.

Forman, G.(1992). The long jump using small group projects in early education Reggio Emilia, Italy(video), Univ. of Massachusetts at Amherst.

Frosnot, C. T.(1996). *Constructivism: Theory, Perspectives and Practice*. New York: Teacher College Press.

Gesell, A." Halverson, H. M." Thompson, H." Ilg, F. L., Castner, B. M., & Amatruda, C. S.(1940). *The first five years of life: A guide to the study of the preschool child, from the yale clinic of child development*. New York: Harper.

Gesell, A" Ilg, F. S., & Ames, L. B.(1943). Infant and child in the culture of. today-The guidance of development in home and nursery school. New York: Harper & Row.

Holloway, S. D., & Erickson, M. R. C.(1988). The relationship of Day Care Quality to children's Free—Play Behavior and Social Problem—Solving Skills. *Early Childhood Research Quaterly, 3*, 49.

Hyson, M.(2000). Is it okay to have calendar lime? Look up to the star. Jook within yourself. *Young Children, 55*(6), 60-61.

Ingrain, J . B.(1978). *Curriculum Integration and Life Long Education*. UNESCO Division of Structure, Contents and Methods of Education. Paris.

Kostelnik, M. J., Whiren, A. P., Soderman, A. K., & Gregory, K. M.(2008). *Guiding children's social development & learning*. NY- Delmar.

Krogh, S. L., & Slentz, K. L.(2011). *Early childhood education' Yesterday, today, and tomor?vw*(2nd ed.). Routledge.

Lavatelli, C. S.(1973). *Piaget's theory applied to on early childhood curriculum*. Boston: Center for Media Development, Inc.

Lave, J.(1988). *Cognition in practice: Mind, mathematics, and culture in everyday life*. Cambridge:

Harvard University Press.

Lock, J.(1961). Some thoughts concerning education. *The Harvard Classes, 37*, Collier of Soncrparation.

Locke, J.(1810). *The Education. In Robert Ulich*, Three Thous and Year, Boston.

Montessori, M.(1903). *Antropologia*. Milano, Vallardi.

Montessori, M.(1964). *The Motessori method*. New York: Schocken Book, Inc.

Montessori, M.(1978). *Dr. Montessori's Own Handbook*. New York: Schocken Books.

Mooney, Carol. G.(2000). Theories of childhood : Am Introduction to Dewey, Montessori, Erikson, Piaget & Vygotsky. 최양미 역(2014). 유아교육이론. 학지사.

Morrison, G.(1995). *Early Childhood Education Today*. New Jersey: Prentice Hall.

Msrhoefer, P. E. & Vadnais, L. A.(1988). *Caring for the developing child*. Delmar Publisher Inc.

National Association for the Education for Young Children(1991). Guidelines for appropriate curriculum content and assessment in programs serving children ages 3 through 8. *Young Children, 30*, 21—67.

Owen, R.(1972). *A new view of society*. New York: The Macmillan Press, Ltd.

Owens, R. E.(2001). *Language development' An introduction*(5ih ed.). Boston: Ally & Bacon.

Pestalozzi, J. H.(1782). Von der Erziehung.

Pestalozzi, J. H.(1799). Pestalozzis Brife an einem Freund uber seinem Aufenthatt in Stans.

Pestalozzi, J. H.(1894). *How Gertrud Teaches Her Children*. London: George Allen & Unwin LTD Syracuse, N.Y.

Piaget, J.(1952). *The child's conception of number*. London: Humanities Press.

Piaget, J.(1954). *The Construction of Reality in the Child*. Translated by Margaret Cook. New York: Basic Books.

Piaget, J.(1961). "The Genetic Approach to the Psychology of Thought." Journal of Educational Psychology.

Piaget, J.(1964). *Three Lectures*. In Piaget Rediscovered, edited by R. E. Ripple and U. N. Rockcastle. Inthaca, N.Y ; Cornell University press.

Piaget, J.(1970). *Science of education and The Psychology of the Child*. New York : Viking Press.

Prescott, E.(1984). *The phisical setting in day care*. In J. T. Greenman & R. W. Fuqua(Eds.), Making day care better: Training, evolution, and the process of change (pp. 44–65). NY: Teachers College Press.

Rogoff, B.(1990). *Apprenticeship in thinking: Cognitive development in social context*. New York: Oxford University Press.

Rogoff, B.(2003). *The cultural nature of human development*. NY: Oxford University Press.

Rorty, R.(1991). Objectivity, relativism, and truth: Philosophical papers. Cambridge University Press.

Rousseau, J. J.(1969). Emile ou de l'e education. Paris: Gallimard(1974). Emile, trans. by Foxley

Barbara. London: Everyman's Uvary.

Rowe, S. M., & Wertsch, J. V.(2002). "Vygotsky's Model of Cognitive Development." In U. Goswami(Ed.), Blackwellf Handbook of Childhood Cognitive Development(pp. 538–554). Oxford, England: Blackwell Publishers.

Salomon, G.(Ed.)(1993). *Distributed cognition: Psychological and educational considerations.* Cambridge: Cambridge Univerdity Press.

Seefeldt(1980). *A curriculum for preschoolers.* Coiumbus, Ohio–Charles E. Merrill Publishing Co.

Seefeldt, C.(1987). *The Early Childhood Curriculum.* A Review of Research.

Shaffer, D. R.(2000). *Social and personality development.* Belmont, CA: Wadsworth/Thomson Learning.

Smith, J. A., & Dorothy M. P.(1977). *Word music and Word magic: Children's Literature Method.* Massachusettes: Allywn & Bacon, Inc.

Tanner, D.. & Tanner, L. N.(1980). *Curriculum Development: Theory into Practice.* NY: McMillan.

Tyler, R. W.(1949). *Basic Principles of Curriculum and Instruction.* Chicago Press.

Vygotsky, C. S.(1978). *Mud in society: The development of higher psychological processes.* Cambridge, MA: Harvard University.

Weber, E.(1984). *Ideas influencing early childhood education' A theoretical analysis.* New York: Teacher College Press.

Wellhousen, K.(2002). *Outdoor play everyday-Innovative play concepts for early childhood.* NY: Delmar.

Wortham, S. C.(2009). *Early childhood curriculum-Developmental bases for learning and teaching*(6Wh ed). Pearson College Division.

Zimmerman, E., & Zimmerman, L.(2000). Art Education and Early Childhood Education: The Young child As Creator and Meaning Maker Within a Community Context. *Young Children, 55*(6), 87—92.

찾아보기

저 / 자 / 소 / 개

■ **윤석주**

단국대학교 대학원 교육학과 상담심리박사
한국열린사이버대학교 상담심리학과 학과장
〈저서〉 은퇴상담 외 다수

■ **안지영**

중앙대학교 대학원 유아교육과 박사
현, 서원대학교 유아교육과 교수
〈저서〉 영유아교사를 위한 아동상담 외 다수

■ **김운삼**

홍익대학교 대학원 교육심리 전공 교육학박사
현, 강동대학교 유아교육과 교수
〈저서〉 정신건강론 외 다수

유아교육사상사

1판 1쇄 인쇄 — 2019년 8월 5일
1판 1쇄 발행 — 2019년 8월 10일

저 자 - 윤석주 안지영 김운삼
발 행 인 - 강철원
발 행 처 - 양성원
주 소 - 경기도 파주시 검산로 173번길 29-20
전 화 - 031-946-3861(代)
팩 스 - 031-946-3864
이 메 일 - tnwpub@naver.com
홈페이지 - tnwpub.co.kr
출판등록 - 2015년 8월 31일 제 2015-000211 호

ISBN 979-11-6126-210-9

정가 20,000원